上海市职业院校
中高职贯通教育专业
实训教学环境建设指南

上海市教育委员会教育技术装备中心 编

同济大学出版社
TONGJI UNIVERSITY PRESS
·上海·

上海市教育委员会文件

沪教委职〔2022〕49号

上海市教育委员会关于印发上海市第一批中高职贯通教育专业实训教学环境建设指南的通知

各有关高等学校，各区教育局，各有关委、局、控股（集团）公司：

为贯彻落实《国家职业教育改革实施方案》及《上海职业教育高质量发展行动计划（2019—2022年）》，进一步完善职业教育标准体系建设及中高职贯通教育专业标准规范建设，优化贯通专业布局，助推中高职院校紧密型联合体培养模式的形成，加快职业教育装备现代化建设进程，我委委托市教委教育技术装备中心组织编制了上海市第一批中高职贯通教育专业实训教学环境建设指南（以下简称《指南》，现将名单予公布（见附件）。

《指南》适用于中高职贯通、五年一贯制培养模式的相关专业，是我委对本市中高职贯通、五年一贯制专业建设和实训教学环境建设的指导，是进一步完善贯通专业实训教学环境建设的方向与依据。学校要根据《指南》，结合专业特点和办学实际，完善专业实训教学环境建设、加强专业实训教学的管理与实施等。各相关职业学校主管部门、有关直属单位和教科研机构（组织）等要根据《指南》，加强对学校专业实训教学环境建设工作的指导。

各单位可在上海职教在线查阅下载第一批《指南》电子版，纸质版另行印发。

附件：上海市第一批中高职贯通教育专业实训教学环境建设指南名单

上海市教育委员会

2022年11月21日

附件

上海市第一批中高职贯通教育专业实训教学环境建设指南名单

序号	贯通专业名称	专业代码
1	智能机器人技术	460304
2	工业机器人技术	460305
3	新能源汽车技术	460702
4	生物制药技术	490202
5	飞机机电设备维修	500409
6	城市轨道车辆应用技术	500602
7	集成电路技术	510401
8	酒店管理与数字化运营	540106
9	学前教育	570102K
10	智慧健康养老服务与管理	590302

抄送：各有关直属事业单位。

上海市教育委员会办公室　　2022年11月25日印发

《国家职业教育改革实施方案》要求“完善教育教学相关标准”，“持续更新并推进专业目录、专业教学标准、课程标准、顶岗实习标准、实训条件建设标准（仪器设备配备规范）建设和在职业院校落地实施”。为了进一步完善职业教育标准体系建设及中高职贯通教育专业（以下简称“贯通专业”）标准规范建设，优化贯通专业布局，助推中高职院校紧密型联合体培养模式的形成，推动职业教育装备的现代化建设进程，自 2020 年起，上海市教育委员会委托上海市教育委员会教育技术装备中心组织各学校组成专业编制团队，开展了与贯通专业人才培养要求、专业教学标准相匹配的专业实训教学环境建设指南（以下简称《指南》）编制工作。两年来，团队已经完成了十个贯通专业环境需求调研并编写了相应的实训教学环境建设指南。

《指南》依据教育部发布的《职业教育专业目录（2021 年）》、教学标准和实训教学条件建设标准、上海市教育委员会发布的专业教学标准、人力资源和社会保障部制定的国家职业资格标准、国家与行业等其他有关标准及行业、企业人才需求调研情况进行编制，其充分发挥高职牵引、中职基础、中高职协同联动的作用，深入调研行业、企业、院校和学生的需求，以上海新型产业体系需求为指引遴选专业，主动适应上海的产业转型、升级与技术变革趋势。《指南》内容凸显理实一体化教学理念，便于实施，可操作性强，易于被其他标准、文件引用，具有指导作用，是学校进行贯通专业实训教学环境建设的业务指导和参考资料。

本书主要包含了两大部分内容。第一部分为上海市职业院校贯通专业实训教学环境建设指南编制工作手册，包括了指南开发的背景与意义、相关概念界定、编制依据与原则、编制工作流程、专业实训教学环境需求调研报告文本格式以及指南参考模板等；第二部分为过去两年内由上海市教委装备中心及各指南编制团队已经开发完成的十个上海市贯通专业的实训教学环境建设指南，内容包括与贯通专业相关的实训教学场所要求、实训教学设备要求及专业教学环境建设要求等。

贯通专业实训教学环境的建设是上海职业教育深化体系建设的重要组成部分，是推动贯通教育标准规范建设的重要举措，其核心是促进教育链、人才链与产业链、创新链的有机衔接，着力培养高素质技术技能型人才，为未来各贯通专业实训教学环境建设提供思路，也为 1+X 证书制度试点工作的推进及职业教育与职业培训的融合提供有力保障。

目　录

上海市职业院校中高职贯通教育专业实训教学环境建设指南编制工作手册

上海市教育委员会教育技术装备中心

目　　录

一、贯通专业实训教学环境建设指南编制的背景与意义

1. 背景与意义

为深入贯彻《国家职业教育改革实施方案》《关于推动现代职业教育高质量发展的意见》精神，全面落实《上海市职业教育发展“十四五”规划》《上海职业教育高质量发展行动计划（2019—2022年）》《上海市教育数字化转型实施方案（2021—2023年）》等要求，进一步完善职业教育标准体系建设及中高职贯通教育专业（以下简称“贯通专业”）标准规范建设，优化贯通专业布局，开展与贯通专业人才培养要求、专业教学标准相匹配的专业实训教学环境建设指南编制工作。

此项工作充分发挥高职牵引、中职基础、中高职协同联动的作用，深入调研行业、企业、院校和学生的需求，以上海新型产业体系需求为指引遴选专业，助推中高职院校紧密型联合体培养模式的形成，主动适应产业转型、升级与技术变革趋势，促进教育链、人才链与产业链、创新链的有机衔接，着力培养高素质技术技能型人才，推动职业教育装备的现代化建设进程。

2. 工作目标

上海市职业教育实训教学体系的不断完善对实训教学环境提出了更高要求。依据教育部发布的《职业教育专业目录（2021年）》、教学标准和实训教学条件建设标准及上海市教育委员会发布的专业教学标准，围绕优化职业院校专业布局遴选出一系列具有代表性的贯通专业进行指南的编制工作，内容包括与贯通专业相关的实训教学设备设施、实训教学场所及专业教学环境建设等。

二、概念界定

1. 环境要素

贯通专业实训教学环境是指职业院校开展实践性教学与理实一体化教学的育人环境，不完全包括但也不限于实训教学场所、通用环境、网络环境与文化环境等。

2. 中高职贯通

中高职贯通是指一种教育学习模式，这种模式既提高了技术技能人才的学历层次，也拓宽了中职学生的升学渠道，进而缓解了高职院校生源不足的问题。《国务院关于加快发展现代职业教育的决定》中明确提出“到2020年，形成适应发展需求、产教深度融合、中职高职衔接、职业教育与普通教育相互沟通，体现终身教育理念，具有中国特色、世界水平的现代职业教育体系”。

3. 五年一贯制

五年制高等职业技术教育（简称五年制高职）是指招收初中毕业生，实行五年一贯制的高等职业教育，是我国高等职业教育的重要形式。学业期满颁发国家教育部统一印制的《普通高等学校毕业证书》，此学历为国家承认的普通全日制专科学历，修业年限注明“五年一贯制”字样。职业教育需在课程设置、人才培养方案、基地建设等方面进行“一体化设计”。

4. 实训教学

实训教学是职业教育贯通专业教学的重要组成部分，是最关键的育人环节。教学通过模拟实际工作环境，采用来自真实工作项目的实际案例。教学过程理论结合实践，更强调学生的参与式学习，能够在最短的时间内使学生在专业技能、实践经验、工作方法、团队合作等方面提高。实训的最终目的是全面提高学生的职业素质，最终达到学生满意就业、企业满意用人的目的。

三、编制依据与原则

1. 编制依据

（1）教育部已发布的《职业教育专业目录（2021 年）》、教学标准和专业实训教学条件建设标准；
（2）上海市教育委员会已发布的职业院校专业教学标准；
（3）人力资源和社会保障部制定的国家职业资格标准；
（4）国家、行业等其他有关标准；
（5）行业、企业人才需求调研。

2. 编制原则

1）指导性

《指南》内容凸显理实一体化教学理念，便于实施，可操作性强，易于被其他标准、文件引用，具有指导作用。

2）科学性

《指南》以现行专业教学标准，教育部和上海市教委所颁布的相关标准、规范、文件为依据，充分考虑行业、企业、教育教学和学校运行管理的实际需求，学生身心发展特点和安全、环保、卫生等要求。

3）规范性

指南的编制要符合国家有关标准和技术规范，专业术语表达要规范，格式和内容应符合规定的要求。同一概念应使用统一的、已定义的概念，避免使用同义词，每个选用的术语应只有唯一的含义。

4）前瞻性

《指南》应紧密对接产业升级与专业学科发展，对标新标准、新技术，体现实训基地的开放性。《指南》具有一定的前瞻性与先进性，为 1+X 证书制度试点工作的推进及职业教育与职业培训的融合提供有力保障。

四、编制专业实训教学环境建设指南工作流程

专业实训教学环境建设指南编制流程如图 1 所示。

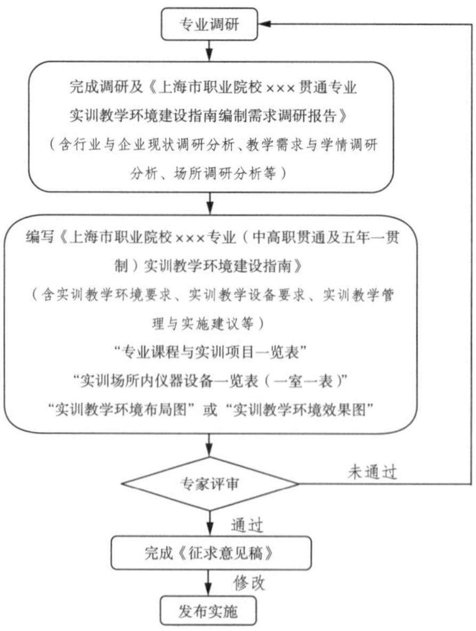

图 1　贯通专业实训教学环境建设指南工作流程

五、专业实训教学环境需求调研报告文本格式

上海市职业院校 ××× 贯通专业

实训教学环境建设指南编制需求调研报告

目录

专业课程与实训场所一览表

实训教学类别	实训场所名称	实训场所面积（m^2）	工位数	功能、	
				主要实训项目	对应的主要课程
专业基础技能实训	××× 实训室				
	××× 实训中心				
专业核心技能实训	××× 实训室				
	××× 实训中心				
专业拓展技能实训	××× 实训室				
	××× 实训中心				
	××× 实训基地（校外）				

实训场所内设备仪器一览表

序号	设备名称	主要功能和技术要求	单位	数量	执行标准或质量要求	虚拟仿真环境	备注
×××	×××	须写明具体功能、技术要求	×××	×××	有标准的写出标准号，没有的可提出相应质量要求	须写明是否已经配备	可注明：对实训耗材的要求和对设备的安装要求等

4. 调研的结论与思考

六、上海市职业院校贯通专业实训教学环境建设指南参考模板

上海市职业院校 ××× 专业
（中高职贯通及五年一贯制）

实训教学环境建设指南

（略）

上海市职业院校智能机器人技术专业
（中高职贯通及五年一贯制）

实训教学环境建设指南

上海市教育委员会教育技术装备中心

目 录

前　言

本指南由上海市教育委员会组织编制、审定并颁布实施。

为规范和加强职业院校智能机器人技术专业（中高职贯通及五年一贯制）实训教学环境建设，特制定本指南。本指南是职业院校智能机器人技术专业（中高职贯通及五年一贯制）实训教学环境建设及实训教学管理的基本依据，是加强智能机器人技术专业实践性教学、强化学生职业技能训练、提高人才培养质量的重要保障。

本指南主要参与编制单位与部门：上海市教育委员会职业教育处、上海市教育委员会教育技术装备中心、上海电子信息职业技术学院、上海信息技术学校、上海有个机器人有限公司、上海飒智智能科技有限公司、上海机器人产业技术研究院、北京钢铁侠科技有限公司等。

本指南主要编写人员：何永艳、王凯凯、陈永平、袁冬琴；参与编制人员：张阳新、张建政、郑凯宇、王振超、张祁、葛华江、杜继涛、潘振华等。

1 适用范围

本指南适用于职业院校智能机器人技术专业（中高职贯通及五年一贯制），依据国家《职业教育专业目录（2021年）》与智能机器人技术专业简介制定，用于指导职业学校智能机器人技术专业（中高职贯通及五年一贯制）校内实训教学场所及设备的建设，达成智能机器人技术专业（中高职贯通及五年一贯制）人才培养目标和规格应具备的基本实训教学设施要求。职业学校相关专业及有关培训机构可参照执行。

2 实训教学环境要求

2.1 分类、面积与主要功能

专业实训教学类别分为专业基础技能实训、专业核心技能实训和专业拓展技能实训。

按照实训教学内容，划分实训教学场所。实训场所面积需要满足40人/班同时开展实训教学的要求。实训教学场所分类、面积与主要功能要求见表1。

表1 实训教学场所分类、面积与主要功能

实训教学类别	实训场所名称	实训场所面积（m^2）	功能	
			主要实训项目	对应的主要课程
专业基础技能实训	电工实训室	100及以上	1. 电工测量仪表基本操作训练； 2. 电位值、电压值的测定； 3. 基尔霍夫定律、戴维南定理等电路基本原理验证； 4. 电阻电感、电阻电容、电阻电感电容串联谐振电路验证； 5. 交流电路的测试及应用	电工技术基础
	电子实训室	100及以上	1. 常用工具、仪器仪表的使用； 2. 手工焊接工具的选择与使用； 3. 电子产品焊接、装配工艺； 4. 电子线路制作与调试； 5. 组合逻辑电路的设计与测试； 6. 运算放大电路设计与测试； 7. 负反馈电路设计与测试； 8. 功率放大电路的设计与测试	电子技术
	钳工实训室	100及以上	1. 常用钳工工具（含量具）使用； 2. 钳工常用测量工具使用与维护； 3. 基础划线及划线工具使用； 4. 锯削训练及锯条选用； 5. 锉削训练及锉刀选用； 6. 孔加工训练及台式钻床的使用； 7. 螺纹加工及攻丝、套丝工具的使用	钳工实训
专业核心技能实训	移动机器人虚拟仿真实训室	100及以上	1. 移动机器人模型搭建； 2. 虚拟场景搭建； 3. 移动机器人仿真调试	机器人操作系统、机器人建模与仿真、程序设计基础、图样识读与绘制、其他需要使用电脑机房的课程

续表

实训教学类别	实训场所名称	实训场所面积（m^2）	功能	
			主要实训项目	对应的主要课程
专业核心技能实训	智能移动机器人装调实训室	100 及以上	1. 移动机器人硬件装配与调试； 2. 移动机器人电气接线与调试； 3. 移动机器人功能执行与调试； 4. 移动机器人运动控制； 5. 移动机器人维保	机械基础、机械机构分析与应用、智能移动机器人装调、传感器与检测技术、智能移动机器人设备维修与维护
	智能移动机器人技术应用实训室	150 及以上	1. 移动机器人导航及定位训练； 2. 移动机器人路径规划训练； 3. 移动机器人视觉技术训练； 4. 语音交互技术训练； 5. 自主抓取技能训练	智能视觉应用技术、移动机器人技术应用、传感器与检测技术
	智能机器人多应用场景实训室	150 及以上	1. 导览机器人建图、定位、路径规划、语音识别、运维； 2. 餐厅服务机器人建图、路径规划、运维； 3. 室外巡检机器人定位导航，语音播报等； 4. 消杀服务机器人自主移动，喷洒等	服务机器人技术应用、智能机器人运维
专业拓展技能实训	职业技能证书专项训练实训室	150 及以上	1. 智能机器人各技能证书考核大纲所要求的技能训练； 2. 各公布样题的实操训练	职业技能证书专项技能训练
	机器人系统集成综合实训室	150 及以上	配备机器人智能化综合应用平台，包含移动机器人、工业机器人、PLC 控制器、智能 2D/3D 视觉以及综合应用场景等，用于机器人操作 / 编程 / 调试、多机器人协同作业等的实训教学。	MES 系统开发及应用、工业机器人技术应用、可编程控制器技术应用
	创新创意实训室	100 及以上	移动机器人相关创新设计	创新创业

注：专业基础技能实训室、专业核心技能实训中的移动机器人虚拟仿真实训室和智能移动机器人装调实训室涉及的课程建议在一、二、三年级开设，其他实训室涉及的课程建议在四、五年级开设。

2.2 通用环境

2.2.1 采光

应符合 GB 50033—2013 的有关规定。

2.2.2 照明

应符合 GB 50034—2013 的有关规定。

2.2.3 通风

应符合 GB 50016—2014 和工业企业通风的有关要求。

2.2.4 电气安装

应符合 GB/T 16895.1—2008、GB/T 16895.2—2017、GB/T 16895.3—2017、GB/T 16895.4—1997、GB/T 16895.5—2012、GB/T 16895.6—2014、GB/T 16895.18—2010、GB/T 16895.22—2004 的有关规定。

2.2.5 防火

应符合 GB 50016—2014 有关厂房、仓库防火的规定。

专业特殊要求：有智能机器人的实训室应配置二氧化碳灭火器。

2.2.6 安全与卫生

应符合 GBZ 1—2010 和 GB/T 12801—2008 的有关要求。应符合 GB/T 20867—2007。安全标志应符合 GB 2893—2008 和 GB 2894—2008 的有关要求。有智能机器人设备的实训室还需符合 GB/T 26237—2022 的有关要求。

专业特殊要求：划分独立的充电区域。

2.2.7 层高

应符合 GB 50016—2014 中有关实验层高的规定。

2.2.8 楼面承重

应符合 GB 50009—2012 有关建筑荷载的规定。

2.3 网络环境

2.3.1 网络教学环境

应保证实训教学软件及设备的正常运行。

2.3.2 信息安全

应符合 GB/T 25068—2022 有关网络安全的规定。做好防病毒措施，消除信息孤岛，保证信息安全。

2.4 文化环境

将职业精神与企业文化元素融入文化环境建设中，根据专业特色在实训场所墙壁、地面等布置有关的专业技术发展历史、实训工艺要求、专业新技术规范、安全操作要求、大国工匠精神等课程思政教育内容，在各实训室明显位置张贴国旗图标或悬挂国旗。建设生产性实训环境，营造良好职业氛围。

3 实训教学设备要求

3.1 基本要求

3.1.1 配备的仪器设备产品质量应符合相关的国家标准或行业标准，并具有相应的质量证明。

3.1.2 各种仪器设备的安装使用都应符合有关国家或行业标准，接地应符合 GB/T 16895.3—2017 的要求。

3.1.3 需接入电源的仪器设备，应满足国家电网规定接入要求，电压额定值为交流 380V（三相）或 220V（单相），并应具备过流、漏电保护功能；需要插接线的，插接线应绝缘且通电部位无外露。

3.1.4 具有执行机构的各类仪器设备，应具备急停功能，紧急状况可切断电源、气源、压力，并令设备动作停止。

3.1.5 电脑只规定数量，功能和性能应能满足设备功能使用需求。

3.2 实训室仪器设备配置标准目录（一室一表）

3.2.1 专业基础技能实训室

专业基础技能实训室设备要求见表 2—表 4。

表 2 电工实训室设备要求

序号	设备名称	主要功能和技术要求	单位	数量	执行标准或质量要求	是否采用虚拟仿真环境	备注
1	电工实验实训装置	主要功能： 1. 具有基尔霍夫定律、戴维南定理等电工学基本原理的验证功能；具有常用电工仪表的使用及基本电参数的测量功能； 2. 可进行电路元件的特性分析及常用电路实验；可进行单相、三相交流电路的应用实训。 技术要求： 1. 三相 380V 电源输入，输出单相交流 220 V 电源、低压可调交流电源和低压直流稳压电源等，且均有仪表指示，同时为多通道输出； 2. 直流 / 交流电压量程：200mV/2V/20V/200V/500V； 3. 电流量程：2mA/20mA/200mA/2A/20A； 4. 电阻量程：0~2MΩ； 5. 具有电容测试、电感测试的功能； 6. 具有漏电保护功能； 7. 具有单相电、三相电应用模块	台	20	GB 14050—2018 GB/Z 30249—2013 GB 21746—2008 GB 21748—2008 GB 19517—2009 GB/T 9813.1—2016	否	配套桌椅
2	直流稳压电源	主要功能： 可以提供可调的直流稳压电源。 技术要求： 1. 双路 0 V ~ 30V，0A ~ 3 A 双电表显示，双组独立可调，恒压、恒流输出； 2. 稳压与稳流状态能够自动转换并分别由器件指示状态； 3. 两路输出电压相互独立； 4. 短路、限流双重保护	台	20	GB/T 13978—2008 SJ/T 9517—1993 SJ/T 10472—2013 GB/T 15151—2012	否	无
3	兆欧表	主要功能： 测量电气设备、家用电器或电气线路对地及之间的绝缘电阻。 技术要求： 最低配置：500（1000）V，500MΩ	台	20	JJG 622—1997	否	无
4	数字万用表	主要功能： 电压、电流（直流 / 交流）、电阻、电感、电容等测试。 技术要求： 1. 电压量程：200mV/ 2V/20V/200V/500V； 2. 电流量程：2mA/20mA/ 200mA/2A/20A； 3. 电阻量程：200Ω/2kΩ/20kΩ/200kΩ/2MΩ；精度 ± 3.0%； 4. 电容档：0 ~ 100F； 5. 电感档：0 ~ 20H	个	20	JB/T 9283—1999	否	无
5	数字示波器	主要功能： 直流信号、交流信号的基础测量。 技术要求： 1. 带宽：≥ 100MHz； 2. 实时采样率：1 GSa/s； 3. 垂直档位：1mV/div ~ 10V/div； 4. 支持多通道显示	台	20	GB/T 15289—2012	否	无

续表

序号	设备名称	主要功能和技术要求	单位	数量	执行标准或质量要求	是否采用虚拟仿真环境	备注
6	钳形电流表	主要功能： 能在不切断电路的情况下测量交流或直流电流。 技术要求： 1. 钳口最大直径：大于 30 mm； 2. 交流电流分辨率：小于 10 mA； 3. 直流电流分辨率：小于 0.1 mA	台	20	JJG 182—1994 JJF 1075—2015	否	无
7	电工工具	主要功能： 线路、机械部件的拆装等。 技术要求： 包含尖嘴钳、剥线钳、斜口钳、测电笔、镊子、内六角扳手、螺丝刀等	套	20	QB/T 2440.1—2007 QB/T 2207—1996 QB/T 2733—2005 QB/T 2442.1—2007	否	无
8	交互显示系统	主要功能： 能够实现显示及使用者与屏幕之间的信息交流。 技术要求： 1. 产品整体尺寸要求：宽≥ 4300mm，高≥ 1350mm，厚≥ 70mm，液晶屏不小于 86 英寸； 2. 单屏物理分辨率：3840 × 2160（1:1 Map 点对点 2160P 显示）； 3. 可视角度：（水平 / 垂直）178°； 4. 采用纳米电容触控技术，手指轻触式多点（不小于 20 点触控）互动体验； 5. 内嵌 PC	套	1	GB 50464—2008	否	教学辅助设备

表 3　电子实训室设备要求

序号	设备名称	主要功能和技术要求	单位	数量	执行标准或质量要求	是否采用虚拟仿真环境	备注
1	电子基本技能实训台	主要功能： 1. 能检测常用电子元器件； 2. 能进行放大电路、负反馈电路、逻辑电路等常见模拟电路和数字电路实验； 3. 能做焊接、压接、绕接等实训； 4. 能做电子产品安装、调试与检测实训。 技术要求： 1. 三相 380 V 电源输入，输出单相交流 220 V 电源、低压可调交流电源和低压直流稳压电源等，且均有仪表指示； 2. 配置函数信号发生器，可输出正弦波、三角波、方波、锯齿波、脉冲波、矩形波等，频率范围：0.1 Hz ~ 2 MHz，分档可选； 3. 配置频率计数器：测频范围 1 Hz ~ 100 MHz，数显，闸门时间 0.01 s ~ 10 s； 4. 配置外测交直流两用电流表：精度 0.5 级，测量范围 0 ~ 1000 mA； 5. 配置外测两用电压表：精度 0.5 级，测量范围 0 ~ 100 V； 6. 配置通用电路插板与工具及元器件存放柜等	台	20	GB 21746—2008 GB 21748 —2008 GB/Z 30249—2013 GB 14050—2016 JJG 840 —2015 GB/T 12181—1990 GB/Z 30249—2013 GB/T 12116 —2012	否	配套桌椅

续表

序号	设备名称	主要功能和技术要求	单位	数量	执行标准或质量要求	是否采用虚拟仿真环境	备注
2	数字万用表	主要功能： 电压、电流（直流/交流）、电阻、电感、电容等测试。 技术要求： 1. 电压量程：200mV/ 2V/20V/200V/500V； 2. 电流量程：2mA/20mA/ 200mA/2A/20A； 3. 电阻量程：0~200 MΩ；精度 ±3.0%； 4. 电容档：0 ~ 100F； 5. 电感档：0 ~ 20H	个	20	JB/T 9283—1999	否	无
3	双踪示波器	主要功能： 1. 能测量直流信号、交流信号的电压； 2. 能测量交流信号的周期与不同信号之间的相位差； 3. 能显示直流与交流信号的波形等。 技术要求： 1. 频宽：20 MHz； 2. 偏转因数：5 mV/div ~ 20 V/div； 3. 上升时间：≤ 17 ns； 4. 垂直工作方式：CH1、CH2、ALT、CHOP、ADD； 5. 扫描时间因数：0.5 s/div ~ 0.2 μs/div； 6. 触发方式：自动、常态、TV–H、TV–V	台	10	GB/T 6585 —2013	否	无
4	函数信号发生器	主要功能： 产生常见函数信号，具有调幅、调频、调相等功能。 技术要求： 1. 函数信号：正弦波、三角波、方波、锯齿波与脉冲波； 2. 频率范围：0.1Hz ~ 2 MHz	套	10	JJG 840—2015 GB/T 12181—1990	否	无
5	直流稳压电源	主要功能： 可以提供可调的直流稳压电源。 技术要求： 1. 双路 0 V ~ 30V，0A ~ 3 A 双电表显示，双组独立可调，恒压、恒流输出； 2. 稳压与稳流状态能够自动转换并分别由器件指示状态； 3. 两路输出电压相互独立； 4. 短路、限流双重保护	台	20	GB/T 13978—2008 SJ/T 9517—1993 SJ/T 10472—2013 GB/T 15151—2012	否	无
6	焊接设备	主要功能： 能进行电子电路的焊接等。 技术要求： 1. 电烙铁：功率≥ 30 W； 2. 吸锡器：功率≥ 30 W，吸锡器嘴直径 1.2 mm 或 1.4 mm； 3. 烙铁支架与镊子等	套	20	GB/T 12467—2009	否	无
7	电工工具	主要功能： 线路的拆装等。 技术要求： 包含尖嘴钳、剥线钳、斜口钳、测电笔、镊子等	套	20	QB/T 2440.1—2007 QB/T 2207—1996 QB/T 2733—2005 QB/T 2442.1—2007	否	无
8	交互显示系统	主要功能： 能够实现显示及使用者与屏幕之间的信息交流 。 技术要求： 1. 产品整体尺寸要求：宽≥ 4300mm，高≥ 1350mm，厚≥ 70mm，液晶屏不小于 86 英寸； 2. 单屏物理分辨率：3840 × 2160（1:1 Map 点对点 2160P 显示）； 3. 可视角度：（水平 / 垂直）178°； 4. 采用纳米电容触控技术，手指轻触式多点（不小于 20 点触控）互动体验； 5. 内嵌 PC	套	1	GB 50464—2008	否	教学辅助设备

表 4　钳工实训室设备要求

序号	设备名称	主要功能和技术要求	单位	数量	执行标准或质量要求	是否采用虚拟仿真环境	备注
1	钳工实训台	主要功能： 1. 能固定台虎钳，可存放钳工工具及量具； 2. 能进行钳工加工与装配各种机械零部件。 技术要求： 1. 桌面尺寸：≥ 1200 mm × 600mm； 2. 桌面高度：750 ~ 800 mm； 3. 承载重量：≥ 200 kg	台	40		否	配套桌椅
2	台式钻床	主要功能： 主要用于各种材料工件的钻孔、扩孔、攻丝等。 技术要求： 1. 最大钻孔直径≥ 16mm，主轴最大行程≥ 110mm，主轴转速 350~5500r/min；电动机功率≥ 550W； 2. 台钻的平台要求稳固性好，结实、抗震，平台高度以台钻安装后手柄离地面的距离为准，约为 1300mm	个	2	JB/Z 13689 JB/T 3061—92	否	无
3	台虎钳	主要功能： 1. 具有夹紧、固定待加工工件功能； 2. 可辅助开展钳工操作。 技术要求： 钳口宽度：≥ 150 mm	台	40	QB/T 1558.1—1992 QB/T 1558.2—1992	否	无
4	钳工工具	主要功能； 能进行锉、锯、凿等机械零件加工。 技术要求： 1. 锉刀：方锉、圆锉、三角锉、半圆锉和扁锉； 2. 手锤：钢质硬木柄圆头锤； 3. 锯弓：可调式	套	40	QB/T 1108—2015 QB 3843—1999 DIN 5128—1971	否	无
5	量具	主要功能： 能进行机械零件的各种尺寸测量。 技术要求： 主要包括游标卡尺、高度尺、角度尺、千分尺、卡规等	套	40	GB/T 1214.2—1996 GB/T 1216—2004 JB/T 10865—2008 GB/T 21388—2008	否	无
6	划线平板	主要功能： 能用作平面度、直线度等形位公差测量基准；可供零件划线、研磨加工与设备安装等。 技术要求： 1. 平板规格：≥ 600 mm × 400mm； 2. 工作面硬度：170 ~ 240 HB； 3. 平板精度等级：≥ 2 级	块	5	GB/T 22095—2008	否	无
7	划线方盒	主要功能： 能进行零部件平行度、垂直度的校验和划线等。 技术要求： 1. 规格：≥ 200mm × 200mm × 200 mm； 2. 工作面的平面度：≥ 0 级； 3. 工作面的垂直度、平行度及 V 形槽对底面和侧面的平行度：≥ 1 级	块	5	JB/T 3411.56—1999	否	无
8	砂轮机	主要功能： 具有金属件磨削加工功能。 技术要求： 1. 砂轮直径不小于 150 mm； 2. 台式或落地式	台	2	JB/T 3770—2000	否	无

续表

序号	设备名称	主要功能和技术要求	单位	数量	执行标准或质量要求	是否采用虚拟仿真环境	备注
9	交互显示系统	主要功能： 能够实现显示及使用者与屏幕之间的信息交流。 技术要求： 1. 产品整体尺寸要求：宽≥ 4300mm，高≥ 1350mm，厚≥ 70mm，液晶屏不小于 86 英寸； 2. 单屏物理分辨率：3840 × 2160（1 : 1 Map 点对点 2160P 显示）； 3. 可视角度：（水平 / 垂直）178°； 4. 采用纳米电容触控技术，手指轻触式多点（不小于 20 点触控）互动体验； 5. 内嵌 PC	套	1	GB 50464—2008	否	教学辅助设备

3.2.2　专业核心技能实训室

专业核心技能实训室设备要求见表 5—表 8。

表 5　移动机器人虚拟仿真实训室设备要求

序号	设备名称	主要功能和技术要求	单位	数量	执行标准或质量要求	是否采用虚拟仿真环境	备注
1	计算机	主要功能： 1. 能流畅运行机器人仿真软件、计算机辅助设计软件等； 2. 具有联网功能； 3. 有多媒体功能。 技术要求： 1.CPU：≥ 3.2GHz 或同性能产品； 2. 内存：≥ 16GB； 3. 硬盘：≥ 1TB； 4. 显卡：显存≥ 8GB； 5. 网卡：≥ 1 个，百兆	台	41	GB/T 9813.1—2016 GB/T 9813.2—2016	否	配套桌椅
2	服务器	主要功能： 1. 提供真实的服务器环境配置练习环境； 2. 支持实训项目上传、下载、存储和运行等。 技术要求： 1. 内存：≥ 32GB； 2. 硬盘：≥ 2TB； 3. 网卡：≥ 2 个，千兆； 4.CPU 核心数：≥ 10 个	台	1	GB/T 9813.3—2017 GB/T 31915—2015 GB/T 21028—2007	否	可选用云计算服务器
3	交换机	主要功能： 支持机房 Internet 接入及局域网的联通。 技术要求： 1.100Mb 端口≥ 48 个； 2.100Mb/1000Mb 端口≥ 2 个	台	1	GB/T 30094—2013	否	教学辅助设备
4	网络机柜	主要功能： 集中组合装载交换机、服务器、线缆等，美观隔尘。 技术要求： 机柜宽度和深度可以按照实际需求定制	台	1	GB/T 22690—2008 YD/T 2319—2011	否	教学辅助设备
5	机器人操作系统 ROS	主要功能： 机器人建模、仿真所需要的开发环境。 技术要求： 1. 构建机器人运动仿真模型； 2. 构建现实世界各种场景的仿真模型； 3. 构建传感器仿真模型； 4. 为机器人模型添加现实世界的物理性质	套	41	GB/T 33261—2016	否	建议每隔 1 年进行版本更新

续表

序号	设备名称	主要功能和技术要求	单位	数量	执行标准或质量要求	是否采用虚拟仿真环境	备注
6	计算机辅助设计软件	主要功能： 为机器人仿真软件搭建模型等。 技术要求： 具有 2D 和 3D 建模、装配校验、运动仿真等功能，以实现产品数字化设计	套	41	GB/T 14689—2008 GB/T 14690—1993 GB/T 4458.4—2003	否	无
7	交互显示系统	主要功能： 能够实现显示及使用者与屏幕之间的信息交流。 技术要求： 1. 产品整体尺寸要求：宽≥ 4300mm，高≥ 1350mm，厚≥ 70mm，液晶屏不小于 86 英寸； 2. 单屏物理分辨率：3840 × 2160（1：1 Map 点对点 2160P 显示）； 3. 可视角度：（水平 / 垂直）178°； 4. 采用纳米电容触控技术，手指轻触式多点（不小于 20 点触控）互动体验； 5. 内嵌 PC	套	1	GB 50464—2008	否	教学辅助设备

表 6　智能移动机器人装调实训室设备要求

序号	设备名称	主要功能和技术要求	单位	数量	执行标准或质量要求	是否采用虚拟仿真环境	备注
1	智能移动机器人实训装置	主要功能： 能完成自主避障及移动，具有语音、交互显示等功能。 技术参数： 1. 可装配式智能机器人：轮式机器人、足式机器人等； 2. 各组件可进行模块化组装，组件类型包含： （1）结构类组件； （2）机械加工类组件； （3）功能模块组件，包括运动控制模块、导航模块、语音模块及交互显示模块等； （4）传感器类组件； （5）行业专属模块，例如酒店用模块、迎宾类交互模块等（可选）	套	10	本体及关键零部件产品获得“国家机器人 CR 认证标志” GB/T 40013—2021 GB/T 39785—2021 GB/T 38834.1—2020 GB/T 37283—2019 GB/T 33261—2016 GB/T 15706—2012 GB/T 16855.1—2018 GB 4943.1—2022 GB/T 37382—2019	否	目前尚无完善的国家标准体系
2	机械 & 结构类演示台	主要功能： 移动机器人底盘、驱动方式、驱动轮、悬挂方式等各种结构展示。 技术指标： 1. 移动底盘类结构演示（电机 + 减速机方案，轮毂电机方案等）； 2. 机器人驱动方式（两轮，四轮，六轮等）； 3. 机器人驱动轮（麦克纳姆轮，全向轮，轮毂电机等）； 4. 机器人悬挂方式； 5. 机器人自由度结构方案等	套	1	本体及关键零部件产品获得“国家机器人 CR 认证标志”	否	无
3	数字示波器	主要功能： 直流信号、交流信号的基础测量。 技术要求： 1. 带宽：≥ 100MHz； 2. 实时采样率：1 GSa/s； 3. 垂直档位：1mV/div ~ 10V/div； 4. 支持多通道显示	台	10	GB/T 15289—2012	否	无

续表

序号	设备名称	主要功能和技术要求	单位	数量	执行标准或质量要求	是否采用虚拟仿真环境	备注
4	拆装工具	主要功能： 线路、机械部件的拆装等。 技术要求： 包含尖嘴钳、剥线钳、斜口钳、测电笔、镊子、内六角扳手、螺丝刀等	套	10	QB/T 2440.1—2007 QB/T 2207—1996 QB/T 2733—2005 QB/T 2442.1—2007	否	无
5	数字万用表	主要功能： 电压、电流（直流 / 交流）、电阻、电感、电容等测试。 技术要求： 1. 电压量程：200mV/ 2V/20V/200V/500V； 2. 电流量程：2mA/20mA/ 200mA/2A/20A； 3. 电阻量程：200Ω ~ 2MΩ；精度 ±3.0%； 4. 电容档：0 ~ 100F； 5. 电感档：0 ~ 20H	个	10	JB/T 9283—1999	否	无
6	交互显示系统	主要功能： 能够实现显示及使用者与屏幕之间的信息交流。 技术要求： 1. 产品整体尺寸要求：宽≥ 4300mm，高≥ 1350mm，厚≥ 70mm，液晶屏不小于 86 英寸； 2. 单屏物理分辨率：3840 × 2160（1∶1 Map 点对点 2160P 显示）； 3. 可视角度：（水平 / 垂直）178°； 4. 采用纳米电容触控技术，手指轻触式多点（不小于 20 点触控）互动体验； 5. 内嵌 PC	套	1	GB 50464—2008	否	教学辅助设备
7	可拼接桌椅	主要功能： 安全稳定地放置微型计算机等设备。 技术要求： 可拼接、可拆开并按照需要形式组合	套	10	GB/T 3976—2014 QB/T 4071—2010	否	教学辅助设备

表 7　智能移动机器人技术应用实训室设备要求

序号	设备名称	主要功能和技术要求	单位	数量	执行标准或质量要求	是否采用虚拟仿真环境	备注
1	智能移动机器人	主要功能： 具备自主移动、自主抓取、定位导航、语音识别、人脸识别等功能。 技术要求： 1. 可配置轮式机器人或足式机器人等； 2. 配置 ROS 机器人控制系统； 3. 机器人具有手臂，负载≥ 1kg，平均无故障时间≥ 20000h； 4. 配置激光雷达、定位导航模块，可实现路径规划及定位导航功能； 5. 具有语音模块，可实现语音识别及对话功能； 6. 具有智能相机，可实现人脸识别等功能	套	10	本体及关键零部件产品获得“国家机器人 CR 认证标志” GB/T 15706—2012 GB/T 16855.1—2018 GB 4943.1—2022 GB/T 37382—2019	否	目前尚无完善的国家标准体系
2	微型计算机	主要功能： 配置 ROS 机器人操作系统，能完成机器人应用开发。 技术要求： 1. CPU：≥ 3.2GHz 或同性能产品； 2. 内存：≥ 16GB； 3. 硬盘：≥ 1TB； 4. 显卡：显存≥ 8GB； 5. 网卡：≥ 1 个，百兆	台	10	GB/T 9361—2011 GB/T 9813—2000	否	台数与智能移动机器人台数一致

续表

序号	设备名称	主要功能和技术要求	单位	数量	执行标准或质量要求	是否采用虚拟仿真环境	备注
3	交互显示系统	主要功能： 能够实现显示及使用者与屏幕之间的信息交流。 技术要求： 1. 产品整体尺寸要求：宽≥ 4300mm，高≥ 1350mm，厚≥ 70mm，液晶屏不小于 86 英寸； 2. 单屏物理分辨率：3840 × 2160（1∶1 Map 点对点 2160P 显示）； 3. 可视角度：（水平 / 垂直）178°； 4. 采用纳米电容触控技术，手指轻触式多点（不小于 20 点触控）互动体验； 5. 内嵌 PC	套	1	GB 50464—2008	否	教学辅助设备
4	可拼接桌椅	主要功能： 安全稳定地放置微型计算机等设备。 技术要求： 可拼接、可拆开并按照需要形式组合	套	10	GB/T 3976—2014 QB/T 4071—2010	否	教学辅助设备

表 8　智能机器人多应用场景实训室设备要求

序号	设备名称	主要功能和技术要求	单位	数量	执行标准或质量要求	是否采用虚拟仿真环境	备注
1	导览机器人	主要功能： 具备自主移动、定位导航、语音交互等功能，可以完成导览工作。 技术要求： 1. 配置轮式机器人； 2. 配置 ROS 机器人控制系统； 3. 配置激光雷达、定位导航模块，可实现路径规划及定点移动功能； 4. 具有语音模块，可实现语音交互； 5. 最大导航速度：≥ 0.3m/s； 6. 续航时间：≥ 8h，充放电比例不高于 1∶4，平均无故障时间≥ 20000h。 7. 能独立完成场景任务，或者多机协作服务；（可选） 8. 能实现与场景内其他设备互联互通；（可选） 9. 配备数据收集功能，可进行远程操控（可选）	台	5	本体及关键零部件产品获得“国家机器人 CR 认证标志” GB/T 15706—2012 GB/T 16855.1—2018 GB 4943.1—2011 GB/T 37382—2019	否	根据教学需求，可选择多种应用场景中不同类型机器人组合，不限于此处列出的 4 种机器人
2	餐厅服务机器人	主要功能： 具备自主移动、定位导航、语音播报、物品存放等功能，可以完成配送工作。 技术要求： 1. 配置轮式机器人； 2. 配置 ROS 机器人控制系统； 3. 配置激光雷达、定位导航模块，可实现路径规划及定点移动功能； 4. 具有语音模块，可实现语音播报； 5. 具有自动搭乘电梯、配送、电话提醒功能； 6. 具有物品存放机构，载荷≥ 10kg； 7. 最大导航速度：≥ 0.3m/s； 8. 续航时间：≥ 8h，充放电比例不高于 1∶4，平均无故障时间≥ 20000h。 9. 能独立完成场景任务，或者多机协作服务	台	5	本体及关键零部件产品获得“国家机器人 CR 认证标志” GB/T 37395—2019 GB/T 37283—2019 GB/T 15706—2012 GB/T 16855.1—2018 GB 4943.1—2022 GB/T 37382—2019	否	根据教学需求，可选择多种应用场景中不同类型机器人组合，不限于此处列出的 4 种机器人

续表

序号	设备名称	主要功能和技术要求	单位	数量	执行标准或质量要求	是否采用虚拟仿真环境	备注
3	室外巡检机器人	主要功能： 具备自主移动、定位导航、语音播报、完成报警等功能，可以完成室外巡检工作。 技术要求： 1. 配置轮式机器人； 2. 配置 ROS 机器人控制系统； 3. 配置激光雷达、定位导航模块，可实现路径规划及定点移动功能； 4. 具有语音模块，可实现语音播报； 5. 能适应室外路况、光照等环境，完成室外巡检功能； 6. 最大导航速度：≥ 0.3m/s； 7. 续航时间：≥ 8h，充放电比例不高于 1 ： 4，平均无故障时间≥ 20000h	台	5	本体及关键零部件产品获得“国家机器人CR认证标志” GB/T 15706—2012 GB/T 16855.1—2018 GB 4943.1—2022 GB/T 37382—2019	否	根据教学需求，可选择多种应用场景中不同类型机器人组合，不限于此处列出的 4 种机器人
4	消杀服务机器人	主要功能： 具备自主移动、定位导航、喷洒等功能，可以完成喷洒消杀工作。 技术要求： 1. 配置轮式或足式机器人； 2. 配置 ROS 机器人控制系统； 3. 配置激光雷达、定位导航模块，可实现路径规划及定点移动功能； 4. 具有喷洒消杀装置； 5. 最大导航速度：≥ 0.3m/s； 6. 续航时间：≥ 8h，充放电比例不高于 1 ： 4，平均无故障时间≥ 20000h	台	5	本体及关键零部件产品获得“国家机器人CR认证标志” GB/T 15706—2012 GB/T 16855.1—2018 GB 4943.1—2022 GB/T 37382—2019		根据教学需求，可选择多种应用场景中不同类型机器人组合，不限于此处列出的 4 种机器人
5	微型计算机	主要功能： 配置 ROS 机器人操作系统，能完成机器人应用开发。 技术要求： 1.CPU：≥ 3.2GHz 或同性能产品； 2. 内存：≥ 16GB ； 3. 硬盘：≥ 1TB； 4. 显卡：显存≥ 8GB ； 5. 网卡：≥ 1 个，百兆	台	20	GB/T 9361—2011 GB/T 9813—2000	否	台数与智能移动机器人台数一致
6	交互显示系统	主要功能： 能够实现显示及使用者与屏幕之间的信息交流。 技术要求： 1. 产品整体尺寸要求：宽≥ 4300mm，高≥ 1350mm，厚≥ 70mm，液晶屏不小于 86 英寸； 2. 单屏物理分辨率：3840 × 2160（1 ：1 Map 点对点 2160P 显示）； 3. 可视角度：（水平 / 垂直）178° ； 4. 采用纳米电容触控技术，手指轻触式多点（不小于 20 点触控）互动体验； 5. 内嵌 PC	套	1	GB 50464—2008	否	教学辅助设备
7	可拼接桌椅	主要功能： 安全稳定地放置微型计算机等设备。 技术要求： 可拼接、可拆开并按照需要形式组合	套	20	GB/T 3976—2014 QB/T 4071—2010	否	教学辅助设备

3.2.3 专业拓展技能实训室

专业拓展技能实训室设备要求见表 9—表 11。

表 9 职业技能等级证书专项训练实训室设备要求

序号	设备名称	主要功能和技术要求	单位	数量	执行标准或质量要求	是否采用虚拟仿真环境	备注
1	智能机器人训练考核平台	主要功能： 考核平台，满足考核需求。 技术要求： 1. 选用轮式机器人、足式机器人等主流构型； 2. 具备相应职业技能证书考核内容所要求的场地环境； 3. 能够完成相应职业技能证书考核内容所要求的工作任务	台	10	本体及关键零部件产品获得“国家机器人CR认证标志” GB/T 15706—2012 GB/T 16855.1—2018 GB 4943.1—2022 GB/T 37382—2019	否	考核平台须经相关考核评价组认定符合相关职业技能证书考核要求
2	微型计算机	主要功能： 配置ROS机器人操作系统，能完成机器人应用开发。 技术要求： 1.CPU：≥ 3.2GHz 或同性能产品； 2. 内存：≥ 16GB； 3. 硬盘：≥ 1TB； 4. 显卡：显存≥ 8GB； 5. 网卡：≥ 1 个，百兆	台	10	GB/T 9361—2011 GB/T 9813—2000	否	无
3	交互显示系统	主要功能： 能够实现显示及使用者与屏幕之间的信息交流。 技术要求： 1. 产品整体尺寸要求：宽≥ 4300mm，高≥ 1350mm，厚≥ 70mm，液晶屏不小于 86 英寸； 2. 单屏物理分辨率：3840 × 2160（1∶1 Map 点对点 2160P 显示）； 3. 可视角度：（水平 / 垂直）178°； 4. 采用纳米电容触控技术，手指轻触式多点（不小于 20 点触控）互动体验； 5. 内嵌 PC	套	1	GB 50464—2008	否	教学辅助设备
4	可拼接桌椅	主要功能： 安全稳定地放置微型计算机等设备。 技术要求： 可拼接、可拆开并按照需要形式组合	套	10	GB/T 3976—2014 QB/T 4071—2010	否	教学辅助设备

表 10 机器人系统集成综合实训室设备要求

序号	设备名称	主要功能和技术要求	单位	数量	执行标准或质量要求	是否采用虚拟仿真环境	备注
1	工业机器人	主要功能： 完成物品的抓取及搬运。 技术要求： 1. 选用串联机器人、并联机器人等主流构型； 2. 负载≥ 3kg； 3. 重复定位精度小于 0.05mm； 4. 平均无故障时间大于 20000h； 5. 供电规格覆盖中国大陆单相 220V、50Hz 或三相 380V、50Hz； 6. 具备安全防护栏等必备的安全防护装置； 7. 配备常见工业网络选项，能实现与其他设备网络通信	套	10	本体及关键零部件产品获得“国家机器人CR认证标志” GB/T 5226.1—2019 GB/T 15706—2012 GB 11291.1—2011 GB 11291.2—2013 GB/T 38336—2019 GB/T 38326—2019 GB/T 38659.1—2020	否	无

续表

序号	设备名称	主要功能和技术要求	单位	数量	执行标准或质量要求	是否采用虚拟仿真环境	备注
2	移动机器人	主要功能： 完成物品的运输。 技术要求： 1. 能够实现自主定位及导航； 2. 负载≥ 30kg； 3. 平均无故障时间≥ 20000h	套	10	本体及关键零部件产品获得“国家机器人 CR 认证标志” GB/T 15706—2012 GB/T 16855.1—2018 GB 4943.1—2022 GB/T 37382—2019	否	无
3	PLC 控制模块	主要功能： 主控制系统，完成工业机器人、移动机器人等设备的控制。 技术要求： 1.I/O 点不低于 16 点； 2. 带有基本运动控制功能； 3. 至少具有 2 种外部总线通信接口； 4.HMI 不低于 5 英寸彩屏	套	10	GB 21746—2008 GB 21748—2008 SJ/T 10533-1994 GB/Z 30249—2013 LD/T 81.1—2006 GB/T 30976.1—2014 GB 30439.1—2013	否	无
4	微型计算机	主要功能： 配置 PLC 编程软件、工业机器人编程软件、移动机器人操作系统。 技术要求： 1.CPU：≥ 3.2GHz 或同性能产品； 2. 内存：≥ 16GB ； 3. 硬盘：≥ 1TB； 4. 显卡：显存≥ 8GB ； 5. 网卡：≥ 1 个，百兆	台	10	GB/T 9361—2011 GB/T 9813—2000	否	
5	气动系统	主要功能： 能够对气源进行开关、调节，完成设备的供气。 技术要求： 1. 包含气源处理组件； 2. 包含气动控制器件； 3. 包含气动执行元件	套	10	GB/T 9361—2011 GB/T 9813—2000	否	一套包含的器件满足最复杂的工艺控制需求
6	交互显示系统	主要功能： 能够实现显示及使用者与屏幕之间的信息交流。 技术要求： 1. 产品整体尺寸要求：宽≥ 4300mm，高≥ 1350mm，厚≥ 70mm，液晶屏不小于 86 英寸； 2. 单屏物理分辨率：3840 × 2160（1：1 Map 点对点 2160P 显示）； 3. 可视角度：（水平 / 垂直）178° ； 4. 采用纳米电容触控技术，手指轻触式多点（不小于 20 点触控）互动体验； 5. 内嵌 PC	套	1	GB 50464—2008	否	无
7	可拼接桌椅	主要功能： 安全稳定地放置微型计算机等设备。 技术要求： 可拼接、可拆开并按照需要形式组合	套	10	GB/T 3976—2014 QB/T 4071—2010	否	教学辅助设备

表 11 创新创意实训室设备要求

序号	设备名称	主要功能和技术要求	单位	数量	执行标准或质量要求	是否采用虚拟仿真环境	备注
1	3D 打印机	主要功能： 完成创意部件的打印。 技术要求： 1. 定位精度：*xy* 轴不低于 0.025mm； 2. 打印精度不低于 0.085mm	台	10		否	无
2	微型计算机	主要功能： 配置 ROS 机器人操作系统，能完成机器人应用开发，配置 3D 建模、3D 打印等软件。 技术要求： 1.CPU：≥ 3.2GHz 或同性能产品； 2. 内存：≥ 16GB； 3. 硬盘：≥ 1TB； 4. 显卡：显存≥ 8GB； 5. 网卡：≥ 1 个，百兆	台	10	GB/T 9361—2011 GB/T 9813—2000	否	无
3.	移动机器人通用底盘	主要功能： 具备自主移动、定位导航等功能，留有多种输入输出接口。 技术要求： 1. 配置 ROS 机器人控制系统； 2. 配置激光雷达、定位导航模块，可实现路径规划及定点移动功能； 3. 可搭载执行机构，进行创新实验； 4. 平均无故障时间≥ 20000h	套	10	GB/T 15706—2012 GB/T 16855.1—2018 GB 4943.1—2022 GB/T 37382—2019	否	无
4	传感器、电机等机器人常用零部件	主要功能： 各类传感器等输入信号的元器件及电机等输出元件。 技术要求： 1. 具备位置类、安全类、视觉类传感器；可选择力、速度、加速度、温度、流量等传感器； 2. 具备小型电机、舵机等零部件	套	20	GB 21746—2008 GB 21748—2008	否	配件套数按系统套数 2 倍配置
5	数字万用表	主要功能： 电压、电流（直流 / 交流）、电阻、电感、电容等测试。 技术要求： 1. 电压量程：200mV/ 2V/20V/200V/500V； 2. 电流量程：2mA/20mA/ 200mA/2A/20A； 3. 电阻量程：200Ω/2kΩ/20kΩ/200kΩ/2MΩ；精度 ± 3.0%； 4. 电容档：0 ~ 100F； 5. 电感档：0 ~ 20H	个	10	JB/T 9283—1999	否	无
6	拆装工具	主要功能： 线路、机械部件的拆装等。 技术要求： 包含尖嘴钳、剥线钳、斜口钳、测电笔、镊子、内六角扳手、螺丝刀等	套	10	QB/T 2440.1—2007 QB/T 2207—1996 QB/T 2733—2005 QB/T 2442.1—2007	否	无

续表

序号	设备名称	主要功能和技术要求	单位	数量	执行标准或质量要求	是否采用虚拟仿真环境	备注
7	交互显示系统	主要功能： 能够实现显示及使用者与屏幕之间的信息交流。 技术要求： 1. 产品整体尺寸要求：宽≥ 4300mm，高≥ 1350mm，厚≥ 70mm，液晶屏不小于 86 英寸； 2. 单屏物理分辨率：3840×2160（1:1 Map 点对点 2160P 显示）； 3. 可视角度：（水平 / 垂直）178°； 4. 采用纳米电容触控技术，手指轻触式多点（不小于 20 点触控）互动体验； 5. 内嵌 PC	套	1	GB 50464—2008	否	教学辅助设备
8	可拼接桌椅	主要功能： 安全稳定地放置微型计算机等设备。 技术要求： 可拼接、可拆开并按照需要形式组合	套	10	GB/T 3976—2014 QB/T 4071—2010	否	教学辅助设备

注：1. 表 2 至表 11 中实训设备数是为满足 40 人 / 班同时进行实训教学的配备要求。在保证实训教学目标要求的前提下，各院校可根据本专业的实际班级人数和教学组织模式对实训课程进行合理安排，配备相应的仪器设备数量。
2. 各院校可根据地域特点和行业、企业对从业人员的具体要求，优先选择具有 ISO 标准管理体系认证等国家质量监督管理部门认可的企业所生产的相应规格、型号的仪器设备，优先选择企业所用真实设备，亦可根据专业特点选择虚拟仿真实训资源等。
3. 表 2 至表 8 实训室设备的要求为本专业实训教学建设的必配条件；表 9 至表 11 为可根据各自特点和培养方向进行建设的选配条件。
4. 表 2 至表 4 参照 2022 年《高等职业学校实训教学条件建设标准（职业学校专业仪器设备装备规范）》中的相关实训设备要求。

3.3 实训教学环境效果

移动机器人虚拟仿真实训室布局效果如图 1 所示。

图 1　移动机器人虚拟仿真实训室布局效果

智能移动机器人装调实训室布局效果如图 2 所示。

图 2　智能移动机器人装调实训室布局效果

智能移动机器人技术应用实训室布局效果如图 3 所示。

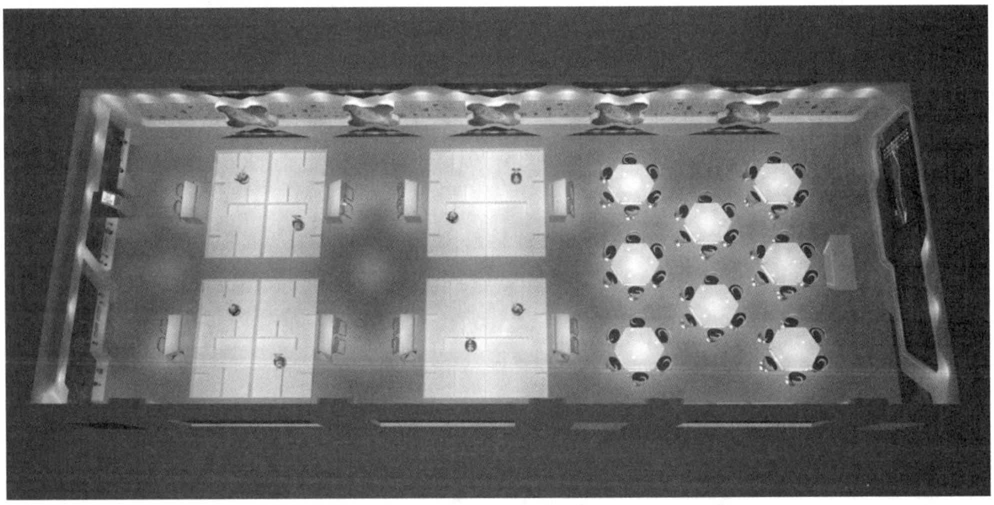

图 3　智能移动机器人技术应用实训室布局效果

智能机器人多应用场景实训室布局效果如图 4 所示。

图 4　智能机器人多应用场景实训室布局效果

机器人系统集成综合实训室布局效果如图 5 所示。

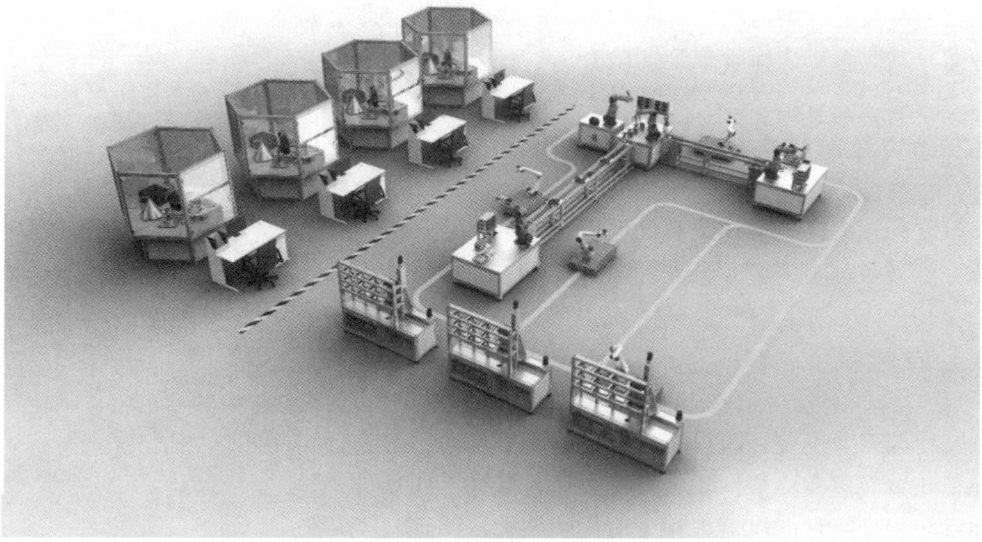

图 5 机器人系统集成综合实训室布局效果

注：本指南仅给出部分实训室布局效果图。

4 实训教学管理与实施

4.1 实训室人员

配备相应的实训室人员管理办法，明确实训教学岗位管理职责（包括安排教学任务，负责仪器设备的调度、租借、使用和管理），定期培训和考核。

实训室必须配备 1 名或以上专职管理人员。

专任教师必须参与至少 1 个实训室的管理工作。

参与建设或承担相关课程的老师也要参与维护管理。

4.2 实训管理制度

建立健全实训教学设备管理制度，规范仪器设备采购、使用、维护、报废等运行环节。

实训室仪器设备，应由专人保管维护，登记建账，实验仪器设备要保持账、卡、物相符。

实训室仪器设备的存放，必须合乎放置要求，整洁有序，便于检查使用。必须注意防尘、防潮、防震、防冻。

4.3 建立信息化管理平台

建立信息化管理平台，实现实训内容、空间、时间、人员、仪器设备等的高效利用和开放共享。

4.4 安全教育

制定安全教育制度并贯穿在日常实训教学中。所有人员必须严格执行实训室的各项规章制度，确保实训室安全。实训室及走廊不得堆放与实训无关的物品，确保通道畅通。易燃、易爆物品不得靠近热源，严禁敲击和碰撞，并应有专人保管，定期检查。

4.5 突发事件应急预案

制定实训教学突发事件应急预案与处理措施。针对突发事件制定应急预案，应包含处理时效、责任人、应急物资配备等。需要对实训室人员进行系统性应急处理措施培训。

4.6 突出专业特色

根据学校文化与专业需要，建设多种形式的实训环境，实施理实一体化教学。

实训室环境布置应落实立德树人的教育方针，弘扬工匠精神。

专业实训室布置介绍智能机器人相关应用的展板，体现教学特色。

5 参考文献及标准

5.1 参考文献

中华人民共和国教育部．职业教育专业目录（2021 年）[Z]. 北京，2021（03）.

5.2 参考标准

DIN 5128—1971	橡胶锤
GB 11291.1—2011	工业环境用机器人　安全要求　第 1 部分：机器人
GB 11291.2—2013	机器人与机器人装备　工业机器人的安全要求　第 2 部分 : 机器人系统与集成
GB 14050—2008	系统接地的型式及安全技术要求
GB 16655—2008	机械安全　集成制造系统　基本要求
GB 19517—2009	国家电气设备安全技术规范
GB 21746—2008	教学仪器设备安全要求总则
GB 21748—2008	教学仪器设备安全要求　仪器和零部件的基本要求
GB 28526—2012	机械电气安全　安全相关电气、电子和可编程电子控制系统的功能安全
GB 2893—2008	安全色
GB 2894—2008	安全标志
GB 30439.1—2013	工业自动化产品安全要求　第 1 部分 : 总则
GB 35114—2017	视频安防监控系统工程设计规范
GB 4943.1—2022	音视频、信息技术和通信设备　第 1 部分：安全要求
GB 50009—2012	建筑结构荷载规范

GB 50016—2014	建筑设计防火规范
GB 50033—2013	建筑采光设计标准
GB 50034—2013	建筑照明设计标准
GB 50371—2006	厅堂扩声系统设计规范
GB 50464—2008	视频显示系统工程技术规范
GB 5226.1—2008	机械电气安全　机械电气设备　第 1 部分 : 通用技术条件
GB 6675—2014	国家玩具安全技术规范
GB/T 12116—2012	电子电压表通用规范
GB/T 1214.2—1996	游标类卡尺　游标卡尺
GB/T 1216—2004	外径千分尺
GB/T 12181—1990	低频信号发生器通用技术条件
GB/T 12467—2009	金属材料熔焊质量要求
GB/T 12801—2008	生产过程安全卫生要求总则
GB/T 13978—2008	数字多用表
GB/T 14689—2008	技术制图　图纸幅面和格式
GB/T 14690—1993	技术制图　比例
GB/T 15151—2012	频率计数器通用规范
GB/T 15289—2012	数字存储示波器通用规范
GB/T 15706—2012	机械安全　设计通则　风险评估与风险
GB/T 16855.1—2008	机械安全　控制系统有关安全部件　第 1 部分 : 设计通则
GB/T 16895.1—2008	低压电气装置　第 1 部分 : 基本原则、一般特性评估和定义
GB/T 16895.18—2010	建筑物电气装置　第 5–51 部分：电气设备的选择和安装
GB/T 16895.2—2017	低压电气装置　第 4–42 部分：安全防护　热效应保护
GB/T 16895.22—2004	建筑物电气装置　第 5–53 部分 : 电气设备的选择和安装　隔离、开关和控制设备　第 534 节：过电压保护电器
GB/T 16895.3—2017	低压电气装置　第 5–54 部分：电气设备的选择和安装　接地配置和保护导体
GB/T 16895.4—1997	建筑物电气装置
GB/T 16895.5—2012	低压电气装置　第 4–43 部分：安全防护　过电流保护
GB/T 16895.6—2014	低压电气装置　第 5–52 部分：电气设备的选择和安装　布线系统
GB/T 17799.1—1999	电磁兼容　通用标准　居住、商业和轻工业环境中的抗扰度试验
GB/T 17799.2—2003	电磁兼容　通用标准　工业环境中的抗扰度试验
GB/T 17799.3—2012	电磁兼容　通用标准　居住、商业和轻工业环境中的发射
GB/T 17799.4—2012	电磁兼容　通用标准　工业环境中的发射
GB/T 1800.3—1993	极限与配合　基础　第 3 部分 : 标准公差和基本偏差数值表
GB/T 18135—2008	电气工程 CAD 制图规则
GB/T 20867—2007	工业机器人　安全实施规范
GB/T 21028—2007	信息技术服务　服务器安全技术要求
GB/T 21388—2008	游标、带表和数显深度卡尺
GB/T 22095—2008	铸铁平板
GB/T 22690—2008	数据通信设备通用机械结构　机柜和插箱
GB/T 25068—2022	信息技术　安全技术　网络安全

GB/T 26237—2022	信息技术　生物特征识别数据交换格式
GB/T 26701—2011	模型产品通用技术要求
GB/T 30094—2013	工业以太网交换机技术规范
GB/T 30976.1—2014	工业控制系统信息安全　第 1 部分 : 评估规范
GB/T 31915—2015	信息技术　弹性计算应用接口
GB/T 33261—2016	服务机器人模块化设计总则
GB/T 37283—2019	服务机器人　电磁兼容　通用标准　抗扰度要求和限值
GB/T 37382—2019	光学功能薄膜　液晶显示背光模组用薄膜　高温高湿老化性能测定方法
GB/T 37395—2019	送餐服务机器人通用技术条件
GB/T 38124—2019	服务机器人性能测试方法
GB/T 38260—2019	服务机器人功能安全评估
GB/T 38326—2019	工业、科学和医疗机器人　电磁兼容　抗扰度试验
GB/T 38336—2019	工业、科学和医疗机器人　电磁兼容　发射测试方法和限值
GB/T 38659.1—2020	电磁兼容　风险评估　第 1 部分 : 电子电气设备
GB/T 38834.1—2020	机器人　服务机器人性能规范及其试验方法　第 1 部分：轮式机器人运动
GB/T 3976—2014	学校课桌椅功能尺寸及技术要求
GB/T 39785—2021	服务机器人　机械安全评估与测试方法
GB/T 40013—2021	服务机器人　电气安全要求及测试方法
GB/T 40229—2021	家用移动机器人性能评估方法
GB/T 40327—2021	轮式移动机器人导引运动性能测试方法
GB/T 40694—2022	信息技术　用于生物特征识别系统的图示、图标和符号
GB/T 41819—2022	信息安全技术　人脸识别数据安全要求
GB/T 41864—2022	信息技术　计算机视觉术语
GB/T 41867—2022	信息技术　人工智能术语
GB/T 42012—2022	信息安全技术　即时通信服务数据安全要求
GB/T 42018—2022	信息技术　人工智能平台计算资源规范
GB/T 4458.4—2003	机械制图　尺寸注法
GB/T 5465.1—2009	电气设备用图形符号　第 1 部分 : 概述与分类
GB/T 5465.2—2008	电气设备用图形符号　第 2 部分 : 图形符号
GB/T 6585—2013	阴极射线示波器通用规范
GB/T 6988.1—2008	电气制图国家标准
GB/T 9361—2011	计算机场地安全要求
GB/T 9813.1—2016	计算机通用规范　第 1 部分：台式微型计算机
GB/T 9813.2—2016	计算机通用规范　第 2 部分：便携式微型计算机
GB/T 9813.3—2017	计算机通用规范　第 3 部分：服务器
GB/T 9813—2000	微型计算机通用规范
GB/Z 30249—2013	测量、控制和实验室用电气设备的安全要求
GBZ 1—2010	工业企业设计卫生标准
JB/T 10865—2008	统一螺纹量规
JB/T 13689—2019	集成低压无功补偿装置
JB/T 3061—92	台式钻床　技术条件
JB/T 3411.56—1999	方箱　尺寸

JB/T 3770—2000	落地砂轮机
JB/T 9283—1999	万用电表
JJF 1075—2015	钳形电流表校准规范
JJG 182—1994	钳形表
JJG 622—1997	绝缘电阻表（兆欧表）
JJG 840—2015	函数发生器
JY 0001—2003	教学仪器设备产品一般质量要求
JY/T 0459—2014	高等职业学校机电一体化专业仪器设备装备规范
LD/T 81.1—2006	职业技能实训和鉴定设备通用技术规范
QB/T 1108—2015	钢锯架
QB/T 1558.1—1992	台虎钳　通用技术条件
QB/T 1558.2—1992	台虎钳　普通台虎钳
QB/T 2207—1996	剥线钳
QB/T 2440.1—2007	夹扭钳　尖嘴钳
QB/T 2442.1—2007	夹扭剪切钳　钢丝钳
QB/T 2733—2005	电线连接工具　手动机械压线钳
QB/T 3843—1999	锉刀型式尺寸
QB/T 4071—2010	课桌椅
SJ/T 10472—2013	函数信号发生器通用规范
SJ/T 10533—1994	电子设备制造防静电技术要求
SJ/T 9517—1993	通用示波器质量分等标准
YD/T 2319—2011	数据设备用网络机柜技术要求和检验方法

上海市职业院校工业机器人技术专业
（中高职贯通及五年一贯制）

实训教学环境建设指南

上海市教育委员会教育技术装备中心

目　录

前 言

本指南由上海市教育委员会组织编制、审定并颁布实施。

为规范和加强职业院校工业机器人技术专业（中高职贯通及五年一贯制）实训教学环境建设，特制定本指南。本指南是职业院校工业机器人技术专业（中高职贯通及五年一贯制）实训教学环境建设及实训教学管理的基本依据，是加强工业机器人技术专业实践性教学、强化学生职业技能训练、提高人才培养质量的重要保障。

本指南主要参与编制单位与部门：上海市教育委员会职业教育处、上海市教育委员会教育技术装备中心、上海电子信息职业技术学院、上海市高级技工学校、上海信息技术学校、上海市奉贤中等专业学校。

本指南主要编写人员：何永艳、王晓栋、杨洋、王珺萩；参与编制人员：陈永平、郝森、袁冬琴、王凯凯、付佳杰、宁宗奇、冯琦琨、张祁、何智勇、何炯、夏云奇、章嘉浩、时伉丽。

1 适用范围

本指南适用于职业院校工业机器人技术专业（中高职贯通及五年一贯制）校内实训教学场所及设备的建设，职业院校相关专业及有关培训机构可参照执行。

2 实训教学环境要求

2.1 分类、面积与主要功能

专业实训教学类别分为专业基础技能实训、专业核心技能实训和专业拓展技能实训。

按照实训教学内容，划分实训教学场所。中高职贯通专业可由中职校和高职校根据人才培养方案的教学实施具体情况分别配置相关实训室，也可共建共用实训室。实训场所面积需要满足 40 人 / 班同时开展实训教学的要求。实训教学场所分类、面积与主要功能要求见表 1。

表 1 实训教学场所分类、面积与主要功能

实训教学类别	实训场所名称	实训场所面积（m^2）	功能	
			主要实训项目	对应的主要课程
专业基础技能实训	参照 JY/T 0459—2014 中的 4.1.2 表 2			
专业核心技能实训	工业机器人装配调试实训室	150 及以上	1. 工业机器人结构认知； 2. 工业机器人传动机构工作原理认识； 3. 工业机器人夹具等机械拆装； 4. 工业机器人维保等	工业机器人技术基础、机械基础、机械机构分析与应用、工业机器人设备维修与维护
	工业机器人离线编程及仿真实训室	120 及以上	1. 工业机器人操作仿真训练； 2. 工业机器人虚拟工作站搭建； 3. 工业机器人离线编程调试； 4. 仿真环境下动态效果实现等	工业机器人仿真与离线编程、可编程控制应用、其他需要使用电脑机房的课程
	工业机器人应用实训室（校内）	150 及以上	1. 工业机器人手动操作； 2. 工业机器人坐标系标定； 3. I/O 信号配置； 4. 简单控制程序编制； 5. 轨迹类应用训练； 6. 搬运装配类应用训练； 7. 码垛类应用训练等	工业机器人现场编程、工业机器人技术应用
	工业机器人系统集成实训室	150 及以上	1. 工业机器人及外围系统安装； 2. 工业机器人工作站程序调试； 3. 系统人机界面开发调试； 4. 工业相机、数控机床、焊机等外围设备参数设置及通信； 5. 工作站系统故障诊断及常见故障排除； 6. 工作站系统方案设计等	工业机器人现场编程、机器视觉应用、工业机器人系统集成

续表

实训教学类别	实训场所名称	实训场所面积（m^2）	功能	
			主要实训项目	对应的主要课程
专业拓展技能实训	1+X 等技能证书专项训练实训室	150 及以上	工业机器人各技能证书考核大纲所要求的技能训练、各公布样题的实操训练	1+X 等技能证书专项技能训练
	工业机器人应用实训室（校外）	200 及以上	焊接类应用训练、打磨类应用训练等不适合学校环境下开展的实训项目。实训室由企业进行投入运行，开展实训前由校方派出人员评估环境安全性，合格后由校方派车送学生至实训室开展实践教学	工业机器人技术应用 机器视觉应用
	XR 工业机器人仿真实训室	120 及以上	多品牌的工业机器人操作、坐标系标定、I/O 配置、程序编制及调试、工业机器人拆卸与安装、工业机器人保养等实训项目	工业机器人现场编程、工业机器人维修与维护

注：专业基础技能实训室、专业核心技能实训中的工业机器人装配调试实训室和工业机器人离线编程及仿真实训室建议在中职校建设，涉及的课程建议在一、二、三年级开设，其他实训室建议在高职校建设，涉及的课程建议在四、五年级开设。

2.2 通用环境

2.2.1 采光

应符合 GB 50033—2013 的有关规定。

2.2.2 照明

应符合 GB 50034—2013 的有关规定。

2.2.3 通风

应符合 GB 50016—2014 和工业企业通风的有关要求。

2.2.4 电气安装

应符合 GB/T 16895.1—2008、GB/T 16895.2—2017、GB/T 16895.3—2017、GB/T 16895.4—1997、GB/T 16895.5—2012、GB/T 16895.6—2014、GB/T 16895.18—2010、GB/T 16895.22—2004 的有关规定。

2.2.5 噪声

应符合 GB 50118—2010 中学校建筑隔声设计的有关规定。

2.2.6 层高

应符合 GB 50016—2014 中有关实验层高的规定。

专业特殊要求：大型工业机器人安置房间层高应按照其最大伸展高度的 1.5 倍以上配置。

2.2.7 楼面承重

应符合 GB 50009—2012 有关建筑荷载的规定。

专业特殊要求：大型工业机器人应安置在底层房间。

2.2.8 防火

应符合 GB 50016—2014 有关厂房、仓库防火的规定。

专业特殊要求：有工业机器人设备的实训室应配置二氧化碳灭火器。

2.2.9 安全与卫生

应符合 GBZ 1—2010 和 GB/T 12801—2008 的有关要求。安全标志应符合 GB 2893—2008 和 GB 2894—2008 的有关要求。

专业特殊要求：有工业机器人设备的实训室还需符合 GB/T 20867—2007 的有关要求。

2.3 网络环境

2.3.1 网络教学环境

应保证实训教学软件及设备的正常运行。

2.3.2 信息安全

应符合 GB/T 25068—2022 有关网络安全的规定。做好防病毒措施，消除信息孤岛，保证信息安全。

2.4 文化环境

将职业精神与企业文化元素融入文化环境建设中，根据工业机器人技术专业特色制作以工业机器人定义、种类及用途，国内外主要品牌，主要工作岗位，大国工匠精神，优秀毕业生为内容的背景墙、宣传栏等。在各实训室明显位置张贴国旗图标或悬挂国旗。建设生产性实训环境，引入“5S”管理模式，营造良好职业氛围。

3 实训教学设备要求

3.1 基本要求

3.1.1 配备的仪器设备产品质量应符合相关的国家标准或行业标准，并具有相应的质量证明。

3.1.2 各种仪器设备的安装使用都应符合有关国家或行业标准，接地应符合 GB/T 16895.3—2017 的要求。

3.1.3 需接入电源的仪器设备，应满足国家电网规定接入要求，电压额定值为交流 380V（三相）或 220V（单相），并应具备过流、漏电保护功能；需要插接线的，插接线应绝缘且通电部位无外露。

3.1.4 具有执行机构的各类仪器设备，应具备急停功能，紧急状况可切断电源、气源、压力，并令设备动作停止。

3.1.5 电脑只规定数量，功能和性能应能满足设备功能使用需求。

3.2 实训室仪器设备配置标准目录（一室一表）

3.2.1 专业核心技能实训室

专业核心技能实训室设备要求见表 2—表 5。

表 2 工业机器人装配调试实训室设备要求

序号	设备名称	主要功能和技术要求	单位	数量	执行标准或质量要求	是否采用虚拟仿真环境	备注
1	工业机器人活动模型	主要功能： 展示各种类型的机器人样式及基本关节运动。 技术要求： 1. 材质环保安全。 2. 尺寸为真实机器人按比例缩小。 3. 机器人模型关节能仿照真机运动。 4. 类型包含： （1）串联型 4 轴机器人； （2）串联型 6 轴机器人； （3）SCARA 机器人； （4）并联型机器人； （5）7 轴协作机器人（可选）	套	20	GB/T 26701—2011 GB 6675—2014	否	每种类型机器人数量 4~5 个
2	机械传动部件演示台	主要功能： 展示工业机器人内部关节、减速机、传动机构等，提供传动零部件 3D 动画演示。 技术要求： 1. 典型关节机器人的关节及常用减速机（谐波减速机、RV 减速机、行星齿轮减速机）等； 2. 其他机器人常用传动机构（齿轮传动、蜗轮蜗杆传动、链传动、带传动）等； 3. 常规工业机器人传动零部件 3D 动画演示等	套	1	GB/T 26154—2010 GB 11291.1—2011 GB 11291.2—2013 LD/T 81.1—2006	否	
3	工业机器人装调实训装置	主要功能： 能进行拆装训练，可以独立运动，具有多种作业功能等。 技术指标： 1. 工业机器人主要技术参数： （1）自由度：≥ 6； （2）活动半径：≥ 300mm； （3）配套控制系统； （4）配套示教编程功能； （5）末端手爪的种类≥ 2 种； （6）能实现至少 2 种作业功能。 2. 具有安全防护功能	套	10	GB/T 26154—2010 GB 11291.1—2011 GB 11291.2—2013 LD/T 81.1—2006 SJ/T 31196—1994 GB/T 29825—2013	否	配套调试、维护保养工具及仪器
4	交互显示系统	主要功能： 能够实现显示及使用者与屏幕之间的信息交流。 技术要求： 1. 产品整体尺寸要求：宽≥ 4300mm，高≥ 1350mm，厚≥ 70mm，液晶屏不小于 86 英寸； 2. 单屏物理分辨率：3840 × 2160（1:1 Map 点对点 2160P 显示）； 3. 可视角度：（水平 / 垂直）178°； 4. 采用纳米电容触控技术，手指轻触式多点（不小于 20 点触控）互动体验； 5. 内嵌 PC	套	1	GB 50464—2008	否	

续表

序号	设备名称	主要功能和技术要求	单位	数量	执行标准或质量要求	是否采用虚拟仿真环境	备注
5	扩音系统	主要功能： 扩大教师讲话声音。 技术要求： 实训室最远端能清晰听到教师语音，无回音	套	1	GB 50371—2006	否	
6	可拼接桌椅	主要功能： 安全稳定地放置工业机器人活动模型等。 技术要求： 可拼接、可拆开并按照需要形式组合	套	20	GB/T 3976—2014 QB/T 4071—2010	否	每套可以坐 2 人

表 3　工业机器人离线编程及仿真实训室设备要求

序号	设备名称	主要功能和技术要求	单位	数量	执行标准或质量要求	是否采用虚拟仿真环境	备注
1	微型计算机	主要功能： 可以满足计算机辅助设计软件、机器人虚拟仿真软件正常运行，具有联网功能。 技术要求： 1. CPU：≥ 3.2GHz 或同性能产品； 2. 内存：≥ 16GB； 3. 硬盘：≥ 1TB； 4. 显卡：显存≥ 8GB； 5. 网卡：≥ 1 个，百兆	台	40	GB/T 9361—2011 GB/T 9813—2000	否	配套桌椅
2	工业机器人离线编程及仿真软件	主要功能： 机器人建模、仿真所需要的开发环境。 技术要求： 1. 支持导入主流 CAD 格式的数据，可进行工业机器人的模型导入、轨迹规划、运动仿真和控制代码输出，实现离线编程； 2. 可利用实体模型、曲面或曲线直接生成运动轨迹	套	40	GB/T 16977—2005 GB/T 19399—2003 GB/T 29824—2013 GB/T 14284—1993	否	
3	计算机辅助设计软件	主要功能： 为机器人仿真软件搭建模型等。 技术要求： 1. 具有 2D 和 3D 建模、装配校验、运动仿真等功能，以实现产品数字化设计（必选）； 2. 具有符合 TEC 标准的电气制图功能（可选）； 3. 可对主流自动化和驱动产品进行组态、编程和调试（可选）	套	40	GB/T 14689—2008 GB/T 14690—1993 GB/T 4458.4—2003 GB/T 1800.3—1993 GB/T 6988.1—2008 GB/T 5465.1—2009 GB/T 5465.2—2008 GB/T 18135—2008	否	
4	交互显示系统	主要功能： 能够实现显示及使用者与屏幕之间的信息交流。 技术要求： 1. 产品整体尺寸要求：宽≥ 4300mm，高≥ 1350mm，厚≥ 70mm，液晶屏不小于 86 英寸； 2. 单屏物理分辨率：3840×2160（1:1 Map 点对点 2160P 显示）； 3. 可视角度：（水平 / 垂直）178°； 4. 采用纳米电容触控技术，手指轻触式多点（不小于 20 点触控）互动体验； 5. 内嵌 PC	套	1	GB 50464—2008	否	

续表

序号	设备名称	主要功能和技术要求	单位	数量	执行标准或质量要求	是否采用虚拟仿真环境	备注
5	扩音系统	主要功能： 扩大教师讲话声音。 技术要求： 实训室最远端能清晰听到教师语音，无回音	套	1	GB 50371—2006	否	
6	双机位电脑桌椅	主要功能： 安全稳定地放置电脑等。 技术要求： 可拼接、可拆开并按照需要形式组合	套	20	GB/T 3976—2014 QB/T 4071—2010	否	每套可以坐 2 人

表 4　工业机器人应用实训室（校内）设备要求

序号	设备名称	主要功能和技术要求	单位	数量	执行标准或质量要求	是否采用虚拟仿真环境	备注
1	工业机器人应用工作站	主要功能： 能够完成典型工作任务（搬运、上下料、装配、码垛等）。 技术指标： 1. 选用串联机器人、并联机器人等主流构型； 2. 负载≥ 3kg； 3. 具备安全防护栏等必备的安全防护装置； 4. 含有控制系统、触摸屏、变频或伺服、通信等典型自动化单元； 5. 配备典型工装夹具，建议采用快换机构； 6. 具有完成典型工作任务所需的外围设备（工件输送装置、料库等）； 7. 能实现与其他设备互联互通； 8. 配备虚拟仿真模型，可进行离线编程（可选）	套	10	GB/T 26154—2010 GB 11291—1997 SJ/T 10533—1994 JY 0001—2003 LD/T 81.1—2006 LD/T 81.1—2006	否	根据教学需求，多种应用类型可在工作站中任意组合。工作站总数不少于 6 套
2	微型计算机	主要功能： 满足 PLC 编程软件、人机界面软件的正常使用。 技术要求： 1.CPU：≥ 3.2GHz 或同性能产品； 2. 内存：≥ 16GB； 3. 硬盘：≥ 1TB； 4. 显卡：显存≥ 8GB； 5. 网卡：≥ 1 个，百兆	台	10	GB/T 9361—2011 GB/T 9813—2000	否	台数与工业机器人应用工作站套数一致
3	交互显示系统	主要功能： 能够实现显示及使用者与屏幕之间的信息交流。 技术要求： 1. 产品整体尺寸要求：宽 ≥ 4300mm，高 ≥ 1350mm，厚 ≥ 70mm，液晶屏不小于 86 英寸； 2. 单屏物理分辨率：3840 × 2160（1:1 Map 点对点 2160P 显示）； 3. 可视角度：（水平 / 垂直）178°； 4. 采用纳米电容触控技术，手指轻触式多点（不小于 20 点触控）互动体验； 5. 内嵌 PC	套	1	GB 50464—2008	否	
4	扩音系统	主要功能： 扩大教师讲话声音。 技术要求： 实训室最远端能清晰听到教师语音，无回音。	套	1	GB 50371—2006	否	

续表

序号	设备名称	主要功能和技术要求	单位	数量	执行标准或质量要求	是否采用虚拟仿真环境	备注
5	可拼接桌椅	主要功能： 安全稳定地放置微型计算机等。 技术要求： 可拼接、可拆开并按照需要形式组合	套	20	GB/T 3976—2014 QB/T 4071—2010	否	每套可以坐 2 人

表 5　工业机器人系统集成实训室设备要求

序号	设备名称	主要功能和技术要求	单位	数量	执行标准或质量要求	是否采用虚拟仿真环境	备注
1	工业机器人本体平台	主要功能： 能自主运行，完成搬运、上下料、装配、码垛等工作。 技术指标： 1. 选用串联机器人、并联机器人等主流构型； 2. 负载≥ 3kg； 3. 重复定位精度小于 0.05mm； 4. 平均无故障时间（MTBF）大于 5000h； 5. 供电规格覆盖中国大陆单相 220V、50Hz 或三相 380V、50Hz； 6. 具备安全防护栏等必备的安全防护装置； 7. 配备常见工业网络选项，能实现与其他设备网络通信	套	10	本体及关键零部件产品获得“国家机器人 CR 认证标志” GB/T 17799.1—1999 GB/T 17799.2—2003 GB/T 17799.3—2012 GB/T 17799.4—2012 GB 11291.2—2013 GB 5226.1—2008 GB 16655—2008 GB/T 20867—2007 GB/T 16855.1—2008 GB 28526—2012	否	
2	工艺模块	主要功能： 能够实现搬运、上下料、装配、码垛等典型工作任务。 技术指标： 1. 配备典型工装夹具，建议采用快换机构； 2. 具有完成典型工作任务所需的外围设备（工件输送装置、料库、变频和伺服驱动系统、工业相机等）	套	10	GB 11291—1997 GB 5226.1—2008	否	
3	PLC 控制模块	主要功能： 主控制系统，完成工业机器人、工艺模块等设备的控制。 技术要求： 1. I/O 点不低于 16 点； 2. 带有基本运动控制功能； 3. 至少具有 2 种外部总线通信接口； 4. HMI 不低于 5 英寸彩屏	套	10	GB 21746—2008 GB 21748—2008 SJ/T 10533—1994 GB/Z 30249—2013 LD/T 81.1—2006 GB/T 30976.1—2014 GB 30439.1—2013	否	
4	气动系统	主要功能： 能够对气源进行开关、调节，完成设备的供气。 技术要求： 1. 包含气源处理组件； 2. 包含气动控制器件； 3. 包含气动执行元件	套	10	GB/T 9361—2011 GB/T 9813—2000	否	一套包含的器件满足最复杂的工艺控制需求

续表

序号	设备名称	主要功能和技术要求	单位	数量	执行标准或质量要求	是否采用虚拟仿真环境	备注
5	传感器	主要功能： 完成位置、安全、视觉等信息的采集。 技术要求： 1. 可提供满足标准传感器工作的各类信号源的电源； 2. 具备漏电保护功能； 3. 具备常用传感器的信号采集、处理、传输等功能； 4. 必须具备位置类、安全类、视觉类传感器；可选择力、速度、加速度、温度、流量等传感器	套	20	GB 21746—2008 GB 21748—2008 LD/T 81.1—2006 JY 0001—2003	否	传感器作为配件，套数按系统套数 2 倍配置
6	拆装工具	主要功能： 线路、机械部件的拆装等。 技术要求： 包含尖嘴钳、剥线钳、斜口钳、测电笔、镊子、内六角扳手、螺丝刀等	套	10	QB/T 2440.1—2007 QB/T 2207—1996 QB/T 2733—2005 QB/T 2442.1—2007	否	电线、气管作为耗材配备
7	微型计算机	主要功能： 满足 PLC 编程软件、人机界面软件的正常使用。 技术要求： 1.CPU：≥ 3.2GHz 或同性能产品； 2. 内存：≥ 16GB； 3. 硬盘：≥ 1TB； 4. 显卡：显存≥ 8GB； 5. 网卡：≥ 1 个，百兆	台	10	GB/T 9361—2011 GB/T 9813—2000	否	台数与工业机器人应用工作站套数一致
8	交互显示系统	主要功能： 能够实现显示及使用者与屏幕之间的信息交流。 技术要求： 1. 产品整体尺寸要求：宽≥ 4300mm，高≥ 1350mm，厚≥ 70mm，液晶屏不小于 86 英寸； 2. 单屏物理分辨率：3840 × 2160（1:1 Map 点对点 2160P 显示）； 3. 可视角度：（水平 / 垂直）178°； 4. 采用纳米电容触控技术，手指轻触式多点（不小于 20 点触控）互动体验； 5. 内嵌 PC	套	1	GB 50464—2008	否	
9	扩音系统	主要功能： 扩大教师讲话声音。 技术要求： 实训室最远端能清晰听到教师语音，无回音	套	1	GB 50371—2006	否	
10	可拼接桌椅	主要功能： 安全稳定地放置微型计算机等设备。 技术要求： 可拼接、可拆开并按照需要形式组合	套	20	GB/T 3976—2014 QB/T 4071—2010	否	每套可以坐 2 人

3.2.2 专业拓展技能实训室

专业拓展技能实训室设备要求见表6—表8。

表6 1+X等技能证书专项训练实训室设备要求

序号	设备名称	主要功能和技术要求	单位	数量	执行标准或质量要求	是否采用虚拟仿真环境	备注
1	工业机器人训练考核平台	主要功能： 考核平台，满足考核需求。 技术要求： 1. 选用串联机器人、并联机器人等主流构型； 2. 负载≥ 3kg； 3. 能够完成相应1+X等技能证书考核内容所要求的工作任务； 4. 具备安全防护栏等必备的安全防护装置； 5. 含有控制系统、触摸屏、变频或伺服、通信等典型自动化单元； 6. 配备典型工装夹具，建议采用快换机构； 7. 能实现与其他设备互联互通； 8. 配备虚拟仿真模型，可进行离线编程	套	≥ 4（推荐≥10）	GB/T 26154—2010 GB 11291—1997 SJ/T 10533—1994 JY 0001—2003 LD/T 81.1—2006 LD/T 81.2—2006	否	平台需适应教育部1+X证书制度试点的工业机器人相关技能证书的考核要求； 模块化设备，可删减，以满足未来证书考核技能的更新
2	微型计算机	主要功能： 满足PLC编程软件等软件的正常使用。 技术要求： 1.CPU：≥ 3.2GHz或同性能产品； 2. 内存：≥ 16GB； 3. 硬盘：≥ 1TB； 4. 显卡：显存≥ 8GB； 5. 网卡：≥ 1个，百兆	台	≥ 4	GB/T 9361—2011 GB/T 9813—2000	否	台数与工业机器人应用工作站套数一致
3.	考核过程监控系统	主要功能： 满足考核过程的监控。 技术要求： 1. 具有设备监控摄像头； 2. 具有智慧管理终端，对设备运行状态、实操及考核过程等进行管理，为智慧管理系统运行提供依据	套	1	GB35114—2017	否	
4	交互显示系统	主要功能： 能够实现显示及使用者与屏幕之间的信息交流。 技术要求： 1. 产品整体尺寸要求：宽≥ 4300mm，高≥ 1350mm，厚≥ 70mm，液晶屏不小于86英寸； 2. 单屏物理分辨率：3840×2160（1:1 Map点对点2160P显示）； 3. 可视角度：（水平 / 垂直）178° ； 4. 采用纳米电容触控技术，手指轻触式多点（不小于20点触控）互动体验； 5. 内嵌PC	套	1	GB 50464—2008	否	
5	扩音系统	主要功能： 扩大教师讲话声音。 技术要求： 实训室最远端能清晰听到教师语音，无回音	套	1	GB 50371—2006	否	
6	可拼接桌椅	主要功能： 安全稳定地放置微型计算机等设备。 技术要求： 可拼接、可拆开并按照需要形式组合	套	20	GB/T 3976—2014 QB/T 4071—2010	否	每套可以坐2人

表 7　工业机器人应用实训室（校外）设备要求

序号	设备名称	主要功能和技术要求	单位	数量	执行标准或质量要求	是否采用虚拟仿真环境	备注
1	工业机器人焊接工作站	主要功能： 具备弧焊或点焊功能，能完成自动焊接任务。 技术要求： 1. 选用串联机器人； 2. 负载≥ 5kg； 3. 具有完成典型工作任务所需的外围设备（焊枪、焊钳、焊机、送丝机、变位机等）； 4. 具备安全防护栏、焊接烟尘净化器、防护罩等必备的安全防护装置； 5. 含有控制系统、触摸屏、通信等典型自动化单元； 6. 配备典型工装夹具； 7. 能实现与其他设备互联互通	套		GB/T 26154—2010 GB 11291—1997 SJ/T 10533—1994 JY 0001—2003 LD/T 81.1—2006 LD/T 81.2—2006	否	设备台套数由校外实训基地（企业）实际设备数量决定
2	工业机器人喷涂工作站	主要功能： 具备喷涂功能，能完成自动喷涂任务。 技术要求： 1. 选用串联机器人； 2. 负载≥ 5kg； 3. 具有完成典型工作任务所需的外围设备（喷枪、供料系统、变位机等）； 4. 具备安全防护栏、净化回收装置、防护罩等必备的安全防护装置； 5. 含有控制系统、触摸屏、通信等典型自动化单元； 6. 配备典型工装夹具； 7. 能实现与其他设备互联互通	套		GB/T 26154—2010 GB 11291—1997 SJ/T 10533—1994 JY 0001—2003 LD/T 81.1—2006 LD/T 81.2—2006	否	设备台套数由校外实训基地（企业）实际设备数量决定
3	工业机器人打磨工作站	主要功能： 具备抛光或打磨功能，能完成自动打磨任务。 技术要求： 1. 选用串联机器人； 2. 负载≥ 3kg； 3. 具有完成典型工作任务所需的外围设备（抛光机、砂带机、打磨头等）； 4. 具备安全防护栏、粉尘净化回收装置、防护罩等必备的安全防护装置； 5. 含有控制系统、触摸屏、通信等典型自动化单元； 6. 配备典型工装夹具； 7. 能够实现与其他设备互联互通	套		GB/T 26154—2010 GB 11291—1997 SJ/T 10533—1994 JY 0001—2003 LD/T 81.1—2006 LD/T 81.2—2006	否	设备台套数由校外实训基地（企业）实际设备数量决定
4	微型计算机	主要功能： 满足 PLC 编程软件、人机界面软件的正常使用。 技术要求： 1. CPU：≥ 3.2GHz 或同性能产品； 2. 内存：≥ 16GB； 3. 硬盘：≥ 1TB； 4. 显卡：显存≥ 8GB； 5. 网卡：≥ 1 个，百兆	台		GB/T 9361—2011 GB/T 9813—2000	否	台数与工业机器人应用工作站套数一致

续表

序号	设备名称	主要功能和技术要求	单位	数量	执行标准或质量要求	是否采用虚拟仿真环境	备注
5	交互显示系统	主要功能： 能够实现显示及使用者与屏幕之间的信息交流。 技术要求： 1. 产品整体尺寸要求：宽 ≥ 4300mm，高 ≥ 1350mm，厚 ≥ 70mm，液晶屏不小于 86 英寸； 2. 单屏物理分辨率：3840 × 2160（1:1 Map 点对点 2160P 显示）； 3. 可视角度：（水平 / 垂直）178°； 4. 采用纳米电容触控技术，手指轻触式多点（不小于 20 点触控）互动体验； 5. 内嵌 PC	套	1	GB 50464—2008	否	
6	扩音系统	主要功能： 扩大教师讲话声音。 技术要求： 实训室最远端能清晰听到教师语音，无回音	套	1	GB 50371—2006	否	
7	可拼接桌椅	主要功能： 安全稳定地放置微型计算机等设备。 技术要求： 可拼接、可拆开并按照需要形式组合	套	20	GB/T 3976—2014 QB/T 4071—2010	否	每套可以坐 2 人

表 8　XR 工业机器人仿真实训室设备要求

序号	设备名称	主要功能和技术要求	单位	数量	执行标准或质量要求	是否采用虚拟仿真环境	备注
1	XR 工业机器人实训平台	主要功能： 具备多种品牌机器人系统的虚拟调试功能。 技术要求： 1. 实训系统配置 KUKA、FANUC 两种不同品牌的工业机器人手持示教盒； 2. 通过更换手持示教器能够对以上两种品牌工业机器人进行现场示教编程训练，并且实训系统支持三维模型导入； 3. 实训系统具有机器人碰撞检测功能、模拟物理特性功能。可以检测示教过程中发生的碰撞错误，增加真实度； 4. 能在手机和计算机双平台上运行的工业机器人虚拟拆装软件； 5. 具有 6 自由度的 XR 头戴式显示设备； 6. VR 眼镜（可选）	套	20	GB/T 9813—2000 GB 21746—2008 SJ/T 10533—1994 GB/T 19399—2003 GB/T 29824—2013	是	XR 的具体形式可由院校根据实际情况进行选择
2	微型计算机	主要功能： 满足仿真软件等软件的正常使用。 技术要求： 1. CPU：≥ 3.2GHz 或同性能产品； 2. 内存：≥ 16GB； 3. 硬盘：≥ 1TB； 4. 显卡：显存 ≥ 8GB； 5. 网卡：≥ 1 个，百兆	台	20	GB/T 9361—2011 GB/T 9813—2000	否	

续表

序号	设备名称	主要功能和技术要求	单位	数量	执行标准或质量要求	是否采用虚拟仿真环境	备注
3	交互显示系统	主要功能： 能够实现显示及使用者与屏幕之间的信息交流。 技术要求： 1. 产品整体尺寸要求：宽 ≥ 4300mm，高 ≥ 1350mm，厚 ≥ 70mm，液晶屏不小于86英寸； 2. 单屏物理分辨率：3840 × 2160（1:1 Map 点对点 2160P 显示）； 3. 可视角度：（水平 / 垂直）178°； 4. 采用纳米电容触控技术，手指轻触式多点（不小于 20 点触控）互动体验； 5. 内嵌 PC	套	1	GB 50464—2008	否	
4	扩音系统	主要功能： 扩大教师讲话声音。 技术要求： 实训室最远端能清晰听到教师语音，无回音	套	1	GB 50371—2006	否	
5	双机位电脑桌椅	主要功能： 安全稳定地放置电脑等。 技术要求： 可拼接、可拆开并按照需要形式组合	套	20	GB/T 3976—2014 QB/T 4071—2010	否	每套可以坐 2 人

注：1. 表 2 至表 8 中实训设备数是为满足 40 人 / 班同时进行实训教学的配备要求。在保证实训教学目标要求的前提下，各院校可根据本专业的实际班级人数和教学组织模式对实训课程进行合理安排，配备相应的仪器设备数量。

2. 各院校可根据地域特点和行业、企业对从业人员的具体要求，优先选择具有 ISO 标准管理体系认证等国家质量监督管理部门认可的企业所生产的相应规格、型号的仪器设备，优先选择企业所用真实设备，亦可根据专业特点选择虚拟仿真实训资源等。

3. 表 2 至表 5 实训室设备的要求为本专业实训教学建设的必配条件；表 6 至表 8 是可根据各自特点和培养方向进行建设的选配条件。

3.3 实训教学环境布局和实训教学环境效果

实训教学场所总体平面布局如图 1 所示，相关实训室效果如图 2—图 8 所示。

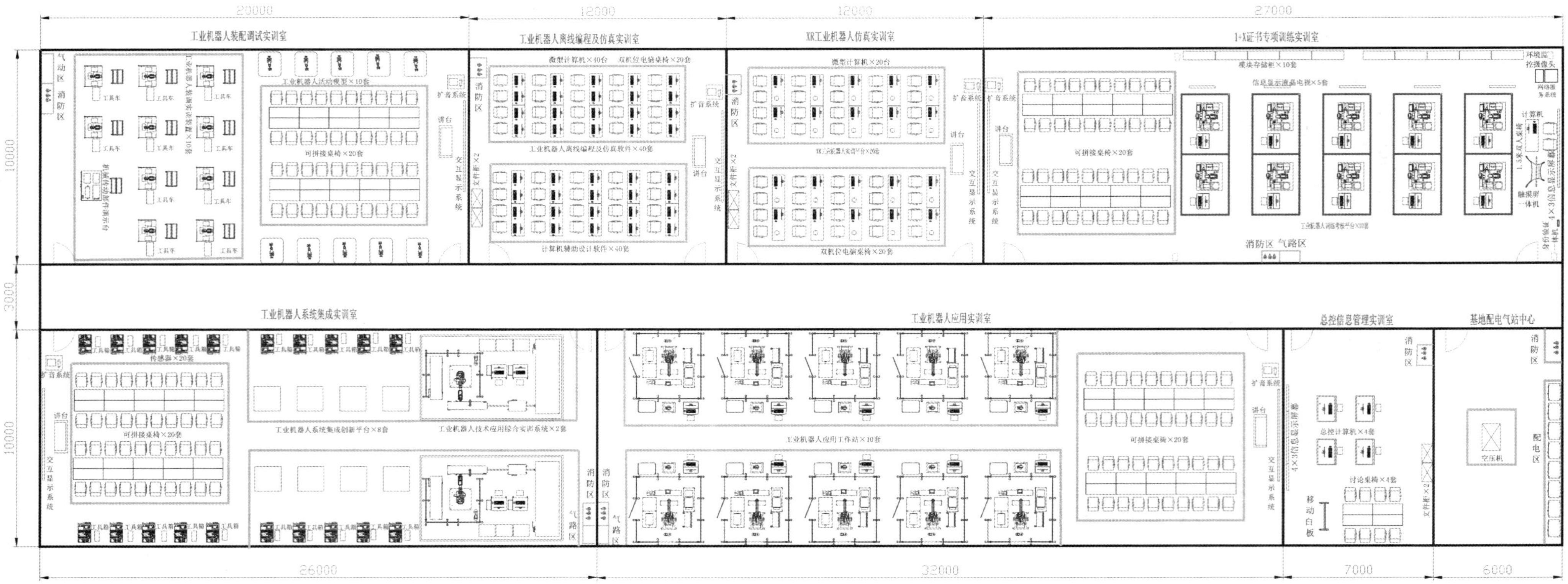

图 1　实训教学场所总体平面布局

图 2　工业机器人装配调试实训室效果

图 3　工业机器人离线编程及仿真实训室效果

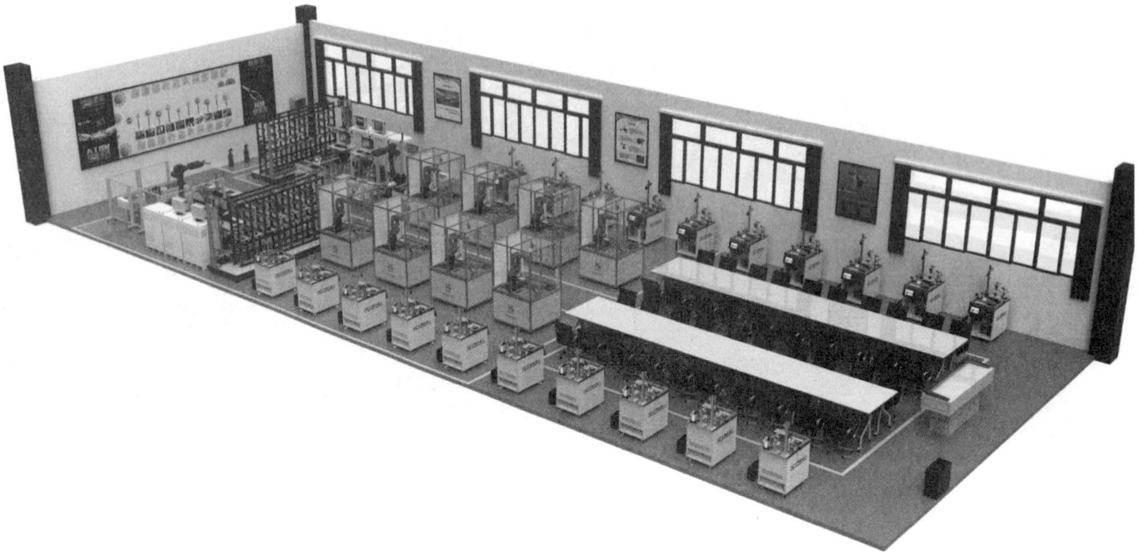

图 4　工业机器人应用实训室（校内）效果

图 5　工业机器人系统集成实训室效果

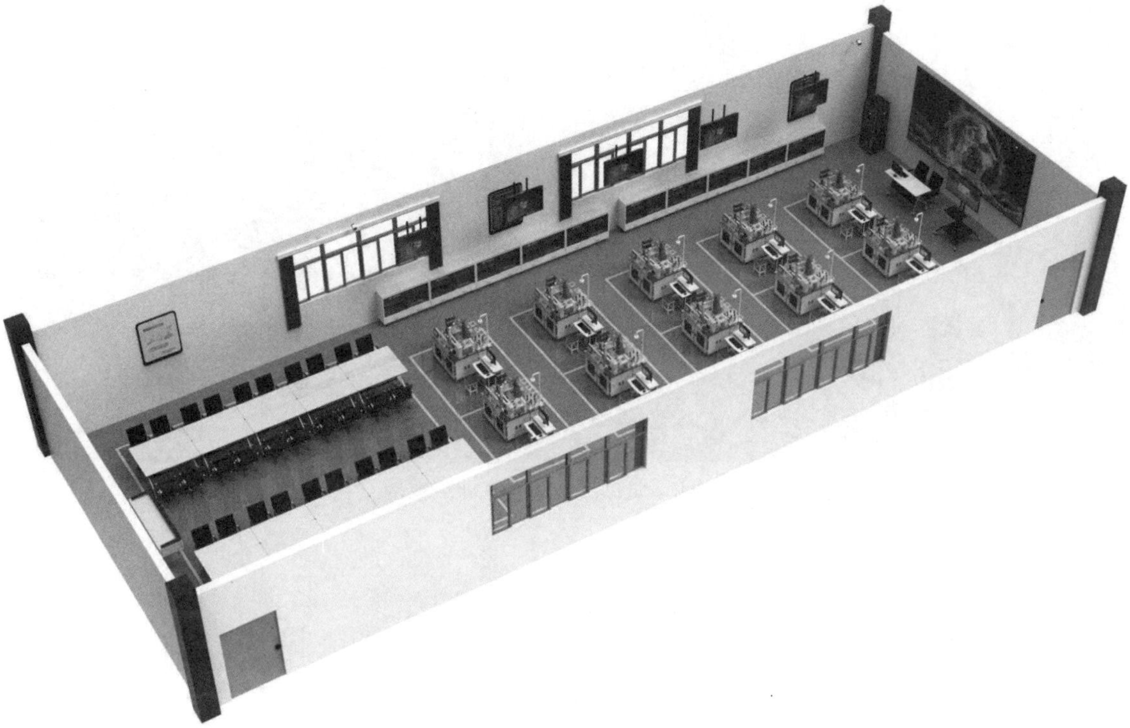

图 6　1+X 等技能证书专项训练实训室效果

图 7　工业机器人应用实训室（校外）效果

图 8　XR 工业机器人仿真实训室效果

4　实训教学管理与实施

4.1　实训室人员

配备相应的实训室人员管理办法，明确实训教学岗位管理职责（包括安排教学任务，负责仪器设备的调度、租借、使用和管理），定期培训和考核。校内实训室必须配备 1 名或以上专职管理人员。专任教师必须参与至少 1 个实训室的管理工作。

4.2　实训管理制度

建立健全实训教学设备管理制度，规范仪器设备采购、使用、维护、报废等运行环节。实训室仪器设备，应由专人保管维护，登记建账，实验仪器设备要保持账、卡、物相符。实训室仪器设备的存放，必须合乎放置要求，整洁有序，便于检查使用。必须注意防尘、防潮、防震、防冻。

4.3　建立信息化管理平台

建立信息化管理平台，实现实训内容、空间、时间、人员、仪器设备等的高效利用和开放共享。

4.4　安全教育

制定安全教育制度并贯穿在日常实训教学中。所有人员必须严格执行实训室的各项规章制度，确保实训室安全。实训室及走廊不得堆放与实训无关的物品，确保通道畅通。易燃、易爆物品不得靠近热源，严禁敲击和碰撞，并应有专人保管，定期检查。

4.5 突发事件应急预案

制定实训教学突发事件应急预案与处理措施。

4.6 突出专业特色

根据学校文化与专业需要，建设多种形式的实训环境，实施理实一体化教学。实训室环境布置应落实立德树人的教育方针，弘扬工匠精神。专业实训室布置介绍工业机器人相关应用的展板，体现教学特色。

5 参考文献及标准

5.1 参考文献

[1] 中华人民共和国教育部 . 职业教育专业目录（2021 年）[Z]. 2021（03）.
[2] 中华人民共和国教育部 . 工业机器人技术专业简介 [Z]. 2015（10）.

5.2 参考标准

GB 11291.1—2011	工业环境用机器人　安全要求　第 1 部分：机器人
GB 11291.2—2013	机器人与机器人装备　工业机器人的安全要求　第 2 部分：机器人系统与集成
GB 11291—1997	工业机器人　安全规范
GB 16655—2008	机械安全　集成制造系统　基本要求
GB 21746—2008	教学仪器设备安全要求总则
GB 21748—2008	教学仪器设备安全要求　仪器和零部件的基本要求
GB 28526—2012	机械电气安全　安全相关电气、电子和可编程电子控制系统的功能安全
GB 2893—2008	安全色
GB 2894—2008	安全标志
GB 30439.1—2013	工业自动化产品安全要求　第 1 部分：总则
GB 35114—2017	视频安防监控系统工程设计规范
GB 50009—2012	建筑结构荷载规范
GB 50016—2014	建筑设计防火规范
GB 50033—2014	建筑采光设计标准
GB 50034—2013	建筑照明设计标准
GB 50118—2010	民用建筑隔声设计规范
GB 50371—2006	厅堂扩声系统设计规范
GB 50464—2008	视频显示系统工程技术规范
GB 5226.1—2008	机械电气安全　机械电气设备　第 1 部分：通用技术条件
GB 6675—2014	国家玩具安全技术规范
GB/T 12801—2008	生产过程安全卫生要求总则
GB/T 14284—1993	工业机器人通用技术条件

GB/T 14689—2008	技术制图　图纸幅面和格式
GB/T 14690—1993	技术制图　比例
GB/T 16855.1—2008	机械安全　控制系统有关安全部件　第 1 部分：设计通则
GB/T 16895.1—2008	低压电气装置　第 1 部分：基本原则、一般特性评估和定义
GB/T 16895.18—2010	建筑物电气装置　第 5-51 部分：电气设备的原则和安装
GB/T 16895.2—2017	低压电气装置　第 4-42 部分：安全防护　热效应保护
GB/T 16895.22—2004	建筑物电气装置　第 5-53 部分：电气设备的选择和安装　隔离、开关和控制设备　第 5-34 节：过电压保护电器
GB/T 16895.3—2017	低压电气装置　第 5-54 部分：电气设备的选择和安装　接地配置和保护导体
GB/T 16895.4—1997	建筑物电气装置
GB/T 16895.5—2012	低压电气装置　第 4-43 部分：安全防护　过电流保护
GB/T 16895.6—2014	低压电气装置　第 5-522 部分：电气设备的选择和安装　布线系统
GB/T 16977—2005	工业机器人　坐标系和运动命名原则
GB/T 17799.1—1999	电磁兼容　通用标准　居住、商业和轻工业环境中的抗扰度试验
GB/T 17799.2—2003	电磁兼容　通用标准　工业环境中的抗扰度试验
GB/T 17799.3—2012	电磁兼容　通用标准　居住、商业和轻工业环境中的发射
GB/T 17799.4—2012	电磁兼容　通用标准　工业环境中的发射
GB/T 1800.3—1993	极限与配合　基础　第 3 部分：标准公差和基本偏差数值表
GB/T 18135—2008	电气工程 CAD 制图规则
GB/T 19399—2003	工业机器人　编程和操作图形用户接口
GB/T 20867—2007	工业机器人　安全实施规范
GB/T 25068—2022	信息技术　安全技术　网络安全
GB/T 26154—2010	装配机器人通用技术条件
GB/T 26701—2011	模型产品通用技术要求
GB/T 29824—2013	工业机器人　用户编程指令
GB/T 29825—2013	机器人通信总线协议
GB/T 30976.1—2014	工业控制系统信息安全　第 1 部分：评估规范
GB/T 3976—2014	学校课桌椅功能尺寸及技术要求
GB/T 4458.4—2003	机械制图　尺寸注法
GB/T 4728—2022	电气简图用图形符号
GB/T 5465.1—2009	电气设备用图形符号　第 1 部分：概述与分类
GB/T 5465.2—2008	电气设备用图形符号　第 2 部分：图形符号
GB/T 6988.1—2008	电气制图国家标准
GB/T 9361—2011	计算机场地安全要求
GB/T 9813—2000	微型计算机通用规范
GB/Z 30249—2013	测量、控制和实验室用电气设备的安全要求
GBZ 1—2010	工业企业设计卫生标准
JB/T 9283—1999	万用电表
JY 0001—2003	教学仪器设备产品一般质量要求
JY/T 0459—2014	高等职业学校机电一体化专业仪器设备装备规范
LD/T 81.1—2006	职业技能实训和鉴定设备　通用技术规范

LD/T 81.2—2006	职业技能实训和鉴定设备技术规范
QB/T 2207—1996	剥线钳
QB/T 2440.1—2007	夹扭钳　尖嘴钳
QB/T 2442.1—2007	夹扭尖嘴钳　钢丝钳
QB/T 2733—2005	电线连接工具　手动机械压线钳
QB/T 4071—2010	课桌椅
SJ/T 10533—1994	电子设备制造防静电技术要求
SJ/T 31196—1994	工业机器人完好要求和检查评定方法

上海市职业院校新能源汽车技术专业
（中高职贯通及五年一贯制）

实训教学环境建设指南

上海市教育委员会教育技术装备中心

目　　录

前　言

本指南由上海市教育委员会组织编制、审定并颁布实施。

为规范和加强职业院校新能源汽车技术专业（中高职贯通及五年一贯制）实训教学环境建设，特制定本指南。本指南是职业院校新能源汽车技术专业（中高职贯通及五年一贯制）实训教学环境建设及实训教学管理的基本依据，是加强新能源汽车技术专业实践性教学、强化学生职业技能训练、提高人才培养质量的重要保障。

本指南主要参与编制单位与部门：上海市教育委员会职业教育处、上海市教育委员会教育技术装备中心、“汽车运用与维修”专业指导委员会、上海交通职业技术学院、上海工商职业技术学院、上海济光职业技术学院、上海市交通学校、上海市杨浦职业技术学校、上海市浦东外事服务学校、上海市工程技术管理学校、上海市技师协会汽车修理专业委员会、上海市汽车维修行业协会、上海市高职高专汽车类教学指导委员会、上海市汽车修理有限公司、上海永达汽车集团有限公司等。

本指南主要编写人员：朱建柳、李丕毅、杨杰、王磊俊；参与编制人员：马桂秋、沈轶娜、曾银丰、米晓彦、仇鑫、黄虎、毛履国、陈智文、沈小毓、周强、孔祥瑞、盛红燕、鞠鲁粤、陶巍、陈咸标、樊荣建、赵超。

1 适用范围

本指南适用于职业院校新能源汽车技术专业（中高职贯通及五年一贯制）校内实训教学场所及设备的建设，是达到新能源汽车技术专业人才培养目标和规格应具备的基本实训教学设施要求。职业学校相关专业及有关培训机构可参照执行。

2 实训教学环境要求

2.1 分类、面积与主要功能

专业实训教学类别分为专业基础技能实训、专业核心技能实训和专业拓展技能实训。

按照实训教学内容，划分实训教学场所。实训场所面积需要满足 40 人 / 班同时开展实训教学的要求。实训教学场所分类、面积与主要功能见表 1。

表 1 实训教学场所分类、面积与主要功能

实训教学类别	实训场所名称	实训场所面积（m^2）	功能	
			主要实训项目	对应的主要课程
专业基础技能实训	新能源汽车基础实训室	240	1. 新能源汽车作业高压安全防护； 2. 新能源汽车电池管理系统结构及原理介绍； 3. 新能源汽车电机及控制器的结构及原理介绍	电动汽车安全操作与高压安全防护、新能源汽车动力系统构造与维修
	电工电子实训室	240	1. 电工电子基础实训； 2. 电路连接实训	电工电子学 （可根据办学条件和规模以及教学模式设置或者共享其他专业实训室）
专业核心技能实训	新能源汽车电能与管理系统实训室	240	1. 新能源汽车电池结构认知； 2. 新能源汽车电池技术状况的检测； 3. 新能源汽车电能管理系统认识及故障检测； 4. 新能源汽车充电系统检测	新能源汽车储能装置与管理、新能源汽车动力系统构造与维修
	新能源汽车电机与控制系统实训室	240	1. 新能源汽车电机拆装及检测； 2. 新能源汽车电机控制系统结构及工作原理； 3. 新能源汽车电机性能测试； 4. 新能源汽车电控系统的故障检测与诊断	新能源汽车驱动电机与控制技术、新能源汽车动力系统构造与维修
	新能源汽车整车实训室	240	1. 新能源汽车结构认知； 2. 新能源汽车动力电池组总成更换； 3. 新能源汽车的正确操作及维护； 4. 新能源汽车充电系统的维护； 5. 新能源汽车拆装检测与调试； 6. 新能源汽车的灯光、仪表等电气系统的故障检测与诊断； 7. 混合动力汽车的发动机故障检测与诊断； 8. 新能源汽车整车故障检测与诊断	纯电动汽车结构与检修、混合动力汽车结构与检修、新能源汽车安全操作与高压安全防护、新能源汽车电气设备构造与维修、新能源汽车性能使用与维护、新能源汽车检测与诊断技术
专业拓展技能实训	新能源汽车电气系统实训室	240	1. 新能源汽车动力转向系统的结构及故障检测； 2. 新能源汽车空调系统结构及故障检测； 3. 新能源汽车真空助力系统结构及故障检测； 4. 新能源汽车车载网络系统结构原理及故障诊断	新能源汽车电气设备构造与维修、新能源汽车检测与诊断技术
	汽车发动机机械拆装检测实训室	240	1. 汽车发动机总体拆装； 2. 汽车发动机总成拆装； 3. 汽车发动机零部件检测	汽车发动机结构与拆装、汽车发动机检测与维修

续表

实训教学类别	实训场所名称	实训场所面积（m^2）	功能	
			主要实训项目	对应的主要课程
专业拓展技能实训	汽车底盘系统拆装检测实训室	240	1. 汽车制动系统拆装与检测； 2. 汽车转向系统拆装与检测； 3. 汽车悬架系统拆装与检测； 4. 轮胎拆装； 5. 车轮定位与检测调整； 6. 车轮动平衡检测与调整	汽车底盘结构与拆装、汽车底盘检测与维修、新能源汽车底盘构造与维修

2.2 通用环境

2.2.1 采光

采光应符合 GB 50033—2013 的有关规定。

采光设计应注意光的方向性，应避免对工作产生遮挡和不利的阴影。对于需要识别颜色的场所，应采用不改变自然光光色的采光材料。

2.2.2 照明

照明应符合 GB 50034—2013 的有关规定。当天然光线不足时，应配置人工照明，人工照明光源应选择接近天然光色温的光源。实训室的照明应根据教学内容对识别物体颜色的要求和场所特点，选择相应显色指数的光源，一般显色指数（Ra）不低于 80。进行精细操作实训，工作台、仪器、设备等的工作区域的照度不应低于 500lx。照度不足时应增加局部补充照明，补充照明不应产生有害眩光。

2.2.3 通风

通风应符合 GB 50016—2014 有关通风和空气调节的规定及工业企业通风的有关要求。

2.2.4 电气安装

实训室的供配电系统应符合 GB 47931.1—2007 的相关规定。每一实训室 / 实验室内都要有三相交流电源和单相交流电源。交流电压 220V/380V，频率 50Hz；三相五线制 / 三相四线制 / 两相三线制下，电源电压波动不大于标称电压的 ±10%。实训室供电负荷应满足该实训室全部用电设备半小时内同时使用的最大负荷总值。

2.2.5 防火

防火应符合 GB 50016—2014 有关厂房、仓库防火的规定以及 GB 50067—2014 有关汽车库、修车库、停车场设计防火规范的有关规定。

2.2.6 高压安全防护

在新能源汽车实训室的高压实训设备周围，应设置 " 高压危险 请勿靠近 " 警告标志，并标明电压等级。

在进行新能源汽车实训前，实训指导教师和实训室管理人员必须经过电工安全培训，并取得国家安全生产监督管理总局颁发的低压电工操作证；在带有高压的设备或实车上进行操作的人员，按 GB/T 18384.1、2、3—2015 规定，应具备低压电工上岗资格，并穿戴高压防护装备，使用符合绝缘等级要求的工具和仪器进行操作实习。

在进行新能源汽车具有高压电的实训设备实验时，必须有两人以上方可开展实验。在实验过程中要保证有人看守，实验完成后要及时断电。

具有高压电的实训设备在阶段实验结束后准备放置时，应进行放电处理。

2.2.7 安全与卫生

安全与卫生应符合 GBZ 1—2010 和 GB/T 12801—2008 的有关要求。安全标志应符合 GB 2893—2008 和 GB 2894—2008 的有关要求。

实训室现场应配置急救医疗箱，配有常用外伤处理药品及物料，药品、物料应在使用有效期内。

建议根据《公共场所自动体外除颤器配置指南（试行）》要求，结合场地实际情况配备自动体外除颤器（AED）。

2.3 网络环境

网络环境应保证实训教学软件及设备的正常运行，可采用有线或无线网络方式，有线网络布置应不影响实训操作。

2.4 文化环境

根据专业特色，实训室内应制作背景墙、宣传栏等，应包含（但不仅限于）：

（1）使用明显的线条或色块，区分出实训操作区域、通道区域、消防设施；

（2）在各实训室明显位置张贴国旗图标或悬挂国旗；

（3）在显著位置，张贴关于实训安全的注意事项及管理制度；

（4）在大型 / 固定安装的设备上（或附近），张贴设备的使用说明及安全操作规范；在高危场所如：电池存放处、材料仓库、待维修设备等位置张贴警示、警告标志；

（5）在公共实训区域的立柱、护墙等醒目位置结合大国工匠、职业素养培养及校企合作等内容张贴宣传海报；

（6）鼓励使用滚动视频、流媒体推送等现代化数字手段进行可视化宣传教育。

3 实训教学设备要求

3.1 基本要求

3.1.1 配备的仪器设备产品质量应符合相关的国家标准或行业标准，并具有相应的质量证明。

3.1.2 各种仪器设备的安装使用都应符合有关国家或行业标准，接地应符合 GB 16895.3—2017 的要求。

3.1.3 需接入电源的仪器设备，应满足国家电网规定接入要求，电压额定值为交流 380V（三相）或 220V（单相），并应具备过流、漏电保护功能；需要插接线的，插接线应绝缘且通电部位无外露。

3.1.4 具有执行机构的各类仪器设备，应具备急停功能，紧急状况可切断电源、气源、压力，并令设备动作停止。

3.1.5 微型计算机只规定数量，功能和性能应能满足设备功能使用需求。

3.1.6 根据《汽车运用与维修（含智能新能源汽车）职业技能领域职业技能等级标准》，结合各院校办学条件和规模配置相应实训设备。

3.1.7 实训设备按专业教学内容分为 3 个类别，分别为：专业基础技能实训类实训室、专业核心技能实训类实训室、专业拓展技能实训类实训室。

注：该分类并不是院校必须建立的同名实验室、实训室或实训车间。各院校可根据办学条件和规模以及教学模式设置相应的实训场所。

3.2 实训室仪器设备配置标准目录（一室一表）

3.2.1 专业基础技能实训室

专业基础技能实训室设备配置要求见表 2—表 3 。

表 2 新能源汽车基础实训室设备要求

序号	设备名称	主要功能和技术要求	单位	数量	执行标准或质量要求	备注
1	新能源汽车高压安全实训台	1. 满足低压和高压两种教学模式； 2. 可模拟新能源汽车的带电设备状态，可使用专用高压检测设备进行模拟检测实训； 3. 具有电路绝缘一键测试功能； 4. 提供有效的人体安全保护； 5. 可设置典型高压电路故障； 6. 满足新能源汽车高压系统实训要求	台	2	GB 21746—2008 GB 21748—2008	无
2	新能源汽车工作原理示教台	1. 包含新能源汽车动力电池及管理系统、电机及变频器、控制系统及附属设备； 2. 可动态展示主流新能源汽车动力电池及管理系统的结构及原理，电机及控制器的结构与原理，高压电源的结构与控制原理，DC-DC 模块的结构与原理，DC-AC 模块的结构与原理； 3. 能满足新能源汽车结构认识、故障设置及诊断的实训教学要求	台	2	GB 21746—2008 GB 21748—2008	无
3	手持示波器	最大输入电压≥ 800V，测试频率 20MHz	个	2	GB/T 15289—2013	
4	数字万用表	1. 能满足测试汽车电阻、交直流电压、电流、频率、电容、占空比、温度等信号的要求； 2. 交流电压量程：≤ 1000V，最佳分辨率：0.01mV； 3. 直流电压量程：≤ 1000V，最佳分辨率：0.01mV	个	4		无
5	钳形万用表	1. 能满足测试汽车电阻、交直流电压、电流、频率、电容、占空比、温度等信号的要求； 2. 能完成非接触式电流测试； 3. 交流电压量程：≤ 1000V，最佳分辨率：0.01mV； 4. 直流电压量程：≤ 1000V，最佳分辨率：0.01mV	个	4		无
6	绝缘测试仪	1.0.1 MΩ 至 10 GΩ 的绝缘测试，绝缘测试电压 100 V、250 V、500 V 和 1000 V，短路电流约 2mA，绝缘等级 CAT Ⅲ 600V； 2. 具有 PI 极化指数测量功能，设置任意两点时间，自动测量电阻比率； 3. COMP 比较功能，可以设置绝缘电阻上下值，并有超差提示； 4. 符合国际电工委员会认证； 5. 仪表符合 UL 及 CE 欧洲共同体标准	个	4	GB/T 9290—2008	无
7	绝缘工作台	1. 工作台台面选用实木材质，配 2 层抽屉； 2. 桌面采用防静电材料，尺寸（长 × 宽 × 高）为 1500mm × 750mm × 850mm； 3. 耐压≥ 1kV	台	4		无
8	绝缘垫	1. 耐压≥ 1kV； 2. 面积≥ $1m^2$	块	4		无
9	绝缘手套	耐压≥ 1kV	副	8		无
10	绝缘靴	耐压≥ 1kV	副	8		无

续表

序号	设备名称	主要功能和技术要求	单位	数量	执行标准或质量要求	备注
11	接地电阻测试仪	1. 具有背光和电池低电压显示、数据保持和储存、自动关机省电功能； 2. 可做机密的三线式测量，也可做简易的二线式测量等	台	4		
12	万用接线盒	包含各种规格的“T”形线，能满足竞赛整车系统的所有保险丝、继电器、元器件插接测量之用，要有足够的通流能力和可重复插接使用能力	台	4		

表 3　电工电子实训室设备要求

序号	设备名称	主要功能和技术要求	单位	数量	执行标准或质量要求	备注
1	电工电子综合试验台	1. 具有常用电工、电子仪表的使用及元件基本电参数的测量功能； 2. 能对电路元件特性进行测定； 3. 用于电工学基本定理的验证； 4. 能进行 R、L、C 元件电路实验和数据测量工作。 （1）电源三相四线 380V ± 10% 50Hz，接触电阻 ≤ 0.02Ω，绝缘电阻≥ 50MΩ，耐压电压 ≥ 2500V，插拔次数≥ 10000 次，表面布线有四孔一组互相导电的插孔（注塑成型）； （2）函数信号发生器： 波形：正弦波、三角波、方波； 频率范围：5Hz~500kHz； 连续可调单次脉冲信号源：正负脉冲 TTL 电平输出； 音频放大器：Vi ≥ 10mV，P ≥ 0.5W，用于放大电路扩音	台	21	安全执行 GB 21746—2008、 GB 21748—2008	2 人 / 台
2	示波器	1. 1 mV/div, 带宽 15 MHz； 2. 5 mV/div, 带宽 20 MHz； 3. 时基：0.2 μs/div~0.5 μs/div； 4. 垂直方式：Y1、Y2 交替、断续、加、减； 5. 触发方式：常态，自动，峰值自动	台	21		2 人 / 台
3	万用表	主要功能： 1. 可用于测量交直流电压、交直流电流、电阻、电容、频率 / 占空比、dBm、热电偶（TC）、热电阻（RTD），测量二极管及通断检测； 2. 可选择手动或自动量程。 技术要求： 1. 直流电压：0V~25V，20000Ω/V；0 V~500V，5000Ω/V；± 2.5%； 2. 交流电压：0V~500V，5000Ω/V；± 5.0%； 3. 电阻：0Ω~4kΩ~40kΩ~400kΩ~4MΩ~ 40MΩ；25Ω 中心；± 2.5%； 4. 音频电平：-10dB~+22dB； 5. 具有自动背光关闭和自动电源关闭功能，大屏 LCD 显示，带白色 LED 背光	只	21		2 人 / 只
4	电工工具	1. 维修工具：剥线钳、电烙铁、端子拆装工具、绝缘胶带； 2. 检测工具：钳形电流表、漏电检测仪、低压验电器、高压验电器、测试灯	套	2		

3.2.2 专业核心技能训室

专业核心技能实训室设备配置要求见表 4—表 6 。

表 4 新能源汽车电能与管理系统实训室设备要求

序号	设备名称	主要功能和技术要求	单位	数量	执行标准或质量要求	备注
1	新能源汽车动力电池结构展示台	1. 选用国家公告目录中的主流新能源汽车动力电池制作； 2. 以实物电池为基础，每种类型由两个单体电池组成实物模型，其中一个电池单体作切割解制处理，显示内部结构，另一个单体装在透明材质展框内，以进行动力电池结构和材料的认知教学实训	台	2	GB 21746—2008 GB 21748—2008	
2	电池管理系统实训台	1. 采用安全的电池单体作为实训电池； 2. 具有电池均衡功能，能实时采集电池运行过程的状态参数； 3. 能实现电池故障的自检诊断、报警及自动断电； 4. 具有电池系统的高压漏电保护； 5. 配备电池组及电池管理系统配套传感器； 6. 能实现系统设置及故障诊断与排除	台	2	GB 21746—2008 GB 21748—2008	
3	电能转换技术实训台	1. 能实现直流电与三相交流电的相互转换过程（DC/AC）； 2. 能实现动力电池高压直流电与低压直流电的转换过程（DC/DC）； 3. 能实现电源转换模块的故障设置及检测	台	1	GB 21746—2008 GB 21748—2008	
4	电动汽车直流充电桩	1. 具备标准充电接口； 2. 输入电压：380V； 3. 防护等级：达到 IP54 以上	台	1	GB/T 18487.1—2015 GB/T 20234.1—2015 GB/T 20234.3—2015	
5	电动汽车交流充电桩	1. 具备标准充电接口； 2. 输入电压：220V； 3. 防护等级：达到 IP54 以上	台	1	GB/T 18487.1—2015 GB/T 20234.1—2015 GB/T 20234.3—2015	
6	电动汽车充电设备实训台	1. 采用国家公告目录中的主流新能源汽车充电设备实物制作； 2. 配套系统电源，可正常运行； 3. 能实现系统故障诊断与排除	台	1	GB 21746—2008 GB 21748—2008	
7	燃料电池实训台	1. 能展示燃料电池工作原理； 2. 能实时采集电池各运行状态参数； 3. 能实现电池故障的自检诊断及报警； 4. 具有电池系统的高压漏电保护； 5. 配备电池组及电池管理系统配套传感器； 6. 能实现系统设置及故障诊断与排除	台		GB 21746—2008 GB 21748—2008	不作要求

表 5 新能源汽车电机与控制系统实训室设备要求

序号	设备名称	主要功能和技术要求	单位	数量	执行标准或质量要求	备注
1	电动汽车电机解剖展示台	1. 采用国家公告目录中的主流新能源汽车电机实物制作； 2. 实训台采用解剖方式展示内部结构； 3. 通过外力电机可进行运动，展示部件运动关系	台	1	GB 21746—2008 GB 21748—2008	
2	混合动力驱动装置解剖展示台	1. 采用国家公告目录中的主流混合动力汽车的动力装置实物制作； 2. 发动机解剖件整体采用剖视显示表达内部结构； 3. 电机解剖件能显示混合动力电机装置的内部结构； 4. 能直观反映混合动力发动机和电机的动力耦合特点和传动连接关系	台	1	GB 21746—2008 GB 21748—2008	

续表

序号	设备名称	主要功能和技术要求	单位	数量	执行标准或质量要求	备注
3	电机控制与测试实训装置	1. 采用国家公告目录中的主流新能源汽车的电机及控制系统制作； 2. 系统可完成电动机性能检测； 3. 具有诊断接口； 4. 能实现系统故障设置及诊断排除	台	2	GB 21746—2008 GB 21748—2008	
4	混合动力汽车驱动系统实训台	1. 采用国家公告目录中的主流混合动力汽车驱动系统实物制作； 2. 具有直观的电控系统电路检测点； 3. 具有标准的诊断接口； 4. 能实现系统故障设置及诊断排除	台	2	GB 21746—2008 GB 21748—2008	
5	电机制动能量回馈实训装置	1. 采用国家公告目录中的主流新能源汽车电机制动能量回馈装置制作； 2. 可模拟新能源汽车不同车速下的制动控制策略； 3. 能实现系统故障设置及诊断排除	台	2	GB 21746—2008 GB 21748—2008	
6	电机功率分析仪	1. 最大输入电压≥ 400V； 2. 具有数据存储功能	台	2		
7	托盘千斤顶	能顶起驱动电机及变速器	台	2		

表 6　新能源汽车整车实训室设备要求

序号	设备名称	主要功能和技术要求	单位	数量	执行标准或质量要求	备注
1	纯电动汽车整车	获得许可在中国境内销售的纯电动汽车主流车型	台	1		
2	混合动力汽车整车	获得许可在中国境内销售的混合动力汽车主流车型	台	1		
3	汽车故障诊断仪	能正常读取新能源汽车故障代码、数据流并能进行匹配或引导性诊断操作	台	2		
4	举升机	用于举升车辆，四柱式或剪式，载重不小于 2000kg，液压 / 电驱动	台	2		
5	四轮定位仪及专用举升机	1. 四轮定位仪 精确：测量结果的重复性高。图片的取样频率确保高度精确的测量结果且能重复测量结果。 精度高：目标板仪需调整一次水平，之后的测量过程无需重复调整。系统可自动补偿因水平带来的误差。 简单：偏位补偿操作简单，节省空间和移动轻便。一般情况下定位仪只有在完成偏位补偿的情况下才能确保测量结果的准确性，车轮偏位补偿能够弥补错的装卡和轮辋变形带来的误差。 2. 大剪式举升机（带二次举升） 额定载荷：3500kg； 最低举升高度：330mm； 最大举升高度（一次举升）：1850mm； 大平板长度：4300mm； 平台宽度：600mm； 电源：3Ph/380V/50Hz	套	1		
6	通用工具及工具车	与所选车型的拆装、维护实训配套	套	2		
7	轮胎气压表	0~1600kPa	个	2		
8	轮胎胎纹深度检测仪	1. 含电子式和机械式； 2. 量程：0~25.4mm，精度：0.01mm； 3. 测量单位：英尺 / 毫米	个	2		
9	轮胎拆装机	可安装和卸载汽车轮胎	个	1	JT/T 635—2005	

续表

序号	设备名称	主要功能和技术要求	单位	数量	执行标准或质量要求	备注
10	轮胎动平衡机	可进行车轮不平衡点检核	套	1		
11	制动系统压力表	可检测液压制动系统的压力，诊断系统故障	个	2		

3.2.3　专业拓展技能实训室

专业拓展技能实训室设备配置要求见表 7—表 9。

表 7　新能源汽车电气系统实训室设备要求

序号	设备名称	主要功能和技术要求	单位	数量	执行标准或质量要求	备注
1	新能源汽车电动助力转向系统实训台	1. 采用国家公告目录中的主流新能源汽车电机实物制作； 2. 配备电源及周边附件，系统可正常运转； 3. 具有直观的系统电路检测点； 4. 能实现系统故障设置及诊断排除	台	2	GB 21746—2008 GB 21748—2008	
2	新能源汽车电动空调实训台	1. 采用国家公告目录中的主流新能源汽车电机实物制作； 2. 配备电源及周边附件，系统可正常运转； 3. 具有直观的系统电路检测点； 4. 能实现系统故障设置及诊断排除	台	1	GB 21746—2008 GB 21748—2008	
3	新能源汽车电动真空助力制动系统实训台	1. 采用国家公告目录中的主流新能源汽车电机实物制作； 2. 配备电源及周边附件，系统可正常运转； 3. 具有直观的系统电路检测点； 4. 能实现系统故障设置及诊断排除	台	2	GB 21746—2008 GB 21748—2008	
4	新能源汽车车载网络实训台	1. 采用国家公告目录中的主流新能源汽车电机实物制作； 2. 配备电源及周边附件，系统可正常运转； 3. 具有直观的系统电路检测点； 4. 能实现系统故障设置及诊断排除	台	2	GB 21746—2008 GB 21748—2008	
5	纯电动汽车整车	获得许可在中国境内销售的纯电动汽车主流车型	台	1		
6	混合动力汽车整车	获得许可在中国境内销售的混合动力汽车主流车型	台	1		
7	汽车故障诊断仪	能正常读取新能源汽车故障代码、数据流并能进行匹配或引导性诊断操作	台	2		
8	全车电器数字智能化实训台	1. 采用全车电器系统零部件制作，包含：灯光信号系统、音响、组合仪表、雨刮系统；充电、起动、点火系统；电动门窗、中控门锁、电动后视镜、中央接线板等；OBD 诊断接口等； 2. 测量面板：面板上包括车身电器系统电路图、与电路图管脚对应的 4mm 信号测量孔； 3. 实时数据采集模组：可将学生在实训过程中的测量动作实时记录下来，响应时间 $< 0.01s$； 4. 智能化故障设置模组：可远程设置断路、短路、阻值过大等故障类型	台	1		
9	安全气囊示教板	1. 以汽车安全气囊系统实物为基础，能模拟其工作过程； 2. 配有直观的电路原理图及相应的电路检测点； 3. 能够满足汽车安全气囊结构组成展示、工作原理展示、故障设置及诊断教学的需要	台	1		

续表

序号	设备名称	主要功能和技术要求	单位	数量	执行标准或质量要求	备注
10	汽车电动座椅示教板	1. 以汽车电动座椅系统实物为基础，能模拟其工作过程； 2. 配有直观的电路原理图及相应的电路检测点； 3. 能够满足汽车电动座椅结构组成展示、工作原理展示、故障设置及诊断教学的需要	台	1		
11	湿度计	相对湿度 0%~100%	个	2		
12	温度计	1.0℃ ~100℃	个	2		
13	空调制冷剂电子测漏仪	1. 用于检测 R134a、R22、R507、R404A 以及其他 HC 化合物和制冷剂泄漏的仪器； 2. 传感器稳定可靠，无须标定和校正； 3. 使用温度范围：5℃ ~40℃	个	1		
14	制冷剂鉴别仪	能鉴别制冷剂种类及纯度	个	1		
15	制冷剂加注回收机	1. 能进行空调制冷剂的加注和回收； 2. 能测量空调系统高低压端的压力	台	2		
16	汽车空调系统诊断仪	能读取汽车空调实训台的故障码	个	2	JT/T 632—2018	
17	拆装工具	与汽车空调系统部件相配套	套	2		
18	通用工具及工具车	与所选车型的拆装、维护实训配套	套	2		
19	举升机	用于举升车辆，四柱式或剪式，载重不小于 2000kg，液压 / 电驱动	台	2		
20	机动车前照灯检验仪	测量汽车前照灯的发光强度以及光轴偏移量	台	2	GB/T 11798.6—2001 JT/T 508—2015	

表 8　汽车发动机机械拆装检测实训室设备要求

序号	设备名称	主要功能和技术要求	单位	数量	执行标准或质量要求	备注
1	实物解剖发动机	1. 发动机实物解剖而成； 2. 能展示发动机的内部结构以及各部件的相对位置和发动机的工作过程	台	1	行业标准	
2	汽油发动机零部件	1. 曲柄连杆机构零件； 2. 配气机构零件； 3. 燃油供给系零件； 4. 冷却系零件； 5. 润滑系零件； 6. 点火系零件； 7. 起动系零件	套	1	行业标准	
3	柴油发动机零部件	1. 柱塞式喷油泵； 2. 分配式喷油泵； 3. 输油泵； 4. 燃油滤清器（带油水分离器）； 5. 喷油器	套	1	行业标准	
4	汽油发动机（附翻转架）	1. 发动机应附件完整； 2. 翻转架便于发动机拆装，能以工作角度安全锁止	台	4	行业标准	
5	拆装工具及测量工具套装	与实训拆装用发动机配套	套	4	行业标准	
6	吊装设备	与实训拆装用发动机配套	套	1	行业标准	
7	工作车	保证发动机拆装工具的摆放	辆	4	行业标准	
8	工作台	保证发动机拆装零件的摆放	台	4	行业标准	

表 9　汽车底盘系统拆装检测实训室设备要求

序号	设备名称	主要功能和技术要求	单位	数量	执行标准或质量要求	备注
1	汽车实物解剖车	1. 以汽车实物为基础，能够展示汽车底盘各总成安装位置； 2. 各主要总成采用部分剖切处理； 3. 各主要系统能通过动力装置或人工驱动展示其运动方式； 4. 能够满足汽车整车结构、基本工作原理的教学	台	1	行业标准	
2	实训整车	原厂整车，自动变速器，整车功能完好，车型由学校自行确定	辆	2		
3	转向系及前桥总成	1. 整车转向系及前桥总成； 2. 零部件齐全	台	1	行业标准	
4	离合器总成	1. 整车离合器总成； 2. 零部件齐全	台	1	行业标准	
5	手动变速箱总成及翻转架	1. 整车手动变速箱总成；变速箱应零件完整； 2. 翻转架便于变速箱拆装，能以工作角度安全锁止	台	2	行业标准	
6	自动换挡类的变速箱总成及翻转架	1. 整车自动变速箱总成；变速箱应零件完整； 2. 翻转架便于变速箱拆装，能以工作角度安全锁止	台	2	行业标准	
7	无级变速箱总成	1. 整车无级变速箱总成； 2. 零部件齐全	台	1	行业标准	
8	传动轴总成	1. 整车传动轴总成； 2. 零部件齐全	台	1	行业标准	
9	后桥、悬架及车轮总成	1. 整车后桥、悬架及车轮总成； 2. 零部件齐全	台	1	行业标准	
10	液压制动系统	1. 整车液压制动系统总成； 2. 零部件齐全	台	1	行业标准	
11	真空助力器总成	1. 整车真空助力器总成； 2. 零部件齐全	台	1	行业标准	
12	液压制动系统实训台	1. 采用完整的双管路Ⅱ型布置汽车制动系统为基础，全面展示汽车制动系统的组成结构和工作过程； 2. 汽车液压制动系统实训台安装有真空泵，提供真空助力的动力源；前后制动管路上安装有压力表，实时显示前后制动分泵的压力变化； 3. 移动台架采用高强度的钢结构焊接，表面经喷涂工艺处理；移动台架底部带有自锁脚轮装置，可移动式，方便教学； 4. 适用于学校的汽车制动系统理论与维修实训教学需要，完全满足对汽车制动系统结构展示、工作模拟、拆装实训等教学功能	台	1	行业标准	
13	电子液压助力转向系统数字智能化实训台	1. 安装有真空泵，提供真空助力的动力源；前后制动管路上安装有压力表，实时显示前后制动分泵的压力变化； 2. 移动台架采用高强度的钢结构焊接，表面经喷涂工艺处理；移动台架底部带有自锁脚轮装置，可移动式，方便教学； 3. 适用于学校的汽车制动系统理论与维修实训教学需要，完全满足对汽车制动系统结构展示、工作模拟、拆装实训等教学功能	台	1	行业标准	

续表

序号	设备名称	主要功能和技术要求	单位	数量	执行标准或质量要求	备注
14	ABS制动系统数字智能化实训台	1. 采用原厂ABS制动系统零部件制作，包括：ABS控制单元与液压单元总成，液压油路、制动主缸、制动轮缸、车速传感器、制动踏板机构、制动盘及支架、测量面板、OBD Ⅱ诊断座、电磁调速电机、实训支架等组成部分； 2. 测量面板：面板上包括ABS制动系统电路图、与电路图管脚对应的4mm信号测量孔； 3. 实时数据采集模组：可将学生在实训过程中的测量动作实时记录下来，响应时间＜0.01s； 4. 智能化故障设置模组：可远程设置断路、短路、阻值过大等故障类型	台	1	行业标准	
15	汽车底盘通用拆装工具	与所选汽车底盘相配套	套	3	行业标准	
16	汽车底盘拆装专用工具	工具数量和种类应能够满足拆装所选汽车底盘的需要	套	1	行业标准	
17	量具	与所选汽车底盘相配套	套	1	行业标准	
18	汽车专用万用表	1. 电容: 量程0.01nF~100μF, 最好准确度±(2.0%+5字); 2. 频率: 量程10Hz~100kHz, 最好准确度±(0.1%+3字); 3. 温度: 量程-55℃~400℃, 最好准确度±(2.0%+1℃)	个	2	行业标准	
19	解码器	与实训整车匹配	个	2	行业标准	
20	压力机	≥30t	个	1	行业标准	
21	工作台	适合汽车底盘拆装实训零件和工具的摆放	台	3	行业标准	
22	压缩空气机及管路系统	压力、流量按实训工位气动工具的需要配备	套	1	行业标准	
23	汽车尾气排气设施	1. 强制排风； 2. 每工位一个抽风口	套	1	行业标准	

注：1. 表2—表9中实训设备数是为满足40人/班同时进行实训教学的配备要求。在保证实训教学目标要求的前提下，各学校可根据场地实际情况统筹配置实训室设备。针对本专业的实际班级人数和教学组织模式对实训课程进行合理安排，配备相应的仪器设备数量。
2. 各学校可根据地域特点和行业/企业对从业人员的具体要求，优先选择具有ISO标准管理体系认证等国家质量监督管理部门认可的企业所生产的相应规格、型号的仪器设备。
3. 鼓励选择优秀企业进行校企合作，提升设备先进性和适用性。
4. 鼓励学院根据专业特点选择适用的“XR”系统进行虚拟仿真、虚实结合等辅助教学。
5. 实训整车及工作台、工具车及部分工量具可在各实训室内协调使用。

4 实训教学管理与实施

4.1 实训室人员

实训室主管，负责实训室的日常管理，调度/安排实训室各项工作。实训指导教师，负责实训项目/任务的指导工作，编撰实训指导手册，实训设备仪器的日常维护。实训室设备管理员，负责实训设备、仪器、耗材入库、使用、维护、报废的台账管理。

4.2 实训管理制度

仪器设备采购应根据财政部门及学校有关规定，进行询价、比价及招投标程序。仪器设备的使用应遵循产品说明书的具体要求，做到及时清洁，学校应建立使用记录台账。仪器设备的维护应遵循产品说明书的具体要求，做到定期维护，学校应建立维护记录台账。仪器设备的报废应根据物品的使用年限及实际的使用状况确定。

4.3 安全教育

实训室是实训教学场所，未经允许，其他人员不得进入实训室。进入实训室，必须遵守实训室各项规章制度，听从安排。使用实训室设备，必须严格按照操作规程，爱护设备设施。实训过程中不得串位、脱岗，不得触动与实训内容无关的设备、仪器、工具等。造成设备、仪器和工具的损坏应按有关规定赔偿，视情节轻重给予纪律处分。易燃、易爆物品应专人专柜存放保管，并符合危险品的管理要求。凡使用高压、燃气、电热设备或易燃、易爆物品时，操作人员不得离开岗位。实训过程中产生的废物、废液、废气、有毒有害的包装容器均应按属性分别妥善处理，以保证环境和实训室人员的安全和健康。经常检查消防器材是否完好有效，保持内外通道畅通，告知学生逃生线路。任何人发现有不安全因素，应及时报告，迅速处理。严禁学生无教师陪同进入实训室，严禁学生掌管实训室及库房钥匙。每次使用设备、仪器和工具后，应整理还原，做好实训室清洁卫生，关闭电源、水源后方可离开。

4.4 突发事件应急预案

学生进行实验实训之前，指导教师要向学生讲解有关实验实训安全的注意事项，引起学生的高度重视。任课教师和实训指导教师要教育学生严格遵守操作规程，指出违规操作的危害性和严重后果。实训室要留有安全通道，一旦发生突发事件，任课教师和实训指导教师应迅速组织学生疏散。实训室应按规定配备灭火器、砂箱等消防器材及医疗急救箱。

4.5 突出专业特色

（1）结合专业特点创新实训场所环境，营造良好职业氛围。
（2）结合学校实际建设理实一体化实训场所，合理设计实训空间。
（3）结合校企合作方式提高实训室整体设备的先进性，提升实训课程效果。
（4）结合“XR”系统设备等教学手段，提高实训效率。

5 参考文献及标准

5.1 参考文献

中华人民共和国教育部 . 职业教育专业目录（2021 年）[Z]. 北京，2021（03）.

5.2 参考标准

GB 21746—2008	教学仪器设备安全要求总则
GB 21748—2008	教学仪器设备安全要求　仪器和零部件的基本要求
GB 2893—2008	安全色
GB 2894—2008	安全标志及其使用导则

GB 4793.1—2007	测量、控制和实验室用电气设备的安全要求　第 1 部分：通用要求
GB 50016—2014	建筑设计防火规范
GB 50033—2013	建筑采光设计标准
GB 50034—2013	建筑照明设计标准
GB 50067—2014	汽车库、修车库、停车场设计防火规范
GB/T 11798.6—2001	对称光前照灯检测仪检定技术条件
GB/T 12801—2008	生产过程安全卫生要求总则
GB/T 14776—1993	人类工效学　工作岗位尺寸设计原则及其数值
GB/T 15289—2013	数字存储示波器通用规范
GB/T 16895.3—2017	低压电气装置　第 5-54 部分：电气设备的选择和安装　接地配置和保护导体
GB/T 18384.1—2015	电动汽车安全要求　第 1 部分：车载储能装置
GB/T 18384.2—2015	电动汽车安全要求　第 2 部分：功能安全与故障防护
GB/T 18384.3—2015	电动汽车安全要求　第 3 部分：真人触电防护
GB/T 18487.1—2015	电动车辆传导充电系统　第 1 部分：通用要求
GB/T 18488.1—2016	电动汽车用电机及其控制器　第 1 部分：技术条件
GB/T 18488.2—2016	电动汽车用电机及其控制器　第 2 部分：试验方法
GB/T 20234.1—2015	电动汽车传导充电用连接装置　第 1 部分：通用要求
GB/T 20234.3—2015	电动汽车传导充电用连接装置　第 3 部分：直流充电接口
GB/T 9290—2008	表面活性剂　工业乙氧基化脂肪胺分析方法
GBZ 1—2010	工业企业设计卫生标准
JT/T 508—2015	机动车前照灯检测仪
JT/T 632—2018	汽车故障电脑诊断仪
JT/T 635—2005	轮胎拆装机

上海市职业院校生物制药专业
（中高职贯通及五年一贯制）

实训教学环境建设指南

上海市教育委员会教育技术装备中心

目　录

前　言

本指南由上海市教育委员会组织编制、审定并颁布实施。

为规范和加强职业院校生物制药专业（中高职贯通及五年一贯制）实训教学环境建设，特制定本指南。本指南是职业院校生物制药专业（中高职贯通及五年一贯制）实训教学环境建设及实训教学管理的基本依据，是加强生物制药专业实践性教学、强化学生职业技能训练、提高人才培养质量的重要保障。

本指南主要参与编制单位与部门：上海市教育委员会职业教育处、上海市教育委员会教育技术装备中心、上海农林职业技术学院、上海市医药学校、上海医药行业协会、上海市生物医药行业协会。

本指南主要编写人员：张江、徐莉、徐阳、师帆；参与编制人员：卜宇倩、代书玲、刘影、张永霞、蒋惠男、陈少雄、贺文倩。

1 适用范围

本指南适用于职业院校生物制药专业（中高职贯通及五年一贯制）校内实训教学场所及设备的建设，职业院校相关专业及有关培训机构可参照执行。

2 实训教学环境要求

2.1 分类、面积与主要功能

专业实训教学类别分为专业基础技能实训、专业核心技能实训和专业拓展技能实训。按照实训教学内容，划分实训教学场所。实训场所面积需要满足40人/班同时开展实训教学的要求。实训教学场所分类、面积与主要功能要求见表1。

表1 实训教学场所分类、面积与主要功能

实训教学类别	实训场所名称	实训场所面积（m^2）	功能	
			主要实训项目	对应的主要课程
专业基础技能实训	基础化学实训室	100	1. 玻璃仪器的清洗、读数、干燥； 2. 药品的称量与液体的量取； 3. 溶液的配制； 4. 酸、碱溶液的标定； 5. 物质含量的测定； 6. 固液分离； 7. 溶液 pH 测定； 8. 金属离子浓度测定	无机及分析化学
	天平实训室	60	1. 物质直接称量法训练； 2. 物质减量称量法训练； 3. 物质增量称量法训练	无机及分析化学
	有机化学实训室	100	1. 药物物理常数的测定； 2. 混合物组分的分离； 3. 有机化合物的纯化； 4. 天然产物中有效物质的提取； 5. 简单有机化合物的制备	有机化学
专业核心技能实训	实验动物实训室	400	1. 实验动物给药及解剖； 2. 药理学实训	实验动物、动物解剖生理、药理与毒理
	微生物实训室	150	1. 显微镜使用及微生物细胞形态观察； 2. 器皿包扎、灭菌及接种器具制作； 3. 培养基制备； 4. 微生物的培养及保藏； 5. 菌种选育、分离； 6. 微生物生长参数的测定； 7. 微生物鉴别与检测； 8. 内毒素检测	微生物基础、微生物检测技术、药品检验技术
	细胞实训室	60–80	1. 哺乳动物细胞冻存与复苏； 2. 哺乳动物细胞培养及检测； 3. 细胞培养基筛选； 4. 细胞反应器的使用，溶氧电极、pH 电极的校准	细胞培养技术
	分子生物学实训室	100	1. DNA 提取； 2. 琼脂凝胶电泳； 3. 聚合式酶联反应； 4. 聚丙烯酰胺凝胶电泳； 5. 质粒的制备	基因工程、免疫检测技术

续表

实训教学类别	实训场所名称	实训场所面积（m^2）	功能	
			主要实训项目	对应的主要课程
专业核心技能实训	理化检测实训室	100	1. 蛋白含量检测； 2. 酶活性、等电点、旋光度等参数的测定； 3. 生物制剂 pH、电导率、渗透压、不溶性微粒检测	生物药物与检测技术、生物药物分析与检测、药品检验技术
	发酵实训室	100	1. 无菌空气制备； 2. 实罐、空罐灭菌； 3. 接种及种子培养； 4. 发酵产品的生产	微生物发酵技术、生物工程下游技术
	生化分离制备实训室	100	1. 生物大分子物质的提取； 2. 生物大分子物质、氨基酸、蛋白质的分离	生物化学
专业拓展技能实训	虚拟仿真实训室	100	1. 仪器操作仿真实训； 2. 实训室安全规范仿真实训； 3. 生物制药企业沉浸式工艺仿真实训	仪器分析、EHS、综合实训
	药剂制备实训室	300	1. 生物药物配液； 2. 生物药物制剂	药物制剂技术
	药品物流、仓储实训室	100	1. 生物制品冷链物流； 2. 生物制品保管养护	生物药品物流养护技术

2.2 通用环境

2.2.1 采光

采光应符合 GB 50033—2013 的有关规定。

专业特殊要求：采光设计应注意光的方向性，应避免对工作产生遮挡和不利的阴影。对于需要识别颜色的场所，应采用不改变自然光光色的采光材料。

2.2.2 照明

照明应符合 GB 50034—2013 的有关规定。

专业特殊要求：当天然光线不足时，应配置人工照明，人工照明光源应选择接近天然光色温的光源。实训场所的照明应根据教学内容对识别物体颜色的要求和场所特点，选择相应显色指数的光源，一般显色指数（Ra）不低于 80。进行精细操作实训，工作台、仪器、设备等的工作区域的照度不应低于 500lx。照度不足时应增加局部补充照明。补充照明不应产生有害眩光。各类实训装置如果独立安装在不同实训室，实训时释放易燃易爆气体，照明应设为防爆。微生物实训室、细胞实训室的洁净区域应装有不少于 3 组（每组不小于 30W）紫外灯用于消毒。

2.2.3 通风

通风应符合 GB 50019—2015 和工业企业通风的有关要求。

专业特殊要求：有良好的通风条件，对于有毒有害物质的使用应配有通风橱或通风设备。使用紫外灯的实训室应有独立的排风系统，微生物实训室、细胞实训室、实验动物实训室和药剂制备实训室应用符合洁净空气要求的暖通设备。

2.2.4 电气安装

应符合 GB/T 16895.1—2008、GB/T 16895.2—2017、GB/T 16895.3—2017、GB/T 16895.4—1997、GB/T 16895.5—2012、GB/T 16895.6—2014、GB/T 16895.18—2010、GB/T 16895.22—2004 的有关规定。

专业特殊要求：每个实训室应装有单独的配电箱，带漏电保护装置。大型设备应有单独回路，应考虑大型设备 380V 电压或三相四线要求。精密仪器，如液相色谱、流式细胞仪等应考虑使用不间断电源。

2.2.5 防火

防火应符合 GB 50016—2014 有关厂房、仓库防火的规定。

专业特殊要求：实训室应为一、二级耐火等级的建筑，应设有 2 个安全出口，安全疏散门应向疏散方向开启，不得设置门槛。实训室内使用的各种电气设备应具有防爆隔爆性能，实验台的周围不应放置任何与实验工作无关的物品。在日光照射的房间必须安装窗帘，在日光照射的地方不应放置遇热易蒸发的物品。实训室内应配备适用的灭火器材。

2.2.6 安全与卫生

安全与卫生应符合 GBZ 1—2010、GB/T 12801—2008 和 GB 21746—2008、GB 21748—2008 的有关要求。

安全标志应符合 GB 2893—2008 和 GB 2894—2008 的有关要求。

专业特殊要求：遵守国家《中华人民共和国生物安全法》《中华人民共和国特种设备安全法》《使用有毒物品作业场所劳动保护条例》《危险化学品安全管理条例》《易制毒化学品管理条例》《病原微生物实验室生物安全管理条例》等文件的相关要求。危险化学品应当储存在专用场所并由专人负责管理；剧毒化学品、储存数量构成重大危险源的其他危险化学品及危害较大的病原微生物，应当在专用仓库内单独存放，并实行双人收发、双人保管制度；建立危险化学品出入库核查、登记制度；利用易致病或有害微生物进行实训时，接触这类微生物的物品使用后必须进行灭菌处理，倾倒使用过的或被污染这类微生物的培养基必须进行灭菌之后方可倒掉。使用化学药品的实训室内应张贴易燃易爆、危险化学品的性质介绍，同时配置有相应劳动防护措施、不同性质废液收集器，设置有应急洗眼及喷淋装置等。实训时如果有易燃易爆气体释放，电器开关及插座应设为防爆。相关实训室应定期进行消毒杀菌，确保实验室生物安全和人员安全。

2.3 网络环境

2.3.1 网络教学环境

应保证实训教学软件及设备的正常运行。

2.3.2 信息安全

做好防病毒措施，消除信息孤岛，保证信息安全。

2.4 文化环境

将职业精神与企业文化元素融入文化环境建设中，如生物制药行业的发展历史、最新成果前沿、重磅级药物、知名企业以及企业内岗位工作环境、生产或实验设备等的宣传，也建议有职业精神、工匠精神（工匠人物及其事迹的图片或视频等）、劳模精神和企业文化的展示。在各实训室明显位置张贴国旗图标或悬挂国旗，以及展示必要的实物（如展示装备发展的实验仪器或生产工具等），营造良好的课程思政教育氛围和职业氛围。

3 实训教学设备要求

3.1 基本要求

3.1.1 配备的仪器设备产品质量应符合相关的国家标准或行业标准，并具有相应的质量证明。

3.1.2 各种仪器设备的安装使用都应符合有关国家或行业标准，接地应符合 GB/T 16895.3—2017 要求。

3.1.3 需接入电源的仪器设备，应满足国家电网规定接入要求，电压额定值为交流 380V（三相）或 220V（单相），并应具备过流、漏电保护功能；需要插接线的，插接线应绝缘且通电部位无外露。

3.1.4 具有执行机构的各类仪器设备，应具备急停功能，紧急状况可切断电源、气源、压力，并令设备动作停止。

3.1.5 电脑只规定数量，功能和性能应能满足设备功能使用需求。

3.2 实训室仪器设备配置标准目录（一室一表）

3.2.1 专业基础技能实训室

实训室设备配置要求见表 2—表 4。

表 2 基础化学实训室设备要求

序号	设备名称	主要功能和技术要求	单位	数量	执行标准或质量要求	备注
1	实验台	主要功能： 实验操作平台。 技术要求： 1. 台面材质符合耐腐蚀、耐酸碱要求，上带试剂架，两端带水池，带电源插座； 2. 台面可承重大于 300 kg/m^2，可调脚； 3. 水龙头、水槽为实验室专用产品； 4. 带洗眼喷淋头； 5. 中央实验台的尺寸一般为长 × 宽 × 高 =7000mm × 1500mm × 800mm	套	3	GB/T 21747—2008	可根据实训室结构确定中央实验台的尺寸，但应保障至少 20 组学生（每组 2 人）使用，每套实验台 2 组学生使用时，台面尺寸不小于 2400mm × 1500mm；另外实训室应设置必要边台，边台的尺寸一般为宽 × 高 = 750mm × 800mm，长度结合使用空间进行确定
2	通风橱	主要功能： 使用有毒有害易挥发物质时的专门空间。 技术要求： 1. 外壳：表面耐腐蚀性强； 2. 内壳：采用耐酸碱、有机溶剂的实训室专用抗蚀材质；设有可拆卸维修孔，便于维修电路、水路、气路； 3. 日光灯：日光灯隐藏于面板上，不与通风柜内气流接触，易更换； 4. 窗口：采用安全玻璃，带防爆膜； 5. 调整脚：防震、防潮、耐腐蚀； 6. 导流板：采用耐酸碱、有机溶剂的实训室专用抗蚀材质，通风效率高，以不低于操作表面风速 0.5 m/s 的速度将空气排出； 7. 工艺说明：所有水、电、气路要求安全、适用	套	1	JB/T 6412—1999	根据实训室大小确定通风橱长度
3	电子天平	主要功能： 称取固体物质。 技术要求： 1. 最大称量值：4200 g； 2. 可读性：0.01 g； 3. 重复性：0.01 g； 4. 线性误差：0.02 g	台	20	GB/T 26497 —2011	

续表

序号	设备名称	主要功能和技术要求	单位	数量	执行标准或质量要求	备注
4	烧杯	主要功能： 称量、溶解试样。 技术要求： 50mL，100mL，250mL，500mL	只	各 80	GB/T 15724—2008	
5	试管	主要功能： 盛装液体试样。 技术要求： 18mm × 180mm	支	160	GB/T 21298—2007	
6	试管架	主要功能： 存放试管。 技术要求： 12 孔	台	20		
7	酸、碱两用滴定管	主要功能： 滴加和计量液体试样。 技术要求： 25mL，50mL	支	40	GB/T 12805—2011	
8	滴定台架	主要功能： 固定滴定管。 技术要求： 153mm × 198 mm	台	40		
9	pH 计	主要功能： 测量 pH 值。 技术要求： 1. 温度测量范围：0 ~ 60℃； 2. mV 精度：1mV， pH 精度：0.01pH； 3. mV 测量范围： −1999 ~ +1999mV， pH 测量范围：0.00 ~ 14.00	台	10	GB/T 11165—2005	
10	移液管	主要功能： 定量移取液体。 技术要求： 25 mL，50 mL	支	各 40	ISO 648—2008	
11	移液管架	主要功能： 存放移液管。 技术要求： 10 孔	个	20		
12	刻度吸管	主要功能： 定量移取液体。 技术要求： 1mL，2mL，5mL，10mL	支	各 80	ISO 835—2007	
13	调温电炉	主要功能： 加热。 技术要求： 1000W	台	20	JB/T 8307—1995	
14	量筒	主要功能： 定量移取液体。 技术要求： 25mL，50mL，100mL	只	各 80	GB/T 12804—2011	

续表

序号	设备名称	主要功能和技术要求	单位	数量	执行标准或质量要求	备注
15	容量瓶	主要功能： 定量配制溶液。 技术要求： 100mL，250mL	只	各 80	GB/T 12806—2011	
16	锥形瓶	主要功能： 盛放液体用于滴定分析。 技术要求： 100mL，250mL	只	各 120	GB/T 15724—2008	
17	碘量瓶	主要功能： 盛放液体用于碘量分析。 技术要求： 100mL，250mL	只	各 80		
18	试剂瓶	主要功能： 盛放液体。 技术要求： 250mL，500mL，无色和棕色	个	各 40	GB/T 11414—2007	
19	滴瓶	主要功能： 盛装实验时需按滴数加入的液体。 技术要求： 30 mL，无色和棕色	个	各 40	ISO 11418-1 —2005	
20	洗瓶	主要功能： 盛装蒸馏水用于洗涤。 技术要求： 500mL	个	40		
21	研钵	主要功能： 研磨固体。 技术要求： 9cm	套	40		
22	比色管	主要功能： 液体显色对比。 技术要求： 50mL，25mL	支	各 80		
23	漏斗	主要功能： 过滤。 技术要求： 9cm 长颈、短颈	支	各 40	GB/T 28211—2011	
24	下口瓶	主要功能： 盛装溶液。 技术要求： 10 000mL，20 000mL	个	各 2		
25	玻璃仪器烘干器	主要功能： 烘干玻璃仪器。 技术要求： 1. 调温范围：40℃ ~ 120℃； 2. 调温精度：±2℃； 3. 适用数量：30 孔	台	4	ISO 13130—2011	

续表

序号	设备名称	主要功能和技术要求	单位	数量	执行标准或质量要求	备注
26	恒温水浴锅	主要功能： 恒温加热。 技术要求： 1. 温控范围：室温 +5℃ ~ 99.9℃； 2. 控温精度≤ ±0.5℃； 3. 四孔智能控制	台	5	YY 91037—1999	
27	鼓风干燥箱	主要功能： 干燥固体试样。 技术要求： 1. 控温范围：80℃ ~ 200℃； 2. 容积：35L	台	2	GB/T 30435—2013	
28	紫外可见分光光度计	主要功能： 分光光度法分析试样。 技术要求： 1. 波长范围：190 ~ 900nm； 2. 波长准确度：±0.2nm； 3. 波长重复性：≤ 0.1nm； 4. 光度方式：透过率、吸光度、能量； 5. 光源转换：自动切换（可在 320 ~ 380nm 波段范围内任意设定）	台	10	GB/T 26813—2011	

表 3　天平实训室设备要求

序号	设备名称	主要功能和技术要求	单位	数量	执行标准或质量要求	备注
1	称量实验台	主要功能： 1. 放置天平的平台； 2. 称量操作的平台。 技术要求： 1. 台面应水平而光滑，牢固防震，实验台承重大于 300kg/m^2，可调脚； 2. 实验台的尺寸一般为长 × 宽 × 高 =900mm × 600mm × 750mm； 3. 三级减震，即台身、台面与仪器减震级别为十万分之一	套	20	GB/T 21747—2008	
2	精密电子天平	主要功能： 精确称量试样。 技术要求： 1. 量程：0 ~ 220 g； 2. 可读性：0.0001g； 3. 重复性：0.0001g； 4. 线性误差：0.0002g	台	20	GB/T 26497 —2011	
3	称量瓶	主要功能： 差减法称量固体试样。 技术要求： 40mm × 25mm	只	80	JY/T 0453—2011	
4	干燥器	主要功能： 存放干燥试样。 技术要求： 400mm	台	4	GB/T 15723—1995	

表 4　有机化学实训室设备要求

序号	设备名称	主要功能和技术要求	单位	数量	执行标准或质量要求	备注
1	实验台	主要功能： 实验操作平台。 技术要求： 1. 台面材质符合耐腐蚀、耐酸碱要求，上带试剂架，两端带水池，带电源插座； 2. 台面可承重大于 300 kg/m^2，可调脚； 3. 水龙头、水槽为实验室专用产品； 4. 带洗眼喷淋头； 5. 中央实验台的尺寸一般为长 × 宽 × 高 =7000mm × 1500mm × 800mm； 6. 台面上方设有通风装置	套	2	GB/T 21747—2008	可根据实训室结构确定中央实验台的尺寸，但应保障至少 20 组学生（每组 2 人）使用，每套实验台 2 组学生使用时，台面尺寸长 × 宽不少于 2400mm × 1500mm
2	通风橱	主要功能： 使用有毒有害易挥发物质时的专门空间。 技术要求： 1. 外壳：表面耐腐蚀性强； 2. 内壳：采用耐酸碱、有机溶剂的实训室专用抗蚀材质；设有可拆卸维修孔，便于维修电路、水路、气路； 3. 日光灯：日光灯隐藏于面板上，不与通风柜内气流接触，易更换； 4. 窗口：采用安全玻璃，贴防爆膜； 5. 调整脚：防震、防潮、耐腐蚀； 6. 导流板：采用耐酸碱、有机溶剂的实训室专用抗蚀材质，通风效率高，以不低于操作表面风速 0.5m/s 的速度将空气排出； 7. 工艺说明：所有水、电、气路要求安全、适用	套	20	JB/T 6412—1999	根据实训室大小确定通风橱长度
3	标准磨口玻璃仪器	主要功能： 用于蒸馏、冷凝、接收液体等实验操作。 技术要求： 1. 蒸馏烧瓶： 圆底烧瓶（100mm、250mL），三口烧瓶（250mL），四口烧瓶（250mL），三角烧瓶（50mL、100mL、250mL），梨形烧瓶（100mL）； 2. 抽滤瓶（500mL、1000mL）； 3. 冷凝管： 直形冷凝管（300mm、600mm），空气冷凝管（300mm、500mm），球形冷凝管（300mm、600mm），蛇形冷凝管（300mm、600mm），蛇行回流冷凝管（300mm、500mm），直形回流冷凝管（200mm、300mm）； 4. 蒸馏弯头 75°（300mm）； 5. 分馏头 75°； 6. 接受管： 真空接受管，直形接受管，弯形接受管，抽气接管，真空接收器； 7. 接头： 空心塞，接头具活塞，大小接头； 8. 套管： 温度计套管，真空搅拌器套管，搅拌器套管，U 形干燥管，直形干燥管； 9. 分液漏斗： 球形分液漏斗（250 mL、500mL），恒压式筒形分液漏斗（250mL）； 10. 分馏柱（柱直径 14mm，有效长度 400mm）； 11. 连接管： 三口连接管，二口连接管； 12. 恒压滴液漏斗（210mm × 210mm）； 13. 分水器； 14. 布氏漏斗	套	20	GB/T 15725.6—1995 GB/T 28212—2011 GB/T 21297—2007	

续表

序号	设备名称	主要功能和技术要求	单位	数量	执行标准或质量要求	备注
4	索氏提取器	主要功能： 从固体物质中萃取有机化合物。 技术要求： 250 mL	套	40		
5	干燥器	主要功能： 存放干燥试样。 技术要求： 400mm	台	2	GB/T 15723—1995	
6	电子天平	主要功能： 称取固体物质。 技术要求： 1. 最大称量值：4200 g； 2. 可读性：0.01 g； 3. 重复性：0.01 g； 4. 线性误差：0.02 g	台	20	GB/T 26497 —2011	
7	烧杯	主要功能： 称量、溶解试样。 技术要求： 50mL，100mL，250mL，500mL	只	各 80	GB/T 15724—2008	
8	试管	主要功能： 盛装液体试样。 技术要求： 18mm × 180mm	支	120	GB/T 21298—2007	
9	试管架	主要功能： 存放试管。 技术要求： 12 孔	台	20		
10	量筒	主要功能： 定量配制溶液。 技术要求： 100mL，250mL	只	各 80	GB/T 12804—2011	
11	铁架台	主要功能： 1. 用于固定和支持各种仪器； 2. 用于过滤、加热、滴定等实验操作。 技术要求： 153mm × 198mm	台	40		
12	玻璃仪器烘干器	主要功能： 烘干玻璃仪器。 技术要求： 1. 调温范围：40℃ ~ 120℃； 2. 调温精度：±2℃； 3. 适用数量：30 孔	台	2	ISO 13130—2011	
13	台式循环水多用真空泵	主要功能： 提供真空度，用于真空过滤等。 技术要求： 1. 最大真空度 0.098 MPa； 2. 抽气头 2 个，单头抽气量不小于 10L/min	台	10	JB/T 7255—2007	
14	电热鼓风干燥箱	主要功能： 干燥固体试样。 技术要求： 1. 控温范围：80℃ ~ 200℃； 2. 容积：35L	台	1	GB/T 30435—2013	

续表

序号	设备名称	主要功能和技术要求	单位	数量	执行标准或质量要求	备注
15	真空干燥箱	主要功能： 用于热敏性物料干燥。 技术要求： 1. 控温范围：室温 +10℃ ~ 250℃； 2. 可到达真空度：200Pa 以下（绝对压力）； 3. 容积：35L	台	1	GB/T 29251—2012	
16	电热套	主要功能： 用于烧瓶加热。 技术要求： 250mL	台	40		
17	电动搅拌器	主要功能： 用于物料混合、传热。 技术要求： 1. 功率 40W； 2. 转速 0 ~ 3000r/min，无级调速	台	40		
18	集热式磁力搅拌器	主要功能： 用于物料混合、固体物料溶解并实现升温加热。 技术要求： 1. 搅拌容量 100 ~ 1000mL； 2. 加热功率 600W	台	40		
19	熔点仪	主要功能： 测定化合物熔点。 技术要求： 1. 熔点测量范围：20℃ ~ 320℃； 2. 测量重复性：±1℃（在 <200℃时），±2℃（在 200 ~ 300℃时）； 3. 最小显示值：0.1℃； 4. 同时测四支熔点管	台	2	JB/T6177—1992	
20	旋光仪	主要功能： 测定物料旋光度。 技术要求： 1. 工作波长：589nm（钠灯 光谱）； 2. 测量范围：±45°（旋光度）； 3. 最小读数：0.001°（旋光度）； 4. 准确度：0.05 级； 5. 示值误差：±0.02°（-15° ≤旋光度≤ +15° 时），±0.05°（旋光度 <-15° 或旋光度 >+15° 时）； 6. 重复性（标准偏差 δ）：≤ 0.01°	台	2	JJG 536—2015	
21	阿贝折光仪	主要功能： 测定物质折光率。 技术要求： 1. 折射率测定范围：1.3000 ~ 1.7000； 2. 准确度：±0.0002； 3. 溶液质量分散（Brix）：0 ~ 95%	台	4	JB/T 6782—2013	
22	防爆冰箱	主要功能： 低温储藏。 技术要求： 217L	台	1	UL 250—1993	

续表

序号	设备名称	主要功能和技术要求	单位	数量	执行标准或质量要求	备注
23	旋转蒸发仪	主要功能： 快速蒸发溶剂。 技术要求： 1. 转速调节范围：10 ~ 180 rpm； 2. 蒸发能力：20 /min； 3. 可到达真空度：399.9 Pa 以下； 4. 水浴锅温度调节范围：常温 ~ 100℃； 5. 冷凝管：直立式双重蛇形管； 6. 冷凝管面积：0.12 m^2； 7. 旋转瓶体积：0.5 ~ 2L； 8. 水浴锅容积：6.3L	台	10		
24	制冰机	主要功能： 制造冰块。 技术要求： 1. 制冰量：30kg/24h； 2. 储冰量：10kg	台	1	SB/T 10940—2012	
25	冷却循环泵	主要功能： 提供旋转蒸发仪冷却液。 技术要求： 1. 温度范围：10℃ ~25℃； 2. 加液量：30L； 3. 制冷量：3000W@15℃； 4. 泵流量：≥ 16L/min； 5. 泵压力：1~10bar	台	2		

3.2.2 专业核心技能实训室

专业核心技能实训室设备要求见表 5—表 11。

表 5　实验动物实训室设备要求

序号	设备名称	主要功能和技术要求	单位	数量	执行标准或质量要求	备注
1	实验动物房	主要功能： 保证实验动物生产环境要求。 技术要求： 符合 SPF 级动物要求，含库房、饲料室、检疫室、缓冲室、饲养室、解剖室、消毒室等	间	1	GB 14925—2010	需取得实验动物使用许可证
2	超净工作台	主要功能： 提供无菌环境，用于接种。 技术要求： 1. 双人单面； 2. 洁净等级：ISO 5（Class 100）； 3. 平均风速：0.25m/s ~ 0.45m/s（快、慢双速）； 4. 菌落数：≤ 0.5 个 / 皿（90mm 培养平皿）； 5. 工作区尺寸：1360mm × 650mm × 520mm； 6. 配日光灯、紫外灯	台	5	JG/T 292—2010	
3	鼠解剖台	主要功能： 大鼠小鼠等小型动物解剖，功能研究实验。 技术要求： 1. 解剖台面长：600 mm； 2. 解剖台面宽：300mm； 3. 解剖台高：100mm； 4. 脚铸调节范围：100mm； 5. 立杆调节范围：100mm	台	10		

续表

序号	设备名称	主要功能和技术要求	单位	数量	执行标准或质量要求	备注
4	动物血液分析仪	主要功能： 实验动物血液细胞分析。 技术要求： 1. 测定项目：白细胞数，红细胞数，血红蛋白量，红细胞压积，平均红细胞体积，平均红细胞血红蛋白含量，平均红细胞血红蛋白浓度，血小板数，淋巴细胞数，淋巴细胞比率，混合细胞数（包括单核细胞、嗜酸性粒细胞、嗜碱性粒细胞），混合细胞比率，嗜中性粒细胞数，嗜中性粒细胞比率，红细胞体积分布宽度－标准差，红细胞体积分布宽度－变异系数，血小板体积分布宽度，平均血小板体积，大型血小板比率； 2. 测定原理：电阻法（WBC）、鞘流电阻法（RBC/PLT）、无氰季胺盐血红蛋白比色（HGB）； 3. 测定方式：全血进样模式，静脉血 15μL；预稀释进样模式，末梢血 20μL	台	2		
5	医疗尿液测定仪	主要功能： 实验动物尿液成分测定。 技术要求： 1. 检测项目：尿蛋白、尿葡萄糖、尿 pH、尿酮体、尿胆红质、尿胆原、尿潜血、亚硝酸盐、尿白细胞、尿比重和浊度； 2. 测定速度：60 个样本 /h； 3. 光学系统：发光二极管，CCD 光电耦合感应器件； 4. 光学波长：470nm，525nm，565nm，625nm，660nm，845nm； 5. 能够辨别未溶血红细胞或潜血	台	2		
6	动物呼吸机	主要功能： 动物实验中的人工呼吸、呼吸。 技术要求： 1. 呼吸率：0~200 次 /min； 2. 潮气量：0.1~100mL； 3. 呼吸比：10%~90%； 4. 吸气流量：10–1000mL/min； 5. 压力范围：0~5kPa	台	10		
7	全自动灭菌锅	主要功能： 高温湿热灭菌。 技术要求： 1. 工作温度：室温 +5℃ ~ 126℃； 2. 温度超过设定值 2℃，自动停止加热，同时声光报警，控温精度达到 ±0.5℃以内，器内温差 <1℃； 3. 超压到 0.17MPa 安全阀自动泄放蒸汽，保护设备； 4. 容积：≥ 50L	台	2	YY 1007—2010	

续表

序号	设备名称	主要功能和技术要求	单位	数量	执行标准或质量要求	备注
8	IVC 独立送风隔离笼具	主要功能： SPF 级实验动物繁育。 技术要求： 1. 由送风系统、排风系统、笼架、鼠盒 4 个部分组成； 2. 每个鼠盒均有单独的送风口和排风口，且均经过 HEPA 滤膜过滤，过滤效率≥ 99.99%； 3. 鼠盒盒盖设有带过滤的出气孔，另设有饮水瓶和饲料盆； 4. 鼠盒内空气洁净度达 100 级，落下菌落数 0 个 / 皿	套	1	DB32/T 972—2006	根据场地及实训需求确定鼠笼数量
9	台式麻醉机	主要功能： 鼠类麻醉。 技术要求： 1. 动物麻醉机主机：含麻醉药物挥发罐，精确控制麻醉剂的浓度； 2. 氧气流量计量范围：0.2~1L/min； 3. 气路控制阀； 4. 动物面罩； 5. 废气吸收装置	台	10		
10	实验台	主要功能： 实验操作平台。 技术要求： 1. 台面材质符合耐腐蚀、耐酸碱要求，两端带水池，带电源插座； 2. 台面可承重大于 300kg/m^2，可调脚； 3. 水龙头、水槽为实验室专用产品； 4. 带洗眼喷淋头； 5. 中央实验台的尺寸一般为长 × 宽 × 高为 3000mm ×1500mm × 800mm	套	2	GB/T 21747—2008	可根据实训室结构确定中央实验台的具体尺寸，但应保障至少 20 组学生（每组 2 人）使用，每组的桌面尺寸长 × 宽不小于 1000mm × 600mm

表 6　微生物实训室设备要求

序号	设备名称	主要功能和技术要求	单位	数量	执行标准或质量要求	备注
1	实验台	主要功能： 实验操作平台。 技术要求： 1. 台面材质符合耐腐蚀、耐酸碱要求；两端带水池，带电源插座； 2. 台面可承重大于 300 kg/m^2，可调脚； 3. 水龙头、水槽为实验室专用产品； 4. 带洗眼喷淋头； 5. 中央实验台的尺寸一般为长 × 宽 × 高为 7000mm × 1500mm × 800mm； 6. 台面上方设有通风装置	套	2	GB/T 21747—2008	可根据实训室结构确定中央实验台的尺寸，但应保障至少 20 组学生（每组 2 人）使用，每套实验台 2 组学生使用时，台面尺寸长 × 宽不小于 2400mm × 1500mm；
2	电子天平	主要功能： 称取固体物质。 技术要求： 1. 最大称量值：4200 g； 2. 可读性：0.01 g； 3. 重复性：0.01 g； 4. 线性误差：0.02 g	台	10	GB/T 26497 —2011	

续表

序号	设备名称	主要功能和技术要求	单位	数量	执行标准或质量要求	备注
3	量筒	主要功能： 定量移取液体。 技术要求： 25mL，50mL，100mL	只	各 80	GB/T 12804—2011	
4	烧杯	主要功能： 称量、溶解试样。 技术要求： 50mL，100mL，250mL，500mL	只	各 80	GB/T 15724—2008	
5	锥形瓶	主要功能： 盛放液体用于滴定分析。 技术要求： 100mL，250mL	只	各 120	GB/T 15724—2008	
6	试管	主要功能： 盛装液体试样。 技术要求：18mm × 180mm	支	160	GB/T 21298—2007	
7	试管架	主要功能： 存放试管。 技术要求： 12 孔	台	20		
8	玻璃仪器烘干器	主要功能： 烘干玻璃仪器。 技术要求： 1. 调温范围：40℃ ~ 120℃； 2. 调温精度：±2℃； 3. 适用数量：30 孔	台	4	ISO 13130—2011	
9	培养皿	主要功能： 微生物培养。 技术要求： 玻璃，直径 90mm	套	200	GB/T 28213—2011	
10	载玻片	主要功能： 微生物固定，用于显微观察。 技术要求： 76mm × 26mm	张	120	JB/T 8230.3—1995	
11	盖玻片	主要功能： 盖在载玻片上的材料上，避免液体和物镜相接触，以免污染物镜。 技术要求： 10mm × 10mm	块	240		
12	生物安全柜	主要功能： 防止实验操作处理过程中某些含有危险性或未知性生物微粒发生气溶胶散逸。 技术要求： 1. 过滤效率：≥ 99.9995%，@0.12 μm； 2. 送风和排风过滤器：ULPA 过滤器； 3. 空气洁净度：ISO 4； 4. 下降风速：0.35m/s； 5. 流入风速：0.55 m/s； 6. 外部尺寸：1500 mm × 795 mm × 2050mm	台	10	YY 0569—2011	

续表

序号	设备名称	主要功能和技术要求	单位	数量	执行标准或质量要求	备注
13	移液枪	主要功能： 少量或微量液体的准确移取。 技术要求： 1. 产品类型：单道手动可调； 2. 灭菌方式：整支灭菌； 3. 量程范围： 0.1~2.5 μ L，2~20 μ L，10~100 μ L，50~200 μ L，100~1000 μ L	把	各 10		
14	红外接种环灭菌器	主要功能： 接种棒、接种环、试管口灭菌。 技术要求： 1. 加热口直径：22m； 2. 工作温度：（930 ± 30）℃	台	10		
15	接种棒 + 环	主要功能： 接种或移种。 技术要求： 全铜接种棒 220mm，镍铬合金接种环，环内径 2.9mm	支	40		
16	集菌仪	主要功能： 检验供试品是否含菌。 技术要求： 1. 材质：304 不锈钢； 2. 转速：0~240rpm； 3. 培养器：1~3 联； 4. 悬架高度：28cm	台	10	JB/T 20195—2020	
17	微生物限度仪	主要功能： 检测供试品内的含菌量。 技术要求： 1. 功率：30W； 2. 噪音：≤ 65dB（A）（负载）； 3. 抽气流量：25L/min； 4. 适用耗材：S60 培养器，F47 滤杯，F47-R250 滤杯，F60-R250 滤杯，F47B 系列滤杯	台	10		
18	细胞计数板	主要功能： 细胞计数。 技术要求： 79mm × 39mm × 13mm	块	40		
19	加热磁力搅拌器	主要功能： 溶液搅拌。 技术要求： 1. 搅拌点位数目：1； 2. 最大搅拌量（H_2O）：15L； 3. 速度范围：100~2000rpm； 4. 加热温度范围：50℃ ~320℃	台	10		
20	旋涡混匀器	主要功能： 混合和分散。 技术要求： 1. 适用于离心管、试管、烧瓶等容器内标本的混匀； 2. 振荡频率：>2600 次 /min； 3. 输出转矩：>2800 次 /min	台	10		

续表

序号	设备名称	主要功能和技术要求	单位	数量	执行标准或质量要求	备注
21	生物显微镜	主要功能： 微生物放大观察。 技术要求： 1. 放大倍数：100X ~ 1600X； 2. 观察镜筒：双目； 3. 目镜 10X、16X； 4. 物镜：消色差物镜 10X、40X（弹）、100X； 5. 电光源； 6. 配 40 个接目测微计，40 个镜台测微计	台	20	GB/T 2985—2008	
22	恒温水浴锅	主要功能： 恒温加热。 技术要求： 温控范围：室温 +5℃ ~ 99.9℃，控温精度 ≤ ±0.5℃，四孔智能控制	台	5	YY 91037—1999	
23	生化培养箱	主要功能： 微生物恒温固体培养。 技术要求： 1. 容量：≥ 35L； 2. 控温范围：室温 +5℃ ~ 65℃； 3. 温度分辨率：0.1℃； 4. 温度波动：±0.3℃	台	2	GB/T 28851—2012	
24	全自动灭菌锅	主要功能： 高温湿热灭菌。 技术要求： 1. 工作温度：室温 +5℃ ~ 126℃； 2. 温度超过设定值 2℃时，自动停止加热，同时声光报警，控温精度达到 ±0.5℃以内，器内温差 <1℃； 3. 超压到 0.17MPa 安全阀自动泄放蒸汽，保护设备； 4. 容积：≥ 50L	台	2	YY 1007—2010	
25	细菌内毒素检测仪	主要功能： 细菌内毒素（热原）检测。 技术要求： 1. 检测孔数：48 孔； 2. 温度控制：（37.0 ± 0.2）℃ 3. 操作方式：通过外接通用计算机操作，提供 LAN 接口； 4. 检测波长：660nm，405nm； 5. 检测容器: 鲎试剂安瓿或专用定量检测试管（直径 8mm）； 6. 检测速度：3~12s（默认 10s）	台	2		
26	电热鼓风干燥箱	主要功能： 干燥灭菌。 技术要求： 1. 控温范围：室温 +10℃ ~ 300℃； 2. 容积：≥ 35L	台	2	GB/T 30435—2013	
27	台式低速离心机	主要功能： 离心分离。 技术要求： 1. 最高转速：6000r/min； 2. 最大相对离心力：5120g； 3. 最大容量：24 × 5mL； 4. 定时范围：1 ~ 99min； 5. 常温，液晶显示	台	2	YY/T 0657—2008	

续表

序号	设备名称	主要功能和技术要求	单位	数量	执行标准或质量要求	备注
28	高速离心机	主要功能： 离心分离。 技术要求： 1. 最高转速：16000r/min； 2. 最大相对离心力：17800g； 3. 最大容量：12×5mL； 4. 定时范围：1～99min； 5. 常温，液晶显示	台	2	GB 19815—2005	
29	加热磁力搅拌器	主要功能： 溶液搅拌。 技术要求： 1. 搅拌点位数目：1； 2. 最大搅拌量（H_2O）：15L； 3. 速度范围：100~2000rpm； 4. 加热温度范围：50℃ ~320℃	台	10	加热磁力搅拌器	
30	纯化水机	主要功能： 制取纯水。 技术要求： 1. 进水水源：市政自来水； 2. 进水水压：0.1～0.5MPa； 3. 进水温度：5℃～45℃； 4. 产水量：40/60L/h； 5. 取水流速：1.5~2.0L/min； 6. 产水水质：电导率 2~10μs/cm， TOC ≤ 20ppb，微生物≤ 5cfu/mL	台	1		

表 7　细胞实训室设备要求

序号	设备名称	主要功能和技术要求	单位	数量	执行标准或质量要求	备注
1	实验台	主要功能： 实验操作平台。 技术要求： 1. 台面材质符合耐腐蚀、耐酸碱要求；上带试剂架，两端带水池，带电源插座； 2. 台面可承重大于 300 kg/m²，可调脚； 3. 水龙头、水槽为实验室专用产品； 4. 带洗眼喷淋头； 5. 中央实验台的尺寸一般为长 × 宽 × 高 =7000mm×1500mm×800mm； 6. 台面上方设有通风装置	套	2	GB/T 21747—2008	可根据实训室结构确定中央实验台的尺寸，但应保障至少 20 组学生（每组 2 人）使用，每套实验台 2 组学生使用时，台面尺寸长 × 宽不小于 2400mm×1500mm
2	电子天平	主要功能： 称取固体物质。 技术要求： 1. 最大称量值：4200 g； 2. 可读性：0.01 g； 3. 重复性：0.01 g； 4. 线性误差：0.02 g	台	10	GB/T 26497 —2011	
3	量筒	主要功能： 定量移取液体。 技术要求： 25mL，50mL，100mL	只	各 80	GB/T 12804—2011	

续表

序号	设备名称	主要功能和技术要求	单位	数量	执行标准或质量要求	备注
4	烧杯	主要功能： 称量、溶解试样。 技术要求： 50mL，100mL，250mL，500mL	只	各 80	GB/T 15724—2008	
5	锥形瓶	主要功能： 盛放液体用于滴定分析。 技术要求： 100mL，250mL	只	各 120	GB/T 15724—2008	
6	试管	主要功能： 盛装液体试样。 技术要求： 18mm × 180mm	支	160	GB/T 21298—2007	
7	试管架	主要功能： 存放试管。 技术要求： 12 孔	台	20		
8	玻璃仪器烘干器	主要功能： 烘干玻璃仪器。 技术要求： 1. 调温范围：40℃ ~ 120℃； 2. 调温精度：±2℃； 3. 适用数量：30 孔	台	4	ISO 13130—2011	
9	培养皿	主要功能： 微生物培养。 技术要求： 玻璃，直径 90mm	套	200	GB/T 28213—2011	
10	载玻片	主要功能： 微生物固定，用于显微观察。 技术要求： 76mm × 26mm	张	120	JB/T 8230.3—1995	
11	盖玻片	主要功能： 盖在载玻片上的材料上，避免液体和物镜相接触，以免污染物镜。 技术要求： 10mm × 10mm	块	240		
12	二氧化碳培养箱	主要功能： 动物细胞培养。 技术要求： 1. 温度范围：室温 +5℃ ~55℃； 2. 温度控制精度：±0.1℃； 3. 温度均一性：±0.3℃（37℃）； 4. 灭菌温度：140℃； 5. 灭菌时间：≤ 12h； 6. CO_2 控制精度：优于 ±0.1%； 7. 输入压力：103.4 kPa； 8. 外部尺寸：663 mm × 1003 mm × 635 mm	台	2	YY 1621—2018	

续表

序号	设备名称	主要功能和技术要求	单位	数量	执行标准或质量要求	备注
13	生物安全柜	主要功能： 防止实验操作处理过程中某些含有危险性或未知性生物微粒发生气溶胶散逸。 技术要求： 1. 过滤滤效率：≥ 99.9995%，@0.12 μm； 2. 送风和排风过滤器：ULPA 过滤器； 3. 空气洁净度：ISO 4； 4. 下降风速：0.35m/s； 5. 流入风速：0.55 m/s； 6. 外部尺寸：1500 mm × 795 mm × 2050 mm	台	10	YY0569—2011	
14	倒置显微镜	主要功能： 对于生物切片、生物细胞、细菌以及活体组织培养、流质沉淀等的观察和研究。 技术要求： 1. 观察头：宽视野倾斜双目镜筒； 2. 目镜：10 倍； 3. 物镜：40~400 倍； 4. 调焦：最小步进 0.01 μm； 5. 光源：12V 100W 卤素灯	台	5		
15	移液枪	主要功能： 少量或微量液体的准确移取。 技术要求： 1. 产品类型：单道手动可调； 2. 灭菌方式：整支灭菌； 3. 量程范围： 0.1~2.5 μL，2~20 μL，10~100 μL，50~200 μL，100~1000 μL	把	各 10		
16	冷冻离心机	主要功能： 热敏性物质离心分离。 技术要求： 1. 最高转速：16000r/min； 2. 最大相对离心力：17800g； 3. 最大容量：12 × 5mL； 4. 定时范围：1 ~ 99min； 5. 温度设置范围：−20℃ ~ +40℃； 6. 液晶显示	台	1	JB/T 5519—1991	
17	台式低速离心机	主要功能：离心分离。 技术要求： 1. 最高转速：6000r/min； 2. 最大相对离心力：5120g； 3. 最大容量：24 × 5mL； 4. 定时范围：1 ~ 99min； 5. 常温，液晶显示	台	2	YY/T 0657—2008	
18	全自动细胞计数仪	主要功能： 对悬液中的细胞进行精准计数。 技术要求： 1. 载玻片计数池数量：2； 2. 装载样本体积：10 μL； 3. 分析体积：0.4 μL； 4. 细胞浓度范围：1×10^5~5×10^6 个细胞 /mL； 5. 可检测细胞直径：6~50 μm	台	1		

续表

序号	设备名称	主要功能和技术要求	单位	数量	执行标准或质量要求	备注
19	恒温培养摇床	主要功能： 微生物恒温液体培养。 技术要求： 1. 温度控制范围：4℃ ~ 60℃； 2. 温度分辨精度：±0.1℃； 3. 温度波动度：≤ ±0.1℃（37℃）； 4. 温度均匀度：≤ ±1℃（37℃）； 5. 定时范围：0 ~ 200 h； 6. 容积：≥ 173L； 7. 转速：40 ~ 300rpm，数显转速； 8. 偏心距：15mm，振幅：30mm	台	1	YY 0027—1990	
20	生物反应器	主要功能： 动物细胞培养。 技术要求： 1. 总体积 / 发酵体积：2.5L/（0.6L~1.2L）； 2. 温度：冷却介质温度 +5℃ ~60℃； 3. 搅拌：100~1250rpm，精度 ±1rpm； 4. 通气：中央流量控制； 5. 灭菌：一体化离位灭菌； 6. 蠕动泵：2 台，每台最大进样量 3.7mL/min； 7. pH：1.0~14.0，精度：0.1pH； 8. pO_2：0~100%，精度：0.1%； 9. 消泡：消泡电极	台	4		
21	在线细胞生长监测仪	主要功能： 在线测量动物细胞、酵母、细菌、真菌和植物细胞密度。 技术要求： 1. 浓度范围： 动物细胞：104~109 个 /mL； 2. 精度： 动物细胞：104 个 /mL； 3. 电导范围：0.5~100mS/cm	台	4		
22	转瓶机	主要功能： 贴壁细胞培养。 技术要求： 1. 转速：2~30rpm； 2. 转速精度：1rpm； 3. 转速最小可调值：0.1rpm； 4. 时间范围：连续 / 99h59min； 5. 时间精度：±1%； 6. 标准滚瓶规格： 110~120mm（每个），可放置 20 个	台	1		
23	全自动灭菌锅	主要功能： 高温湿热灭菌。 技术要求： 1. 工作温度：室温 +5℃ ~ 126℃； 2. 温度超过设定值 2℃时，自动停止加热，同时声光报警，控温精度达到 ±0.5℃以内；器内温差 <1℃； 3. 超压到 0.17MPa 安全阀自动泄放蒸汽，保护设备； 4. 容积：≥ 50L	台	2	YY 1007—2010	

续表

序号	设备名称	主要功能和技术要求	单位	数量	执行标准或质量要求	备注
24	恒温水浴锅	主要功能： 恒温加热。 技术要求： 1. 温控范围：室温 +5℃ ~ 99.9℃； 2. 控温精度≤ ±0.5℃； 3. 四孔智能控制	台	4	YY 91037—1999	
25	纯化水机	主要功能： 制取纯水。 技术要求： 1. 进水水源：市政自来水； 2. 进水水压：0.1 ~ 0.5MPa； 3. 进水温度：5℃ ~ 45℃； 4. 产水量：40/60L/h； 5. 取水流速：1.5~2.0L/min； 6. 产水水质： 电导率 2~10 μS/cm，TOC ≤ 20ppb， 微生物≤ 5cfu/mL	台	1		
26	pH 计	主要功能： 测量 pH 值。 技术要求： 1. 温度测量范围：0 ~ 60℃ 2. mV 精度：1mV，pH 精度：0.01pH； 3. mV 测量范围：−1999 ~ +1999mV； 4. pH 测量范围：0.00 ~ 14.00	台	4	GB/T 11165—2005	
27	电热恒温培养箱	主要功能： 微生物培养。 技术要求： 1. 控温范围：室温 +5℃ ~65℃； 2. 恒温波动度：±0.5℃； 3. 温度分辨率：0.1℃； 4. 容积：270L	台	1	YY 0027—1990	
28	加热磁力搅拌器	主要功能： 溶液搅拌。 技术要求： 1. 搅拌点位数目：1； 2. 最大搅拌量（H_2O）：15L； 3. 速度范围：100 ~2000rpm； 4. 加热温度范围：50℃ ~320℃	台	10	加热磁力搅拌器	

表 8　分子生物学实训室设备要求

序号	设备名称	主要功能和技术要求	单位	数量	执行标准或质量要求	备注
1	实验台	主要功能： 实验操作平台。 技术要求： 1. 台面材质符合耐腐蚀、耐酸碱要求；上带试剂架，两端带水池，带电源插座； 2. 台面可承重大于 300 kg/m^2，可调脚； 3. 水龙头、水槽为实验室专用产品； 4. 带洗眼喷淋头； 5. 中央实验台的尺寸一般为长 × 宽 × 高为 7000mm × 1500mm × 800mm； 6. 台面上方设有通风装置	套	3	GB/T 21747—2008	可根据实训室结构确定中央实验台的尺寸，但应保障至少 20 组学生（每组 2 人）使用，每套实验台 2 组学生使用时，台面尺寸长 × 宽不小于 2400mm×1500mm

续表

序号	设备名称	主要功能和技术要求	单位	数量	执行标准或质量要求	备注
2	电子天平	主要功能： 称取固体物质。 技术要求： 1. 最大称量值：4200 g； 2. 可读性：0.01 g； 3. 重复性：0.01 g； 4. 线性误差：0.02 g	台	20	GB/T 26497 —2011	
3	量筒	主要功能： 定量移取液体。 技术要求： 25mL，50mL，100mL	只	各 80	GB/T 12804—2011	
4	烧杯	主要功能： 称量、溶解试样。 技术要求： 50mL，100mL，250mL，500mL	只	各 80	GB/T 15724—2008	
5	锥形瓶	主要功能： 盛放液体用于滴定分析。 技术要求： 100mL，250mL	只	各 120	GB/T 15724—2008	
6	试管	主要功能： 盛装液体试样。 技术要求： 18mm × 180mm	支	160	GB/T 21298—2007	
7	试管架	主要功能： 存放试管。 技术要求： 12 孔	台	20		
8	玻璃仪器烘干器	主要功能： 烘干玻璃仪器。 技术要求： 1. 调温范围：40℃ ~ 120℃； 2. 调温精度：±2℃； 3. 适用数量：30 孔	台	4	ISO 13130—2011	
9	培养皿	主要功能： 微生物培养。 技术要求： 玻璃，直径 90mm	套	200	GB/T 28213—2011	
10	酶标仪	主要功能： 对小体积核酸和蛋白质样品的快速、简单测量。 技术要求： 1. 波长选择：单色仪； 2. 光源：氙灯； 3. 波长范围：200~1000 nm，1nm 步进； 4. 读数范围：最高 3Abs； 5. 带宽：<2.5 nm； 6. 在 450 nm 处的线性：0~2.5 Abs，2%，在 450 nm 处的准确度：1.0% + 0.003Abs（0~2.0 Abs），2.0%（2.0~2.5 Abs）；在 450 nm 处的精确度：SD <0.003 Abs 或 CV <1.0%； 7. 微孔板：96 孔板和 384 孔板； 8. 光束中心高度：8.5 mm； 9. 光束窗口：≥ 2 mm； 10. 板振荡：线性； 11. 培养箱温度：环境温度 + 2℃ ~45℃	台	10		

续表

序号	设备名称	主要功能和技术要求	单位	数量	执行标准或质量要求	备注
11	移液枪	主要功能： 少量或微量液体的准确移取。 技术要求： 1. 产品类型：单道手动可调； 2. 灭菌方式：整支灭菌； 3. 量程范围： 0.1~2.5μL，122~20μL，10~100μL，50~200μL，100~1000μL	把	各10		
12	多功能酶标仪	主要功能： 对小体积核酸和蛋白质样品的快速、简单测量。 技术要求： 1. 孔板类型：6~384孔微孔板，Take3微量检测板； 2. 检测模式：紫外/可见吸收光，荧光，发光，时间分辨荧光，荧光偏振； 3. 读板模式：终点法，动力学法，光谱扫描法，孔域扫描法； 4. 振荡方式：线性、轨道及双轨道震荡模式； 5. 温度控制：环境温度+4℃~45℃，±0.2℃（37℃）	台	1		
13	垂直电泳槽	主要功能： 为电泳分离提供分离环境。 技术要求： 1. 凝胶数：2块 2. 凝胶厚度：1mm，1.5mm标配； 3. 加样梳齿数：10齿，15齿； 4. 玻璃尺寸：平玻璃板10.3×8.5cm、凹玻璃板10.3×8.5cm（粘玻璃边条）； 5. 凝胶大小：制胶7.5×8.3cm； 6. 缓冲液总量：400mL	台	10	YY/T 0087—2004	
14	水平电泳槽	主要功能： 为电泳分离提供分离环境。 技术要求： 1. 凝胶板规格（长×宽）：60mm×60mm；120mm×60mm；60mm×120mm；120mm×120mm； 2. 试样格：11+25齿（1.0mm厚）、6+13齿、8+18齿（1.5mm厚）、2+3齿（2.0mm厚）； 3. 缓冲液总容量：约650mL	台	10	YY/T 0087—2004	
15	电泳仪电源	主要功能： 为电泳操作提供高压直流电源。 技术要求： 1. 并联输出：2组；输出范围（显示分辨率）：5~1600V（2V），2~100mA（1mA）； 2. 微电脑智能控制，液晶显示，同时显示电压、电流和定时时间，连续可调； 3. 具有过压、过流、过载、变载、空载等多项报警保护功能	台	5	YY/T 0087—2004	

续表

序号	设备名称	主要功能和技术要求	单位	数量	执行标准或质量要求	备注
16	凝胶成像仪	主要功能： 实现电泳凝胶的成像分析。 技术要求： 1. 全自动化控制，对蛋白电泳凝胶、DNA/RNA 凝胶、免染色凝胶等样品进行全自动图像采集并进行定性和定量分析； 2. 应用范围：可见染料染色的凝胶，紫外激发和蓝光激发荧光染料染色的凝胶，免染色凝胶； 3. 自动完成从样品聚焦、图像采集、条带检测、定量分析到输出报告； 4. 样品盘：紫外样品盘，白光样品盘，蓝光样品盘，免染样品盘。具有特异性激发和检测功能； 5. 曝光时间：最短 0.001s，每 0.001s 步进； 6. 图像分辨率：大于 8Megapixel，图片可无限放大，无马赛克； 7. 图像输出格式：.tif，.bmp，.png，.jpg； 8. 数据输出方式：剪贴板输出，数据库输出，Excel 表格式输出，PDF 输出	台	2		
17	PCR 仪	主要功能： 对特定 DNA 扩增。 技术要求： 1. 样本容量：96 × 0.2 mL 试管，0.2 mL 联管或 1 × 96 孔板； 2. 最大升降温速率：4℃ /s； 3. 平均升降温速率：2.5℃ /s； 4. 温度范围：4℃ ~100℃； 5. 温度精度：± 0.5℃设定温度； 6. 温度均匀性：± 0.5 ℃（孔间温度差），在 30s 内达到目标温度； 7. 梯度功能： 梯度精度：± 0.5℃预设温度， 行均匀性：± 0.5℃（行内孔间温度差），30s 内达到目标温度； 梯度范围：30℃ ~100℃； 温度差异范围：1℃ ~25℃	台	4		
18	实时荧光定量 PCR 仪	主要功能： 连续监测 PCR 扩增指数期间荧光信号强弱变化反应特异性的表达量，并据此计算出目的基因的表达量。 技术要求： 1. 检测通量：96 孔； 2. 反应体系：10~100 μ L； 3. 最大升温速率：≥ 5.0℃ /s； 4. 最大降温速率：≥ 3.5℃ /s； 5. 温度均匀性：± 0.1℃； 6. 温度准确度：≤ 0.1℃； 7. 控温范围：4℃ ~ 100℃； 8. 光源：LED 光源； 9. 荧光通道：4 路； 10. 动态范围：100~1010； 11. 检测性能：可实现单拷贝检测； 12. 分辨率：单重分析反应中精确检测 1.5 倍拷贝数差异，获得 10 log 线性动态范围； 13. 样本检测线性：|r| ≥ 0.9990； 14. 样本检测重复性：CV ≤ 1.5%	台	1		

续表

序号	设备名称	主要功能和技术要求	单位	数量	执行标准或质量要求	备注
19	半干转膜仪	主要功能： 转印。 技术要求： 1. 最大凝胶尺寸（宽 × 长）：24 cm × 16 cm； 2. 缓冲液要求：200 mL	台	2		
20	恒温水浴锅	主要功能： 恒温加热。 技术要求： 1. 温控范围：室温 +5℃ ~ 99.9℃； 2. 控温精度≤ ±0.5℃； 3. 四孔智能控制	台	4	YY 91037—1999	
21	旋涡混匀器	主要功能： 混合和分散。 技术要求： 1. 适用于离心管、试管、烧瓶等容器内标本的混匀； 2. 振荡频率：>2600 次 /min； 3. 输出转矩：>2800 次 /min	台	10		
22	脱色摇床	主要功能： 电泳凝胶分离谱带的固定，考马斯亮蓝染色和脱色时的振荡晃动，硝酸银染色的固定、染色、显影等，电泳转移后纤维素膜的进一步处理，抗原体的反应和染色，分子杂交，细胞培养等。 技术要求： 1. 控制方式：PLD； 2. 显示方式：LCD（液晶显示屏）； 3. 回旋频率范围：30 ~ 250r/min； 4. 摇板振荡（倾斜角）幅度：30mm； 5. 最大承载（含夹具）：≥ 7.5kg； 6. 温控范围：室温 +5℃ ~ 80℃； 7. 定时范围：0 ~ 500h	台	4		
23	台式低速离心机	主要功能：离心分离。 技术要求： 1. 最高转速：6000r/min； 2. 最大相对离心力：5120g； 3. 最大容量：24 × 5mL； 4. 定时范围：1 ~ 99min； 5. 常温，液晶显示	台	2	YY/T 0657—2008	
24	冷冻离心机	主要功能： 热敏性物质离心分离。 技术要求： 1. 最高转速：16000r/min； 2. 最大相对离心力：17 800g； 3. 最大容量：12 × 5mL； 4. 定时范围：1 ~ 99min； 5. 温度设置范围：−20℃ ~ +40℃； 6. 液晶显示	台	1	JB/T 5519—1991	

续表

序号	设备名称	主要功能和技术要求	单位	数量	执行标准或质量要求	备注
25	生物安全柜	主要功能： 防止实验操作处理过程中某些含有危险性或未知性生物微粒发生气溶胶散逸。 技术要求： 1. 过滤效率：≥ 99.9995%，@0.12μm； 2. 送风和排风过滤器：ULPA 过滤器； 3. 空气洁净度：ISO 4； 4. 下降风速：0.35m/s； 5. 流入风速：0.55 m/s； 6. 外部尺寸：1500mm × 795mm × 2050mm	台	2	YY 0569—2011	
26	旋涡混匀器	主要功能： 混合和分散。 技术要求： 1. 适用于离心管、试管、烧瓶等容器内标本的混匀； 2. 振荡频率：>2600 次 /min； 3. 输出转矩：>2800 次 /min	台	10		
27	超纯水系统	主要功能： 制备纯化水。 技术要求： 1. 超纯水电导率：≤ 0.055μS/cm@25℃， 电阻率：18.25MΩ · cm（25℃）； 2. TOC 含量：<30 ppb； 3. 微生物：<1cfu/mL； 微粒：（>0.2μm）<1cfu/mL； 4. 热源 / 内毒素：<0.001 Eu/mL； 5. 产水量：10 ~ 30L/h	套	1		
28	全自动灭菌锅	主要功能： 高温湿热灭菌。 技术要求： 1. 工作温度：室温 +5℃ ~ 126℃； 2. 温度超过设定值 2℃时，自动停止加热，同时声光报警，控温精度达到 ±0.5℃以内，器内温差 <1℃； 3. 超压到 0.17MPa 安全阀自动泄放蒸汽，保护设备； 4. 容积：≥ 50L	台	1	YY 1007—2010	
29	紫外可见分光光度计	主要功能： 分光光度法分析试样。 技术要求： 1. 波长范围：190 ~ 900nm； 2. 波长准确度：±0.2nm； 3. 波长重复性：≤ 0.1nm； 4. 光度方式：透过率，吸光度，能量； 5. 光源转换：自动切换（可在 320 ~ 380nm 波段范围内任意设定）	台	2	GBT 26813—2011	
30	冰箱	主要功能： 样品储存。 技术要求： 1. 温度范围：−25℃ ~ −10℃； 2. 有效容积：226L				

续表

序号	设备名称	主要功能和技术要求	单位	数量	执行标准或质量要求	备注
31	电转仪	主要功能： 将DNA转入受态细菌、动植物细胞、酵母细胞中。 技术要求： 1. 脉冲形式：指数衰减； 2. 高压输出电压：400~2500V； 3. 低压输出电压：50~450V； 4. 高压电容：1UF，5UF，6UF，25UF，30UF，31UF； 5. 低压电容： 100UF，125UF，150UF，1675UF，以25UF步进； 6. 并接电阻：50，100，150，1600，……共30档	台	1		
32	微量核酸测定仪	主要功能： 用于核酸定量。 技术要求： 1. 波长范围：185~910nm； 2. 样本体积要求：0.5~2.0μL； 3. 光程：0.2mm、1.0mm； 4. 光源：氙闪光灯； 5. 检测器：3648像素线性CCD阵列； 6. 波长精度：1nm； 7. 波长分辨率：≤3nm（FWHM，Hg 546nm）； 8. 吸光度精准度：0.003Abs； 9. 吸光度准确度：1%（7.332 Abs，260nm）； 10. 核酸检测范围：2~4500ng/μL（dsDNA）	台	1		
33	制冰机	主要功能： 制冰块。 技术要求： 1. 制冰量：30kg/24h； 2. 储冰量：10kg	台	1	SB/T 10940—2012	
34	加热磁力搅拌器	主要功能： 溶液搅拌。 技术要求： 1. 搅拌点位数目：1； 2. 最大搅拌量（H_2O）：15L； 3. 速度范围：100~2000rpm； 4. 加热温度范围：50℃~320℃	台	10	加热磁力搅拌器	

表9　理化检测实训室设备要求

序号	设备名称	主要功能和技术要求	单位	数量	执行标准或质量要求	备注
1	实验台	主要功能： 实验操作平台。 技术要求： 1. 台面材质符合耐腐蚀、耐酸碱要求，两端带水池，带电源插座； 2. 台面可承重大于300 kg/m^2，可调脚； 3. 水龙头、水槽为实验室专用产品； 4. 带洗眼喷淋头； 5. 中央实验台的尺寸一般为长×宽×高为7000mm×1500mm×800mm； 6. 台面上方设有通风装置	套	5	GB/T 21747—2008	可根据实训室结构确定中央实验台的尺寸，但应保障至少20组学生（每组2人）使用，每套实验台2组学生使用时，台面尺寸长×宽不小于2400mm×1500mm

续表

序号	设备名称	主要功能和技术要求	单位	数量	执行标准或质量要求	备注
2	电子天平	主要功能： 称取固体物质。 技术要求： 1. 最大称量值：4200g； 2. 可读性：0.01 g； 3. 重复性：0.01 g； 4. 线性误差：0.02 g	台	20	GB/T 26497 —2011	
3	量筒	主要功能： 定量移取液体。 技术要求： 25mL，50mL，100mL	只	各 80	GB/T 12804—2011	
4	烧杯	主要功能： 称量、溶解试样。 技术要求： 50mL，100mL，250mL，500mL	只	各 80	GB/T 15724—2008	
5	锥形瓶	主要功能： 盛放液体用于滴定分析。 技术要求： 100mL，250mL	只	各 120	GB/T 15724—2008	
6	试管	主要功能： 盛装液体试样。 技术要求： 18mm × 180mm	支	160	GB/T 21298—2007	
7	试管架	主要功能： 存放试管。 技术要求： 12 孔	台	20		
8	玻璃仪器烘干器	主要功能： 烘干玻璃仪器。 技术要求： 1. 调温范围：40℃ ~ 120℃ 2. 调温精度：±2℃ 3. 适用数量：30 孔	台	4	ISO 13130—2011	
9	培养皿	主要功能： 微生物培养。 技术要求： 玻璃，直径 90mm	套	200	GB/T 28213—2011	
10	纯化水机	主要功能： 制取纯水。 技术要求： 1. 进水水源：市政自来水； 2. 进水水压：0.1 ~ 0.5MPa； 3. 进水温度：5 ~ 45℃； 4. 产水量：40/60L/h； 5. 取水流速：1.5~2.0L/min； 6. 产水水质：电导率 2~10μS/cm，TOC ≤ 20ppb，微生物≤ 5cfu/mL	台	1		

续表

序号	设备名称	主要功能和技术要求	单位	数量	执行标准或质量要求	备注
11	旋涡混匀器	主要功能： 混合和分散。 技术要求： 1. 适用于离心管、试管、烧瓶等容器内标本的混匀； 2. 振荡频率：>2600 次 /min； 3. 输出转矩：>2800 次 /min	台	10		
12	高效液相色谱仪	主要功能： 对液体物料进行定量分析。 技术要求： 1. 串联双柱塞往复泵，整个系统耐压不小于 400bar； 2. 手动或自动柱后清洗，集成在线真空脱气机； 3. 自动进样，进样范围：0.1 ~ 100 μL； 4. 操作压力不小于 600bar； 5. 半导体控温模式，控温范围：10℃ ~ 80℃，带降温功能； 6. 控温精度：±0.15℃； 7. 控温准确度：±0.5℃； 8. 符合 GMP 要求的色谱工作站	台	2	GB/T 26792—2011	
13	气相色谱仪	主要功能： 对可气化物料进行定量和定性分析。 技术要求： 1. 控温范围：室温 +15℃ ~ 399℃（增量 1℃）； 2. 控温精度：优于 ±0.1℃（200℃时测）； 3. 火焰离子化检测器（FID）检测限：DFID ≤ 1×10^{-10}g/s（样品：苯），基线漂移：≤ 2×10^{-12}A/h； 4. 热导检测器（TCD）灵敏度 S ≥ 1500mV · mL/mg（苯），基线漂移：≤ 50 μV/h	台	2	GB/T 30431—2013	
14	氢气发生器	主要功能： 提供燃气。 技术要求： 1. 输出流量：0~500mL/min； 2. 输出压力：0~0.4MPa； 3. 压力稳定性：0.2%； 4. 纯度：>99.999%	台	2		
15	高纯空气、氮气发生器	主要功能： 提供高纯空气、氮气。 技术要求： 1. 输出流量：0 ~ 3000mL/min； 2. 输出压力：0 ~ 0.3MPa	台	2		
16	微粒检测仪	主要功能： 输液、大小容量注射液、粉针剂不溶性微粒检测。 技术要求： 1. 检测范围：1 ~ 400 μm； 2. 检测通道：16 通道； 3. 取样体积：0.5 ~ 1000mL； 4. 取样速度：5 ~ 60mL/min； 5. 测试范围：0 ~ 9999999 粒； 6. 取样体积精度：< ± 1%； 7. 分辨率：>90%（按中国药典校准）； 8. 检测浓度：0 ~ 18000 粒 /mL； 9. 准确度：规定值 ±10%； 10. 重复性：RSD<2%（颗粒计数 >1000 粒 /mL，5mL 取样）	台	5	JB/T 20156—2013	

续表

序号	设备名称	主要功能和技术要求	单位	数量	执行标准或质量要求	备注
17	渗透压测定仪	主要功能： 注射剂渗透压测定。 技术要求： 1. 取样量：50~100μL； 2. 测量范围：0 ~ 3000 mOsmol/kg H_2O； 3. 显示结果单位：渗透压摩尔浓度 mOsmol/kg H_2O； 4. 分辨率：1 mOsmol/kg H_2O； 5. 重复性：RSD ≤ 1%； 6. 检测准确度：±3mOsmol/kg（≤ 300mOsmol/kg）；≤ ±1%（> 300mOsmol/kg）	台	8		
18	pH 计	主要功能： 测量 pH 值。 技术要求： 1. 温度测量范围：0 ~ 60℃； 2. mV 精度：1mV，pH 精度：0.01pH； 3. mV 测量范围：−1999 ~ +1999mV； 4. pH 测量范围：0.00 ~ 14.00	台	8	GB/T 11165—2005	
19	电导率仪	主要功能： 测量电导率值。 技术要求： 1. 电导率测量范围：0.00μS/cm~199.9mS/cm； 2. 分辨率：0.01μS/cm~0.1mS/cm； 3. 精度：±0.5% 量程； 4.TDS 测量范围：0.00mg/L~199.9g/L； 5. 温度测量范围：0~100℃； 6. 自动温度补偿； 7. 自动终点判定	台	8		
20	流式细胞仪	主要功能： 对细胞进行自动分析和分选。 技术要求： 1. 双激光 6 色； 2. 流动室 150μm × 480μm； 3. 光学收集：光胶耦合镜片，18 度反射光收集系统，可更换光学滤片； 4. FS 分辨率：可区分 0.1μm 和 0.3μm 的颗粒； 5. 检测灵敏度：FITC<20MESF PE<19MESF PECy5 12MESF APC 28MESF 6. 携带污染率：< 0.1%； 7. 检测速度：50 000 个细胞 /s	台	1		
21	毛细管电泳仪	主要功能： 生物大分子检测。 技术要求： 1. 温度范围 15℃ ~60℃； 2. 精度 0.1℃； 3. 样品室温控系统，温度控制范围 4℃ ~60℃，精度 0.1℃； 4. 样品及缓冲液承载系统：缓冲盘，2 × 36=72 个 1.8mL 缓冲溶液瓶；样品盘，2 × 48=96 位，可使用 1.8mL 样品管	台	1		

表 10　发酵实训室设备要求

序号	设备名称	主要功能和技术要求	单位	数量	执行标准或质量要求	备注
1	实验台	主要功能： 实验操作平台。 技术要求： 1. 台面材质符合耐腐蚀、耐酸碱要求，上带试剂架，两端带水池，带电源插座； 2. 台面可承重大于 300 kg/m^2，可调脚； 3. 水龙头、水槽为实验室专用产品； 4. 带洗眼喷淋头； 5. 中央实验台的尺寸一般为长 × 宽 × 高为 7000mm × 1500mm × 800mm； 6. 台面上方设有通风装置	套	2	GB/T 21747—2008	可根据实训室结构确定中央实验台的尺寸，但应保障至少 20 组学生（每组 2 人）使用，每套实验台 2 组学生使用时，台面尺寸长 × 宽不小于 400mm × 1500mm
2	电子天平	主要功能： 称取固体物质。 技术要求： 1. 最大称量值：4200 g； 2. 可读性：0.01 g； 3. 重复性：0.01 g； 4. 线性误差：0.02 g	台	10	GB/T 26497 —2011	
3	量筒	主要功能： 定量移取液体。 技术要求： 50mL，100mL，250mL，500 mL	只	各 20	GB/T 12804—2011	
4	烧杯	主要功能： 称量、溶解试样。 技术要求： 50mL，100mL，250mL，500mL	只	各 40	GB/T 15724—2008	
5	锥形瓶	主要功能： 盛放液体、摇瓶发酵、检测分析。 技术要求： 100mL，250mL，500mL	只	各 80	GB/T 15724—2008	
6	试管	主要功能： 盛装液体试样及制备斜面。 技术要求： 18mm × 180mm、15mm × 150mm	支	各 160	GB/T 21298—2007	
7	试管架	主要功能： 存放试管。 技术要求： 12 孔	台	20		
8	电热鼓风干燥箱	主要功能： 干燥灭菌。 技术要求： 1. 控温范围：室温 +10℃ ~ 300℃； 2. 容积：≥ 35L	台	2	GB/T 30435—2013	
9	培养皿	主要功能： 微生物培养。 技术要求： 玻璃，直径 90mm	套	200	GB/T 28213—2011	
10	搪瓷缸	主要功能： 培养基加热。 技术要求： 1000mL，500mL	个	各 20		

续表

序号	设备名称	主要功能和技术要求	单位	数量	执行标准或质量要求	备注
11	电磁炉	主要功能： 培养基加热。 技术要求： 电压 220V，功率 1800W	台	4	GB/T 23128—2008	
12	恒温水浴锅	主要功能： 恒温加热。 技术要求： 温控范围：室温 +5℃ ~ 99.9℃，控温精度 ≤ ±0.5℃，四孔智能控制	台	4	YY 91037—1999	
13	生化培养箱	主要功能： 微生物恒温固体培养。 技术要求： 1. 容量：≥ 35L； 2. 控温范围：室温 +5℃ ~ 65℃； 3. 温度分辨率：0.1℃； 4. 温度波动：±0.3℃	台	2	GB/T 28851—2012	
14	全自动灭菌锅	主要功能： 高温湿热灭菌。 技术要求： 1. 工作温度：室温 +5℃ ~ 126℃； 2. 温度超过设定值 2℃时，自动停止加热，同时声光报警，控温精度达到 ±0.5℃以内，器内温差 <1℃； 3. 超压到 0.17MPa 安全阀自动泄放蒸汽，保护设备； 4. 容积：≥ 50L	台	2	YY 1007—2010	
15	恒温培养摇床	主要功能： 微生物恒温液体培养。 技术要求： 1. 温度控制范围：4℃ ~ 60℃； 2. 温度分辨精度 ±0.1℃； 3. 温度波动度：≤ ±0.1℃（37℃时）； 4. 温度均匀度：≤ ±1℃（37℃时）； 5. 定时范围：0 ~ 200 h； 6. 容积：≥ 173L； 7. 转速：40 ~ 300rpm，数显转速； 8. 偏心距：15mm，振幅：30mm	台	1	YY 0027—1990	
16	超净工作台	主要功能： 提供无菌环境，用于接种。 技术要求： 1. 双人单面； 2. 洁净等级：ISO 5（Class 100）； 3. 平均风速：0.25 ~ 0.45m/s（快、慢双速）； 4. 菌落数：≤ 0.5 个 / 皿 · h（90mm 培养平皿）； 5. 工作区尺寸：1360mm × 650mm × 520mm； 6. 配紫外灯	台	5	JG/T 292—2010	
17	5L 玻璃发酵罐	主要功能： 液体深层发酵。 技术要求： 1. 玻璃罐体，磁力下搅拌，无轴封系统； 2. 视野开阔；上悬挂磁力搅拌系统，底部无顶针； 3. 径高比为 1 ∶ 2； 4. 灭菌方式：离位灭菌	台	4		

续表

序号	设备名称	主要功能和技术要求	单位	数量	执行标准或质量要求	备注
18	10L 不锈钢发酵罐	主要功能： 液体深层发酵。 技术要求： 1. 发酵罐全容量 10L，SUS316L 优质全不锈钢罐体，罐内无死角，罐体设计压力 0.3MPa； 2. 夹套材质 304，设计压力 0.3MPa； 3. 罐体侧面采用大视角罐内液位观察视镜，12V 耐高温视灯，带有温度接口、PH 接口、DO 接口、取样口、备用口、4 片可拆卸挡板； 4. 消毒方式：自动消毒	台	4		
19	蒸汽发生器	主要功能： 蒸汽加热灭菌。 技术要求： 额定蒸发量 36kg/h，电热功率 24kW，额定电流 40A，额定蒸汽压力 0.4~0.7MPa，饱和蒸汽温度 141℃ ~172℃，自动补水，配减压阀、连接管路	台	1		
20	空压机	主要功能： 空气压缩。 技术要求： 无油静音空压机，出气量 300L/min，含消音箱和冷冻干燥系统，出气压力 0~0.7MPa，减压阀 0~0.35MPa	台	1		
21	压缩空气储罐	主要功能： 空气贮存。 技术要求： 200L，压力 0~0.8MPa	个	1		

表 11　生化分离制备实训室设备要求

序号	设备名称	主要功能和技术要求	单位	数量	执行标准或质量要求	备注
1	实验台	主要功能： 实验操作平台。 技术要求： 1. 台面材质符合耐腐蚀、耐酸碱要求，两端带水池，带电源插座； 2. 台面可承重大于 300 kg/m^2，可调脚； 3. 水龙头、水槽为实验室专用产品； 4. 带洗眼喷淋头； 5. 中央实验台的尺寸一般为长 × 宽 × 高为 7000mm × 1500mm × 800mm； 6. 台面上方设有通风装置	套	3	GB/T 21747—2008	可根据实训室结构确定中央实验台的尺寸，但应保障至少 20 组学生（每组 2 人）使用，每套实验台 2 组学生使用时，台面尺寸长 × 宽不小于 2400mm × 1500mm
2	电子天平	主要功能： 称取固体物质。 技术要求： 1. 最大称量值：4200 g； 2. 可读性：0.01 g； 3. 重复性：0.01 g； 4. 线性误差：0.02 g	台	20	GB/T 26497 —2011	
3	量筒	主要功能： 定量移取液体。 技术要求： 50mL，100mL，500mL	只	各 20	GB/T 12804—2011	

续表

序号	设备名称	主要功能和技术要求	单位	数量	执行标准或质量要求	备注
4	烧杯	主要功能： 称量、溶解试样。 技术要求： 50mL，100mL，250mL，500mL	只	各 80	GB/T 15724—2008	
5	锥形瓶	主要功能： 盛放液体用于滴定分析。 技术要求： 100mL，250mL	只	各 120	GB/T 15724—2008	
6	试管	主要功能： 盛装液体试样。 技术要求： 18mm × 180mm	支	160	GB/T 21298—2007	
7	试管架	主要功能： 存放试管。 技术要求： 12 孔	台	20		
8	玻璃仪器烘干器	主要功能： 烘干玻璃仪器。 技术要求： 1. 调温范围：40℃ ~ 120℃； 2. 调温精度：±2℃； 3. 适用数量：30 孔	台	4	ISO 13130—2011	
9	培养皿	主要功能： 微生物培养。 技术要求： 玻璃，直径 90mm	套	200	GB/T 28213—2011	
10	匀浆机	主要功能： 动植物组织破碎。 技术要求： 1. 电源电压：220V　50Hz； 2. 调速范围：12000 r/min 可调； 3. 电机功率：120W； 4. 容量：1000mL，转固体 100g，液体 800mL	台	5		
11	超声破碎仪	主要功能： 破碎细胞、组织、细菌、病毒，提取蛋白等。 技术要求： 1. 功率：0~150W 连续可调； 2. 处理量范围：0.1~150mL； 3. 报警保护装置：超温、超时、过载、空载报警保护功能	台	5		
12	柱式层析装置	主要功能： 各种层析分离。 技术要求： 1. 恒流泵：流速 0.8 ~ 1.0mL/min； 2. 层析柱：内径 10mm，柱长 300mm	套	20		
13	电脑全自动部分收集器	主要功能： 分部收集。 技术要求： 1. 收集试管：160 支，每支最大容量 5mL； 2. 定时收集范围：1s~199h59min59s，任意选择； 3. 定滴收集范围：1 滴 ~9999 滴，任意选择	台	5		

续表

序号	设备名称	主要功能和技术要求	单位	数量	执行标准或质量要求	备注
14	层析缸及层析板	主要功能： 实现层析分离。 技术要求： 200mm × 200mm 的层析缸，层析板尺寸为 50mm × 100mm 玻璃板	套	20	层析缸及层析板	
15	加样器	主要功能： 加样。 技术要求： 0.1 ~ 2.5 μ L，20 ~ 100 μ L，100 ~ 1000 μ L	支	各 20		
16	蛋白纯化系统	主要功能： 生物分子，如蛋白、核酸等分离纯化。 技术要求： 1. 流速范围：0~10 mL/min； 2. 压力范围：0~0.5 MPa（5 bar，72.5 psi）； 3. 波长范围：190~850 nm； 4. 波长准确度：± 1 nm； 5. 波长重复性：± 0.2 nm； 6. 光程：2 mm； 7. 电导率范围：0~500mS/cm	台	4		
17	循环水式多用真空泵	主要功能： 减压蒸发、减压过滤。 技术要求： 1. 极限真空度：负 0.098Mpa； 2. 抽速：10L/min × 5； 3. 功率：220V 550W； 4. 水箱容积：50L	台	2		
18	超滤夹具及膜包	主要功能： 浓缩及分离纯化。 技术要求： 处理量 100mL~5L	套	10		
19	蠕动泵	主要功能： 层析分离中控制流动相。 技术要求： 1. 流量范围：0.00034~1330mL/min； 2. 转速范围：0.5~350rpm； 转速分辨率：0~100 转范围内，0.1rpm/min；100~350 转范围内，1rpm/min； 3. 流量精度：< ± 0.5%； 4. 出口压力：0.86~1.0mm 壁厚软管：0.1MPa；1.6~2.4mm 壁厚软管：0.1~0.27MPa	台	10		
20	圆盘过滤器	主要功能： 无菌过滤。 技术要求： 1. 316 不锈钢材质； 2. 接口 1″ -11/2″ 卫生法兰接口； 3. 滤膜：142mm 圆片膜（130mm 圆片预过滤膜）； 4. 过滤面积：130cm^2； 5. 过滤速度（水）：Δ p=100 kPa，配 0.2 μ m 滤膜，2L/min； 6. 最大操作压力：700 kPa； 7. 灭菌方式：高压灭菌（121 ℃或 134 ℃），干热灭菌（180℃）	台	5		

续表

序号	设备名称	主要功能和技术要求	单位	数量	执行标准或质量要求	备注
21	高压均质机	主要功能： 细胞破碎，乳液均质。 技术要求： 1. 最大工作压力 1500 bar； 2. 产量 10L/h； 3. 电源要求：三相电源，1.1kW /380V /50Hz； 4. 均质阀材质：陶瓷； 5. 压缩头采用高质量、高强度和耐腐蚀的 SAF2507 特种双相不锈钢制造，能够在极高的操作压力稳定持久地工作，不会产生裂纹，有效抵抗腐蚀和机械损伤	台	1		

3.2.3 专业拓展技能实训室

专业拓展技能实训室设备要求见表 12—表 14。

表 12 虚拟仿真实训室设备要求

序号	设备名称	主要功能和技术要求	单位	数量	执行标准或质量要求	备注
1	电脑	主要功能： 满足虚拟仿真实训	台	40		电脑不列技术要求，因虚拟仿真软件对电脑配置要求较高，建议 i5 以上处理器，有独立显存等配置
2	VR 眼镜 / MR 眼镜	主要功能： 沉浸式体验虚拟仿真软件	套	5		VR 眼镜沉浸式体验虚拟现实效果较好，适合整体环境的虚拟仿真；MR 眼镜虚实结合性更好，适合大型设备的操作仿真。因该类设备技术进步较快，暂不列出技术要求，可根据自身需要选择，并开发相应教学软件
3	互动教学大屏	主要功能： 虚拟仿真软件互动展示。 技术要求： 1.86 英寸或以上； 2. 自带电脑 Windows 系统	台	2		互动教学大屏可作为虚拟仿真软件的展示平台和教学平台使用，兼具投影、白板、电脑等功能

表 13 药剂制备实训室设备要求

序号	设备名称	主要功能和技术要求	单位	数量	执行标准或质量要求	备注
1	配液系统	主要功能： 生物药品配液，灌装前原料配制。 技术要求： 1. 容积 50L × 2； 2. 带搅拌、自动加液、液位报警、原位 pH 检测、在线 CIP、在线 SIP、无菌过滤功能； 3. 搅拌转速：0~450rpm； 4. 搅拌控制精度：10%； 5. 称重精度：3‰； 6. 操作温度：−10℃ ~140℃； 7. 操作压力：0.1~0.6MPa	套	1	JB/T 20074—2020	可用虚拟仿真实训装置替换

续表

序号	设备名称	主要功能和技术要求	单位	数量	执行标准或质量要求	备注
2	西林瓶洗瓶机	主要功能： 西林瓶清洗。 技术要求： 1. 适用规格：1~100mL； 2. 最大产能：180 瓶 /min； 3.WFI 耗量：0.25~0.35MPa 0.5m^3/h； 4. 空气耗量：0.6~0.8MPa 30m^3/h	套	1		可用虚拟仿真实训装置替换
3	隧道灭菌器	主要功能： 西林瓶干燥、灭菌、去热原和冷却。 技术要求： 1. 网带宽度：400mm； 2. 产能：300 瓶 /h	套	1	JB/T 20093—2015	可用虚拟仿真实训装置替换
4	西林瓶灌装压塞系统	主要功能： 生物药液灌装、加塞、轧盖。 技术要求： 1. 生产范围：2~100mL； 2. 灌装范围：0.5~100mL； 3. 灌装精度：0.5%； 4. 生产速度：25 瓶 /min	套	1	JB/T 20079—2021	可用虚拟仿真实训装置替换
5	冷冻干燥机	主要功能： 生物药液冷冻干燥制得粉末。 技术要求： 1. 凝冰器能力：10 kg； 2. 凝冰器性能：10 kg/24 h； 3. 凝冰器温度：-88℃； 4. 凝冰器容积：50 L； 5. 隔板尺寸：350mm × 400mm（宽 × 深）； 6. 隔板数量：1 — 7； 7. 隔板面积：0.14m^2 到 0.98m^2； 8. 隔板间隔：354mm 到 38mm； 9. 隔板温度：-55℃ ~+60℃； 10. 隔板温度精确性：最大 ± 1℃	台	1	JB/T 20032—2012	可用虚拟仿真实训装置替换
6	预灌封注射剂灌装机	主要功能： 预灌封注射剂灌装加塞。 技术要求： 1. 适用物料：水剂与膏剂； 2. 适用注射器规格：0.5mL，1mL，2.25mL，3mL，5mL，10mL； 3. 灌装精度：≤ ± 3%~10%； 4. 注料针数量：1 支； 5. 生产能力：400~600 支 /h	台	1	JB/T 20160—2013	可用虚拟仿真实训装置替换
7	浮游菌采集器	主要功能： 菌落法测定空气中的细菌数。 技术要求： 1. 采样流量：100L/min ± 5%； 2. 微孔直径：0.7mm； 3. 采样周期：1~6000L（可调）； 4. 流量误差：≤ ± 5%	台	2	GB/T 16293—2010	

续表

序号	设备名称	主要功能和技术要求	单位	数量	执行标准或质量要求	备注
8	尘埃粒子计数器	主要功能： 测量洁净环境中单位体积内尘埃粒子数和粒径分布。 技术要求： 1. 日期和时间显示； 2. 计数超限报警； 3. 测试范围：现行版 GMP（A 级、B 级、C 级、D 级四个级别静态和动态两个状态的测量），1 级～100 万级（对应 ISO 的 4 到 9 级）； 4. 内置传感器能测量温度、湿度并记录存储； 5. 8 个粒径通道可同时测量 0.3μm，0.5μm，0.7μm，1.0μm，2.0μm，5.0μm，7.0μm，10.0μm 的粒子八档粒径同时计数； 6. 重复性：相对标准偏差≤ 10%； 7. 粒径准确度：相对误差≤ 10%； 8. 最大采样时间：999999s； 9. 自净时间：≤ 10min	台	2		
9	澄明度检查仪	主要功能： 注射剂澄明检查。 技术要求： 1. 功率：22W； 2. 灯管：20W（专用荧光灯）； 3. 照度范围：1000～4000lx； 4. 时限范围：1～99s 任意设定	台	2	WS1-362（B-121）-91	
10	精密电子天平	主要功能： 精确称量试样。 技术要求： 1. 量程：0～220g； 2. 可读性：0.0001g； 3. 重复性：0.0001g； 4. 线性误差：0.0002g	台	2	GB/T 26497—2011	

表 14　药品物流、仓储实训室设备要求

序号	设备名称	主要功能和技术要求	单位	数量	执行标准或质量要求	备注
1	超低温冰箱	主要功能： 生物制品冻存。 技术要求： 1. 容积：668L； 2. 储存温度：-10℃～-86℃； 3. 温度稳定性：±0.1℃； 4. 温度均衡性：±2.5℃	台	1	GB/T 20154—2014	
2	液氮罐	主要功能： 细胞株冻存。 技术要求： 1. 容积：35L； 2. 静态蒸发率：0.12L/ 天； 3. 静态保存期：286 天	台	1	GB/T 5458—2012	

续表

序号	设备名称	主要功能和技术要求	单位	数量	执行标准或质量要求	备注
3	GSP 冰箱	主要功能： 生物药品冷藏。 技术要求： 1. 温湿度显示，温度显示精度 0.1℃，湿度显示精度 1%； 2. 2℃ ~8℃控温，失温报警，控温精度为 1℃； 3. 容积 310L； 4. 电子温控，自动记录并带 USB 接口	台	5	医疗器械经营质量管理规范	
4	生物安全运输箱	主要功能： 生物制品或生物检材运输。 技术要求： 1. 带温度显示和记录； 2. 容积 18L； 3. 含蓄冷冰盒 6 个、托盘与隔板 1 套、95kPa 生物安全运输罐 3 个、吸附垫片 3 片、海绵离心管托架 3 个、生物安全运输标签 1 套、安全锁 1 把	台	5	医疗器械经营质量管理规范	
5	温湿度记录仪	主要功能： 生物制品或生物检材运输过程中温湿度记录并上传平台。 技术要求： 1. 测温范围： 内置：−30℃ ~+60℃ / ± 0.5℃； 外置：−40℃ ~+70℃ / ± 0.5℃； 2. 定位方式：GPS/LBS； 3. 记录周期：1min–24h； 4. 通信接口：GPRS	台	5	JB/T 6862—2014	

注：1. 表 2 至表 14 中实训设备数是为满足 40 人 / 班同时进行实训教学的配备要求。在保证实训教学目标要求的前提下，各院校可根据本专业的实际班级人数和教学组织模式对实训课程进行合理安排，配备相应的仪器设备数量。

2. 各院校可根据地域特点和行业、企业对从业人员的具体要求，优先选择具有 ISO 标准管理体系认证等国家质量监督管理部门认可的企业所生产的相应规格、型号的仪器设备，优先选择企业所用真实设备，亦可根据专业特点选择虚拟仿真实训资源等。

3.3 实训教学环境布局

专业基础技能实训室和专业核心技能实训室布局如图 1—图 9 所示。

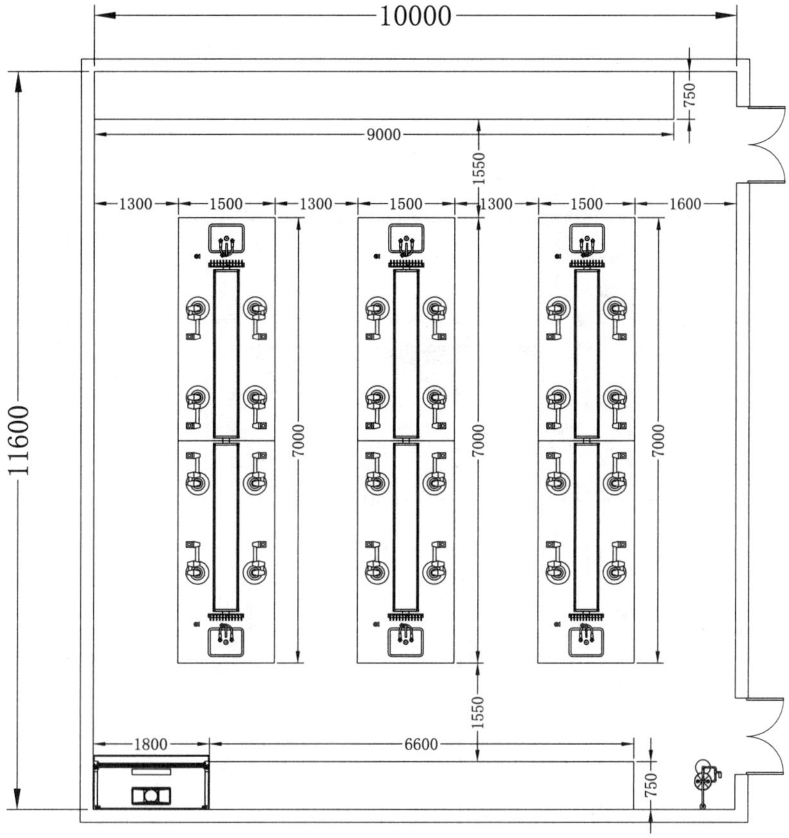

图 1　基础化学实训室布局

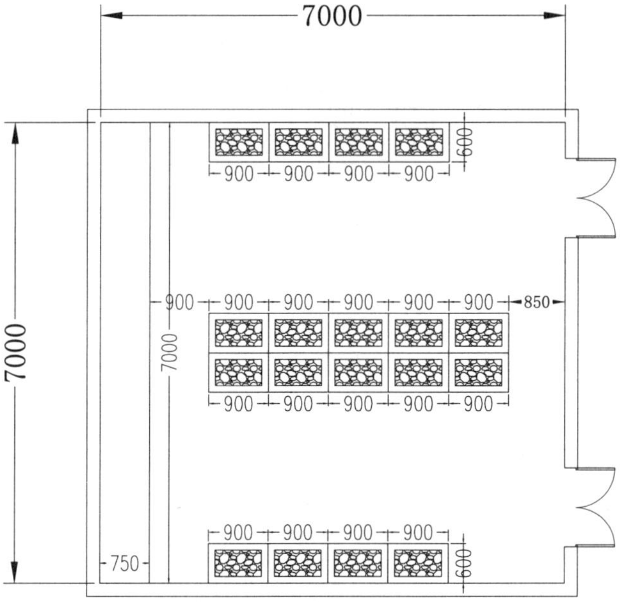

图 2　天平实训室布局

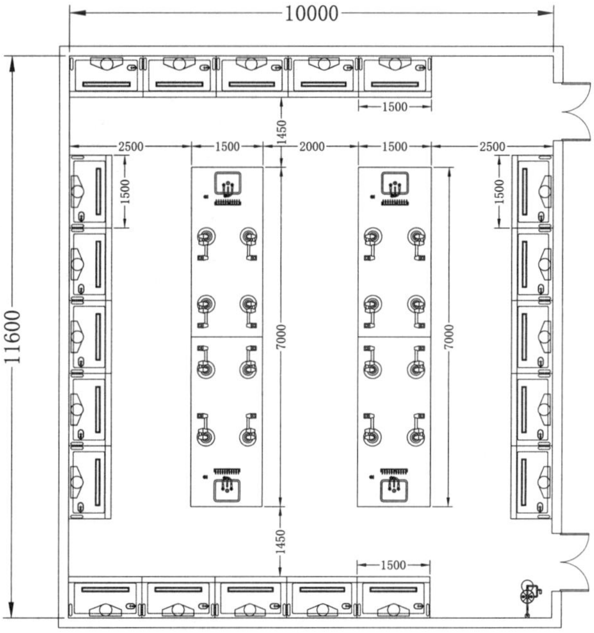

图 3　有机化学实训室布局

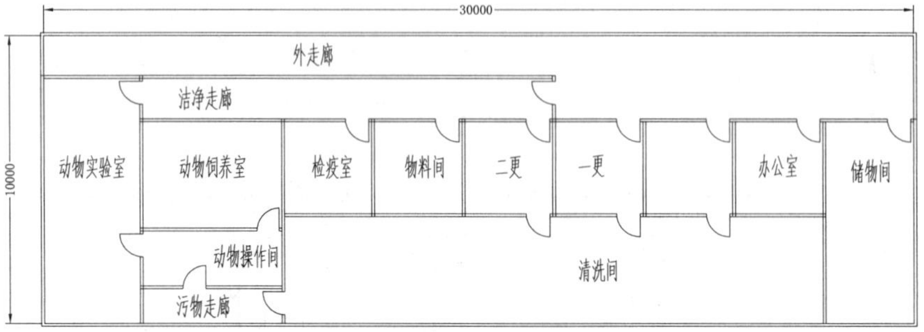

图 4　实验动物实训室布局

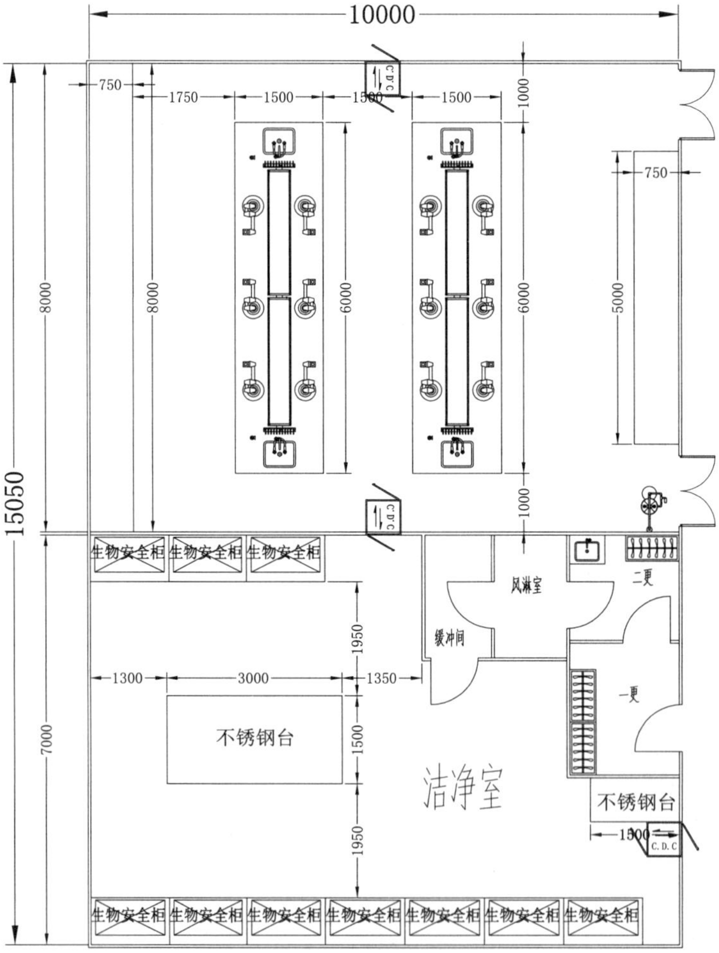

图 5　微生物实训室布局

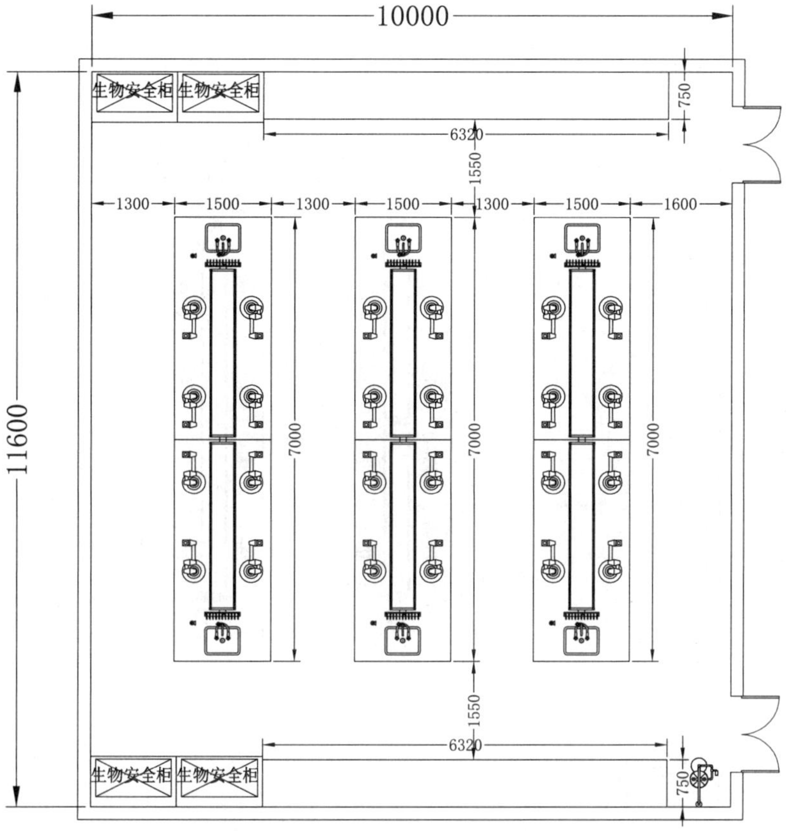

图 6　分子生物学实训室布局

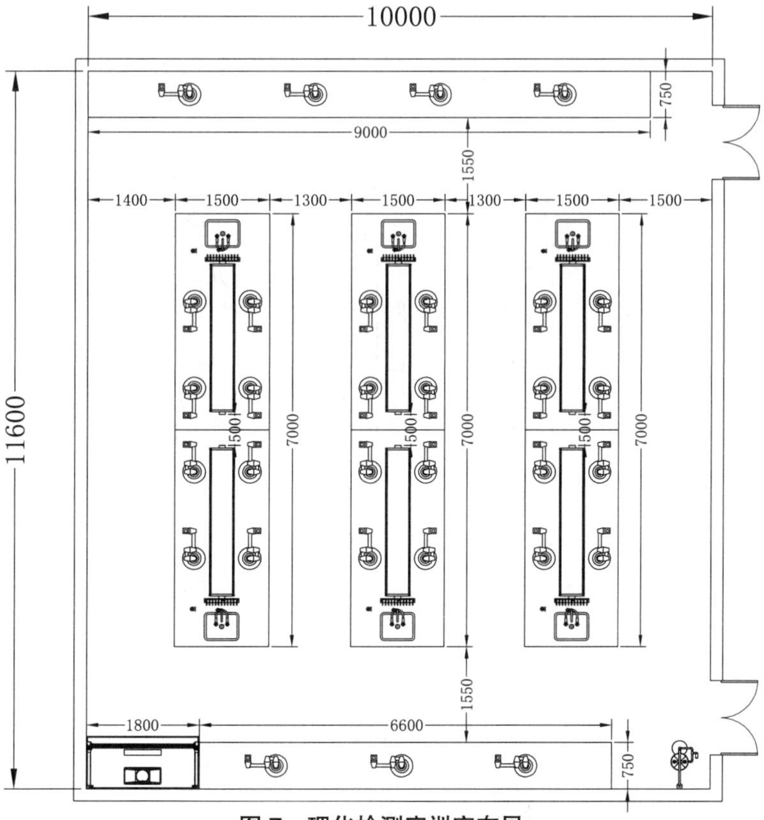

图 7　理化检测实训室布局

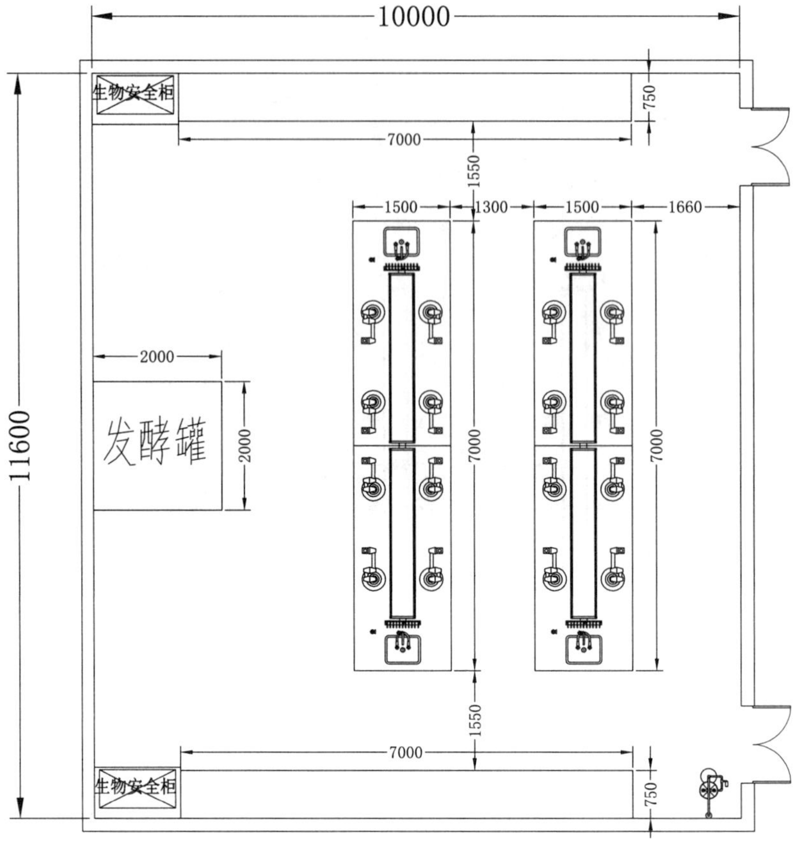

图 8　发酵实训室布局

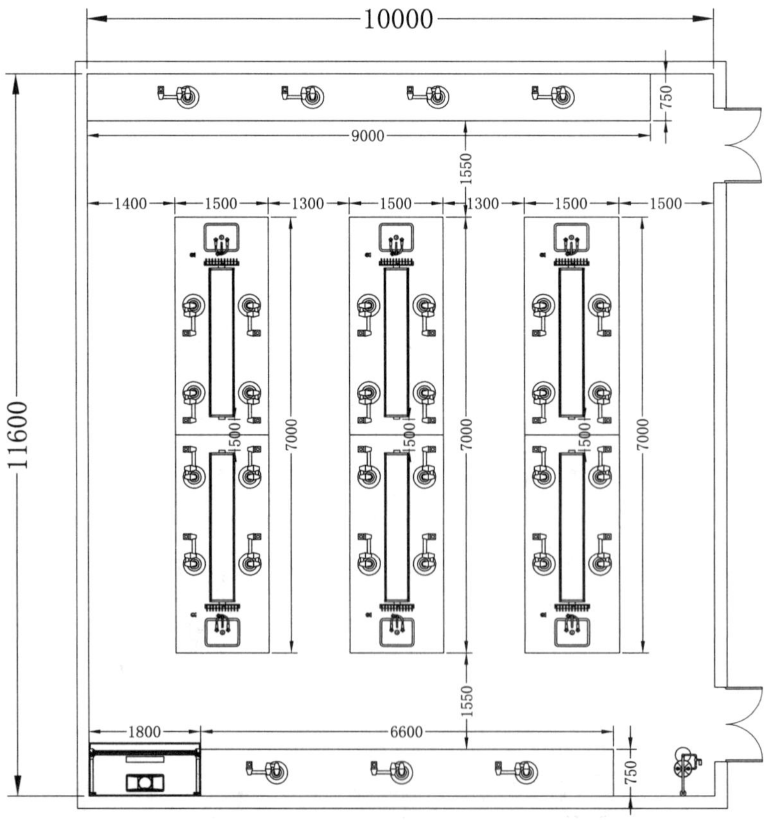

图 9　生化分离制备实训室布局

注：细胞实训室布局同微生物实训室，在此不再单独列出。

4 实训教学管理与实施

4.1 实训室人员

实训室实行主任负责制，原则上实训室主任应具备相关专业本科及以上学历或中级及以上技术职称。实训室主任根据学校的工作目标和专业要求，制定实训室各相应规章制度。应配备足够数量的实训室管理人员，并制定管理人员制度，明确实训教学岗位管理职责（包括安排教学任务，负责仪器设备的调度、租借、使用和管理），定期培训和考核（包括法律法规培训、特种设备操作培训、危险化学品从业人员培训等）。

实训管理人员应严格遵守国家颁布的《危险化学品安全管理条例》《易制毒化学品管理条例》《病原微生物实验室生物安全管理条例》等文件要求，及时登记、记录全流向、闭环化的危险源信息数据，应建设教学实验室安全管理信息化系统。

4.2 实训管理制度

4.2.1 教学设备管理制度

建立健全实训室和实训教学设备管理制度，如仪器设备管理制度、低值耐用品易耗品管理制度、危险品管理制度、仪器设备损坏丢失赔偿制度、实训室教学管理制度、实训室安全卫生管理制度等，确保实训室合理、安全、高效地运行。

4.2.2 教学质量管理制度

学校应建立中高职贯通或五年一贯制的专业实训教学质量保障机制，健全专业实训教学质量监控管理制度，加强实训教学组织运行与管理，建立实训教学反馈机制，定期开展实训教学质量的诊断与改进，持续提升专业实训教学质量。

4.3 建立信息化管理平台

实训室应建立信息化管理平台，实现实训内容、空间、时间、人员、仪器设备等的高效利用和开放共享，做到对仪器设备、常规试剂、耗材、危险化学品（包括并不限于易制毒化学品、易制爆化学品、剧毒试剂等）、须定期检定或校准的仪表设备、需定期复训验证的人员全流程或全周期监管。

4.4 安全教育

实训室应有醒目的安全警示标识，教学文件中制定安全教育制度。

实训教师在实训前应向学生交代清楚每次实训的危险环节和注意事项，实训教学过程中应贯穿安全教育。

实训室要制定学生实训守则，要加强学生日常教学管理，学生进入实训室前应先进行安全教育。

4.5 突发事件应急预案

应制定实训教学突发事件应急预案与处理措施，成立应急处置工作领导小组，制定突发事件应急预案程序，定期开展演练，做好记录，以“快速、有序、高效”地应对和处理好学生实训中出现的突发事件，确保师生的人身安全，尽最大努力减少损失和负面影响，维护学校正常的教学秩序，构建平安、稳定、和谐的校园。

4.6 突出专业特色

鼓励结合生物制药专业特点和学校实际，进行多种形式的实训环境与校园文化或专业文化建设，突出岗位职业氛围及特色文化，实施理实一体化教学。合理选择实训项目，开展符合行业发展要求的项目化实训或综合实训，切实提高学生专业技能。

建议结合生物制药专业特点和学校实际，在实训教学中融入课程思政育人理念，挖掘实训思政元素，将课程思政内容融入到实训各个教学环节和教学评价中，弘扬“工匠精神”“劳模精神”，构建三全育人格局。

5 参考文献及标准

5.1 参考文献

中华人民共和国．职业教育专业目录（2021 年）[Z]. 北京，2021（03）.

5.2 参考标准

CCGF 603.2—2015	容积式空气压缩机
CNS 12518—1993	微波炉
DB32/T 972—2006	实验动物笼器具　独立通气笼盒 (IVC) 系统
GB 14925—2010	实验动物　环境及设施
GB 19489—2008	实验室　生物安全通用要求
GB 19815—2005	离心机　安全要求
GB 21746—2008	教学仪器设备安全要求：总则
GB 21748—2008	教学仪器设备安全要求：仪器和零部件的基本要求
GB 2893—2008	安全色
GB 2894—2008	安全标志及其使用导则
GB 4399—1984	手提式二氧化碳灭火器
GB 50016—2014	建筑设计防火规范
GB 50019—2015	工业建筑供暖通风与空气调节设计规范
GB 50033—2013	建筑采光设计标准
GB 50034—2013	建筑照明设计标准
GB 50346—2011	生物安全实验室建设技术规范
GB 5099—2011	钢质无缝气瓶
GB/T 11165—2005	实验室 pH 计
GB/T 11414—2007	实验室玻璃仪器　瓶
GB/T 12801—2008	生产过程安全卫生要求：总则
GB/T 12804—2011	实验室玻璃仪器　量筒
GB/T 12805—2011	实验室玻璃仪器　滴定管

GB/T 12806—2011	实验室玻璃仪器　单标线容量瓶
GB/T 12809—2015	实验室玻璃仪器　玻璃量器的设计和结构原则
GB/T 15723—1995	实验室玻璃仪器　干燥器
GB/T 15724—2008	实验室玻璃仪器　烧杯
GB/T 15724—2008	实验室玻璃仪器　锥形烧杯
GB/T 15725.5—1995	实验室玻璃蒸馏烧瓶和分馏烧瓶
GB/T 15725.6—1995	实验室玻璃仪器　磨口烧瓶
GB/T 16293—2010	医药工业洁净室（区）浮游菌的测试方法
GB/T 16895.1—2008	低压电气装置　第 1 部分 : 基本原则、一般特性评估和定义
GB/T 16895.18—2010	建筑物电气装置　第 5–51 部分：电气设备的选择和安装
GB/T 16895.2—2017	低压电气装置　第 4–42 部分：安全防护　热效应保护
GB/T 16895.22—2004	建筑物电气装置　第 5–53 部分 : 电气设备的选择和安装　隔离、开关和控制设备　第 534 节：过电压保护电器
GB/T 16895.3—2017	低压电气装置　第 5–54 部分：电气设备的选择和安装　接地配置和保护导体
GB/T 16895.4—1997	建筑物电气装置
GB/T 16895.5—2012	低压电气装置　第 4–43 部分：安全防护　过电流保护
GB/T 16895.6—2014	低压电气装置　第 5–52 部分：电气设备的选择和安装　布线系统
GB/T 17900—1999	网络代理服务器的安全　技术要求
GB/T 20154—2014	低温保存箱
GB/T 21050—2007	信息安全技术　网络交换机安全技术要求（评估保证级 3）
GB/T 21297—2007	实验室玻璃仪器　互换锥形磨砂接头
GB/T 21298—2007	实验室玻璃仪器　试管
GB/T 21747—2008	教学实验室设备　实验台（桌）的安全要求及试验方法
GB/T 22362—2008	实验室玻璃仪器　烧瓶
GB/T 23128—2008	电磁灶
GB/T 26497—2011	电子天平
GB/T 26792—2011	高效液相色谱仪
GB/T 26810—2011	可见分光光度计
GB/T 26813—2011	双光束紫外可见分光光度计
GB/T 28211—2011	实验室玻璃仪器　过滤漏斗
GB/T 28212—2011	实验室玻璃仪器　冷凝管
GB/T 28213—2011	实验室玻璃仪器　培养皿
GB/T 28849—2012	SX 系列实验用箱式电阻炉
GB/T 28851—2012	生化培养箱技术条件
GB/T 29251—2012	真空干燥箱
GB/T 2985—2008	生物显微镜
GB/T 30431—2013	实验室气相色谱仪
GB/T 30435—2013	电热干燥箱及电热鼓风干燥箱
GB/T 5458—2012	液氮生物容器
GB/T 7722—2005	电子台案秤
GB/T 9813—2000	微型计算机通用规范

GBZ　1—2010　工业企业设计卫生标准
ISO　11418-1—2005　药剂容器及附件　第1部分：玻璃点滴瓶
ISO　13130—2011　实验室玻璃器皿　烘干器
ISO　648—2008　实验室玻璃器具　单一容量吸液管
ISO　835—2007　实验室玻璃器皿　分度吸量管
JB/T　20032—2012　药用真空冷冻干燥机
JB/T　20074—2020　药用配液罐
JB/T　20079—2021　抗生素瓶液体罐装压塞机
JB/T　20093—2015　抗生素玻璃瓶表冷式隧道灭菌干燥机
JB/T　20156—2013　微粒检测仪
JB/T　20160—2013　预灌液注射器灌封机
JB/T　20195—2020　集菌仪
JB/T　5519—1991　高速冷冻离心机
JB/T　6177—1992　熔点测定仪
JB/T　6412—1999　排风柜
JB/T　6782—2013　阿贝折射仪
JB/T　6862—2014　温湿度计
JB/T　7255—2007　水环真空泵和水环压缩机
JB/T　8230.3—1995　显微镜用载玻片
JB/T　8307—1995　日用电炉
JG/T　292—2010　洁净工作台
JJG　536—2015　旋光仪及旋光糖量计检定规程
JY/T　0424—2011　教学用玻璃仪器　酒精灯
JY/T　0453—2011　教学用玻璃仪器　称量瓶
SB/T　10940—2012　制冰机
SHS　07008—2004　过程控制系统
UL　250—1993　家用冰箱和冷冻柜
YY　0027—1990　电热恒温培养箱
YY　0088—1992　微量进样器
YY　0569—2011　Ⅱ级生物安全柜
YY　0791—2010　医用蒸汽发生器
YY　1007—2010　立式蒸汽灭菌器
YY　1621—2018　医用二氧化碳培养箱
YY　91037—1999　电热恒温水浴锅
YY/T　0087—2004　电泳装置
YY/T　0508—2009　外固定支架专用要求
YY/T　0657—2008　医用离心机

上海市职业院校飞机机电设备维修专业
（中高职贯通及五年一贯制）

实训教学环境建设指南

上海市教育委员会教育技术装备中心

目　　录

前　言

本指南由上海市教育委员会组织编制、审定并颁布实施。

为规范和加强职业院校飞机机电设备维修专业（中高职贯通及五年一贯制）实训教学环境建设，特制定本指南。本指南是职业院校飞机机电设备维修专业（中高职贯通及五年一贯制）实训教学环境建设及实训教学管理的基本依据，是加强飞机机电设备维修专业实践性教学、强化学生职业技能训练、提高人才培养质量的重要保障。

本指南主要参与编制单位与部门：上海市教育委员会职业教育处、上海市教育委员会教育技术装备中心、中国民用航空维修协会、民航职业教育教学指导委员会、中国东方航空公司、中国南方航空公司、北京飞机维修工程有限公司上海分公司、春秋航空公司、吉祥航空公司、上海普惠飞机发动机维修有限公司、上海科技宇航有限公司、上海民航职业技术学院、上海工商信息学校、上海电子信息职业技术学院、上海工程技术大学等。

本指南主要编写人员：杨征、罗玉梅、王志豪、刘震雄、徐东华、方德明、凌洪兴、马明娟、陆伟刚、刘韬然、任仁良、沈俊汇、杨国余、高小军、沈渊、夏侃、李健、周锡良、孟秋静、胡盛斌等。

1 适用范围

本指南适用于职业院校飞机机电设备维修专业（中高职贯通及五年一贯制）校内实训教学场所及设备的建设，职业院校相关专业及有关培训机构可参照执行。

2 实训教学环境要求

2.1 分类、面积与主要功能

专业实训教学类别分为专业基础技能实训、专业核心技能实训和专业拓展技能实训。

按照实训教学内容，划分实训教学场所。实训场所面积需要满足 40 人 / 班或 20 人 / 组（一个班分两组）开展实训教学的要求，如实训时是 40 人 / 班，一般安排 2~3 位教师指导实训教学；如实训时是 20 人 / 组，一般安排 1~2 位教师指导实训教学。实训教学场所分类、面积与主要功能要求见表 1。

表 1 实训教学场所分类、面积与主要功能

实训教学类别	实训场所名称	实训场所面积（m^2）	工位数	功能	
				主要实训项目	对应的主要课程
专业基础技能实训	民航概论及航空安全实训室	100	40	1. 航空安全教育； 2. 飞机结构、系统、发动机认知； 3. 安全防护与维修规范； 4. 一般安全知识、航空器维修安全与防护； 5. 飞机维修环境卫生与人员健康； 6. 航化品的安全使用	民航概论、航空材料、飞机结构基础、飞机发动机原理与结构、专业教学安全教育、实训安全教育
	零件测绘实训室	80	40	零件图、装配图的测绘	零件测绘、机械制图与 CAD
	金工实训室	300	40	承担金工实训中车削加工实训，可完成切削刀具刃磨、轴类工件、套类工件、成形面工件、螺纹加工等实训项目，普通车削加工	金工实训
	钳工技术实训室	200	40	机修钳工	钳工技术与实训（初级）、 钳工技术与实训（中级）
	精密测量技术实训（实验）室	100	20	1. 形位公差测量； 2. 接触式测量仪的使用方法、检验练习调用测头手动测量点、线、面	精密测量技术
	电工电子技术实训（实验）室	100	40	电工电子技术	电工电子技术训练、 模拟电子技术基础与技能
	气、液压控制技术实训（实验）室	100	20	1. 液压与气动系统的安装与调试； 2. 液压与气动系统的维护保养； 3. 液压与气动系统故障的维修； 4. 液压与气动系统的控制伺服系统的维护	液压与气动技术
	工程力学实验室	240	40	拉伸试验，冲击试验，硬度实验	航空材料、机械基础
专业核心技能实训（根据学生规模，可适当合并实训室）	飞机钣金实训室	300	40	1. 飞机金属结构件的钣金成型加工； 2. 飞机金属结构件的铆接施工； 3. 结构件的修补； 4. 飞机金属蒙皮的铆接装配加工等	飞机钣金与铆接装配实训

续表

实训教学类别	实训场所名称	实训场所面积（m^2）	工位数	功能	
				主要实训项目	对应的主要课程
专业核心技能实训（根据学生规模，可适当合并实训室）	复合材料实训（实验）室	200	20	复合材料打磨、修补、调胶、热粘接、冷粘接	航空材料
	紧固件拆装与保险实训室	200	40	飞机各类典型紧固件拆装，特殊紧固件拆装	“飞机维护技术基础”课程的课内实验，飞机机械基本技能实训教学，校内实习
	飞机硬 / 软管施工实训室	150	20	飞机管路制作、测试、拆装，飞机气压、液压系统工作结构及原理演示等	“飞机维护技术基础”” 飞机结构与机械系统” 等专业课程的课内实验,飞机机械维修基本技能实训,校内实习
	密封防腐润滑实训室	100	20	1. 航空润滑剂分类与识别； 2. 润滑的标准施工； 3. 密封胶及封严件的种类和使用方法； 4. 常见封严形式的施工标准和操作	“飞机维护技术基础”“飞机结构与机械系统”等专业课程的课内实验,飞机机械维修基本技能实训,校内实习
	飞机发动机维修实训室	300	20	典型民用飞机发动机原理与结构，电子内窥镜检测	“发动机结构与原理”课内实验，涡扇发动机维护实训，校内实习，二课堂及技能大赛训练等
	飞机起落架及机轮维修实训室	200	20	1. 飞机起落架原理演示； 2. 飞机起落架维护、维修	“飞机结构与机械系统课程”的课内实验，飞机起落架维修实训，飞机机轮拆装与维护实训，校内实习
	飞机操纵系统实训室	120	20	1. “飞机结构与机械系统”的课内实验； 2. 飞机操纵系统的演示训练； 3. 飞机钢索操纵系统的调校实训	“飞机结构与机械系统”的课内实验，飞机操纵系统的演示训练，飞机钢索操纵系统的调校实训，校内实习
	飞机电气标准线路施工（SPW）实训（实验）室	240	40	1. 电气仪表使用； 2. 电气专用工具使用； 3. 静电敏感元件防护实训； 4. 飞机导线线缆的测试、维护、捆扎、故障检测； 5. 电子元器件焊接、电子线路制作等标准线路施工实训	“飞机电气系统”课程的课内实验，飞机电气标准线路施工实训，校内实习
	飞机电气实训（实验）室	200	20	1. 电气部件检查、测试、维护实训； 2. 空调、防冰排雨、防火、灯光系统检查测试、维护实训	飞机电气系统
	飞机电源实训（实验）室	100	20	航空发电机、蓄电池、地面电源、输配电系统的检查、测试与维护	飞机电气系统专业实训
	飞机电子实训（实验）室	100	20	1. 飞机电子部件检查、测试、维护实训； 2. 航向系统、姿态系统、大气计算机系统、仪表着陆系统试验	飞机电子设备，飞机电子专业实训
	专业 CBT 机房	100	40	1. 典型机型维护拓展课程实训； 2. 飞机维护手册查阅实训； 3. 飞机航线维修现场手册查阅训练	典型机型维护拓展课程实训，飞机维护手册查阅实训，飞机航线维修现场手册查阅训练，校内实习

续表

实训教学类别	实训场所名称	实训场所面积（m^2）	工位数	功能	
				主要实训项目	对应的主要课程
专业核心技能实训（根据学生规模，可适当合并实训室）	飞机部件拆装实训室	100	20	1. 飞机燃油部件、飞机滑油部件拆装与维护； 2. 飞机传感器结构演示； 3. 飞机燃油泵、滑油泵等常用泵体结构拆装与维护以及飞机机械附件结构与原理演示	“飞机结构与机械系统”“机电气系统”“飞机电子设备”等理论课程的课内实验，航空维修系各专业学生飞机维修基本技能实训，校内实习，飞机机电维修、飞机电子维修的相关科目的专业实训
	典型飞机维修桌面仿真实训系统	200	40	典型飞机空调、通信、电源、燃油、液压、仪表、灯光、导航、APU、发动机等系统的仿真维护训练以及部分飞机系统的故障排除仿真训练	专业核心课程的课内实验，典型飞机维护模拟训练，飞机手册查阅训练，校内实习
	飞机外场维修实训室	2000（停放A320、B737等中型客机的机库或机坪一般需要50m×40m的场地，可以根据实际情况，适当调整场地面积，以安排学生训练和放置必要的辅助设备）	40	基于情景的飞机维修教学，包括飞机勤务与航线检查，航空器入位、离港、停放、系留，航空地面设备的使用，航空器清洁，飞机构造的演示参观	飞机构造与飞机部件拆装与维护实训，飞机外场维修实训，飞机航线维修实训，校内实习
专业拓展技能实训（选建）	无损检测实训（实验）室	150	20	航空零件、产品的损伤的超声波检测、电涡流检测	“飞机维护技术基础”的课内实验，飞机无损检测实训，校内实习
	3D 飞机维修模拟训练（实验）室	300	20	典型飞机空调、通信、电源、燃油、液压、仪表、灯光、导航、APU、发动机等系统的仿真维护训练以及部分飞机系统的故障排除仿真训练	专业课程的课内实验，典型飞机维护模拟训练，飞机手册查阅训练，校内实习
	VR 飞机维修模拟训练（实验）室	100	20	基于情景的飞机维修虚拟教学，包括勤务与航线检查，航空器入位、离港、停放、系留，地面设备的使用，航空器清洁，开关舱门和盖板，水和油液勤务等虚拟实训，飞机构造的 VR 演示	飞机外场维修实训，飞机航线维修实训，校内实习

2.2 通用环境

2.2.1 采光

应符合 GB 50033—2013 的有关规定。

专业特殊要求：采光设计应注意光的方向性，应避免在工作中产生遮挡和不利的阴影。需要识别颜色的场所，应采用不改变天然光光色的采光材料。

2.2.2 照明

应符合 GB 50034—2013 的有关规定。

专业特殊要求：当天然光线不足时，应配置人工照明，人工照明光源应选择接近天然光色温的光源。实训教学场所的照明应根据教学内容对识别物体颜色的要求和场所特点，选择相应显色指数光源，一般显色指数（Ra）应不低于 80。

进行精细操作实训（如划线、金属精加工、间隙调整等），工作台、仪器、设备等的工作区域的照明应不低于 500lx。照度不足时应增加局部补充照明，补充照明不应产生有害眩光。

停机坪照度应不低于 300lx，因灯具修理维护相当困难，应选用高效节能、优质、免维护的 LED 灯或 1000W 金卤灯。为节约照明用电，应在停机坪照明开关控制电路中设置专用值班灯开关，值班灯数量应为总数的 1/10。

2.2.3 通风

应符合 GB 50016—2014 和工业企业通风的有关要求。

专业特殊要求：对产生有害气体和刺激性气味的实训室，加强强制通风。

复合材料实训室应做好粉尘的收集工作，综合利用下吸式打磨台、负压除尘系统、吸尘器及时吸除、收集粉尘。

2.2.4 地面

应符合 GB 50037—2013 的有关规定。

实训室地坪每平方米承重一般为 400kg，加强地坪每平方米承重一般为 1000kg。一般选能够耐受油液腐蚀并且耐压、耐磨的高品质防滑型环氧树脂涂层，厚度不宜小于 2mm。

计算机教室如 CBT 实训室、模拟机实训室等铺设防静电地板。

停机坪地坪维修机位的四周应设置收纳和排放污水的明沟，明沟盖板应能承受飞机拖车轮压，在飞机拖行路径上的应能承受飞机主轮轮压。盖板排水孔宜为直径 8~10mm 群孔。

2.2.5 电气安装

应符合 GB/T 16895.1—2016、GB/T 16895.2—2017、GB/T 16895.3—2017、GB/T 16895.4—1997、GB/T 16895.5—2012、GB/T 16895.6—2014、GB/T 16895.18—2010、GB/T 16895.22—2004 的有关规定。

专业特殊要求：各种仪器设备的安装使用都应符合有关国家或行业标准，接地应符合 GB/T 16895.3—2017 的要求。

需接入电源的仪器设备，应满足国家电网规定接入要求，电压额定值为交流 380V（三相）或 220V（单相），并应具备过流、漏电保护功能；需要插接线的，插接线应绝缘且通电部位无外露。

具有执行机构的各类仪器设备，应具备急停功能，紧急状况可切断电源、气源、压力，并令设备动作停止。

2.2.6 防火

应符合 GB 50016—2014 有关厂房、仓库防火的规定。

2.2.7 航化品、危废品处理

应符合 GB 18597—2001、GB 12268—2012、GB 15603—1995 的有关规定。规范、强化和落实危险化学品的安全管理，坚持安全第一、预防为主、综合治理的方针，保障员工健康及财产安全，防止环境污染。

设置航化品专用储藏间，必须配置一定的防爆柜，存放少量的油液和油脂，以及清洁用的材料。

按规定实施日常管理及定期清运报废或超期航化品的工作，清运周期为每 2 个月至少 1 次。报废或超期航化品必须定期清理，未及时清运的报废或超期航化品需满足相关航化品隔离存储要求。危险品废弃物需统一回收，严禁私自处理。

2.2.8 安全与卫生

安全与卫生应符合 GBZ 1—2010 和 GB/T 12801—2008 的有关要求，安全标志应符合 GB 2893—2013 和 GB 2894—2008 的有关要求，教学仪器设备安全应符合 GB 21746—2008 和 GB 21748—2008 的有关要求。

2.2.9 个体防护

应符合 GB/T 11651—2008 有关规定，配备足够的劳动防护用品，指导学生选择合适的防护用品进行防护，主要包括手套、护目镜、耳塞、口罩、安全绳等。

应保证实训区域不受外界天气影响。

2.3 网络环境

2.3.1 网络教学环境

应保证实训教学软件及设备的正常运行。

2.3.2 信息安全

做好防病毒措施，消除信息孤岛，保证信息安全。做好监控设备的安装、使用和维护。

2.4 文化环境

在各实训室明显位置张贴国旗图标或悬挂国旗。

在实训中融入安全意识、规章意识和爱岗敬业的教育。将职业精神与民航维修文化元素融入文化环境建设中，根据专业特色制作背景墙、宣传栏、挂图、标语等，建设生产性实训环境，营造良好职业氛围。

以“敬畏生命、敬畏规章、敬畏职责”为内核，切实增强敬畏意识，深入推进作风建设，不断提升专业素养。培养学生牢记四个意识：规章意识、风险意识、举手意识、红线意识；严格做到五个到位：准备到位、施工到位、测试到位、收尾到位、交接到位。

注重培养学生的安全意识、遵守规则意识，牢记底线红线，知晓人为因素和民航行业特殊的要求。

展示人为因素导致维修差错的案例，强调民航维修工作规范。

注：特殊要求是指基本要求不能涵盖的专业、行业、企业生产场所规定必须达到的标准。

3 实训教学设备要求

3.1 基本要求

3.1.1 配备的仪器设备产品质量应符合相关的国家标准或行业标准，并具有相应的质量证明。

3.1.2 各种仪器设备的安装使用都应符合有关国家或行业标准，接地应符合 GB/T 16895.3—2017 的要求。

3.1.3 需接入电源的仪器设备，应满足国家电网规定接入要求，电压额定值为交流 380V（三相）或 220V（单相），并应具备过流、漏电保护功能；需要插接线的，插接线应绝缘且通电部位无外露。

3.1.4 具有执行机构的各类仪器设备，应具备急停功能，紧急状况可切断电源、气源、压力，并令设备动作停止。

3.1.5 电脑只规定数量，功能和性能应能满足设备使用需求。

3.2 实训室仪器设备配置标准目录（一室一表）

3.2.1 专业基础技能实训室

专业基础技能实训设备要求见表 2—表 9。

表 2 民航概论及航空安全实训室设备要求

序号	设备名称	主要功能和技术要求	单位	数量	执行标准或质量要求	备注
1	飞机模型	展示飞机结构，飞行原理；真实飞机的缩比模型	架	若干	能反映真实飞机的结构	
2	飞机发动机部件	展示发动机结构，发动机原理；真实发动机部件，或者缩比模型	台	2		
3	多媒体资料	民航多媒体资料	件	若干	正规出版物或民航内部资料	
4	图文资料	民航类图书	本	若干	正规出版物	
5	机场模型	典型机场飞行区和候机楼等沙盘模型	件	1		

表 3 零件测绘实训室设备要求

序号	设备名称	主要功能和技术要求	单位	数量	执行标准或质量要求	备注
1	游标卡尺	0 ~ 150mm	把	40	GB/T 1214.2—1996	
2	深度尺	0 ~ 200mm	把	20	GB/T 1214.2—1996	
3	高度游标尺	0 ~ 300mm	把	10	GB/T 1214.3—1996	
4	万能角度尺	0 ~ 320°	把	20	JJG 33—2002	
5	外径千分尺	0~25mm，25~50mm，>50mm	把	各 20	GB/T 1216—2018	
6	螺纹千分尺	0 ~ 25mm，25 ~ 50mm	把	各 2	GB/T 10932—2004	
7	内径千分尺	5 ~ 30mm，25 ~ 50mm	把	各 2	JB/T 10006—2018	
8	内径百分表	10 ~ 18mm，18 ~ 35mm，35 ~ 50mm	套	各 5	GB/T 8122—2004	
9	工作台	800mm × 550mm × 750mm	台	20	承重 500kg 以上	
10	平板	300mm × 400mm	台	10		
11	正弦规	100mm，200mm	套	各 2	GB/T 22526—2008	
12	杠杆百分表	0 ~ 1mm	套	20	JB/T 54250—1994	
13	标准 V 形块	60mm × 60mm	套	20		
14	长度量块	38 块组；83 块组	套	各 1	JB/T 10313—2013	
15	角度量块	7 块组；94 块组	套	各 1	GB/T 22521—2008	
16	两顶针支架		台	2		

表 4 金工实训室设备要求

序号	设备名称	主要功能和技术要求	单位	数量	执行标准或质量要求	备注
1	普通卧式车床	1. 回转直径：≥ 360 mm， 加工长度：≥ 750 mm； 2. 主电机功率：≥ 5.5 kW； 3. 主轴转速 :25 ~ 2000 rpm	台	20	GB/T 4020—1997	
2	砂轮机	1. 具有金属件磨削加工功能； 2. 砂轮直径不小于 150 mm； 3. 配吸尘装置	台	5	JB/T 3770—2017	

续表

序号	设备名称	主要功能和技术要求	单位	数量	执行标准或质量要求	备注
3	车工常用工具	各种常用扳手、钻夹头、钻头等	套	20		
4	跟刀架	与机床配套	套	10		
5	中心架附件	与机床配套	套	10		
6	花盘	与机床配套	套	10	JB/T 10125—1999	

表 5　钳工实训室设备要求

序号	设备名称	主要功能和技术要求	单位	数量	执行标准或质量要求	备注
1	钳工桌台配台虎钳	钳口宽度：≥ 125 mm，台虎钳可升降	台	20	QB/T 1558.3—2017 双工位，1800mm × 750mm × 750mm	
2	台钻	最大钻孔直径：≥ 13 mm	台	5	JB/T 5245—1991	
3	砂轮机	1. 具有金属件磨削加工功能； 2. 砂轮直径不小于 150 mm； 3. 配吸尘装置	台	5	JB/T 3770—2017	
4	划线平板	面积：≥ 300 mm × 400 mm	块	5	JB/T 7974—1999	

表 6　精密测量技术实训（实验）室设备要求（选建）

序号	设备名称	主要功能和技术要求	单位	数量	执行标准或质量要求	备注
1	三坐标测量机	1. 测量范围：500mm × 700mm × 500mm； 2. 最大允许示值误差：2.0+3.0L/1000 μm; 3. 最大允许探测误差：2.2 μm	台	4	DB34/T 3250—2018 GB/T 34890—2017 JJG 799—1992	选配
2	圆度仪	1. 测量范围：外径大至 180mm，内径 3 ~ 180mm，高度 250mm； 2. 转台最大载荷：10kg； 3. 精度：0.1 μm+0.0005Hμm/mm； 4. 工作温度：20℃ ± 5℃，波动 1℃ /h； 5. 湿度：60%	台	2	JB/T 10028—1999	选配
3	粗糙度轮廓仪	1. 被测件范围：平面、外圆、内孔； 2. 测量范围：Ra0.001 μm ~ 10 μm； 3. 分辨率：0.001 μm； 4. 示值误差：10%； 5. 评定参数：Ra、Ry、Rmax，Rt，Rzl，R3z，Rp，Sm，S 等	台	2	GB/T 32999—2016	选配

表 7　电工电子技术实训（实验）室设备要求

序号	设备名称	主要功能和技术要求	单位	数量	执行标准或质量要求	备注
1	实训工作台	1. 交流电源：三相 380V，单相 220V； 2. 漏电保护功能	台	20	双工位，基本尺寸 1800mm × 750mm × 750mm 防静电台面，接地	
2	可调直流稳压电源装置	1. 直流电压：0~36V； 2. 漏电保护功能	台	20		
3	可调交流电源装置	1. 交流电压：0~36V； 2. 漏电保护功能	台	20		

续表

序号	设备名称	主要功能和技术要求	单位	数量	执行标准或质量要求	备注
4	万用表	1. 直流电压： 0 ~ 25V，20000Ω/V； 0 ~ 500V，5000Ω/V； 2. 交流电压： 0 ~ 500V，5000Ω/V； 3. 电阻量程：0 ~ 4kΩ ~ 40kΩ ~ 400kΩ ~ 4MΩ ~ 40MΩ； 25Ω 中心；±2.5%	台	40	JB/T 8381—1996	
5	功率表	1. 电流量程：0 ~ 5A； 2. 电压量程：0 ~ 500V	台	40	GB/T 22264.3—2008	
6	信号发生器	1. 频率范围：0.1Hz ~ 1MHz； 2. 输出波形：正弦波、方波、三角波、脉冲波等； 3. 输出信号类型：单频、调频、调幅、扫频； 4. 外测频灵敏度：100mV； 5. 外测频范围：1Hz ~ 10MHz； 6. 输出阻抗：600Ω； 7. TL/CMOS 输出	台	20	GB/T 12114—2013	
7	双踪示波器	1. 频宽：20MHz； 2. 偏转因数：5 mV/div ~ 20 V/div； 3. 上升时间：≤ 17 ns； 4. 垂直工作方式：CH1、CH2、ALT、CHOP、ADD； 5. 触发方式：自动、常态、TV−H、TV−V； 6. 触发源：内（CH1、CH2 交替）、外电源	台	20	GB/T 6585—2013	
8	交流毫伏表	1. 测量范围：0.2mV ~ 600V； 2. 频率范围：10Hz ~ 600kHz	台	20		
9	数字电路实验装置	1. 门电路测试； 2. 触发电路测试	套	20		可自制
10	机床电气实验装置	机床电气组成结构装置	台	5		可自制
11	常用工具	剥线钳、电烙铁、测电笔等	套	40		
12	电路装置安装基板	按需求	块	40		自制（购）
13	电子装置线路板	按需求	块	40		自制（购）

表 8　气、液压控制技术实训（实验）室设备要求

序号	设备名称	主要功能和技术要求	单位	数量	执行标准或质量要求	备注
1	液压、气动传动常用元件	1. 齿轮泵、叶片泵、柱塞泵； 2. 节流阀、溢流阀、减压阀、换向阀； 3. 液压油缸、气缸	套	与实验台相配		
2	液压实验台	1. 具有压力控制、速度控制及多缸顺序控制功能； 2. 具有泵的加载、卸载特性功能； 3. 具有节流、溢流特性测试功能	台	5		
3	气动实验台	具有压力控制、速度控制及多缸顺序控制功能	台	5		
4	空气压缩机	1. 电机功率：≥ 1.5 kVA； 2. 排气量：≥ 0.19 m^3/min； 3. 输出压力：≥ 0.7 MPa； 4. 储气罐容量：≥ 0.07 m^3	台	5	CCEC/T 08—2001	

表 9　工程力学实验室设备要求

序号	设备名称	主要功能和技术要求	单位	数量	执行标准或质量要求	备注
1	万能试验机	测量试样拉伸曲线	台	1	GB/T 16826—2008 JJG 139—1999	
2	冲击试验机	测量试样冲击韧性	台	1	GB/T 3803—2002	选配
3	洛氏硬度测试仪	测量试样洛氏硬度	台	10	GB/ T 230. 1 —2004	
4	布氏硬度测试仪	测量试样布氏硬度	台	10	GB/ T 231. 1 —2002	

3.2.2　专业核心技能实训室

专业核心技能实训室设备要求见表 10—表 25。

表 10　飞机钣金实训室设备要求

序号	设备名称	主要功能和技术要求	单位	数量	执行标准或质量要求	备注
1	六角形工作台	适用于模具、钳工、实验检测、维修、组装、飞机铆接、飞机钣金等实训操作	张	8	六角形工作台，长：1200mm，宽：2400mm，高：900mm，不锈钢板覆面，带照明	
2	升降式台虎钳	台虎钳可以上下升降且左右可以旋转	个	48	钳口长度：6 寸	
3	台剪	用于手工剪切中小型，厚度为 0.2~4mm 的铝合金薄板和厚度为 0.2~2mm 的飞机 2024 铝合金薄板	台	4	底座 650mm × 420mm × 760mm；刀身 150mm × 470mm × 1300mm（带刀柄的长度）、刀柄长度不小于 1000mm	
4	剪板机	用于剪切大型的,厚度在 0.5~4mm 的铝合金薄板和厚度为 0.5~2mm 的飞机 2024 铝合金薄板	台	1	脚踩式剪板机 1200mm × 700mm × 1050mm	
5	折边机	折边机用于手工铝合金薄板的角度成型	台	2	1400mm × 550mm × 600mm	
6	滚弯机	滚弯机用于手工铝合金薄板的滚弯，能够让厚度为 0.2~4mm 的铝合金板料形成圆弧变形	台	1	带手摇手柄厚度外形尺寸 800mm × 350mm × 370mm，主结构由三轴组成、每个轴长度 750mm，轴直径 ϕ52mm，轴壁厚 5mm	选配
7	定制工作架	模拟飞机机体蒙皮	台	4	2500mm × 1400mm × 1.5mm	
8	台式钻床	电压：500W 230V~50Hz； 钻孔直径：ϕ16mm； 连续钻孔直径：ϕ12mm	台	4	台钻工业级大功率 500W 220V；钻孔最大直径：16mm；可调速	
9	立式砂轮机	用于研磨各类刀具的设备，带地面固定和吸尘	台	2	功率：3000W 380V；转速：3000r/min	
10	异型成型整形机	用于铝合金型材的收边、放边、拱曲和整形校平的设备	台	1	CX08 × 350，机器外形 1720mm × 1040mm × 1875mm。主电机功率 1.5kW，进给电机功率 90W，机器重量净重 500kg，毛重 600kg。进给使用电源 3~380V 50Hz	选配

表 11　复合材料实训（实验）室设备要求

序号	设备名称	主要功能和技术要求	单位	数量	执行标准或质量要求	备注
1	复合材料修理展示板	展示复合材料结构 展示复合材料修理	个	10	碳纤维材料展示 玻璃纤维材料展示 凯夫拉材料展示 蜂窝结构材料展示	

续表

序号	设备名称	主要功能和技术要求	单位	数量	执行标准或质量要求	备注
2	打磨台	打磨复合材料损伤部分	台	6	单工位； 台面尺寸 1000mm × 800mm； 过滤效率 99.9%	
3	调胶台	调制复合材料修补胶水	台	6	带排风，1500mm × 600mm	
4	热补仪	加热复合材料使其固化	台	4	JJG（民航）0095—2006	选配
5	真空泵	复合材料修补抽真空	台	6	GB 22360—2008	
6	复材修理工具包	各类修理工具	套	6	包含制孔、切割、打磨和抛光工具	

表 12　紧固件拆装与保险实训室设备要求

序号	设备名称	主要功能和技术要求	单位	数量	执行标准或质量要求	备注
1	紧固件拆装实训台	飞机各类典型紧固件拆装，特殊紧固件拆装	台	12	AC-66-FS-002R1	
2	保险实训台	飞机各类保险拆装	台	12	AC-66-FS-002R1	

表 13　飞机硬 / 软管施工实训室设备要求

序号	设备名称	主要功能和技术要求	单位	数量	执行标准或质量要求	备注
1	飞机液压系统管路实训台	飞机管路制作，飞机管路测试，飞机管路拆装，飞机气压、液压系统工作结构及原理演示等。	台	5	AC-66-FS-002R1	喇叭口和非喇叭口接头 快卸接头 软管接头
2	钳工工作台	带台虎钳	台	8		

表 14　密封防腐润滑实训室设备要求

序号	设备名称	主要功能和技术要求	单位	数量	执行标准或质量要求	备注
1	密封实训台	开展密封胶的使用、涂抹方法及要求，封严件的使用	台	4	AC-66-FS-002R1	对口盖、风挡、天线等典型部位进行密封练习
2	防腐实训材料	常见腐蚀种类介绍，金属结构件腐蚀的处理和防腐蚀实训	台	4	AC-66-FS-002R1	铝合金材料人工或自然腐蚀
3	注油枪	常见润滑油种类介绍，开展润滑油的使用、涂抹方法及要求	个	4	AC-66-FS-002R1	在飞机起落架或其他实训台架上练习注油并清洁

表 15　飞机发动机维修实训室设备要求

序号	设备名称	主要功能和技术要求	单位	数量	执行标准或质量要求	备注
1	典型涡扇发动机	涡轮风扇发动机结构展示，部件拆装	台	2	基本结构完整	
2	典型涡轴发动机	涡轮轴发动机结构展示，部件拆装	台	2	基本结构完整	
3	典型活塞发动机	航空活塞发动机结构展示，部件拆装	台	4	结构完整	
4	孔探检测仪	内窥镜检查	台	2	JB/T 11130—2011	

表 16　飞机起落架及机轮维修实训室设备要求

序号	设备名称	主要功能和技术要求	单位	数量	执行标准或质量要求	备注
1	典型飞机前起落架	飞机起落架结构展示，部件拆装	台	2	AC-66-FS-002R1	

续表

序号	设备名称	主要功能和技术要求	单位	数量	执行标准或质量要求	备注
2	典型飞机主起落架	飞机主起落架结构展示，部件拆装	台	2	AC-66-FS-002R1	
3	飞机机轮	机轮结构展示，部件拆装	套	4	AC-66-FS-002R1	

表 17　飞机操纵系统实训室设备要求

序号	设备名称	主要功能和技术要求	单位	数量	执行标准或质量要求	备注
1	飞机操纵钢索调节实训台	钢索张力调节，安装，打保险	台	4	AC-66-FS-002R1 配套钢索张力计	

表 18　飞机电气标准线路施工（SPW）实训（实验）室设备要求

序号	设备名称	主要功能和技术要求	单位	数量	执行标准或质量要求	备注
1	防静电工作台	静电防护实训操作区域	台	24	AC-66-FS-002R1	双工位， 1800mm × 750mm × 75mm
2	飞机导线线束	SPW 练习对象	条	10	AC-66-FS-002R1	
3	飞机电气标准线路施工实训台	SPW 实训练习，考核	台	10	AC-66-FS-002R1	以飞机客舱旅客服务组件(PSU)双工位实训台为例，主要包括灯光、氧气面罩、乘客呼叫、空调控制等部件，包含线路、电源盒、故障设置控制盒等
4	工具箱	存放专用工具	套	8	AC-66-FS-002R1 每套含剥线钳 2 把 斜口钳 2 把 插钉、插孔压接钳 1 把 接线片压接钳 1 把 拼接管压接钳 1 把 保持力测试工具 1 套	

表 19　飞机电气实训（实验）室设备要求

序号	设备名称	主要功能和技术要求	单位	数量	执行标准或质量要求	备注
1	典型飞机电气系统实训台	结构展示，部件拆装	台	10	AC-66-FS-002R1 配套工具箱	

表 20　飞机电源实训（实验）室设备要求

序号	设备名称	主要功能和技术要求	单位	数量	执行标准或质量要求	备注
1	典型飞机发电机	结构展示，工作原理演示，部件拆装	台	4	AC-66-FS-002R1	
2	典型飞机蓄电池	结构展示，充放电维护，检查测试维护	台	4	AC-66-FS-002R1	选配
3	飞机地面电源、输配电系统	结构展示，检查测试维护	套	1	AC-66-FS-002R1	选配

表 21　飞机电子实训（实训）室设备要求

序号	设备名称	主要功能和技术要求	单位	数量	执行标准或质量要求	备注
1	恒温焊台	电子线路制作	台	40	AC-66-FS-002R1	

续表

序号	设备名称	主要功能和技术要求	单位	数量	执行标准或质量要求	备注
2	防静电工作台	用作实训操作区域	台	20	AC-66-FS-002R1 双工位， 1800mm × 750mm × 75mm	
3	典型飞机电子设备部件，如： 驾驶舱语音记录器； 飞行数据记录器； 飞行控制计算机； 大气数据计算机	结构展示，部件拆装	件	20	AC-66-FS-002R1	设备共 20 件

表 22　专业 CBT 机房实训室设备要求

序号	设备名称	主要功能和技术要求	单位	数量	执行标准或质量要求	备注
1	台式计算机	1. 飞机维护手册查询； 2. 飞机 CBT 培训软件学习	台	45	GB/T 9813.1—2016	支持 Windows 10 系统
2	飞机维修手册（电子版）	典型飞机 AMM、TSM、IPC、ASM、AWM、AWL、ESPM、WDM、SWPM 等手册	册	若干	AC-66-FS-002R1	典型飞机维修手册（电子版）

表 23　飞机部件拆装实训室设备要求

序号	设备名称	主要功能和技术要求	单位	数量	执行标准或质量要求	备注
1	飞机部件拆装实训台	飞机燃油部件拆装与维护，飞机滑油部件拆装与维护，飞机传感器结构演示，飞机燃油泵、滑油泵等常用泵体结构拆装与维护以及飞机机械附件结构与原理演示	台	10	AC-66-FS-002R1 尺寸： 1800mm × 1000mm × 1900mm 材质：不锈钢	选配

表 24　典型飞机维修桌面仿真系统实训室设备要求

序号	设备名称	主要功能和技术要求	单位	数量	执行标准或质量要求	备注
1	2D 飞机维修模拟器	典型飞机空调、通信、电源、燃油、液压、仪表、灯光、导航、APU、发动机等飞机系统的仿真维护训练以及部分飞机系统的故障排除仿真训练	台	20	每个实训项目配备中英文对照的维修工卡，维修工卡应依据该机型的维修手册编写。	包含硬件和软件

表 25　飞机外场维修实训室设备要求

序号	设备名称	主要功能和技术要求	单位	数量	执行标准或质量要求	备注
1	退役典型运输飞机	飞机结构展示，部件拆装	架	1	常用典型机型	一般为波音 737 型或空客 320 型客机，退役，能够通电演示
2	退役典型 9 座以下小型飞机或者小型直升机	飞机结构展示，部件拆装	架	1	常用典型机型	退役，能够通电演示
3	工作梯	能满足飞机外场维修登高作业的需求，符合航空公司生产要求	个	4	与飞机尺寸配套， 参照 GB 4053.2—2009	符合飞机维修安全生产规范
4	地面电源	能实现对实训飞机的通电	台	1	MH/T 6018—2014	符合民用飞机电源要求
5	机坪消防设施	掌握消防设备放置要求，掌握消防设备使用方法	台	若干	GB 50016—2014	根据飞机方位和场地布局合理设置
6	应急喷淋和洗眼设备	掌握喷淋和洗眼设备的使用方法	台	1 台或更多	GB/T 38144—2019	

3.2.3 专业拓展技能实训室

专业拓展技能实训室设备要求见表 26 到表 28。

表 26 无损检测实训（实验）室设备要求（选建）

序号	设备名称	主要功能和技术要求	单位	数量	执行标准或质量要求	备注
1	电涡流检测仪	利用电涡流探伤	台	2	GB/T 14480—2015	以便携式为主
2	超声波检测仪	利用超声波探伤	台	2	GB/T 27664—2011	以便携式为主

表 27 3D 飞机维修模拟训练（实验）室设备要求（选建）

序号	设备名称	主要功能和技术要求	单位	数量	执行标准或质量要求	备注
1	3D 飞机维修模拟训练器	典型飞机空调、通信、电源、燃油、液压、仪表、灯光、导航、APU、发动机等飞机系统的仿真维修训练以及部分飞机系统的故障排除仿真训练	套	2	采用计算机软件和硬件仿真技术，提供实物飞机的仿真驾驶舱，驾驶舱应能仿真故障及实践训练操作所产生的驾驶舱效应。 每个实训项目都配有中英文对照的维修工卡，维修工卡符合对应机型的维修手册	含配套硬件和软件

表 28 VR 飞机维修模拟实训（实验）室设备要求（选建）

序号	设备名称	主要功能和技术要求	单位	数量	执行标准或质量要求	备注
1	VR 飞机维修模拟器	利用虚拟现实 VR 技术，实现典型飞机航线维修仿真训练以及部分飞机系统的故障排除仿真训练	套	10	每个实训项目配中英文对照的维修工卡，维修工卡符合对应机型的维修手册	

注：1. 表中实训设备数是为满足 40 人 / 班或 20 人 / 组（一个班分两组）进行实训教学的配备要求。在保证实训教学目标要求的前提下，各院校可根据本专业的实际班级人数和教学组织模式对实训课程进行合理安排，配备相应的仪器设备数量。
2. 各院校可根据地域特点和行业、企业对从业人员的具体要求，优先选择具有 ISO 标准管理体系认证等国家质量监督管理部门认可的企业所生产的相应规格、型号的仪器设备，优先选择企业所用真实设备，亦可根据专业特点选择虚拟仿真实训资源等。
3. 无损检测实训室、3D 飞机维修模拟实训室、VR 飞机维修模拟实训室可根据各院校办学特点和专业人才培养方向选择性建设。
4. 建议实训课程开设顺序：专业基础技能实训、专业核心技能实训、专业拓展技能实训。

3.3 实训教学环境布局和实训教学环境效果

实训室布局及效果如图 1—图 7 所示。

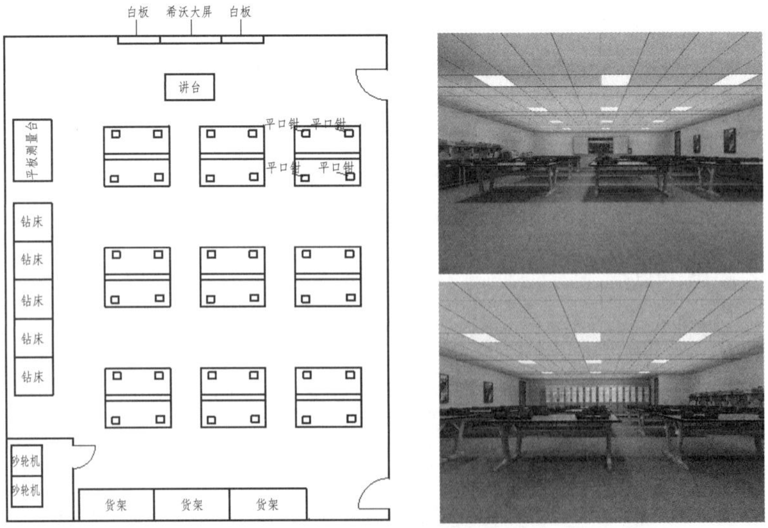

图 1 钳工技术实训室布局及效果图

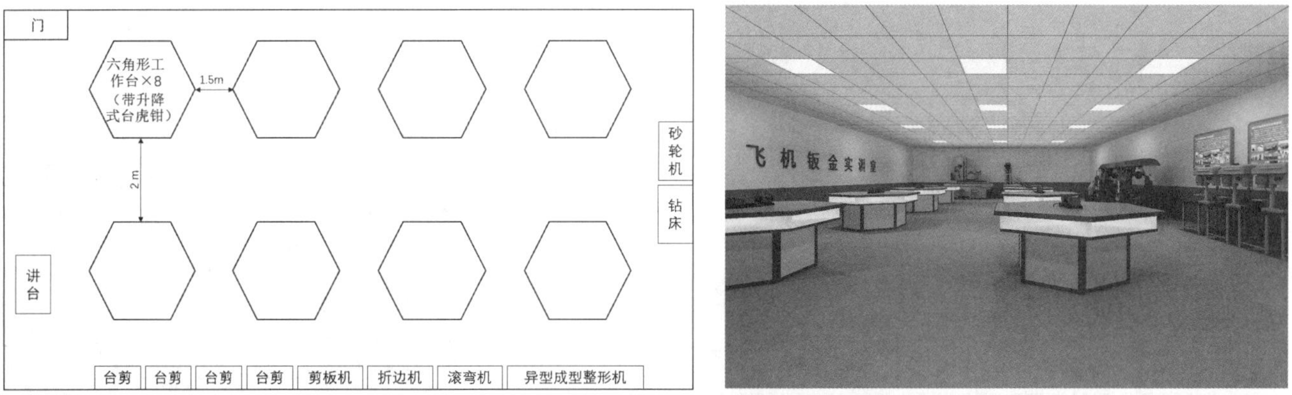

图 2　飞机钣金实训室布局及效果图

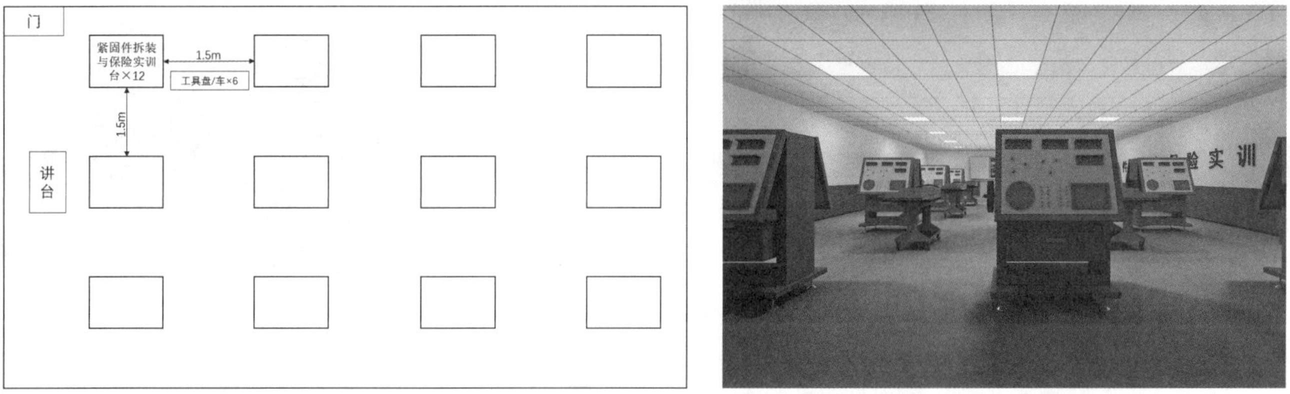

图 3　紧固件拆装与保险实训室布局及效果图

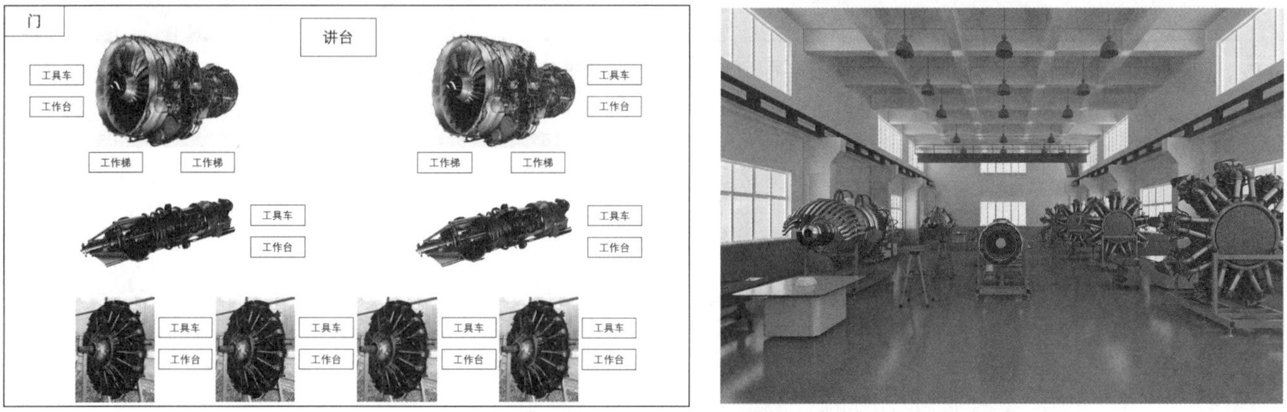

图 4　飞机发动机维修实训室布局及效果图

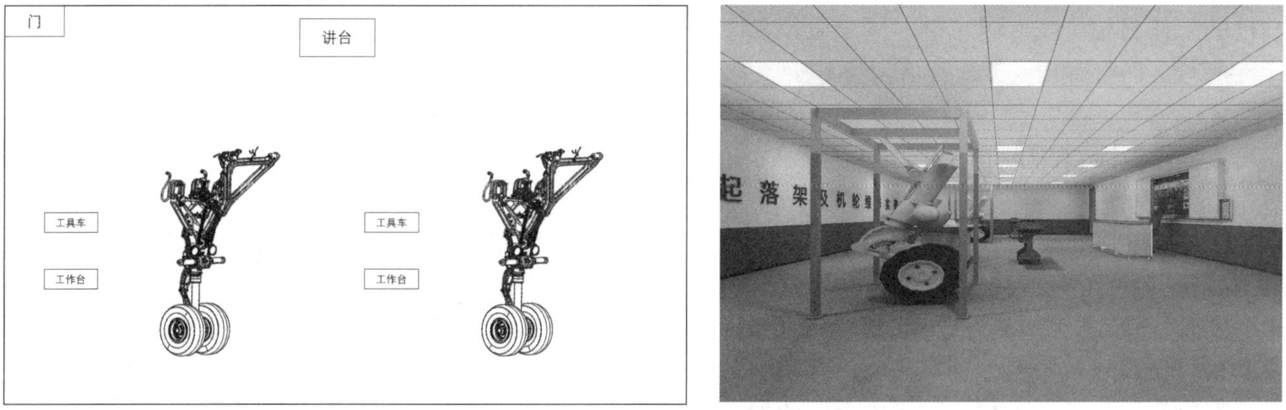

图 5　飞机起落架及机轮维修室布局及效果图

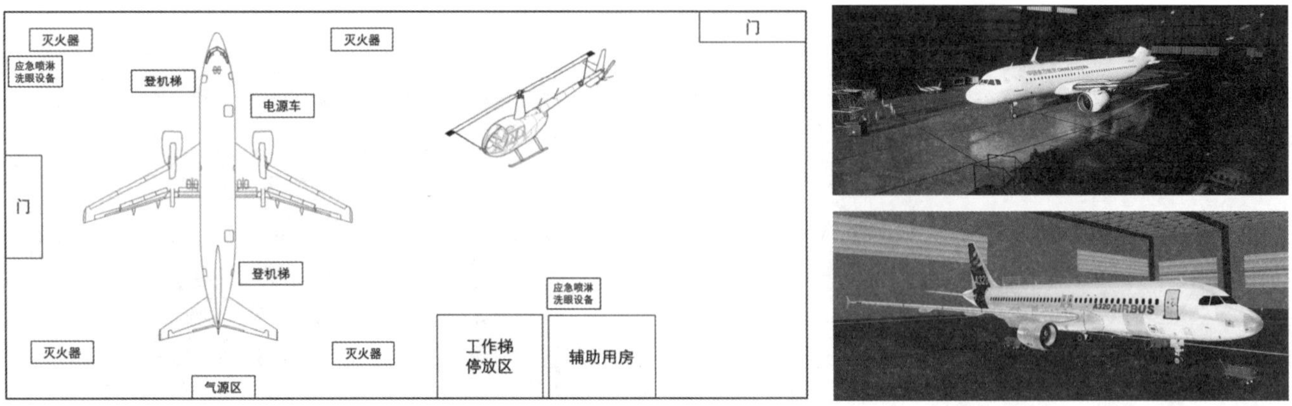

图 6　飞机外场维修实训室布局及效果图

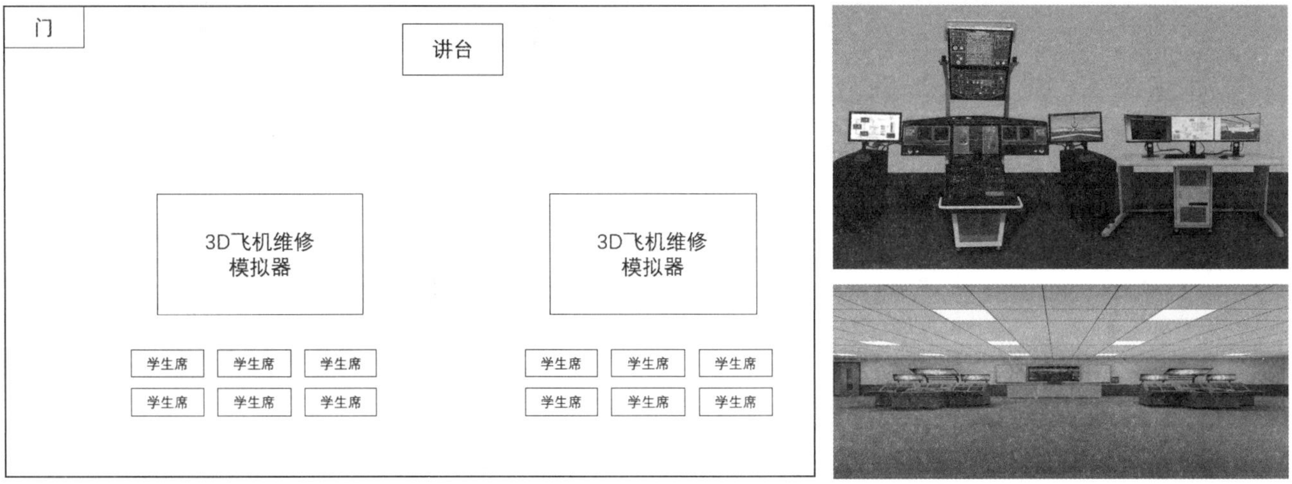

图 7　3D 飞机维修模拟实训室布局及效果图

4　实训教学管理与实施

4.1　实训室人员

配备相应的实训室人员管理办法，明确实训教学岗位管理职责（包括安排教学任务，负责仪器设备的调度、租借、使用和管理），定期培训和考核。实训室应实行主任负责制。实训室应配备专、兼职管理人员。各管理人员要有明确的职责分工。各管理人员岗位职责由实训中心主任或二级部门负责人根据学校的工作目标，按照国家对不同专业技术干部和工作职责的有关条例规定及实施细则具体确定。学校应定期对实训室管理人员进行培训和考核，提高实训室工作人员的思想素质和业务素质。

4.2　实训管理制度

建立健全实训教学设备管理制度，规范仪器设备采购、使用、维护、报损、报废等运行环节。实训室应建立和健全岗位责任制，实行分级管理，由专人专项负责。实训室仪器设备采购、使用、维护、报损和报废管理，按照《高等学校实验室工作规程》《高等学校仪器设备管理办法》等有关法规、规章执行。实训室仪器设备的材料、低值易耗品等物资的管理，按照《高等学校材料、低值易耗品管理办法》《高等学校物资工作的若干规定》《中等职业学校管理规程》《中等职业学校教学管理规定》《危险化学品安全管理条例》等有关法规、规章执行。

4.3 建立信息化管理平台

建立信息化管理平台，实现实训内容、空间、时间、人员、仪器设备等的高效利用和开放共享。

4.4 安全教育

制定安全教育制度并贯穿在日常实训教学中。应制定实训室安全准入制度，开展进入实训室前的安全普及教育。各实训室应根据自身安全要求，制定相应安全操作规程，对进入实训室的人员进行有针对性的安全操作规程教育。实训室应定期检查防火、防爆、防盗、防事故等安全措施的落实情况。学校要定期对师生开展安全教育，保障人身和财产安全。

4.5 突发事件应急预案

制定实训教学突发事件应急预案与处理措施。应正确分辨和评估实训室存在的潜在危险，可能事故类型、过程、后果及影响程度，制定实训教学突发事件应急预案。应对应急预案进行定期演练，做好突发性事件发生时的应急处理工作。

4.6 突出专业特色

根据学校文化与专业需要，建设多种形式的实训环境，实施理实一体化教学。

建议结合专业特点创新实训室环境，营造良好的职业氛围。

建议结合学校实际建设理实一体化实训室，合理设计实训空间。

5 参考文献及标准

5.1 参考文献

中华人民共和国教育部 . 职业教育专业目录（2021 年）[Z]. 北京，2021（03）.

5.2 参考标准

AC–66–FS–002 R1	航空器维修基础知识和实作培训规范
CCAR–145–R4	民用航空器维修单位合格审定规则
CCAR–147–R1	民用航空器维修培训机构合格审定规则
CCAR–66–R3	民用航空器维修人员执照管理规则
CCEC/T 08—2001	容积式空气压缩机节能产品认证技术要求
CTSO–C209	电子飞行仪表系统（EFIS）显示器
CTSO–C2d	空速表
CTSO–C62d	航空轮胎

DB34/T 3250—2018	圆及圆弧几何量参数　三坐标测量技术规范
GB 12268—2012	危险货物品名表
GB 15603—1995	常用化学危险品贮存通则
GB 18597—2001	危险废物贮存污染控制标准
GB 21746—2008	教学仪器设备安全要求总则
GB 21748—2008	教学仪器设备安全要求　仪器和零部件的基本要求
GB 22360—2008	真空泵安全要求
GB 2893—2008	安全色
GB 2893—2013	图形符号安全色和安全标志
GB 2894—2008	安全标志及其使用导则
GB 4053.2—2009	固定式钢梯及平台安全要求　第 2 部分：钢斜梯
GB 50016—2014	建筑设计防火规范
GB 50033—2013	建筑采光设计标准
GB 50034—2013	建筑照明设计标准
GB 50037—2013	建筑地面设计规范
GB 5171—2016	小功率电机通用技术条件
GB 8871—2001	交流接触器节电器
GB/T 10932—2004	螺纹千分尺
GB/T 11651—2008	个体防护装备选用规范
GB/T 12114—2013	合成信号发生器通用规范
GB/T 1214.2—1996	游标类卡尺　游标卡尺
GB/T 1214.3—1996	游标类卡尺　高度游标卡尺
GB/T 1216—2018	外径千分尺
GB/T 12801—2008	生产过程安全卫生要求总则
GB/T 13473—2008	钢锤通用技术条件
GB/T 13978—2008	数字多用表
GB/T 14394—2008	计算机软件可靠性和可维护性管理
GB/T 14480—2015	无损检测仪器　涡流检测设备
GB/T 14764—2008	手用钢锯条
GB/T 15151—2012	频率计数器通用规范
GB/T 16826—2008	电液伺服万能试验机
GB/T 16895.1—2016	低压电气装置　第 1 部分：基本原则、一般特性评估和定义
GB/T 16895.18—2010	建筑物电气装置　第 5-51 部分：电气设备的选择和安装　通用规则
GB/T 16895.2—2017	低压电气装置　第 4-42 部分：安全防护 热效应保护
GB/T 16895.22—2004	建筑物电气装置　第 5-53 部分：电气设备的选择和安装　隔离、开关和控制设备　第 534 节：过电压保护电器
GB/T 16895.3—2017	低压电气装置　第 5-54 部分：电气设备的选择和安装　接地配置和保护导体
GB/T 16895.4—1997	建筑物电气装置
GB/T 16895.5—2012	低压电气装置　第 4-43 部分：安全防护　过电流保护
GB/T 16895.6—2014	低压电气装置　第 5-52 部分：电气设备的选择和安装　布线系统
GB/T 17984—2010	麻花钻技术条件

GB/T 22095—2008	铸铁平板
GB/T 22264.3—2008	安装式数字显示电测量仪表　第 3 部分：功率表和无功功率表的特殊要求
GB/T 22521—2008	角度量块
GB/T 22526—2008	电梯 T 型导轨
GB/T 230.1—2004	金属洛氏硬度试验　第 1 部分：试验方法
GB/T 230.1—2004	金属洛氏硬度试验　第 1 部分：试验方法
GB/T 231.1—2002	金属布氏硬度试验　第 1 部分：试验方法
GB/T 26487—2011	壳体钣金成型设备通用技术条件
GB/T 27664—2011	无损检测超声检测设备的性能与检验
GB/T 32999—2016	表面化学分析　深度剖析　用机械轮廓仪栅网复型法测量溅射速率
GB/T 34890—2017	产品几何技术规范（GPS）数字摄影三坐标测量系统的验收检测和复检检测
GB/T 3803—2002	摆锤式冲击试验机的检验
GB/T 38144—2019	眼面部防护　应急喷淋和洗眼设备
GB/T 4020—1997	卧式车床精度检验
GB/T 4388—2008	呆扳手、梅花扳手、两用扳手的型式
GB/T 4440—2008	活扳手
GB/T 6315—2008	游标、带表和数显万能角度尺
GB/T 6585—2013	阴极射线示波器通用规范
GB/T 7928—2003	地铁车辆通用技术条件
GB/T 8122—2004	内径指示表
GB/T 8122—2004	涨簧式内径百分表
GB/T 8566—2007	信息技术软件生存周期过程
GB/T 9056—2004	金属直尺
GB/T 969—2007	丝锥技术条件
GB/T 970.1—2008	圆板牙　第 1 部分：圆板牙和圆板牙架的形式和尺寸
GB/T 9813.1—2016	计算机通用规范　第 1 部分：台式微型计算机
GBZ 1—2010	工业企业设计卫生标准
JB/T 10006—2018	内测千分尺
JB/T 10028—1999	圆度仪
JB/T 10125—1999	机床夹具零件及部件花盘
JB/T 10313—2013	量块检验方法
JB/T 10394.1—2002	涂装设备通用技术条件　第 1 部分：钣金件
JB/T 11130—2011	工业内窥镜
JB/T 3411.54—1999	划规尺寸
JB/T 3411.64—1999	划针尺寸
JB/T 3411.65—1999	划线盘尺寸
JB/T 3770—2017	落地砂轮机
JB/T 4143—2014	台式砂轮机
JB/T 5245.4—2017	台式钻床　第 4 部分：技术条件
JB/T 5245—1991	通用台式钻床　精度
JB/T 54250—1994	杠杆百分表产品质量分等

JB/T 6830—2013	投影仪
JB/T 7974—1999	铸铁平板
JB/T 8381—1996	袖珍型万用表
JJF（民航）0014—2020	角度位置指示器
JJF（民航）0057—2007	T5 型系列钢索张力表校准规范
JJF（民航）0087—2020	直读式钢索张力表
JJF（民航）0091—2020	飞机称重平台
JJF（民航）0098—2020	磁粉探伤机
JJF（民航）0106—2020	ARINC 429 便携式数据总线分析仪
JJG 139—1999	拉力、压力和万能材料试验机
JJG 33—2002	万能角度尺检定规程
JJG 622—1997	绝缘电阻表（兆欧表）检定规程
JJG 799—1992	三坐标测量机检定规程
JJG（民航）0095—2006	HCS9000B_HCS9200B 型复合材料热补仪
MH/T 3013.9—2008	民用航空器维修　职业安全健康　第 9 部分：劳动防护用品管理规则
MH/T 5059—2021	民用机场公共信息标识系统设置规范
MH/T 6018—2014	飞机地面静变电源
QB/T 1558.2—2017	台虎钳普通台虎钳
QB/T 1966—1994	民用剪刀
QB/T 2207—1996	剥线钳
QB/T 2440.1—2007	夹扭钳　尖嘴钳
QB/T 2442.1—2007	夹扭剪切钳　钢丝钳
QB/T 2733—2005	电线连接工具　手动机械压线钳
QB/T 3843—1999	锉刀型式尺寸
QB/T 7157—2008	电烙铁

上海市职业院校城市轨道车辆应用技术专业
（中高职贯通及五年一贯制）

实训教学环境建设指南

上海市教育委员会教育技术装备中心

目　　录

前　言

本指南由上海市教育委员会组织编制、审定并颁布实施。

为规范和加强职业院校城市轨道车辆应用技术专业（中高职贯通五年及一贯制）实训教学环境建设，特制定本指南。本指南是职业院校城市轨道车辆应用技术专业（中高职贯通及五年一贯制）实训教学环境建设及实训教学管理的基本依据，是加强城市轨道车辆应用技术专业实践性教学、强化学生职业技能训练、提高人才培养质量的重要保障。

本指南主要参与编制单位和部门：上海市教育委员会职业教育处、上海市教育委员会教育技术装备中心、上海交通职业技术学院、上海市城市建设工程学校（上海市园林学校）、郑州捷安高科股份有限公司等。

本指南主要编写人员：阎国强、郭凝、曾彬、杨丹豪、季强、刘见见、姜辉、张俊。

1 适用范围

本指南适用于职业院校城市轨道车辆应用技术专业（中高职贯通及五年一贯制）校内实训教学场所及设备的建设，职业院校相关专业及有关培训机构可参照执行。

2 实训教学环境要求

2.1 分类、面积与主要功能

专业实训教学类别分为专业基础技能实训、专业核心技能实训和专业拓展技能实训。

按照实训教学内容，划分实训教学场所。实训场所面积需要满足40人/班同时开展实训教学的要求。实训教学场所分类、面积与主要功能建议的要求见表1。

表1 实训教学场所分类、面积与主要功能

实训教学类别	实训场所名称	实训场所面积（m^2）	功能	
			主要实训项目	对应的主要课程
专业基础技能实训	钳工实训室	120	1. 钳工常用工具使用基本技能训练； 2. 钳工测量工具使用基本技能训练； 3. 锉削、锯削、钻孔、凿削、攻丝及套扣、划线技能训练； 4. 台式钻床基本操作训练； 5. 钳工常用工具、量具的保养训练； 6. 装配图识读； 7. 工件加工技能训练	机械基础、机械识图、钳工基本技术实训
	电工实训室	80	1. 电工工具、常用仪器仪表使用基本技能训练； 2. 常用低压电器设备的识别与使用技能训练； 3. 常用电工电路的安装与调试、故障诊断与排除技能训练； 4. 变压器、电机、可编程控制器（PLC）的综合应用训练； 5. 电工材料识别技能训练	电工基础、电子基础、电工实训
	电子实训室	80	1. 电工电子工具、常用仪器仪表使用基本技能训练； 2. 常用电子元器件的识别、测量与使用训练； 3. 常用电子电路的安装与调试、故障诊断与排除技能训练	电工基础、电子基础、电工实训
	电力电子实训室	120	1. 电力电子器件实训； 2. 电力电子整流电路实训； 3. 电力电子逆变电路实训； 4. 电力电子直流—直流变流电路实训； 5. 电力电子交流—交流变流电路实训； 6. 电力电子脉冲宽度调制（PWM）控制技术实训； 7. 电力电子技术的应用实训	电力电子技术
专业核心技能实训	行车组织实训室	100	1. 列车自动监控（ATS）的操作； 2. 正常情况下的行车组织训练； 3. 非正常情况下的行车组织训练； 4. 故障或突发事件下的行车组织训练； 5. 运行图的编制； 6. 调车作业的操作； 7. 工程车的开行训练； 8. 救援车的开行训练； 9. 列车运营关键岗位联动实训演练	城市轨道交通行车组织、城市轨道交通运营管理规章、城市轨道交通列车操作及故障处理、专业认识实习、专业实训

续表

实训教学类别	实训场所名称	实训场所面积（m^2）	功能：主要实训项目	功能：对应的主要课程
专业核心技能实训	车辆机械设备及检修实训室	300	1. 转向架的结构认知、尺寸测量、零部件拆装； 2. 转向架日常检修标准化作业； 3. 车门的结构认知、工作原理认知、尺寸测量； 4. 车门日常检修标准化作业； 5. 车钩缓冲装置的结构认知、尺寸测量； 6. 车钩缓冲装置的日常检修标准化作业； 7. 基础制动装置的结构认知、工作原理认知； 8. 基础制动装置的日常检修标准化作业； 9. 空调机组的结构认知、工作原理认知； 10. 空调机组的日常检修标准化作业； 11. 列车出乘前检查，整车日常检修综合实训； 12. 工器具校准检验、尺寸测量实训； 13. 检修用化工品认知及使用实训	城市轨道交通车辆构造、城市轨道交通车辆机械系统检修、城市轨道交通列车牵引与制动系统、专业实训
	车辆电气设备及检修实训室	200	1. 牵引主回路电气设备结构和工作原理认知； 2. 牵引主回路工作原理认知，故障诊断、分析与排除技能训练； 3. 辅助回路电气设备结构和工作原理认知； 4. 辅助回路工作原理认知，故障诊断、分析与排除技能训练； 5. 制动系统设备结构和工作原理认知； 6. 制动系统工作原理认知，制动调试及试验，故障诊断、分析与排除技能训练； 7. 受电弓（集电靴）的结构、原理认知，日常检修标准化作业、部件拆装实训； 8. 牵引电机的结构、原理认知，日常检修标准化作业； 9. 高速断路器的结构、原理认知，日常检修标准化作业、部件拆装实训	城市轨道交通车辆构造、城市轨道交通车辆电气设备、城市轨道交通车辆驾驶控制系统、城市轨道交通车辆电气系统检修、城市轨道交通列车牵引与制动系统、专业实训
	车辆应用虚拟仿真实训室	120	1. 认识车体、司机室、车钩、转向架、车门、受电弓、牵引电机等的构成部件、基本参数、基本功能； 2. 车辆检修工器具及设备认知； 3. 车辆机械和电气设备的日常检修仿真实训； 4. 车辆机械和电气设备分解、组装、定期检修仿真实训； 5. 列车的机械故障和电气故障检修的仿真实训； 6. 各列车运营关键岗位作业仿真实训及岗位联动仿真实训	城市轨道交通车辆构造、城市轨道交通车辆电气设备、城市轨道交通车辆驾驶控制系统、城市轨道交通列车操作及故障处理、城市轨道交通车辆机械系统检修、城市轨道交通车辆电气系统检修、城市轨道交通列车牵引与制动系统、城市轨道交通行车组织、城市轨道交通运营管理规章、专业实训
	车辆控制实训室	80	1. 列车网络控制系统的构成和工作原理认知，电气控制分析、典型故障分析及处理技能训练； 2. 牵引控制系统的构成和工作原理认知，电气控制分析、典型故障分析及处理技能训练； 3. 制动控制系统的构成和工作原理认知，电气控制分析、典型故障分析及处理技能训练； 4. 车门控制系统的构成和工作原理认知，电气控制分析、典型故障分析及处理技能训练； 5. 空调控制系统的构成和工作原理认知，电气控制分析、典型故障分析及处理技能训练； 6. 乘客信息控制系统的构成和工作原理认知，电气控制分析、典型故障分析及处理技能训练； 7. 辅助电路的构成和工作原理认知，电气控制分析、典型故障分析及处理技能训练	城市轨道交通车辆电气设备、城市轨道交通车辆驾驶控制系统、城市轨道交通列车牵引与制动系统、专业实训

续表

实训教学类别	实训场所名称	实训场所面积（m^2）	功能	
			主要实训项目	对应的主要课程
专业核心技能实训	模拟驾驶实训室	150	1. 列车出乘前检查； 2. 正常驾驶作业技能训练； 3. 非正常驾驶作业技能训练； 4. 列车故障分析及应急处理技能训练； 5. 突发事件应急处理技能训练	城市轨道交通列车操作及故障处理、城市轨道交通车辆驾驶控制系统、城市轨道交通行车组织、城市轨道交通运营管理规章、专业实训
专业拓展技能实训	城市轨道交通综合实训线	600	1. 专业认识实习； 2. 车辆及联动专业的功能及结构认知、各联动专业的作业实训； 3. 列车日常检修标准化作业实训； 4. 电动列车驾驶员规范化操作实训； 5. 电动列车驾驶员应急处置和非正常行车实训； 6. 列车出乘前检查，整车日常检修综合实训	城市轨道交通概论、城市轨道交通车辆构造、城市轨道交通车辆电气设备、城市轨道交通车辆机械系统检修、城市轨道交通车辆电气系统检修、城市轨道交通通信信号基础、城市轨道交通行车组织、城市轨道交通运营管理规章、专业认识实习、专业实训

2.2 通用环境

2.2.1 供电

各种仪器设备的安装使用都应符合有关国家或行业标准，接地应符合 GB/T 16895.3—2017 的要求。需接入电源的仪器设备，应满足国家电网规定接入要求，电压额定值为交流 380V（三相）或 220V（单相），并应具备过流、漏电保护功能；需要插接线的，插接线应绝缘且通电部位无外露。具有执行机构的各类仪器设备，应具备急停功能，紧急状况可切断电源、气源、压力，并令设备动作停止。

各实训室应配备低压三相五线制电源，并根据各实训室设备容量等因素确定电源容量，合理布线。正确选配实训室低压网络系统中各低压空气断路器和电线（电缆）的载流量，选配的低压空气断路器应具备过流和漏电保护功能，上下级保护应合理配合，必要时应有浪涌保护功能。

2.2.2 采光

采光应符合 GB 50033—2013 的有关规定。

采光设计应注意光的方向性，避免在工作中产生遮挡和不利的阴影；需要识别颜色的场所，应采用不改变天然光光色的采光材料。

2.2.3 照明

照明应符合 GB 50034—2013 的有关规定。当天然光线不足时，应配置人工照明。人工照明光源应选择接近天然光色温的光源；实训教学场所的照明应根据教学内容对识别物体颜色的要求和场所特点，选择相应显色指数的光源，一般显色指数（Ra）不低于 80。

进行精细操作实训（如：划线、精加工、间隙调整等），工作台、仪器、设备等的工作区域的照度不应低于 500lx。照度不足时应增加局部补充照明，补充照明不应产生有害眩光。

2.2.4 通风

应符合 GB 50016—2014 和工业企业通风的有关要求。

专业特殊要求：对产生有害气体和刺激性气味的实训室，加强强制通风。

2.2.5 防火

防火应符合 GB 50016—2014 有关厂房、仓库防火的规定。

实训室应为一、二级耐火等级的建筑，应设有 2 个安全出口，安全疏散门应向疏散方向开启，不得设置门槛。实训室内使用的各种电气设备应具有防爆隔爆性能，实训装置的周围不应放置任何与实训工作无关的物品。在日光照射的房间必须安装窗帘。实训室内应配备适用的灭火器材，特别是电气火灾灭火器材。

2.2.6 安全与卫生

（1）安全与卫生：安全标志应符合 GB 2893—2008 和 GB 2894—2008 的有关要求。卫生应符合 GBZ 1—2010 和 GB/T 12801—2008 的有关要求。雷电防护应符合 GB 50057—2010 的有关要求。实训场所安全管理应遵守国家电网公司《电力安全工作规程》等文件的相关规定。

（2）个体防护：应符合 GB/T 11651—2008 有关规定，配备足够的劳动防护用品，指导学生选择合适的防护用品进行防护，主要包括安全帽、防护手套、护目镜、耳塞、口罩、安全绳等。

（3）安全通道：应符合 GA/T 1260—2016、GB 7231—2003 相关规定，保证人员能在发生火灾时迅速疏散至安全区域。

（4）其他安全设施：实训条件和安全设施等应符合有关标准、规范的要求，按规定设置安全遮栏、标示牌、安全信号灯及警铃，电气控制柜前应铺设橡胶绝缘垫，备齐合格的劳动防护用品和急救用品。实训场所雷电防护和电气装置接地应分别符合 GB 50057—2010 和 GB/T 50065—2011 的有关规定。

（5）防尘防毒：对易燃、易爆或放电后可能产生毒性物质的设备应做好防火、防爆、防毒措施，符合 GB/T 29053—2012、AQ 4201—2008 相关规定，配置相关防尘、防毒用品，保障实训人员安全和场所清洁。

实训教师应具备必要的电力安全生产知识，学会紧急救护法和消防灭火方法，特别要学会触电急救和电气火灾的扑救。被培训人员应接受相应的安全生产教育，熟悉实训场地和操作工位存在的危险因素、防范措施及事故紧急处理措施。高压电气实验时，实验人员不得少于 2 人，并指定其中一人担任监护工作，实验人员与实验设备间应有足够的电气安全距离。

2.3 网络环境

2.3.1 网络教学环境

网络教学环境应保证实训教学软件及设备的正常运行。应构建带有安全保护的无线网络（Wi-Fi）环境，满足线上实践指导、线上虚拟仿真实训及信息化管理所需网络环境要求，方便实现网络技术支持下的作业、答疑等教学活动。

2.3.2 信息安全

做好防病毒措施，消除信息孤岛，保证信息安全。

2.4 文化环境

实训室内空间布局合理，除实训操作区、工器具和耗材存放区外，还应规划学习讨论区，以满足理实一体化教学的需要。

应在实训场所墙壁、地面等布置有关专业技术发展历史、实训工艺要求、专业新技术规范、安全操作要求、大国工匠精神等的课程思政教育内容。加强爱国主义教育，在各实训室明显位置张贴国旗图标或悬挂国旗；并以“敬畏生命、敬畏规章、敬畏职责”为内核，切实增强敬畏意识，深入推进作风建设，不断提升职业素养。培养学生牢记：安全第一、责任第一、规范作业。

严格按照企业要求做好现场“5S”管理：整理、整顿、清扫、清洁、素养。强调城市轨道交通车辆检修及运营工作规范。

3 实训教学设备要求

3.1 基本要求

3.1.1 配备的仪器设备产品质量应符合相关的国家标准或行业标准，并具有相应的质量证明。

3.1.2 各种仪器设备的安装使用都应符合有关国家或行业标准，接地应符合 GB/T 16895.3—2017 的要求。

3.1.3 需接入电源的仪器设备，应满足国家电网规定接入要求，电压额定值为交流 380V（三相）或 220V（单相），并应具备过流、漏电保护功能；需要插接线的，插接线应绝缘且通电部位无外露。

3.1.4 具有执行机构的各类仪器设备，应具备急停功能，紧急状况可切断电源、气源、压力，并令设备动作停止。

3.1.5 电脑达到一定数量，功能和性能应能满足设备使用需求。

3.2 实训室仪器设备配置标准目录（一室一表）

3.2.1 专业基础技能实训室

专业基础技能实训室设备要求见表 2—表 5。

表 2 钳工实训室设备要求

序号	设备名称	主要功能和技术要求	单位	数量	执行标准或质量要求	备注
1	钳工作业台	主要功能： 具备钳工加工、装配各种机械零部件的功能。 技术要求： 1. 应包含操作区、机械装调区、隔离防护网、台虎钳； 2. 钳工作业台采用全钢结构，材料厚度≥ 1.5mm，750mm ≤整体高度≤ 850mm； 3. 操作区由操作台、橡胶垫组成，台面厚度≥ 40mm，面积≥ $0.4m^2$； 4. 机械装调区采用铸件台面，面积≥ $0.7m^2$； 5. 隔离防护网采用不锈钢材质，密度≥ 30 目，位于操作台面上，高度≥ 500mm，防护面积≥ $0.4m^2$； 6. 台虎钳钳口宽度≥ 150mm	套	20	QB/T 1558.2—2017	
2	台式虎钳	主要功能： 用以夹稳加工工件，为钳工车间必备工具，能进行拆装实训。 技术要求： 1. 由钳体、底座、导螺母、丝杠、钳口体等组成； 2. 采用全钢材质，钳口经过热处理淬硬，具有较好的耐磨性	套	20	QB/T 1558.2—2017	

续表

序号	设备名称	主要功能和技术要求	单位	数量	执行标准或质量要求	备注
3	台式钻床	主要功能： 能进行钻通孔、盲孔、扩孔、攻丝等加工。 技术要求： 最大钻孔直径≥ 12mm	台	5	JB/T 5245.4—2017	
4	台式砂轮机	主要功能： 能进行金属件的磨削加工。 技术要求： 直径≥ 150mm	台	5	JB/T 4143—2014	
5	加工工具	主要功能： 能进行工件的锯割、锉削、钻孔、攻丝、修整等加工。 技术要求： 应包含锯弓、锯条、扁锉刀、半圆锉、三角锉、板牙架、板牙、麻花钻、丝锥扳手、丝锥	套	20	GB/T 14764—2008 QB/T 3843—1999 GB/T 970.1—2008 GB/T 17984—2010 GB/T 969—2007	
6	操作工具	主要功能： 能进行工件的安放、划线、划圆、划圆弧、等分线段、钻孔中心定位、敲击、固定、旋紧、松退、夹持、剪断、拆卸等。 技术要求： 应包含划线平板、划针、划线盘、划规、样冲、平口錾子、锤子、橡皮锤、紫铜棒、开口扳手、活扳手、扭力扳手、一字批橡胶柄、十字批橡胶柄、尖嘴钳、钢丝钳	套	20	GB/T 22095—2008 JB/T 3411.64—1999 JB/T 3411.65—1999 JB/T 3411.54—1999 GB/T 13473—2008 GB/T 4388—2008 GB/T 4440—2008 QB/T 2440.1—2007 QB/T 2442.1—2007	
7	测量工具	主要功能： 能进行工件的长度、宽度、高度、深度、外径、内径、孔距和角度等尺寸测量。 技术要求： 应包含钢直尺、直角尺、游标卡尺、外径千分尺、内径千分表、游标万能角度尺	套	20	GB/T 9056—2004 GB/T 1216—2018 GB/T 8122—2004 GB/T 6315—2008	

表 3　电工实训室设备要求

序号	设备名称	主要功能和技术要求	单位	数量	执行标准或质量要求	备注
1	电工综合实训台	主要功能： 1. 具备常用电工仪表的使用及元件基本电参数的测量功能； 2. 能测定电阻、电感、电容元件特性； 3. 能验证电工学基本定理和定律。 技术要求： 1. 能提供 380V 三相交流电源及 0 ~ 220V、50Hz 可调交流电源； 2. 能提供 +24V 直流电源	台	20	GB 14050—2008 GB 21746—2008 GB 21748—2008	
2	数字多用表	主要功能： 能测量交 / 直流电压、电阻等参数。 技术要求： 参见国家标准	只	20	GB/T 13978—2008	
3	电工仪表	主要功能： 能测定元件、电路参数。 技术要求： 应包含钳形电流表、兆欧表、接地电阻测试仪	台	5	JB/T 9285—1999 JJG 622—1997 DL/T 845.2—2020	

续表

序号	设备名称	主要功能和技术要求	单位	数量	执行标准或质量要求	备注
4	电器元件	主要功能： 具备电路搭建及组装的功能。 技术要求： 应包含漏电保护开关、继电器、接触器、按钮开关、熔断器	套	40	GB/Z 6829—2008 GB/T 14598.1—2002 GB/T 14598.149—2016 GB 8871—2001 JB/T 3907—2008 GB/T 9364.1—2015 GB/T 9364.10—2013	
5	教学网孔板	主要功能： 能安装电器元件。 技术要求： 孔间距离≥ 4mm	块	40		
6	照明灯具	主要功能： 具备照明灯具电路安装、调试和检修的功能。 技术要求： 1. 提供日光灯、白炽灯（或节能灯）两种灯具； 2. 日光灯应包含灯管、启辉器、镇流器、安装底座	套	40	GB 14196.1—2008 GB 14196.2—2008 GB 14196.3—2008 GB 21554—2008 GB/T 17263—2013	
7	常用电工工具	主要功能： 能进行夹持、剥线、压线、旋拧、剪切等基本电工作业。 技术要求： 应包含尖嘴钳、剥线钳、压线钳、钢丝钳、试电笔、螺丝刀（一字、十字）	套	40	QB/T 2440.1—2007 QB/T 2207—2017 QB/T 2733—2005 QB/T 2442.1—2007	
8	三相异步电机	主要功能： 能进行电机基础电路安装、接线、测试和安全操作。 技术要求： 1. 电压：交流电流（AC）380V； 2. 功率≤ 1.1kW； 3. 连接组别：△ /Y	台	20	GB/T 5171.1—2014 GB/T 5171.21—2016	
9	变压器	主要功能： 能进行电源变压器安装、接线、测试和安全使用。 技术要求： 1. 功率≤ 500VA； 2. 相数：单相	台	20	JB/T 5555—2013	
10	可编程控制器（PLC）	主要功能： 具备 PLC 电路编程、组装、控制和调试的功能。 技术要求： 参见国家标准	台	40	GB/T 15969.6—2015	

表 4 电子实训室设备要求

序号	设备名称	主要功能和技术要求	单位	数量	执行标准或质量要求	备注
1	电子综合实训台	主要功能： 1. 具备常用电子仪表的使用及电子元件基本电参数测量的功能； 2. 能测定电子元件特性。 技术要求： 能提供 ±5V、±12V 电压的直流电源	台	20	GB 14050—2008 GB 21746—2008 GB 21748—2008	
2	数字多用表	主要功能： 能测量交直流电压、电阻等参数。 技术要求： 参见国家标准	只	20	GB/T 13978—2008	

续表

序号	设备名称	主要功能和技术要求	单位	数量	执行标准或质量要求	备注
3	电子仪器	主要功能： 具备电子元件性能检测、分析、测试的功能。 技术要求： 应包含通用示波器、函数信号发生器、数字频率计等	台	20	SJ/T 9517—1993 SJ/T 10472—2013 GB/T 15151—2012	
4	电子元件	主要功能： 具备常用的电子元件的种类、结构、性能等认知功能。 技术要求： 应包含二极管、三极管、场效应晶体管、发光二极管、稳压管、集成运放、计数器、寄存器、数码管等	套	40	GB/T 4023—2015 GB/T 4587—1994 GB/T 4586—1994 GB/T 18904.3—2002 JJG 04051—1995 JJG 31012—2007 SJ 20288—1993 SJ 20289—1993 SJ 50597/35—1995 SJ 20160—1992 SJ 20278—1993 SJ 20290—1993 GB/T 15529—1995 SJ 52146/1—1996	
5	面包板（或万能板）	主要功能： 能安装电子元件。 技术要求： 1. 孔间距离满足标准集成电路间距的要求； 2. 能进行典型电子电路设计与调试	块	40		
6	常用电子工具	主要功能： 能进行夹持、剥线、旋拧、剪切、元件及导线焊接等基本作业。 技术要求： 应包含尖嘴钳、剥线钳、一字螺丝刀、十字螺丝刀、电烙铁、烙铁支架、剪刀等	套	40	QB/T 2440.1—2007 QB/T 2207—2017 GB/T 7157—2019 QB/T 1966—1994	

表 5　电力电子实训室设备要求

序号	设备名称	主要功能和技术要求	单位	数量	执行标准或质量要求	备注
1	交直流电源	主要功能： 具备三相隔离变压器、漏电保护器、安全导线保护功能。 技术要求： 应包含三相交流电源、220V/0.5A 直流励磁电源、数字可调电源	套	20	GB/T 32705—2016	
2	交直流测量仪表	主要功能： 能测量直流电流、直流电压、交流电流、交流电压、电阻、音频电平、电容量、电感量及半导体的一些参数。 技术要求： 应包含数模双显直流电流表（测量范围为 0 ~ ±2A）、数模双显直流电压表（测量范围为 0 ~ 300V）、数模双显交流电流表（测量范围为 0 ~ 1A）、数模双显交流电压表（测量范围为 0 ~ 300V）	套	20	GB/T 6587—2012	
3	实训台	主要功能： 1. 具备常用电力电子仪表的使用及电子元件基本电参数测量的功能； 2. 能测定电力电子元件特性。 技术要求： 满足仪表、仪器、实训模块的固定要求，能存放工具、实训模块及资料等	台	20	GB 14050—2008 GB 21746—2008 GB 21748—2008	
4	电力电子器件实训箱	1. 具备电力晶体管、功率场效应晶体管、绝缘栅双极型晶体管等器件的电路驱动和开关特性实训的功能； 2. 能进行快恢复二极管、高速光耦、电感等电力电子常用元件的分析	套	20	GB/T 15291—2015 GB/T 29332—2012	

续表

序号	设备名称	主要功能和技术要求	单位	数量	执行标准或质量要求	备注
5	单结晶、正弦波、TCA785集成电路、锯齿波触发电路模块	具备单结晶、正弦波、两组锯齿波触发电路，能够为完成单相实训提供触发脉冲	套	20		
6	触发电路及主回路实训箱	主要功能： 具备逻辑无环流可逆直流调速的功能。 技术要求： 应包含触发电路、主回路、过流过压保护线路	套	20		
7	转速、电流调节器、逻辑控制器模块	能进行逻辑无环流可逆直流调速实验的控制	套	20		
8	单相交直流变频电路模块	主要功能： 具备单相交直流变频电路的功能。 技术要求： 应包含主回路及控制回路	套	20		
9	三相逆变变压器	主要功能： 具备交流串级调速系统将电量回馈到电网的功能。 技术要求： 应包含逆变电路控制模块	套	20		
10	现代电力电子电路和直流脉宽调速实训箱	具备直流斩波电路、斩控式交流调压电路、单相交直交变频电路以及直流脉宽调速等功能	套	20		
11	单相交直流变频电路模块	主要功能： 具备单相交直流变频电路的功能。 技术要求： 应包含主回路及控制回路	套	20		
12	变频调速实训系统模块	主要功能： 具备三相交流异步电机、永磁同步电机、直流无刷电机、开关磁阻电机等实时控制的功能。 技术要求： 应包含实训挂箱、专业仿真器、控制软件、通信电缆及配件	套	20		
13	单端正激、反激隔离开关电源模块	具备展示电路原理、各测试点波形、输入电压和负载变化时的特性的功能	套	20		
14	三相可调电阻负载	应包含微处理器、主电路、数码管显示和键盘电路、二极管整流电路、保护电路、IPM 模块电路	套	20		
15	交流变频器	主要功能： 具备对三相交流电机速度开环控制的功能。 技术要求： 应包含微处理器、主电路、数码管显示和键盘电路、二极管整流电路、保护电路、智能功率模块（IPM）电路	套	20		
16	电力电子创新实训模块	应包含同步信号电路、单相电能检测电路、三相电能检测电路、脉冲触发电路、脉冲输出电路、功率桥功率输出电路、二极管整流电路、二极管整流保护电路、金属氧化物半导体场效应晶体管（MOSFET）/ 绝缘栅双极型晶体管（IGBT）功率桥电路、晶闸管整流电路、IPM 模块电路、交流电压检测电路、交流电流检测电路、直流电压和电流检测电路	套	20		
17	实训电机	1. 应包含直流并励电动机、直流复励发电机、三相笼型异步电动机、三相绕线式异步电动机； 2. 电机安装导轨应包含编码器及数字转速表	套	20	GB 14711—2013	

3.2.2 专业核心技能实训室

专业核心技能实训室设备要求见表6—表11。

表6 行车组织实训室设备要求

序号	设备名称	主要功能和技术要求	单位	数量	执行标准或质量要求	备注
1	列车自动监控（ATS）仿真系统软件	主要功能： 具备自动排列进路、自动列车调整、工程车及救援车的开行，时刻表管理，列车识别号跟踪、传递和显示，监督及报警，系统数据管理、统计和报告等功能。 技术要求： 1. 能够与模拟驾驶器进行接口联动，具备司机、调度员、车站值班员等多岗位联动的功能； 2. 具备虚拟线路、真实线路及虚拟列车、真实列车同时接入混跑的功能	套	1	GB 50157—2013 CZJS/T 0030—2015	
2	列车自动防护（ATP）/列车自动驾驶（ATO）仿真系统软件	主要功能： 1. 能检测列车位置，具备列车间隔控制和进路控制的功能； 2. 能监督列车运行速度，具备列车超速防护控制功能。 技术要求： 1. 能记录学生操作信息； 2. 列车自动防护（ATP）/列车自动驾驶（ATO）系统逻辑应符合故障导向安全原则	套	1	GB 50157—2013 CZJS/T 0028—2015 CZJS/T 0029—2015	
3	联锁（CI）仿真系统软件	主要功能： 1. 具备虚拟或真实轨道信息采集与输出功能； 2. 具备进路控制、道岔控制、信号控制、进路自动设置的功能。 技术要求： 软件功能开发执行国家标准	套	1	GB 50157—2013 CZJS/T 0031—2015	
4	列车自动监控（ATS）行车调度员仿真系统软件	主要功能： 1. 具备行车调度员工作任务仿真的功能； 2. 具备行车调度员与司机、车站值班员等岗位人员联动的功能； 3. 具备控制权限转换功能； 4. 具备自动控制进路与人工控制进路转换功能； 5. 能根据运行图和时刻表进行派车、管理； 6. 具备列车运用计划及车辆管理功能； 7. 具备节能运行调度功能。 技术要求： 软件功能开发执行国家标准	套	1	GB 50157—2013 CZJS/T 0030—2015	
5	列车自动监控（ATS）车站值班员仿真系统软件	主要功能： 1. 具备车站值班员工作任务仿真的功能； 2. 具备车站值班员与司机、行车调度员等岗位人员联动功能； 3. 具备列车运营调整、行车控制、应急指挥、运营指挥、运行图查看、紧急处理、站场显示的功能。 技术要求： 软件功能开发执行国家标准	套	10	GB 50157—2013 CZJS/T 0030—2015	
6	列车自动监控（ATS）车辆段值班员仿真系统软件	主要功能： 1. 具备车辆段值班员工作任务仿真的功能； 2. 具备车辆段值班员与司机、行车调度员等岗位人员联动功能； 3. 具备行车控制功能（应包含进路建立、总取消、总人解、区故解、引导进路、道岔总定及总反、道岔单锁及单解、道岔封锁及解锁、全站解封、上电解锁）； 4. 具备发车、列车派班作业、列车调车及异常情况处理功能。 技术要求： 软件功能开发执行国家标准	套	1	GB 50157—2013 CZJS/T 0030—2015	
7	运行图与时刻表管理系统软件	主要功能： 1. 具备在行车调度员仿真系统内提供运行图界面的功能； 2. 具备运行图的派班、加载、删减、上传、编辑功能。 技术要求： 1. 运行图应具有单独编辑系统； 2. 软件功能开发执行国家标准	套	1	GB 50157—2013 CZJS/T 0030—2015	

续表

序号	设备名称	主要功能和技术要求	单位	数量	执行标准或质量要求	备注
8	集成化调度系统	主要功能： 1. 集成各调度员操作终端； 2. 主要设备包括仿真的大屏终端、调度中心。 技术要求： 1. 能显示全线站场信息； 2. 满足中央综合监控系统（ISCS）工作站、中央 ATS 工作站的操作训练	套	1	GB 21748—2008	
9	列车操纵设备	主要功能： 能根据特定车型模拟列车操纵环境。 技术要求： 1. 操纵台尺寸、形状、设备布局应与实车一致； 2. 采用应与实车一致的司机控制器、按钮、开关等操纵设备； 3. 采用与实车外观和功能一致的仪表、列车信号显示屏、列车监控显示屏等信息显示设备； 4. 操纵逻辑与实车一致； 5. 具备司机操纵台，应包含司机控制器、按钮、开关、仪表、指示灯、列车信号显示屏、列车监控显示屏、车载电台、广播、闭路电视监控； 6. 具备司机室电气柜、客室仿真设备、站台门就地控制盘； 7. 具备一台及以上带盖板驾驶台，满足全自动运行发展（可根据各地实际发展选择配置）； 8. 具备符合全自动运行线路的座位下电气柜（可根据各地实际发展配置）	套	1	GB 21746—2008 GB 21748—2008 GB/T 26487—2011 JB/T 10394.1—2002	
10	教员系统	主要功能： 具备用户管理、回放、场景控制、时间设定、故障与事件设置、学员操作记录、学员定制管理的功能。 技术要求： 能设置区段、道岔、信号机、列车自动监控（ATS）、联锁、区域控制器、列车等故障	套	1	GB/T 25000.51—2016	
11	接口系统	主要功能： 具备与模拟驾驶器联动的功能。 技术要求： 具备与模拟驾驶器的数据接口	套	1	GB/T 25632—2010	
12	综合后备（IBP）盘实训系统	主要功能： 1. 具备车控室 IBP 盘的控制功能； 2. 配备 ISCS 系统工作站操作终端。 技术要求： 元器件均使用嵌入式安装，操作方式与真实 IBP 盘一致	套	1	GB 21748—2008	
13	虚拟站台门实训系统	主要功能： 采用软硬件结合的方式构建站台门与车门联动的场景；包含屏蔽门。 技术要求： 满足站务员在应急场景下的操作训练	套	1	GB 21748—2008	
14	道岔转辙机实训系统	主要功能： 具备非正常情况下的人工办理进路作业功能，包含轨道。 技术要求： 采用真实转辙机，仿真道岔	套	1	TB/T 2614—2005	
15	行车备品	主要功能： 应包含手信号旗、红闪灯、手信号灯等。 技术要求： 参见行业标准	套	10	TB/T 1700—2022	

表 7　车辆机械设备及检修实训室设备要求

序号	设备名称	主要功能和技术要求	单位	数量	执行标准或质量要求	备注
1	拖车转向架	主要功能： 能进行拖车转向架日常检修实训及部件拆装实训。 技术要求： 具备拖车转向架完整结构，能进行尺寸测量、部件拆装	台	1	CJ/T 365—2011	
2	动车转向架	主要功能： 能进行动车转向架日常检修实训及部件拆装实训。 技术要求： 具备动车转向架完整结构，能进行尺寸测量、部件拆装	台	1	CJ/T 365—2011	
3	电动塞拉门实训系统	主要功能： 1. 能进行开关门、紧急解锁、故障隔离； 2. 能进行塞拉门的日常检修实训及部件拆装实训。 技术要求： 1. 具备电动塞拉门完整结构，满足反复拆装的需要，并配备相应工装； 2. 配备电气柜、车门平台及试验台	套	2	TB/T 3108—2011	
4	电动内藏门实训系统	主要功能： 1. 能进行开关门、紧急解锁、故障隔离； 2. 能进行内藏门的日常检修实训及部件拆装实训。 技术要求： 具备电动内藏门完整结构，满足反复拆装的需要	套	2	TB/T 3108—2011	
5	全自动车钩及缓冲装置	主要功能： 能进行全自动车钩及缓冲装置的日常检修实训及连挂、解钩实验。 技术要求： 应包含 2 个全自动车钩及缓冲装置，具备完整结构，能进行连挂和解钩	组	1	TB/T 3143—2018	
6	半自动车钩及缓冲装置	主要功能： 能进行半自动车钩及缓冲装置的日常检修实训及连挂、解钩实验。 技术要求： 应包含 2 个半自动车钩及缓冲装置，具备完整结构，能进行连挂和解钩	组	1	TB/T 3143—2018	
7	半永久车钩及缓冲装置	主要功能： 能进行半永久车钩及缓冲装置的日常检修实训。 技术要求： 应包含 2 个半永久车钩及缓冲装置，具备完整结构	组	1	TB/T 3143—2018	
8	制动装置系统	主要功能： 1. 能进行制动系统的装配，并对各设备工作原理进行展示； 2. 能进行制动装置的日常检修实训及部件拆装实训。 技术要求： 1. 具备基础制动装置（踏面制动和盘形制动装置）完整结构，并与装车实际产品一致； 2. 应包含风源系统、制动隔离阀、各类塞门、制动基础单元、制动电子控制单元、制动气动执行装置、轮对、制动支架	套	1	UIC 541-5—2006	
9	空调机组实训系统	主要功能： 能进行空调机组的日常检修实训及空调机组的实验。 技术要求： 1. 具备空调机组完整结构，能展示工作原理； 2. 配备电气柜、空调平台及控制设备	台	1	CJT 354—2010	

续表

序号	设备名称	主要功能和技术要求	单位	数量	执行标准或质量要求	备注
10	列车操纵设备	主要功能： 能根据特定车型模拟列车操纵环境。 技术要求： 1. 操纵台尺寸、形状、设备布局应与实车一致； 2. 采用应与实车一致的司机控制器、按钮、开关等操纵设备； 3. 采用与实车外观和功能一致的仪表、列车信号显示屏、列车监控显示屏等信息显示设备； 4. 操纵逻辑与实车一致； 5. 具备司机操纵台，应包含司机控制器、按钮、开关、仪表、指示灯、列车信号显示屏、列车监控显示屏、车载电台、广播、闭路电视监控； 6. 具备司机室电气柜、客室仿真设备、站台门就地控制盘	套	1	GB 21746—2008 GB 21748—2008 GB/T 26487—2011 JB/T 10394.1—2002	制动系统驾驶控制台相关硬件设备
11	列车操纵仿真系统	主要功能： 1. 具备牵引、制动、各种驾驶模式、开关门、更换操纵端等功能; 2. 能实现驾驶相关作业。 技术要求： 1. 车辆参数（自重、载重、牵引和制动特性）应与实车一致； 2. 具备电路与气路原理逻辑仿真的功能，提供动态电路、气路原理图显示终端	套	1	JT/T 1003.1—2015 Q/CR 476—2015 GB/T 14394—2008	制动系统驾驶控制台相关软件系统

表 8　车辆电气设备及检修实训室设备要求

序号	设备名称	主要功能和技术要求	单位	数量	执行标准或质量要求	备注
1	牵引主回路电气控制系统	主要功能： 1. 具备牵引主回路设备的完整结构，能展示系统各设备的工作原理； 2. 能进行系统各设备的检修； 3. 能进行牵引主回路的搭建，展示系统的工作原理。 技术要求： 1. 应包含避雷器、受流设备（配置车顶牵引平台）、隔离开关、高速断路器、主控制器、牵引逆变器箱、牵引电机及驱动装置、速度传感器、配套电源屏及继电器柜； 2. 系统构建与真实车辆一致	套	1	GB/T 7928—2003	
2	辅助回路电气控制系统	主要功能： 1. 具备辅助回路设备的完整结构，能展示系统各设备的工作原理； 2. 能进行系统各设备的检修。 技术要求： 1. 应包含蓄电池箱、辅助逆变器箱、低压电器箱、紧急逆变器箱； 2. 系统构建与真实车辆一致	套	1	GB/T 7928—2003	
3	受电弓实训系统	主要功能： 能进行受电弓的日常检修实训及部件拆装实训。 技术要求： 1. 具备受电弓完整结构，满足反复拆装的需要； 2. 配备电气柜、受电弓平台及试验台	套	2	GB/T 21561.1—2018	
4	集电靴实训系统	主要功能： 能进行集电靴的日常检修实训及部件拆装实训。 技术要求： 1. 具备集电靴完整结构，满足反复拆装的需要； 2. 配备集电靴接触压力测试设备	套	2	GB/T 32589—2016	

续表

序号	设备名称	主要功能和技术要求	单位	数量	执行标准或质量要求	备注
5	列车操纵系统	主要功能： 能模拟列车操纵环境。 技术要求： 1. 操纵台尺寸、形状、设备布局应与实车一致，包含司机控制器、按钮、开关、仪表、指示灯、列车信号显示屏、列车监控显示屏、车载电台、广播、闭路电视监控； 2. 具备电路与气路原理逻辑仿真的功能，提供动态电路、气路原理图显示终端	套	1	GB 21746—2008 GB 21748—2008 GB/T 26487—2011 JB/T 10394.1—2002	

表 9　车辆应用虚拟仿真实训室设备要求

序号	设备名称	主要功能和技术要求	单位	数量	执行标准或质量要求	备注
1	计算机	主要功能： 1. 认识车辆主要组成部件的结构、基本参数、基本功能； 2. 可以自动拆分、组装设备，展示设备的组成、工序和拆装所使用的工具等； 3. 车门、车钩、转向架、受电弓、制动装置等车辆设备的分解和组装； 4. 车辆机械和电气设备日常检修标准化作业仿真实训； 5. 列车的机械故障和电气故障检修的仿真实训； 6. 课程结束后的考核评分功能，对学员的信息管理功能。 技术要求： 能满足当前主流软件配置的需要	台	42		
2	显示器	主要功能： 能清晰地显示软件的内容。 技术要求： 参见国家标准	台	42	GB 21746—2008 GB 21748—2008	
3	服务器	主要功能： 用于车辆设备及检修软件服务器的安装与使用。 技术要求： 满足当前市场主流配置	套	1		
4	互动显示屏	主要功能： 1. 满足各类教学场景和方式； 2. 能够书写、批注和截屏。 技术要求： 保证用眼视觉健康，参见国家标准	台	1	GB/T 38120—2019	
5	教员系统	主要功能： 具备用户管理、回放、场景控制、时间设定、故障与事件设置、学员操作记录、学员定制管理的功能。 技术要求： 能设置作业任务、故障等	套	1	GB/T 25000.51—2016	
6	车辆设备日常检修标准化作业仿真系统	主要功能： 1. 车辆检修车间漫游和车辆内部漫游； 2. 整车各部件整体介绍、部件作用说明和原理认知； 3. 设备、工具、物料的介绍； 4. 列车断送电，车辆预检、预拆，转向架、车门、车钩静动态调试等任务演练； 5. 车辆机械系统设备日常检修实训； 6. 学生管理、试题库管理等考核功能。 技术要求： 能够从车辆设备日常检修的标准化作业出发，结合“人机料法环”的全面质量管理，实现虚拟环境下的车辆日常检修职业技术应用	套	1		

续表

序号	设备名称	主要功能和技术要求	单位	数量	执行标准或质量要求	备注
7	车辆机械、电气设备分解、组装、检修仿真系统	主要功能： 1. 城市轨道交通车辆机械、电气设备的认知和概述讲解； 2. 机械设备、电气设备定期检修实训； 3. 包括机械故障处理实训、电气故障处理实训，可以满足列车的机械故障和电气故障的仿真实训演练； 4. 展示整列列车及车辆电气设备三维结构、工作原理； 5. 虚拟现实环境的自主漫游，可在三维环境中拆装各类机械、电气设备。 技术要求： 1. 可进行被动学习与自主学习两种，被动学习为含有配音、字幕的多媒体全三维动画方式； 2. 自主学习为虚拟现实环境下自动演示，系统具有自主漫游交互界面	套	1		
8	各列车运营关键岗位作业及岗位联动作业仿真系统	主要功能： 1. 线路概况及信号系统基本认知； 2. 可以分别开展车站值班员、列车司机、调度员的正常运营培训和岗位应急处置仿真； 3. 车站计点、路票、调度命令操作培训； 4. 车站值班员、列车司机、调度员岗位联动作业。 技术要求： 采用情景化的实训模式，可以满足教学、训练及考核的综合需要	套	1		
9	城市轨道交通车辆仿真教员系统	主要功能： 1. 能进行相关虚拟仿真的学员管理，终端监控，练习、考试任务编制与下发，典型机械故障的设置，学员成绩的统计与评价； 2. 具备教学管理功能。 技术要求： 软件功能开发执行国家标准	套	1	GB/T 25000.51—2016	

表 10　车辆控制实训室设备要求

序号	设备名称	主要功能和技术要求	单位	数量	执行标准或质量要求	备注
1	司机操纵台	主要功能： 能进行驾驶模拟操作。 技术要求： 1. 操纵台尺寸、形状、设备布局应与实车一致； 2. 采用应与实车一致的司机控制器、按钮、开关等操纵设备； 3. 采用与实车外观和功能一致的仪表、列车信号显示屏、列车监控显示屏等信息显示设备； 4. 操纵逻辑与实车一致，具备列车控制指令下发的功能； 5. 应包含司机控制器、按钮、开关、仪表、指示灯、列车信号显示屏、列车监控显示屏、司机室电气柜	套	1	GB 21746—2008 GB 21748—2008 GB/T 26487—2011 JB/T 10394.1—2002	
2	设计与验证终端	主要功能： 1. 使用标准图元进行电路图设计、绘制； 2. 可在仿真系统中对设计结果进行验证。 技术要求： 可参照真实城轨车辆电路图绘制出一样的原理图并进行仿真验证	套	1	GB 21746—2008 GB 21748—2008	
3	继电器柜	主要功能： 集成整列车的控制回路，可满足反复拆装、接线实训。 技术要求： 采用集成化小型继电器，保证控制回路元器件数量满足实训要求	套	1	GB 21746—2008	

续表

序号	设备名称	主要功能和技术要求	单位	数量	执行标准或质量要求	备注
4	工况显示屏	主要功能： 1. 集成整列车的控制回路，可满足反复拆装、接线实训； 2. 可显示车辆各子系统部件运行状态。 技术要求： 1. 采用虚实结合的方式； 2. 采用开放的工业控制接口	套	1	GB 21746—2008	
5	控制电路原理仿真系统	主要功能： 1. 能根据司机操纵台的指令产生逻辑变化，并向司机操纵台反馈状态信息； 2. 能实时模拟各控制回路的动态逻辑变化； 3. 能展示其工作原理； 4. 具备故障分析排查功能； 5. 能实现控制系统的原理仿真。 技术要求： 1. 系统原理图能缩放、拖动、切换； 2. 具备设备完整的三维计算机结构模型； 3. 能对开关设备进行强制断开或闭合操作； 4. 应包含列车网络控制系统、牵引控制系统、制动控制系统、车门控制系统、空调控制系统、乘客信息控制系统	套	1	GB/T 14394—2008 GB/T 6988.1—2008 GB/T 28170.1—2011	
6	接口系统	主要功能： 具备与车辆电气设备联动的功能。 技术要求： 具备与车辆电气设备连接的数据接口	套	1		
7	列车网络控制系统	主要功能： 1. 具备网络控制系统的完整结构，能展示系统各设备的工作原理； 2. 能进行各系统各设备的检修； 3. 能进行网络控制逻辑编程； 4. 具有列车运行状态信息集中显示器、控制和存储数据的控制中心。 技术要求： 网络控制系统设备应与实车一致	套	1		
8	教员系统	主要功能： 1. 具备用户信息管理功能； 2. 具备任务编辑管理功能； 3. 具备任务下发与监控功能； 4. 具备故障设置功能； 5. 具备考核、成绩查询与管理功能； 6. 具备历史信息查询与打印功能； 7. 具备智慧管理功能，对实训室内实训设备进行智慧化管理。 技术要求： 软件功能开发执行国家标准	套	1	GB 21746—2008 GB 21748—2008 GB/T 14394—2008	

表 11　模拟驾驶实训室设备要求

序号	设备名称	主要功能和技术要求	单位	数量	执行标准或质量要求	备注
1	列车操纵设备	主要功能： 能根据特定车型模拟列车操纵环境。 技术要求： 1. 操纵台尺寸、形状、设备布局应与实车一致； 2. 采用应与实车一致的司机控制器、按钮、开关等操纵设备； 3. 采用与实车外观和功能一致的仪表、列车信号显示屏、列车监控显示屏等信息显示设备； 4. 操纵逻辑与实车一致； 5. 具备司机操纵台，应包含司机控制器、按钮、开关、仪表、指示灯、列车信号显示屏、列车监控显示屏、车载电台、广播、闭路电视监控； 6. 具备司机室电气柜、客室仿真设备、站台门就地控制盘； 7. 具备一台及以上带盖板驾驶台，满足全自动运行发展（可根据各地实际发展选择配置）； 8. 具备符合全自动运行线路的座位下电气柜（可根据各地实际发展配置）	套	10	GB 21746—2008 GB 21748—2008 GB/T 26487—2011 JB/T 10394.1—2002	
2	列车操纵仿真系统	主要功能： 1. 具备牵引、制动、各种驾驶模式、开关门、更换操纵端等功能。 2. 能实现以下驾驶作业功能： （1）列车出乘前检查； （2）列车出、入库； （3）列车出、入段（场）； （4）正常情况下的驾驶； （5）乘客服务； （6）非正常驾驶，应包含退行、推进运行、反方向运行、救援连挂； （7）列车故障模拟及应急处理，应包含牵引系统故障、制动系统故障、车门故障、高压回路故障、车载信号故障、受流设备故障、辅助回路故障、辅助电源系统故障、空压机故障； （8）突发事件的模拟与处理，应包含设备、车辆原因引起的突发事件，人为原因引起的突发事件，自然灾害引起的突发事件。 技术要求： 1. 车辆参数（自重、载重、牵引和制动特性）应与实车一致； 2. 具备电路与气路原理逻辑仿真的功能，提供动态电路、气路原理图显示终端	套	10	JT/T 1003.1—2015 Q/CR 476—2015 GB/T 14394—2008	
3	视景仿真系统	主要功能： 1. 能模拟三维线路视景，应包含场段、车站、区间、轨旁信号设备、轨旁标志、周围景物； 2. 视景应具有不同时间段的光照变化、全场景的实时光影、不同天气情况下的天气特效等效果。 技术要求： 1. 线路数据（桥隧比、坡度、曲线半径、道岔尺寸、设备安装位置）应符合线路规范； 2. 具备视景显示设备，能动态显示列车运行的前向视景和侧向视景，画面清晰、不闪烁； 3. 视景画面的刷新率应大于 25 帧	套	10	Q/CR 476—2015 GB/T 28170.1—2011	

续表

序号	设备名称	主要功能和技术要求	单位	数量	执行标准或质量要求	备注
4	声音仿真系统	主要功能： 1. 能模拟车辆运行产生的声音； 2. 能够模拟不同速度、不同路况下的轮轨噪声。 技术要求： 1. 应包含环境声音、广播声音、报警声音、故障及突发事件声音； 2. 具备音响设备，满足声音播放需要	套	10	SJ/T 11218—2000 Q/CR 476—2015	
5	接口系统	主要功能： 具备与列车自动监控（ATS）系统联动的功能。 技术要求： 1. 具备与信号系统连接的数据接口； 2. 具备与通信系统连接的数据接口	套	10	GB/T 14394—2008	
6	调度及车站辅助终端	主要功能： 1. 调度模拟终端具备调度指令下达及与司机之间的通话功能； 2. 车站模拟终端具备站台辅助作业及与司机之间的通话功能。 技术要求： 设备安全、软件开发执行国家标准	套	10	GB 21746—2008 GB 21748—2008 GB/T 14394—2008	
7	行车及应急备品	主要功能： 具备日常行车、应急处理工具的使用功能。 技术要求： 应包含钥匙、手电筒、运营时刻表、便携式无线电台、绝缘棒	套	10		
8	教员综合管理系统	主要功能： 1. 具备用户信息管理功能； 2. 具备任务编辑、管理功能； 3. 具备任务下发与监控功能； 4. 具备故障设置功能； 5. 具备突发事件设置功能； 6. 具备考核、成绩查询与管理功能； 7. 具备历史信息查询与打印功能； 8. 具备智慧管理功能，对实训室内实训设备进行智慧化管理。 技术要求： 设备安全执行国家标准	套	1	GB 21746—2008 GB 21748—2008 GB/T 14394—2008	

3.2.3 专业拓展技能实训室

专业拓展技能实训室设备要求见表 12。

表 12 城市轨道交通综合实训线设备要求

序号	设备名称	主要功能和技术要求	单位	数量	执行标准或质量要求	备注
1	柔性半高接触网	主要功能： 沿线上空架设的向车辆供电的输电线路。 技术要求： 1. 由接触悬挂、支持装置、定位装置、支柱与基础几部分组成； 2. 接触网电压一般为直流 750V 或 1500V； 3. 在高速运行和恶劣的气候条件下，接触网在机械结构上具有稳定性和足够的弹性； 4. 接触网设备及零件要有互换性，应具有足够的耐磨性和抗腐蚀能力并尽量延长设备的使用年限； 5. 对地绝缘好，安全可靠； 6. 设备结构尽量简单，便于施工，有利于运营及维修	米	30	GB/T 37317—2019 GB/T 25020.3—2016 GB/T 32578—2016 TB/T 2075.7—2020	

续表

序号	设备名称	主要功能和技术要求	单位	数量	执行标准或质量要求	备注
2	柔性全高接触网	主要功能： 沿线上空架设的向车辆供电的输电线路。 技术要求： 1. 由接触悬挂、支持装置、定位装置、支柱与基础几部分组成； 2. 接触网电压一般为直流 750V 或 1500V； 3. 在高速运行和恶劣的气候条件下，接触网在机械结构上具有稳定性和足够的弹性； 4. 接触网设备及零件要有互换性，应具有足够的耐磨性和抗腐蚀能力并尽量延长设备的使用年限； 5. 对地绝缘好，安全可靠； 6. 设备结构尽量简单，便于施工，有利于运营及维修	米	30	GB/T 37317—2019 GB/T 25020.3—2016 GB/T 32578—2016 TB/T 2075.7—2020	
3	刚性全高接触网	主要功能： 沿线上空架设的向车辆供电的输电线路。 技术要求： 1. 由接触悬挂、支持装置、定位装置、支柱与基础几部分组成； 2. 接触网电压一般为直流 750V 或 1500V； 3. 在高速运行和恶劣的气候条件下，接触网在机械结构上具有稳定性和足够的弹性； 4. 接触网设备及零件要有互换性，应具有足够的耐磨性和抗腐蚀能力并尽量延长设备的使用年限； 5. 对地绝缘好，安全可靠； 6. 设备结构尽量简单，便于施工，有利于运营及维修	米	30	GB/T 37317—2019 GB/T 25020.3—2016 GB/T 32578—2016 TB/T 2075.7—2020	
4	第三轨、集电靴	主要功能： 沿线一侧架设的向车辆供电的输电线路。 技术要求： 1. 采用上接触式、下接触式和侧接触式三种受流方式； 2. 由绝缘支座、第三轨托架、第三轨防护罩几部分组成； 3. 能承受恶劣天气影响，并且能承受由开关操作或短路引起的过电压； 4. 表面自洁性好，并有抗腐蚀能力	米	20	GB/T 32589—2016	
5	信号机系统、信号机及道岔转辙机	主要功能： 1. 控制道岔的方向转换和信号灯的颜色； 2. 转换道岔位置，改变道岔开通方向，锁闭道岔尖轨，反映道岔位置。 技术要求： 1. 信号机包括正线进路防护信号机、进厂信号机、出厂信号机、发车进路信号机、列车阻挡信号机、调车信号机等； 2. 信号机不得侵入车辆限界； 3. 信号机、道岔和轨道区段具有连锁关系； 4. 信号系统可实现进路集中监控、自动排列、自动驾驶等功能； 5. 动力转辙机有足够大的转换力，在解锁状态下，能带动道岔尖轨转换位置； 6. 有挤岔表示时，转辙机不经人工恢复，不能再转换道岔	套	1	TB/T 2498—1994 TB/T 2970—1999 TB/T 3242—2010 GB/T 25338.1—2019 TB/T 3113.1—2019 TB/T 3113—2015 TB/T 2614—2005 TB/T 2613—2005	

续表

序号	设备名称	主要功能和技术要求	单位	数量	执行标准或质量要求	备注
6	列车（2 节编组）	主要功能： 1. 能进行驾驶模拟操作； 2. 能进行车辆车门检修操作； 3. 能进行屏蔽门检修操作。 技术要求： 1. 操纵台尺寸、形状、设备布局应与实车一致； 2. 采用应与实车一致的司机控制器、按钮、开关等操纵设备； 3. 采用与实车外观和功能一致的仪表、列车信号显示屏、列车监控显示屏等信息显示设备； 4. 操纵逻辑与实车一致，具备列车控制指令下发的功能； 5. 应包含司机控制器、按钮、 开关、仪表、指示灯、列车信号显示屏、列车监控显示屏、司机室电气柜； 6. 车辆车门包含电动塞拉门、内藏门和外挂门； 7. 车辆车门和屏蔽门结构完整	辆	1	GB/T 7928—2003	
7	动车转向架	主要功能： 能进行动车转向架的日常检修标准化作业。 技术要求： 具备动车转向架完整结构，能进行尺寸测量、部件拆装	个	2	CJ/T 365—2011	
8	拖车转向架	主要功能： 能进行拖车转向架的日常检修标准化作业。 技术要求： 具备拖车转向架完整结构， 能进行尺寸测量、部件拆装	个	2	CJ/T 365—2011	
9	受电弓	主要功能： 能进行受电弓日常检修的标准化作业。 技术要求： 具备受电弓完整结构， 能进行尺寸测量、部件拆装	个	1	GB/T 34572—2017 TB/T 3271—2011	
10	地铁线路及扣件	主要功能： 能进行轨道检修及测量操作。 技术要求： 1. 具备线路完整结构； 2. 能进行尺寸测量； 3. 扣件等部件能够拆装	套	1	YB/T 951—2014 TB/T 1778—2010 TB/T 2344.1—2020	
11	站台、屏蔽门	主要功能： 1. 能进行屏蔽门定期检修及日常检修作业； 2. 能进行车站值班员的岗位培训。 技术要求： 1. 具备站台及设备的完整结构； 2. 能进行屏蔽门与车门的联动； 3. 屏蔽门能够实现日常检修标准化作业和拆装作业	套	1		

注：1. 表 2 至表 12 中实训设备数是为满足 40 人 / 班同时进行实训教学的建议配备要求。在保证实训教学目标要求的前提下，各学校可根据本专业的实际班级人数和教学组织模式、院校实际情况等对实训课程进行合理安排，配备相应的仪器设备数量。
2. 建议实训课程开设顺序：专业基础技能实训、专业核心技能实训、专业拓展技能实训。
3. 各学校可根据地域特点和行业、企业对从业人员的具体要求，优先选择具有 ISO 标准管理体系认证等国家质量监督管理部门认可的企业所生产的相应规格、型号的仪器设备，优先选择企业所用真实设备，亦可根据专业特点选择配置部分真实设备，并结合虚拟仿真实训系统，虚实结合开展教学。
4. 各校应积极探索实训教学数字化转型，建设数字化实训资源，开展线上 + 线下实训教学。合理建设虚拟仿真实训室，结合数字化应用场景开展实训；建设网络实训教学平台，通过模拟仿真、虚拟现实等技术，满足行业多元化、多场景的学习需求。
5. 建议专业核心技能实训室及专业拓展技能实训室建设，应考虑全自动运行线路及轨道车辆智能运维等智慧城轨技术的发展，预留接口，不断升级和拓展实训系统的功能。
6. 城市轨道交通综合实训线可根据各院校办学特点和专业人才培养方向选择性建设。

3.3 实训教学环境布局和实训教学环境效果

实训室布局及效果如图 1—图 18 所示。

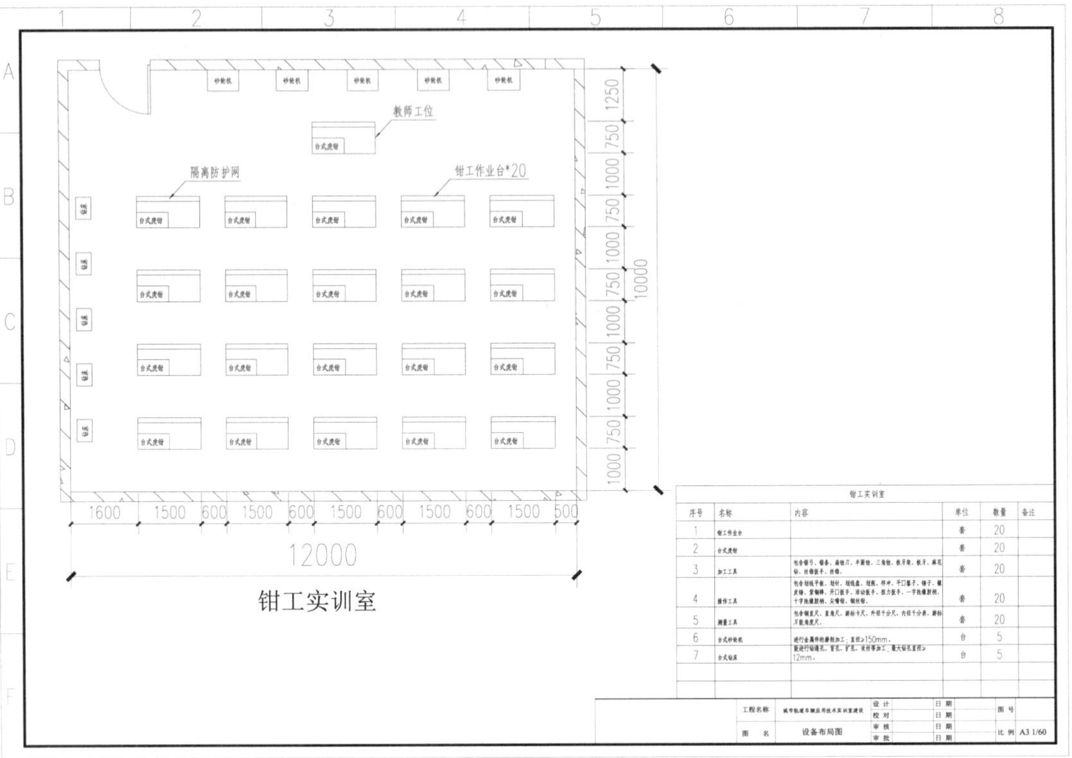

图 1　钳工实训室布局

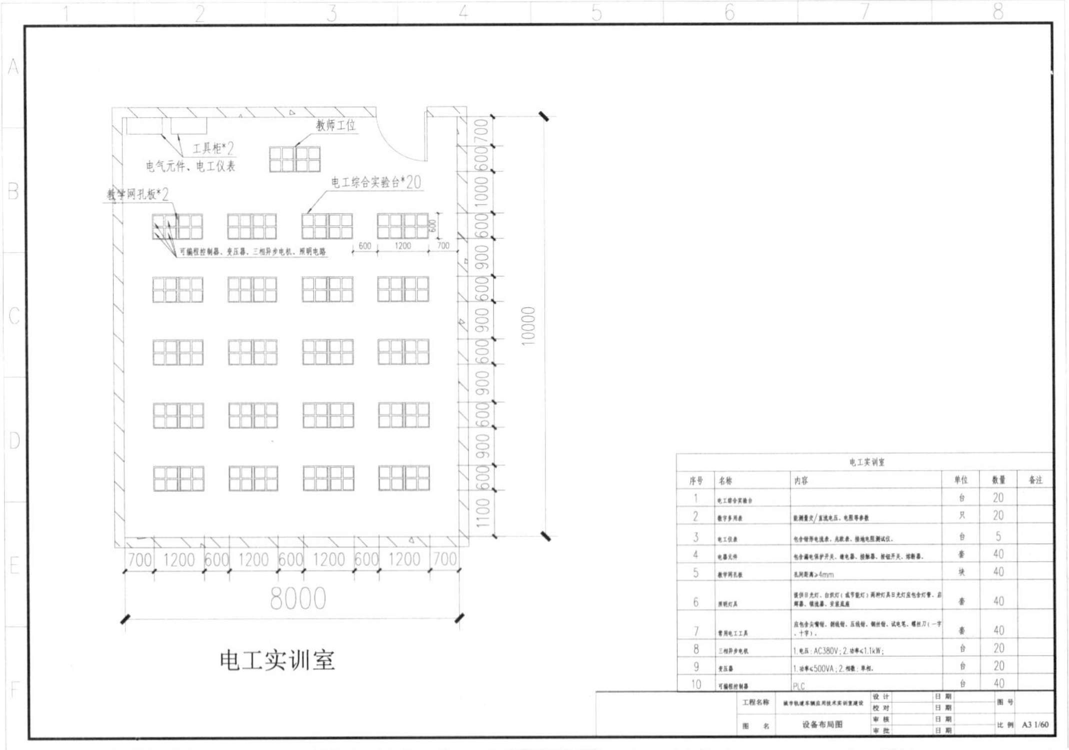

图 2　电工实训室布局

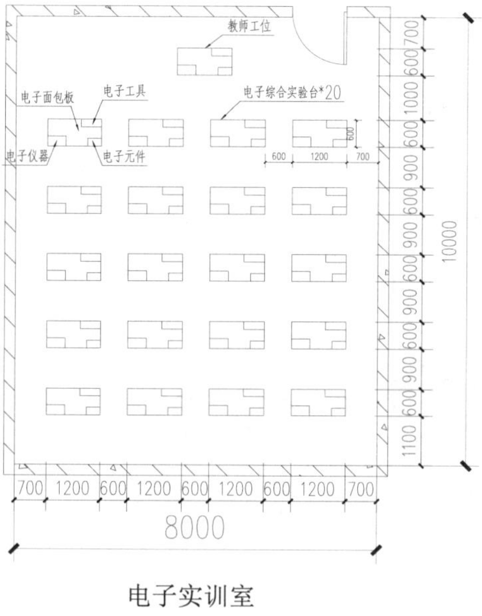

电子实训室					
序号	名称	内容	单位	数量	备注
1	电子综合实验台		台	20	
2	数字多用表	测量交直流电压、电阻等参数。	只	20	
3	电子仪器	包含通用示波器、函数信号发生器、数字频率计。	台	20	
4	电子元件	包含漏电保护开关、继电器、接触器、按钮开关、熔断器。	套	40	
5	面包板	1.孔间距离满足标准集成电路间距的要求；2.能进行典型电子电路设计与调试。	块	40	
6	常用电子工具	包含尖嘴钳、剥线钳、一字螺丝刀、十字螺丝刀、电烙铁、烙铁支架、剪刀。	套	40	
7					
8					
9					
10					

工程名称	城市轨道车辆应用技术实训室建设	设 计		日 期		图 号	
		校 对		日 期			
图 名	设备布局图	审 核		日 期		比 例	A3 1/60
		审 批		日 期			

图 3　电子实训室布局

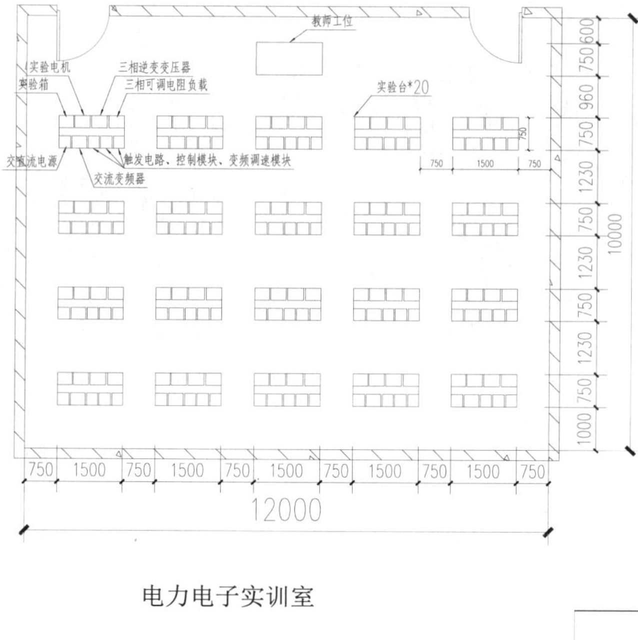

电力电子实训室					
序号	名称	内容	单位	数量	备注
1	交直流电源	包含三相交流电源、220V/0.5A直流励磁电源、数字可调电源。	套	20	
2	交直流测量仪表	包含数模双显直流安培表（测量范围为0～±2A）、数模双显直流电压表（测量范围为300V）、数模双显交流电流表（测量范围为0～1A）、数模双显交流电压表（测量范围为300V）。	套	20	
3	实验台	满足仪表、仪器、实验模块的固定要求，能存放工具、实验模块及资料等。	台	20	
4	电力电子器件实验箱	1.具备电力晶体管、功率场效应晶体管、绝缘栅双极型晶体管等器件的驱动电路和开关特性实验的功能。2.能进行快恢复二极管、高速光耦、电路等电力电子常用元件的分析。	套	20	
5	单结晶、正弦波、TCA785、锯齿波触发电路模块	单结晶、正弦波、两组锯齿波触发电路，完成单相实验提供触发脉冲。	套	20	
6	触发电路及主回路实验箱	包含触发电路、主回路、过流过压保护线路。	套	20	
7	转速、电流调节器、逻辑控制器模块	能进行逻辑无环流可逆直流调速实验的控制。	套	20	
8	单相交直流变频电路模块	包含主回路及控制回路。	套	20	
9	三相逆变变压器	包含逆变电路控制模块。	套	20	
10	现代电力电子电路和直流脉宽调速实验箱	具备直流斩波电路、斩控式交流调压电路、单相交直交变频电路以及直流脉宽调速等功能。	套	20	
11	单相交直流变频电路模块	包含主回路及控制回路。	套	20	
12	变频调速实验系统模块	包含实验挂箱、专业仿真器、控制软件、通讯电缆及配件。	套	20	
13	单端正激、反激隔离开关电源模块	具备展示电路原理、各测试点波形、输入电压和负载变化时的特性的功能。	套	20	
14	三相可调电阻负载	包含模块电源、主电路、数码管显示和键盘电路、二极管整流电路、保护电路、IPM模块电路。	套	20	
15	交流变频器	包含模块电源、主电路、数码管显示和键盘电路、二极管整流电路、保护电路、IPM模块电路。	套	20	
16	电力电子创新实训模块	包含同步信号电路、单相电能检测电路、三相电能检测电路、脉冲触发电路、脉冲输出电路、功率桥功率输出电路、二极管整流电路、二极管整流保护电路、MOSFET/IGBT功率桥电路、晶闸管整流电路、IPM模块电路、交流电压检测电路、交流电流检测电路、直流电压和电流检测电路。	套	20	
17	实验电机	包含直流并励电动机、直流复励发电机、三相笼型异步电动机、三相绕线式异步电动机；	套	20	

工程名称	城市轨道车辆应用技术实训室建设	设 计		日 期		图 号	
		校 对		日 期			
图 名	设备布局图	审 核		日 期		比 例	A3 1/60
		审 批		日 期			

图 4　电力电子实训室布局

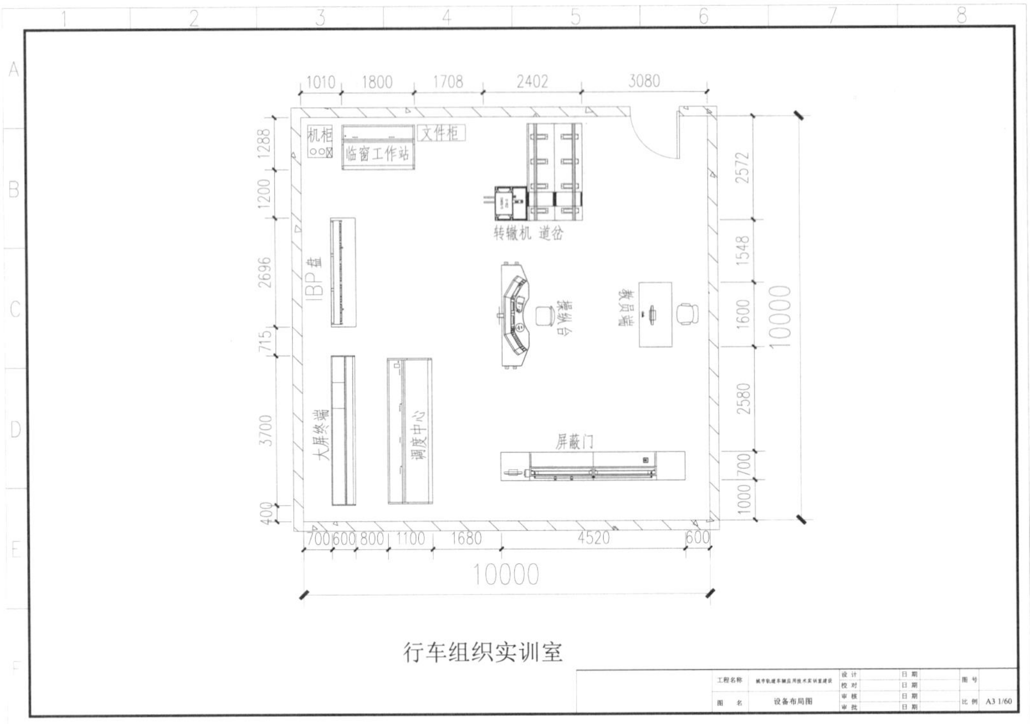

图 5　行车组织实训室布局

图 6　行车组织实训室效果

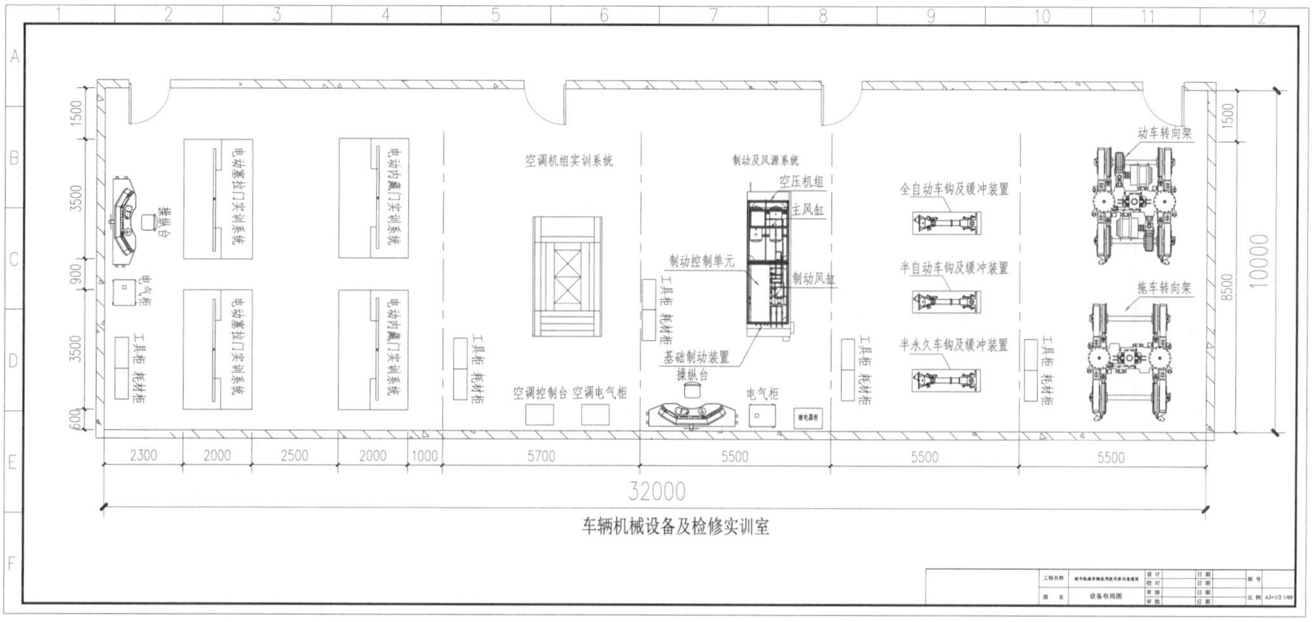

图 7　车辆机械设备及检修实训室布局

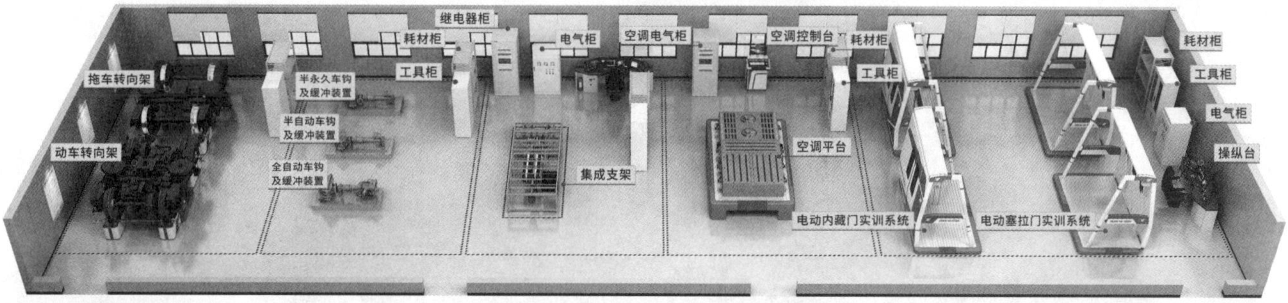

图 8　车辆机械设备及检修实训室效果

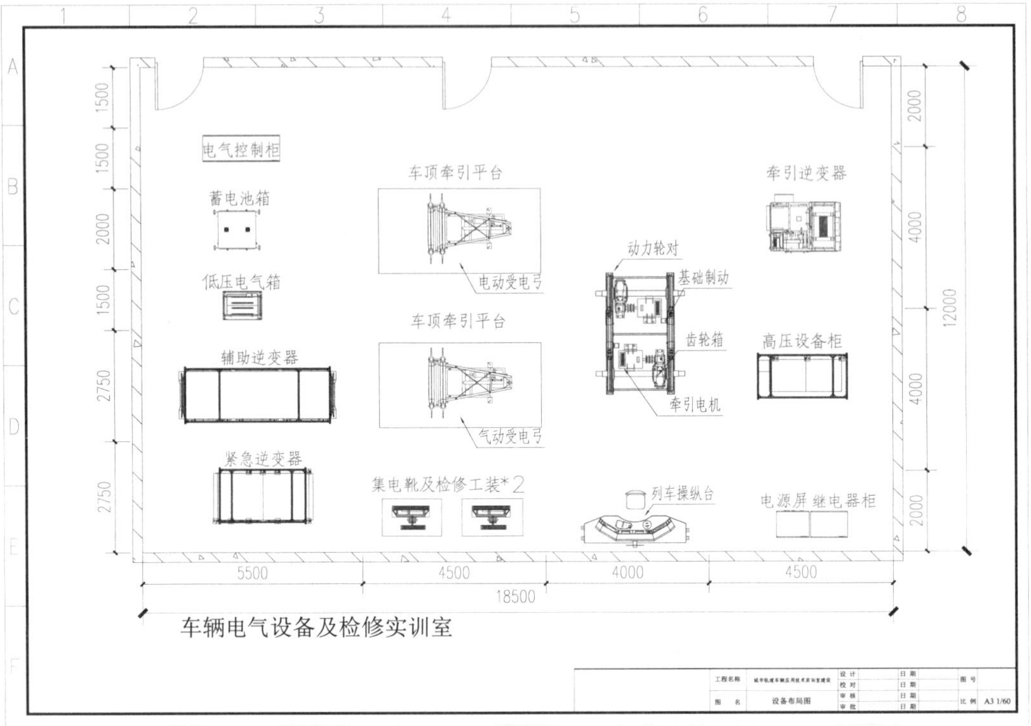

图 9　车辆电气设备及检修实训室布局

图 10　车辆电气设备及检修实训室效果

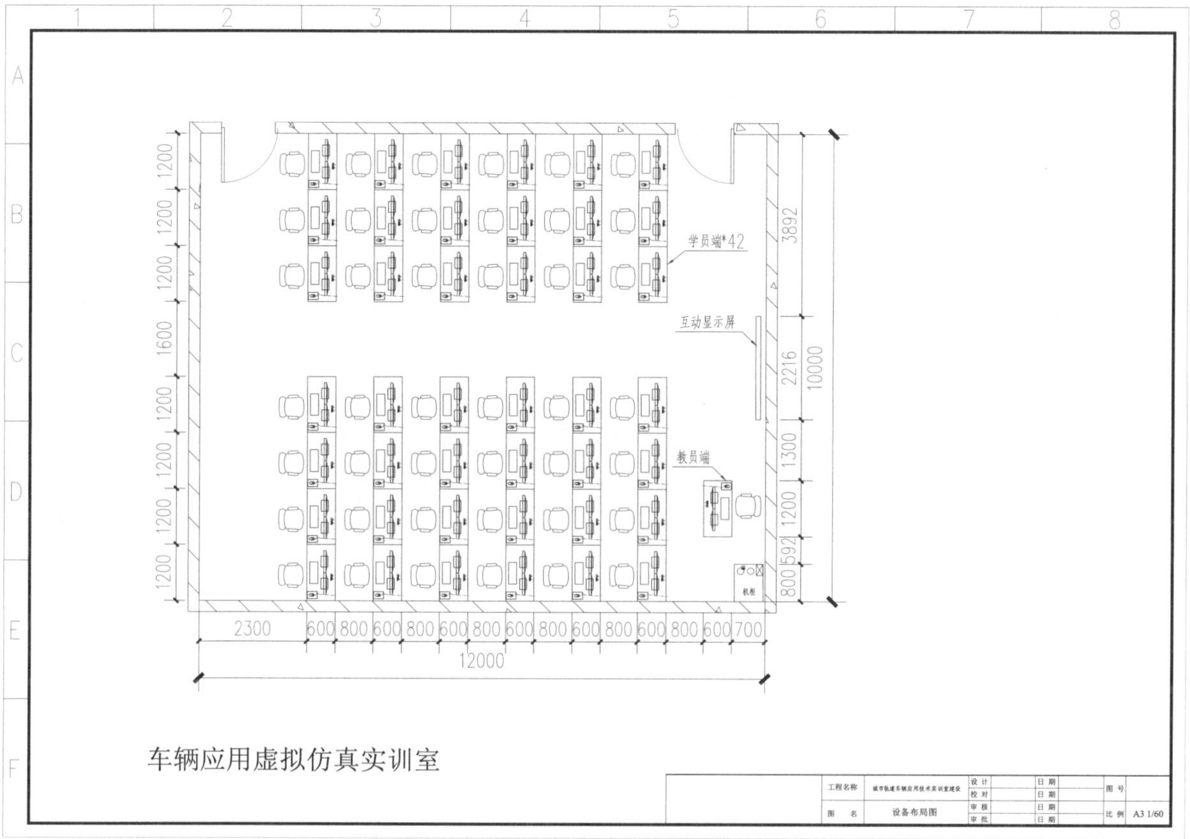

图 11　车辆应用虚拟仿真实训室布局

图 12　车辆应用虚拟仿真实训室效果

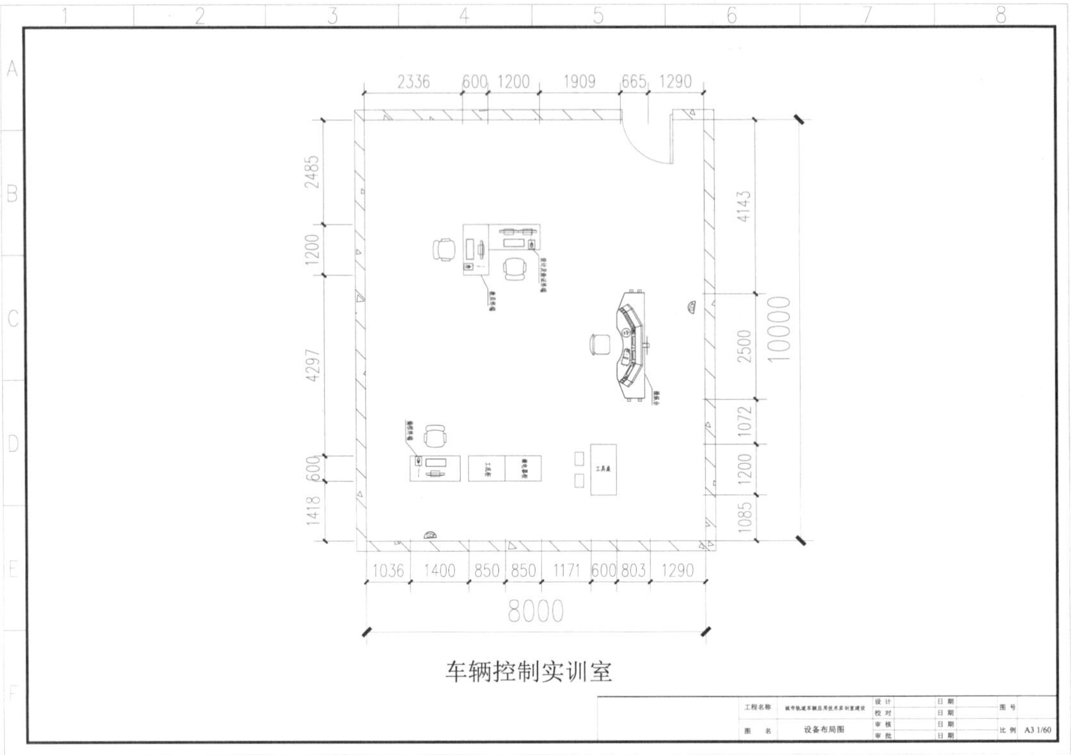

图 13　车辆控制实训室布局

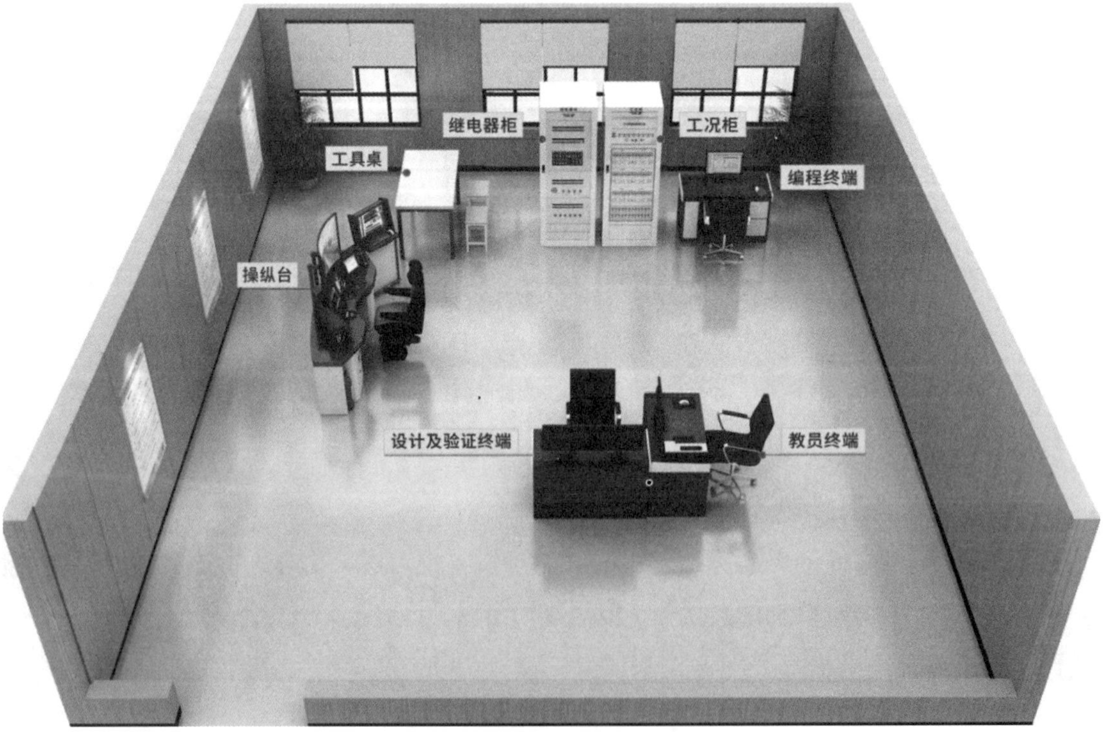

图 14　车辆控制实训室效果

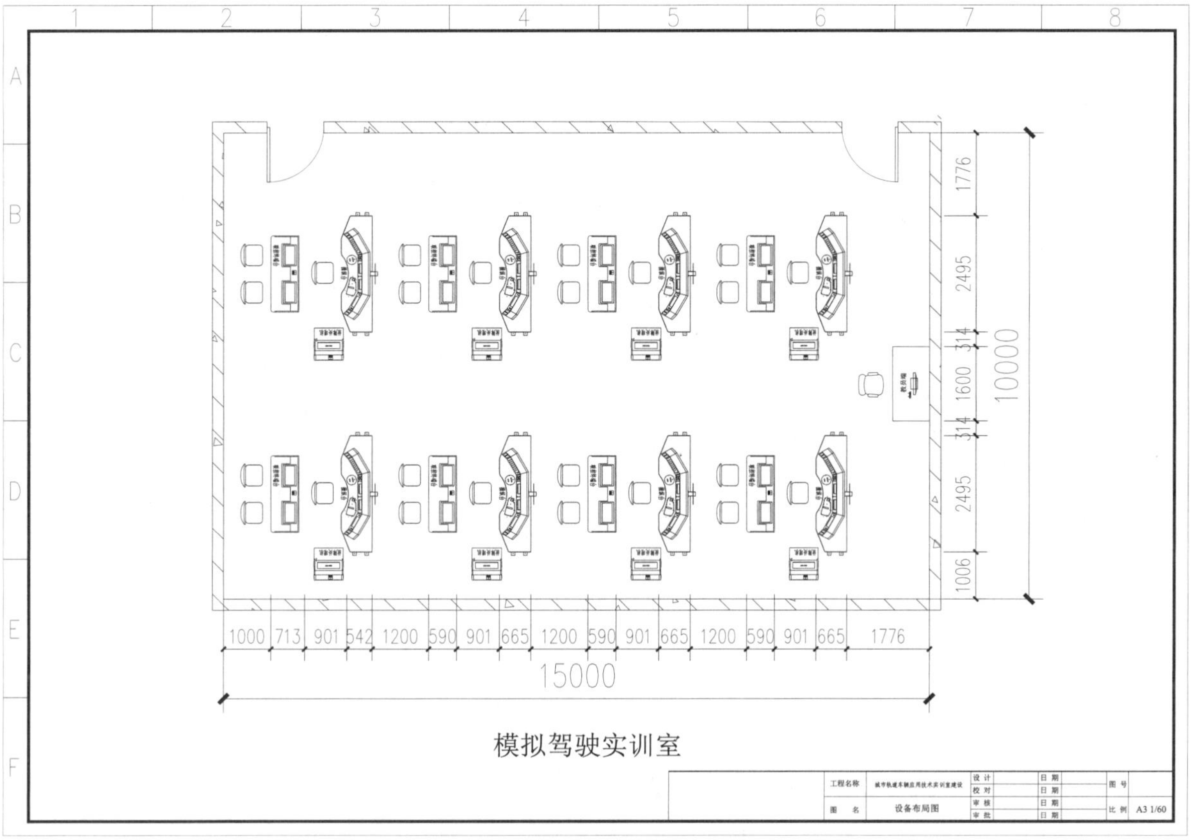

图 15　模拟驾驶实训室布局

图 16　模拟驾驶实训室效果

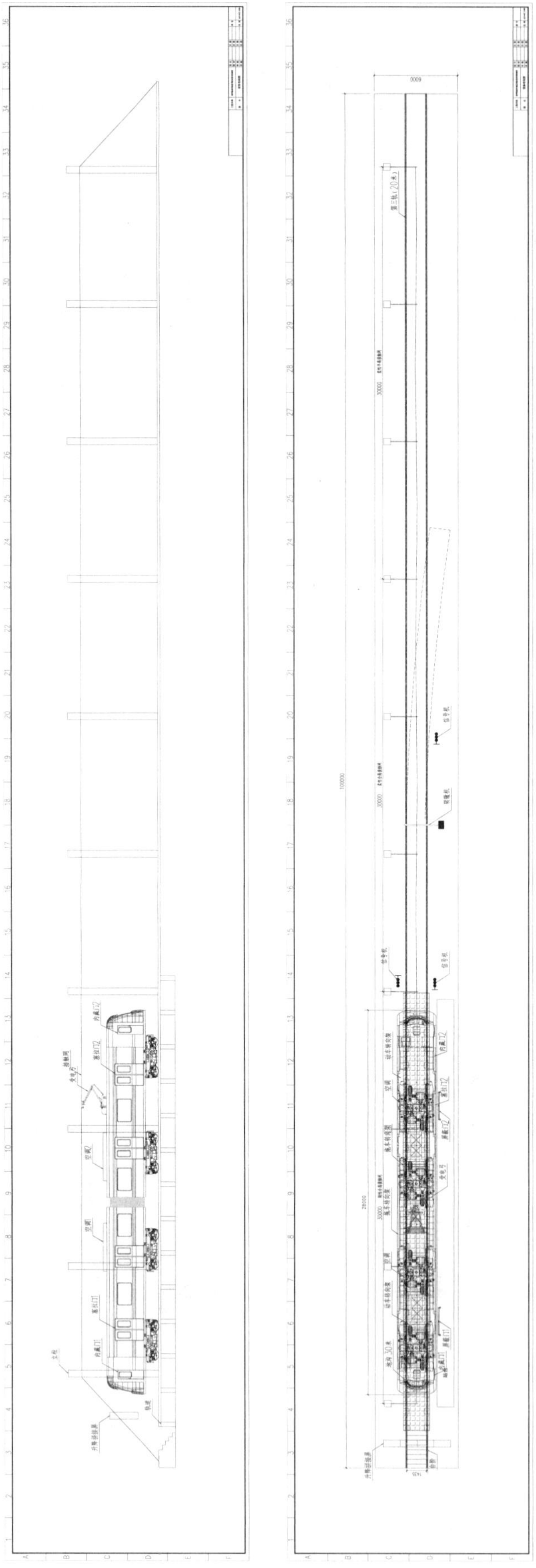

图 17　城市轨道交通综合实训线布局

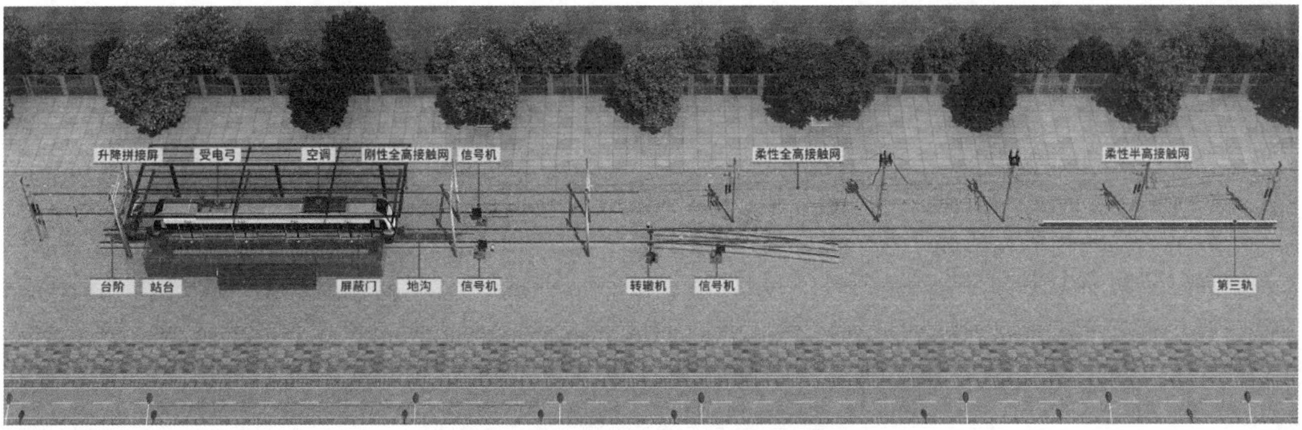

图 18　城市轨道交通综合实训线效果

4　实训教学管理与实施

4.1　实训室人员

配备相应的实训室人员管理办法，明确实训教学岗位管理职责（包括安排教学任务，负责仪器设备的调度、租借、使用和管理），定期培训和考核。

4.1.1　实训室应实行主任负责制。

4.1.2　实训室应配备专、兼职管理人员。各管理人员要有明确的职责分工。各管理人员岗位职责由实验室主任根据学校的工作目标，按照国家对不同专业技术干部和工作职责的有关条例规定及实施细则具体确定。

4.1.3　学校应定期对实训室管理人员进行培训和考核，提高实训室工作人员的思想素质和业务素质。

4.2　实训管理制度

建立健全实训教学设备管理制度，规范仪器设备采购、使用、维护、报损、报废等运行环节。

4.2.1　实训室应建立和健全岗位责任制，实行分级管理，由专人专项负责。

4.2.2　实训室仪器设备采购、使用、维护、报损和报废管理，按照《高等学校实验室工作规程》《高等学校仪器设备管理办法》等有关法规、规章执行。

4.2.3　实训室仪器设备的材料、低值易耗品等物资的管理，按照《高等学校材料、低值易耗品管理办法》《高等学校物资工作的若干规定》《中等职业学校管理规程》《中等职业学校教学管理规定》等有关法规、规章执行。

4.3　建立信息化管理平台

建立信息化管理平台，实现实训内容、空间、时间、人员、仪器设备等的高效利用和开放共享。

4.4　安全教育

制定安全教育制度并贯穿在日常实训教学中。

4.4.1 应制定实训室安全规章制度，开展进入实训室前的安全普及教育。

4.4.2 各实训室应根据自身安全要求，制定相应安全操作规程，对进入实训室的人员进行有针对性的安全操作规程教育。

4.4.3 实训室应定期检查防火、防爆、防盗、防事故等安全措施的落实情况。学校要定期对师生开展安全教育，保障人身和财产安全。

4.5 突发事件应急预案

制定实训教学突发事件应急预案与处理措施。

4.5.1 正确辨认和评估实训室存在的潜在危险，可能事故类型、过程、后果及影响程度，应制定实训教学突发事件应急预案。

4.5.1 应对应急预案进行定期演练，做好突发性事件发生时的应急处理工作。

4.6 突出专业特色

根据学校文化与专业需要，建设多种形式的实训环境，实施理实一体化教学。

4.6.1 建议结合专业特点创新实训室环境建设，营造良好的职业氛围。

4.6.2 建议结合专业特点和学校实际，建设虚拟仿真、远程模拟训练等多种形式的实训环境，实施理论结合实践的一体化教学。

4.6.3 实训活动需组织召开班前布置会、班后总结会等，通过组织学生参与实习实训等真实的生产劳动和服务性劳动，培育学生不断探索、精益求精、追求卓越的工匠精神和爱岗敬业的劳动态度。

5 参考文献及标准

5.1 参考文献

[1] 中华人民共和国教育部 . 职业教育专业目录（2021 年）[Z]. 北京，2021（03）.

[2] 中华人民共和国教育部 . 高等职业学校城市轨道交通车辆技术专业教学标准 [Z]. 北京，2019（07）.

[3] 中华人民共和国教育部 . 教育部办公厅关于公布《高等职业学校物流管理专业实训教学条件建设标准》等 21 项职业教育教学标准的通知 [Z]. 北京，2019（09）.

5.2 参考标准

AQ 4201—2008	电子工业防尘防毒技术规范
CJ/T 365—2011	地铁与轻轨车辆转向架技术条件
CJT 354—2010	城市轨道交通车辆空调、采暖及通风装置技术条件
CZJS/T 0028—2015	城市轨道交通 CBTC 信号系统—ATP 子系统设计规范
CZJS/T 0029—2015	城市轨道交通 CBTC 信号系统— ATO 子系统设计规范
CZJS/T 0030—2015	城市轨道交通 CBTC 信号系统— ATS 子系统设计规范
CZJS/T 0031—2015	城市轨道交通 CBTC 信号系统— CI 子系统设计规范
DL/T 845.2—2020	电阻测量装置通技术条件 第 2 部分：工频接地电阻测试仪

GA/T 1260—2016	人行出入口电控通道闸通用技术要求
GB 14050—2008	系统接地的形式及安全技术要求
GB 14196.1—2008	白炽灯安全要求　第 1 部分：家庭和类似场合普通照明用钨丝灯
GB 14196.2—2008	白炽灯安全要求　第 2 部分：家庭和类似场合普通照明用卤钨灯
GB 14196.3—2008	白炽灯 安全要求　第 3 部分：卤钨灯（非机动车辆用）
GB 14711—2013	中小型旋转电机通用安全要求
GB 21554—2008	普通照明用自镇流无极荧光灯　安全要求
GB 21746—2008	教学仪器设备安全要求总则
GB 21748—2008	教学仪器设备安全要求　仪器和零部件的基本要求
GB 2893—2008	安全色
GB 2894—2008	安全标志及其使用导则
GB 50016—2014	建筑设计防火规范
GB 50033—2013	建筑采光设计标准
GB 50034—2013	建筑照明设计标准
GB 50057—2010	建筑物防雷设计规范
GB 50065—2011	交流电气装置的接地设计规范
GB 50157—2013	地铁设计规范
GB 7231—2003	工业管道的基本识别色、识别符号和安全标识
GB 8871—2001	交流接触器节电器
GB/T 11651—2008	个体防护装备选用规范
GB/T 1216—2018	外径千分尺
GB/T 12668.2—2002	调速电气传动系统　第 2 部分：一般要求　低压交流变频电气传动系统额定值的规定
GB/T 12758—2004	城市轨道交通信号系统通用技术条件
GB/T 12801—2008	生产过程安全卫生要求总则
GB/T 13473—2008	钢锤通用技术条件
GB/T 13978—2008	数字多用表
GB/T 14394—2008	计算机软件可靠性和可维护性管理
GB/T 14598.1—2002	电气继电器　第 23 部分 触点性能
GB/T 14598.149—2016	量度继电器和保护装置　第 149 部分：电热继电器功能要求
GB/T 14764—2008	手用钢锯条
GB/T 15151—2012	频率计数器通用规范
GB/T 15291—2015	半导体器件　第 6 部分：晶闸管
GB/T 15529—1995	半导体发光数码管空白详细规范
GB/T 15969.6—2015	可编程序控制器　第 6 部分：功能安全
GB/T 16895.3—2017	低压电气装置　第 5–54 部分：电气设备的选择和安装　接地配置和保护导体
GB/T 17263—2013	普通照明用自镇流荧光灯　性能要求
GB/T 17984—2010	麻花钻　技术条件
GB/T 18904.3—2002	半导体器件　第 12–3 部分：光电子器件　显示用发光二极管空白详细规范
GB/T 21561.1—2018	轨道交通　机车车辆受电弓特性和试验　第 1 部分：干线机车车辆受电弓

GB/T 21646—2008	400MHz 频段模拟公众无线对讲机技术规范和测量方法
GB/T 22095—2008	铸铁平板
GB/T 25000.51—2016	系统与软件工程　系统与软件质量要求和评价（SQuaRE）　第 51 部分：就绪可用软件产品（RUSP）的质量要求和测试细则
GB/T 25020.3—2016	电气化铁路接触网钢支柱　第 3 部分：环形钢管支柱
GB/T 25123.2—2018	电力牵引　轨道机车车辆和公路车辆用旋转电机　第 2 部分：电子变流器供电的交流电动机
GB/T 25338.1—2019	铁路道岔转辙机　第 1 部分：通用技术条件
GB/T 25632—2010	快速成形软件数据接口
GB/T 26487—2011	壳体钣金成型设备　通用技术条件
GB/T 28037—2011	信息技术　投影机通用规范
GB/T 28170.1—2011	信息技术　计算机图形和图像处理　可扩展三维组件（X3D）　第 1 部分：体系结构和基础组件
GB/T 29053—2012	防尘防毒基本术语
GB/T 29332—2012	半导体器件　分立器件　第 9 部分：绝缘栅双极晶体管（IGBT）
GB/T 32578—2016	轨道交通　地面装置　电力牵引架空接触网
GB/T 32589—2016	轨道交通　第三轨受流器
GB/T 32705—2016	实验室仪器及设备安全规范　仪用电源
GB/T 34572—2017	轨道交通　受流系统　受电弓碳滑板试验方法
GB/T 37317—2019	轨道交通　直流架空接触网雷电防护导则
GB/T 38120—2019	蓝光防护膜的光健康与光安全应用技术
GB/T 4023—2015	半导体器件　分立器件和集成电路　第 2 部分：整流二极管
GB/T 4388—2008	呆扳手、梅花扳手、两用扳手的型式
GB/T 4440—2008	活扳手
GB/T 4586—1994	半导体器件 分立器件　第 8 部分：场效应晶体管
GB/T 4587—1994	半导体分立器件和集成电路　第 7 部分：双极型晶体管
GB/T 5171.1—2014	小功率电动机　第 1 部分：通用技术条件
GB/T 5171.21—2016	小功率电动机　第 21 部分：通用试验方法
GB/T 6315—2008	游标、带表和数显万能角度尺
GB/T 6587—2012	电子测量仪器通用规范
GB/T 6988.1—2008	电气技术用文件的编制　第 1 部分：规则
GB/T 7157—2019	电烙铁和热风枪
GB/T 7928—2003	地铁车辆通用技术条件
GB/T 8122—2004	内径指示表
GB/T 8566—2007	信息技术　软件生存周期过程
GB/T 9056—2004	金属直尺
GB/T 9364.10—2013	小型熔断器　第 10 部分：用户指南
GB/T 9364.1—2015	小型熔断器　第 1 部分：小型熔断器定义和小型熔断体通用要求
GB/T 969—2007	丝锥技术条件
GB/T 970.1—2008	圆板牙　第 1 部分：圆板牙和圆板牙架的型式和尺寸
GB/Z 6829—2008	剩余电流动作保护电器（RCD）的一般要求
GBZ 1—2010	工业企业设计卫生标准

JB/T 10394.1—2002	涂装设备通用技术条件　第 1 部分：钣金件
JB/T 3411.54—1999	划规　尺寸
JB/T 3411.64—1999	划针　尺寸
JB/T 3411.65—1999	划线盘　尺寸
JB/T 3907—2008	机床电器　按钮开关
JB/T 4143—2014	台式砂轮机
JB/T 5245.4—2017	台式钻床　第 4 部分：技术条件
JB/T 5555—2013	机床控制变压器
JB/T 9285—1999	钳形电流表
JJG 04051—1995	PDW-1 型稳压二极管快速筛选仪试行检定规程
JJG 31012—2007	集成运算放大器参数测试仪检定规程
JJG 622—1997	绝缘电阻表（兆欧表）检定规程
JT/T 1003.1—2015	城市轨道交通列车驾驶员技能和素质要求　第 1 部分：地铁、轻轨和单轨
Q/CR 476—2015	机车、动车组模拟驾驶装置
QB/T 1558.2—2017	台虎钳　普通台虎钳
QB/T 1966—1994	民用剪刀
QB/T 2207—2017	剥线钳
QB/T 2440.1—2007	夹扭钳　尖嘴钳
QB/T 2442.1—2007	夹扭剪切钳　钢丝钳
QB/T 2733—2005	电线连接工具　手动机械压线钳
QB/T 3843—1999	锉刀型式尺寸
SJ 20160—1992	半导体集成电路 JT54S194 和 JT54S195 型 S—TTL 移位寄存器详细规范
SJ 20278—1993	半导体集成电路 JC4014、JC4015 和 JC4021 型 CMOS 移位寄存器详细规范
SJ 20288—1993	JT54LS160（161、162、163、190、191、192、193）型 LS-TTL 计数器详细规范
SJ 20289—1993	半导体集成电路 JT54LS390、JT54LS393、JT54LS490 型 LS-TTL 计数器详细规范
SJ 20290—1993	半导体集成电路 JT54LS164、JT54LS166、JT54LS194、JT54LS195 型 LS-TTL 移位寄存器详细规范
SJ 50597/35—1995	半导体集成电路 JC4520 型 CMOS 双 4 位二进制同步计数器详细规范
SJ 52146/1—1996	GS1113 型 LED 红色数码管详细规范
SJ/T 10472—2013	函数信号发生器通用规范
SJ/T 11218—2000	家庭影院用组合扬声器系统通用规范
SJ/T 9517—1993	通用示波器质量分等标准
TB/T 1700—2022	铁路手信号灯
TB/T 1778—2010	钢轨伤损分类
TB/T 2075.7—2020	电气化铁路接触网零部件　第 7 部分：整体吊弦及吊弦线夹
TB/T 2344.1—2020	钢轨　第 1 部分：43kg/m ~ 75kg/m 钢轨
TB/T 2498—1994	XSZ-135 型组合式信号机构
TB/T 2613—2005	转辙机试验方法
TB/T 2614—2005	转辙机通用技术条件
TB/T 2970—1999	铁路灯光信号机的一般要求

TB/T 3108—2011　铁道客车塞拉门
TB/T 3113.1—2019　电动转辙机　第 1 部分：ZD6 系列电动转辙机
TB/T 3113—2015　ZD9/ZDJ9 系列电动转辙机
TB/T 3143—2018　铁道客车密接式车钩缓冲装置
TB/T 3242—2010　LED 铁路信号机构通用技术条件
TB/T 3271—2011　轨道交通　受流系统　受电弓与接触网相互作用准则
UIC 541-5—2006 OR　制动—电空制动（ep 制动）　电空紧急制动超越控制（EBO）
YB/T 951—2014　钢轨超声波探伤方法

上海市职业院校集成电路技术专业
（中高职贯通及五年一贯制）

实训教学环境建设指南

上海市教育委员会教育技术装备中心

目　　录

前　言

本指南由上海市教育委员会组织编制、审定并颁布实施。

为规范和加强职业院校集成电路技术专业（中高职贯通及五年一贯制）实训教学设施建设，特制定本指南。本指南是职业院校集成电路技术专业（中高职贯通及五年一贯制）实训教学设施建设及实训教学管理的基本依据，是加强集成电路技术专业实践性教学、强化学生职业技能训练、提高人才培养质量的重要保障。

本指南主要参与编制单位与部门：上海市教育委员会职业教育处、上海市教育委员会教育技术装备中心、上海电子信息职业技术学院、上海船厂技工学校。

本指南主要参与编写人员：邵瑛、张秋香、葛羽屏、姜来新、方爽、顾晓清、彭飞、张帆、毛海杰、王海晨、张小飞、詹纲、安雪娥。

1 适用范围

本指南适用于职业院校集成电路技术专业（中高职贯通及五年一贯制）校内实训教学场所及设备的建设，职业院校相关专业及有关培训机构可参照执行。

2 实训教学环境要求

2.1 分类、面积与主要功能

专业实训教学类别分为专业基础技能实训、专业核心技能实训和专业拓展技能实训。

按照实训教学内容，划分实训教学场所。实训场所面积需要满足40人/班同时开展实训教学的要求。实训教学场所分类、面积与主要功能要求见表1。

表1 实训教学场所分类、面积与主要功能

实训教学类别	实训场所名称	实训场所面积（m^2）	功能	
			主要实训项目	对应的主要课程
专业基础技能实训	电子电路技术实训室	90	1. 常用工具、仪器仪表的使用； 2. 常用直流、交流电路的组装、测试； 3. 用电安全、安全防护及触电急救训练； 4. 放大电路的设计与测试； 5. 直流稳压电路的设计与测试； 6. 振荡电路的设计与测试； 7. 组合逻辑电路的设计与测试； 8. 时序逻辑电路的设计与测试； 9. 典型应用电路的设计与测试	模拟电子技术、数字电子技术、电工基础
	单片机技术实训室	90	1. 单片机最小系统设计； 2. 显示设计、键盘设计； 3. 定时器应用； 4. 中断应用； 5. 典型应用设计	C语言程序设计、单片机应用技术
专业核心技能实训	晶圆工艺制程实训室	350	1. 氧化与热处理工艺虚拟仿真； 2. 光刻工艺虚拟仿真； 3. 刻蚀工艺虚拟仿真； 4. 薄膜沉积与金属化工艺虚拟仿真； 5. 掺杂工艺虚拟仿真	集成电路制造工艺
	先进封装实训室	350	1. 减薄与抛光（CMP）工艺虚拟仿真； 2. 晶圆切割工艺虚拟仿真； 3. 晶圆级芯片尺寸封装（WLCSP）工艺虚拟仿真； 4. 扇出型晶圆级封装（FOWLP）工艺虚拟仿真； 5. 后通（Via-Last）晶圆级封装工艺虚拟仿真	集成电路封装技术
	晶圆级测试实训室	200	1. 半导体分立器件测试； 2. 微机电系统（MEMS）器件测试； 3. 光电子器件测试； 4. 功率器件测试； 5. 薄膜厚度与台阶高度表征； 6. 薄膜表面形貌表征	集成电路制造工艺、集成电路测试技术

续表

实训教学类别	实训场所名称	实训场所面积（m^2）	功能	
			主要实训项目	对应的主要课程
专业核心技能实训	集成电路设计实训室	120	1. SoC 系统集成设计； 2. FPGA 数字系统设计； 3. ASIC 设计； 4. RISC-V 开源指令集的 CPU 设计； 5. 模拟电路版图设计； 6. 数字电路版图设计	FPGA 应用开发、集成电路版图设计
	集成电路成品测试实训室	200	1. DC 参数测试； 2. 数字功能及参数测试； 3. AMP 测试； 4. LDO 测试； 5. EEPROM 测试； 6. MCU 测试； 7. 混合信号测试	集成电路测试技术
专业拓展技能实训	嵌入式综合创新实训室	120	1. 嵌入式系统硬件开发； 2. 嵌入式系统软件开发： 流水灯设计、按键检测、蜂鸣器控制、串口通信、定时器应用、外部中断应用、PWM 输出液晶屏显示、ADC 模数转换； 3. 工业嵌入式系统典型应用设计	集成电路应用开发
	电子设计自动化（EDA）技术实训室	150	1. 计算机辅助设计（CAD）制图； 2. 电子电路原理图设计与绘制	PCB 设计与制作、电子电路仿真分析

2.2 通用环境

2.2.1 采光

应符合 GB 50033—2013 的有关规定。

专业特殊要求：采光设计应注意光的方向性，避免对工作产生遮挡和不利的阴影。对需要识别颜色的场所，应采用不改变天然光光色的采光材料。

2.2.2 照明

应符合 GB 50034—2013 的有关规定。

专业特殊要求：当天然光线不足时，应配置人工照明，人工照明光源应选择接近天然光色温的光源。实训场所的照明应根据教学内容对识别物体颜色的要求和场所特点，选择相应显色指数的光源，一般显色指数（Ra）不低于 80。进行精细操作，实训工作台、仪器、设备等的工作区域的照度不应低于 500lx。与光刻工艺有关的实训场所，为了避免室内照明影响曝光剂量，应采用黄光照明。照度不足时应增加局部补充照明。补充照明不应产生有害眩光。计算机房照明应符合 GB 50174—2008 C 级机房规范要求。

2.2.3 通风

应符合 GB 50016—2014 和工业企业通风的有关要求。

专业特殊要求：有良好的通风条件，对于有毒有害物质的使用应配有通风橱或通风设备。晶圆工艺制程实训平台与先进封装实训平台应安装专门的通风设备，以保证通风良好，及时排除污染气体。

2.2.4 电气安装

应符合 GB/T 16895.1—2008、GB/T 16895.2—2017、GB/T 16895.3—2017、GB/T 16895.4—1997、GB/T 16895.5—2012、GB/T 16895.6—2014、GB/T 16895.18—2010、GB/T 16895.22—2004 的有关规定。

2.2.5 防火

应符合 GB 50016—2014 有关厂房、仓库防火的规定。

专业特殊要求：实训室内使用的各种电气设备应具有防爆隔爆性能，放置防爆箱，用于电池的存放等。实验台的周围不应放置任何与实验工作无关的物品。在日光照射的房间必须安装窗帘，在日光照射的地方不应放置遇热易蒸发的物品。实训室内应配备适用的灭火器材。

2.2.6 安全与卫生

应符合 GBZ 1—2010 和 GB/T 12801—2008 的有关要求。安全标志应符合 GB 2893—2013 和 GB 2894—2008 的有关要求。

制定规范，如仪器设备管理制度、低值耐用品与易耗品管理制度、危险品管理制度、仪器设备损失丢失赔偿制度、实训室教学管理制度、实训室安全卫生管理制度等。实训室应有醒目的安全警示标识，实训教师在实训前应向学生交代清楚每次实训的危险环节和注意事项，教学过程中要加强安全管理。同时，制定实训教学突发事件应急预案与处理措施，制定突发事件应急预案程序，定期开展演练，以“快速、有序、高效”地应对和处理好学生实训过程中出现的突发事件，确保师生的人身安全。

2.3 网络环境

2.3.1 网络教学环境

应保证实训教学软件及设备的正常运行。

规格要求：一般实训室为普通数据交换要求；集成电路设计实训室为增强型网络要求。实训场所网络教学环境要求见表 2。

表 2 实训场所网络教学环境

<table>
<tr><th>实训教学类别</th><th>实训场所名称</th><th>建议网络要求</th></tr>
<tr><td rowspan="2">专业基础技能实训</td><td>电子电路技术实训室</td><td rowspan="5">1. 入户线数据网：千兆以太网 1 条，监控千兆以太网 1 条，冗余线路 1 条；
2. 室内网络交换：千兆交换机 1 组，支持 802.11Q VLAN 配置，端口数量适配工位数量；
3. 到工位网路：千兆以太网 1 条</td></tr>
<tr><td>单片机技术实训室</td></tr>
<tr><td rowspan="5">专业核心技能实训</td><td>晶圆工艺制程实训室</td></tr>
<tr><td>先进封装实训室</td></tr>
<tr><td>晶圆级测试实训室</td></tr>
<tr><td>集成电路设计实训室</td><td>1. 入户线数据网：汇聚型千兆以太网 2 条或者万兆光口 1 条，监控千兆以太网 1 条，冗余线路 1 条（2.5G 以上级别）；
2. 室内网络交换：企业级千兆交换机 1 组，上联端口 2.5G 以上，支持 802.11Q VLAN 配置，端口数量适配工位数量；
3. 到工位网路：千兆以太网 2 条</td></tr>
<tr><td>集成电路成品测试实训室</td><td rowspan="3">1. 入户线数据网：千兆以太网 1 条，监控千兆以太网 1 条，冗余线路 1 条；
2. 室内网络交换：千兆交换机 1 组，支持 802.11Q VLAN 配置，端口数量适配工位数量；
3. 到工位网路：千兆以太网 1 条</td></tr>
<tr><td rowspan="2">专业拓展技能实训</td><td>嵌入式综合创新实训室</td></tr>
<tr><td>电子设计自动化（EDA）技术实训室</td></tr>
</table>

2.3.2 信息安全

做好防病毒措施，消除信息孤岛，保证信息安全。

服务器冗余与集中管理需要适度并存，不过分依赖外部服务运行，保证大部分业务可以在脱离外部网络的情况下有备用运行方案。

2.4 文化环境

在各实训室明显位置张贴国旗图标或悬挂国旗。将职业精神与企业文化元素融入文化环境建设中，根据专业特色制作背景墙、宣传栏等，在生产性实训环境中营造良好职业氛围。根据集成电路专业涉及的芯片行业，主要在实训环境中的走廊、入口展示栏等区域悬挂展示中国“芯”发展历史与前景、产业链架构及“卡脖子”技术突破关键点等的示意图。同时展示有关职业精神、工匠精神（含工匠人物及其事迹的图片或视频等）的背景墙、宣传栏，以及集成电路技术方面的实物（例如：硅材料、石英晶圆舟、各种尺寸硅晶圆、光刻掩膜版等）。

3 实训教学设备要求

3.1 基本要求

3.1.1 配备的仪器设备产品质量应符合相关的国家标准或行业标准，并具有相应的质量证明。

3.1.2 各种仪器设备的安装使用都应符合有关国家或行业标准，接地应符合 GB/T 16895.3—2017 的要求。

3.1.3 需接入电源的仪器设备，应满足国家电网规定接入要求，电压额定值为交流 380V（三相）或 220V（单相），并应具备过流、漏电保护功能；需要插接线的，插接线应绝缘且通电部位无外露。

3.1.4 具有执行机构的各类仪器设备，应具备急停功能，紧急状况可切断电源、气源、压力，并令设备动作停止。

3.1.5 电脑只规定数量，功能和性能应能满足设备功能使用需求。

3.2 实训室仪器设备或软件配置标准目录（一室一表）

3.2.1 专业基础技能实训室

电子电路技术实训室设备要求见表 3，单片机技术实训室设备或软件配置要求见表 4。

表 3 电子电路技术实训室设备要求

序号	设备名称	主要功能和技术要求	单位	数量	执行标准或质量要求	备注
1	电子技术综合实训装置	主要功能： 1. 模拟电路、数字电路的设计与测试项目的搭建、调试； 2. 可测量常用单元电路的基本参数。 技术要求： 1. 二极管、三极管、集成运放等常用元器件的功能测试； 2. 放大电路、振荡电路、运算处理电路等基本单元电路性能参数的功能测试； 3. 组合逻辑电路、时序逻辑电路功能测试； 4. 典型应用电路的设计、搭建、调试功能； 5. 配置常用电子元件库	台	20	GB 21746—2008 GB 21748—2008	

续表

序号	设备名称	主要功能和技术要求	单位	数量	执行标准或质量要求	备注
2	直流稳压电源	主要功能： 输出连续可调的直流电压。 技术要求： 1. 直流电压输出：0 ~ 30V/0 ~ 3A； 2. 纹波与噪声：≤ 350mVrms；2mVpp； 3. 瞬态响应：<50ms	台	20	SJ 1500—1979	
3	数字信号发生器	主要功能： 输出：正弦波、方波、三角波、锯齿波和脉冲波等信号。 技术要求： 1. 逐点生成任意波形，采样率 1Hz 精确可调； 2. 频率范围：0.1Hz ~ 10MHz	台	20	GB/T 12114—2012	
4	数字示波器	主要功能： 直流信号、交流信号的测量，允许双通道输入。 技术要求： 1. 带宽：≥ 100MHz； 2. 实时采样率：1GSa/s； 3. 垂直档位：1mV/div ~ 10V/div	台	20	GB/T 15289—2012	
5	电工综合实训装置	主要功能： 1. 基尔霍夫定律、戴维南定理、叠加定理等电路基本原理验证； 2. 电路元器件的特性测试、常用电路测试； 3. 交流电路的测试及应用。 技术要求： 1. 直流电源：双路输出，直流 0 ~ 36V 范围可调； 2. 交流电源：交流 220V 单相电源输出，交流 380V 三相电源输出； 3. 调压器：工频交流输出，交流 0 ~ 250V 范围内可调； 4. 配套工具：螺丝刀、尖嘴钳、斜口钳、压线钳、剥线钳、电工剪刀等	台	20	GB 21746—2008 GB 21748—2008	
6	漏电保护器	主要功能： 漏电保护、短路保护、过载保护。 技术要求： 1. 适用于交流 220V 单相或交流 380V 三相电源； 2. 额定电流 6 ~ 63A； 3. 漏电动作电流 <30mA，动作时间 <0.1s	台	20		

表 4 单片机技术实训室设备或软件要求

序号	设备或软件名称	主要功能和技术要求	单位	数量	执行标准或质量要求	备注
1	单片机技术实训平台	主要功能： 1.C 语言程序设计功能； 2. 单片机硬件及软件设计、测试功能。 技术要求： 1. 兼容 8 位、16 位、32 位处理器； 2. 配套单片机编程仿真软件； 3. 系统的 IO 资源全部引出，对用户开放； 4.C 语言程序设计主流软件	台	41	GB 21746—2008 GB 21748—2008	
2	直流稳压电源	主要功能： 输出连续可调的直流电压。 技术要求： 1. 直流电压输出：0 ~ 30V/0 ~ 3A； 2. 纹波与噪声：≤ 350mVrms；2mVpp； 3. 瞬态响应：<50ms	台	41	SJ 1500—1979	

续表

序号	设备或软件名称	主要功能和技术要求	单位	数量	执行标准或质量要求	备注
3	数字信号发生器	主要功能： 输出：正弦波、方波、三角波、锯齿波和脉冲波等信号。 技术要求： 1. 逐点生成任意波形，采样率 1Hz 精确可调； 2. 频率范围：0.1Hz ~ 10MHz	台	20	GB/T 12114—2012	
4	数字示波器	主要功能： 直流信号、交流信号的测量。 技术要求： 1. 带宽：≥ 100MHz； 2. 实时采样率：1GSa/s； 3. 垂直档位：1mV/div ~ 10V/div	台	20	GB/T 15289—2012	

3.2.2 专业核心技能实训室

各专业核心技能实训室的设备或软件配置要求见表 5—表 9。

表 5 晶圆工艺制程实训室设备或软件要求

序号	设备或软件名称	主要功能和技术要求	单位	数量	执行标准或质量要求	备注
1	磁控溅射仿真平台	主要功能： 真实还原磁控溅射设备的操作，模拟磁控溅射外延工艺。 技术要求： 1. 还原磁控溅射外观与腔室结构； 2. 还原磁控溅射控制与操作系统	套	1		
2	接触式光刻机仿真平台	主要功能： 真实还原接触式光刻机的操作，模拟接触式光刻机的对准与曝光等工艺。 技术要求： 1. 还原接触式光刻机外观与腔室结构； 2. 还原接触式光刻机控制与操作系统	套	1		
3	步进式光刻机仿真平台	主要功能： 真实还原步进式光刻机的操作，模拟步进式光刻机的对准与曝光等工艺。 技术要求： 1. 还原步进式光刻机外观与腔室结构； 2. 还原步进式光刻机控制与操作系统	套	1		
4	深硅刻蚀仿真平台	主要功能： 真实还原深硅刻蚀设备的操作，模拟不同需求下硅的刻蚀工艺等。 技术要求： 1. 还原深硅刻蚀设备外观与腔室结构； 2. 还原深硅刻蚀设备的控制与操作系统	套	1		
5	高能离子注入机仿真平台	主要功能： 真实还原高能离子注入机的操作，模拟不同需求下的离子注入工艺等。 技术要求： 1. 还原高能离子注入机外观与腔室结构； 2. 还原高能离子注入机的控制与操作系统	套	1		
6	氧化退火炉仿真平台	主要功能： 真实还原氧化退火炉的操作，模拟不同需求下的氧化退火工艺等。 技术要求： 1. 还原氧化退火炉外观与腔室结构； 2. 还原氧化退火炉的控制与操作系统	套	1		

续表

序号	设备或软件名称	主要功能和技术要求	单位	数量	执行标准或质量要求	备注
7	电子束蒸发仿真平台	主要功能： 真实还原电子束蒸发台的操作，模拟不同薄膜材料的电子束蒸发镀膜工艺等。 技术要求： 1. 还原电子束蒸发台外观与腔室结构； 2. 还原电子束蒸发台的控制与操作系统	套	1		
8	离子束刻蚀仿真平台	主要功能： 真实还原离子束刻蚀设备的操作，模拟不同材料的离子束刻蚀工艺等。 技术要求： 1. 还原离子束刻蚀外观与腔室结构； 2. 还原离子束刻蚀的控制与操作系统	套	1		
9	去胶机	主要功能： 等离子体干法清洗，残胶去除。 技术要求： 1. 额定功率：600W； 2. 工作频率：5 ~ 15MHz； 3. 可用气体流量为 10sccm，25sccm，50sccm，100sccm，250sccm，500sccm，1000sccm，2000sccm，5000sccm，可选	套	1		

表 6　先进封装实训室设备或软件要求

序号	设备或软件名称	主要功能和技术要求	单位	数量	执行标准或质量要求	备注
1	化学机械抛光仿真平台	主要功能： 真实还原化学机械抛光设备的操作，模拟不同材料、不同厚度的减薄、抛光与平坦化工艺。 技术要求： 1. 还原化学机械抛光设备外观与腔室结构； 2. 还原化学机械抛光设备控制与操作系统	套	1		
2	回流炉仿真平台	主要功能： 真实还原回流炉的操作，模拟金属键合、铟柱回流、金属还原等工艺，辅助真空封装技术教学。 技术要求： 1. 还原回流炉外观与腔室结构； 2. 还原回流炉控制与操作系统	套	1		
3	切割机仿真平台	主要功能： 真实还原切割机的操作，模拟硅、锗、碳化硅、SOI、玻璃、陶瓷、PCB 等各种材料的切割。 技术要求： 1. 还原切割机外观与腔室结构； 2. 还原切割机控制与操作系统	套	1		
4	倒装贴片机仿真平台	主要功能： 真实还原倒装贴片机的操作，模拟 LED、PD 等芯片的倒装贴片。 技术要求： 1. 还原倒装贴片机外观与腔室结构； 2. 还原倒装贴片机的控制与操作系统	套	1		
5	晶圆键合机仿真平台	主要功能： 真实还原晶圆键合机的操作，模拟不同尺寸晶圆的粘着键合、阳极键合、共晶键合、低温玻璃浆料键合、金属扩散键合及临时键合等工艺。 技术要求： 1. 还原晶圆键合机外观与腔室结构； 2. 还原晶圆键合机的控制与操作系统	套	1		

续表

序号	设备或软件名称	主要功能和技术要求	单位	数量	执行标准或质量要求	备注
6	电化学沉积台仿真平台	主要功能： 真实还原电化学沉积台的操作，模拟填孔、凸块、锡球等工艺。 技术要求： 1. 还原电化学沉积台外观与腔室结构； 2. 还原电化学沉积台的控制与操作系统	套	1		
7	引线机	主要功能： 金丝球焊、金丝楔焊、铝丝楔焊等。 技术要求： 1. 线径范围：15 ~ 75 μ m； 2. 金带范围：12.7 μ m × 254 μ m 或 25.4 μ m × 254 μ m； 3. 操纵杆：1∶8 XYZ，单手操作、灵活； 4. 静电防护：ESD 防静电保护	套	1		
8	隐形激光划片机仿真平台	主要功能： 真实还原隐形激光划片机的操作，模拟硅基 MEMS 器件、传感器件的切割。 技术要求： 1. 还原隐形激光划片机外观与腔室结构； 2. 还原隐形激光划片机的控制与操作系统	套	1		

表 7　晶圆级测试实训室设备要求

序号	设备或软件名称	主要功能和技术要求	单位	数量	执行标准或质量要求	备注
1	多功能分析探针台	主要功能： 晶圆 I–V/C–V 测试、RF/mmW 测试、MEMS 测试、霍尔测试、高压 / 大电流测试、LD/LED/PD 测试、PCB 封装器件测试、芯片内部线路 / 电极 /PAD 测试等。 技术要求： 1. 样品台尺寸：4 英寸，6 英寸，8 英寸，12 英寸； 2. 样品台移动精度：≤ 1 μ m； 3. 样品固定方式：真空吸附； 4. 针座平台行程和调节方式：平台可以快速升降，行程 6mm, 并带自动锁定功能 ; 可以上下微调，升降精度 1 μ m； 5. 显微镜放大倍数：20X~4000X； 6. 点针机械精度：10μm，2μm，0.7μm，0.1μm，可选； 7. 漏电精度：10pA/100fA（配置屏蔽箱时）	台	1	GB/T 15394—1994	可根据实际教学需求增加相应配件对设备进行加装改造，以扩展其功能
2	失效分析探针台	主要功能： 常温和高低温环境下的芯片失效分析、射频特性器件失效分析、材料 / 器件的 IV/CV 特性测试及失效分析、芯片内部线路 / 电极 /PAD 测试、IC/ 面板内部线路修改 / 去层。 技术要求： 1. 样品台尺寸：4 英寸，6 英寸，8 英寸，12 英寸； 2. 样品台移动精度：1 μm； 3. 样品固定方式：真空吸附； 4. 针座平台行程和调节方式：平台可以快速升降，行程约 6mm, 并带自动锁定功能 ; 可以上下微调，升降精度≤ 1 μm； 5. 显微镜放大倍数：20X~4000X； 6. 点针机械精度：2 μm，0.7 μm，0.1 μm，可选； 7. 漏电精度：10pA/100fA（配置屏蔽箱时）； 8. 控温范围：–80℃ ~200℃； 9. 激光特性：波长可选择 1064nm，532nm，355nm，266nm 波段，输出功率 2.2mJ/pulse，最小可加工精度 1 μ m	台	1		

续表

序号	设备或软件名称	主要功能和技术要求	单位	数量	执行标准或质量要求	备注
3	高低温分析探针台	主要功能： 高低温环境下，LD/LED/PD 测试，PCB/ 封装器件测试，材料 / 器件的 I–V/C–V 特性测试，0.2μm 以上芯片内部线路 / 电极 /PAD 测试，高频、射频测试等。 技术要求： 1. 样品台尺寸：4 英寸，6 英寸，8 英寸，12 英寸； 2. 样品台移动精度：1μm； 3. 样品固定方式：真空吸附； 4. 针座平台行程和调节方式：平台可以快速升降，行程 6mm, 并带自动锁定功能；可以上下微调，行程 25mm，升降精度 1μm； 5. 显微镜放大倍数：20X~4000X； 6. 点针机械精度：2μm，0.7μm，0.1μm，可选； 7. 漏电精度：10pA/100fA（配置屏蔽箱时）； 8. 控温范围：–100℃ ~200℃； 9. 温度分辨率：≤ 0.01℃； 10. 加热电源：LVDC 低压直流； 11. 最低控温速率：±0.1K/h； 12. 制冷方式：液氮制冷	台	1	GB/T 15394—1994	可根据实际教学需求增加相应的配件对设备进行加装改造，以扩展其功能
4	高低温真空探针台	主要功能： 高低温真空环境下的芯片测试、LD/LED/PD 测试、光纤光谱特性测试、材料 / 器件的 I–V/C–V 特性测试、霍尔测试、电磁输运特性测试、高频特性测试等。 技术要求： 1. 样品台尺寸：2 英寸，4 英寸； 2. 样品台移动：固定； 3. 样品固定方式：真空导热硅脂 / 弹簧压片； 4. 真空度：最高真空 10^{-5}torr； 5. 显微镜放大倍数：变焦 7:1 分辨率 4μm(放大倍数 216X) 或者选用金相显微镜（20X~1000X）； 6. 点针机械精度：2μm，0.7μm，0.1μm，可选； 7. 漏电精度：10pA/100fA（配置屏蔽箱时）； 8. 控温范围：–100℃ ~170℃； 9. 温度稳定性 ：±0.2℃； 10. 加热电源：LVDC 低压直流； 11. 功率：50W，100W，500W，1000W； 12. 制冷方式：液氮制冷	台	1	GB/T 15394—1994	根据实际教学需求增加相应的配件对设备进行加装改造，以扩展其功能
5	半自动探针台	主要功能： 各类器件、Wafer 等进行 I–V、C–V、光信号、RF、1/f 噪声等特性分析，射频测试，大功率晶圆测试等。 技术要求： 1. 样品台尺寸：6 英寸，8 英寸，12 英寸； 2. 样品台移动：X–Y 轴移动解析度和 Z 轴移动解析度≤ 0.1μm； 3. 样品固定方式：多孔真空吸附，独立分开控制； 4. 更换样品方式：Chuck 快速拉出； 5. 显微镜放大倍数：15:1 三档变倍显微镜，可同时显示低倍和中倍 / 高倍画面，便于点针操作； 6. 点针机械精度：10μm，2μm，0.7μm，可选； 7. 漏电精度：10pA/100fA/10fA； 8. 控温精度：±0.1℃； 9. 温度分辨率：≤ 0.01℃； 10. 加热电源：低压直流加热 /PID 控制； 11. 减震方式：空气薄膜减震系统，确保 2000X 放大时画面不抖动； 12. 制冷方式：压缩机制冷； 13. 软件功能：自动测量和补偿 Wafer 高度；自动 align，校准晶圆水平； 14. 自动测量 Die size 及生成 map 图；支持 Z，N 形等测试；一键自动校准 RF 探针模块，自动清针功能	台	1	GB/T 15394—1994	

表 8　集成电路设计实训室设备或软件要求

序号	设备或软件名称	主要功能和技术要求	单位	数量	执行标准或质量要求	备注
1	交换机	主要功能： 支持机房 Internet 接入及局域网的联通。 技术要求： 1. 100Mb 端口 ≥ 48； 2. 100Mb/1000Mb 端口 ≥ 2	台	1	GB/T 30094—2013	教学辅助设备
2	网络机柜	主要功能： 集中组合装载交换机、服务器、线缆等，美观、隔尘。 技术要求： 机柜宽度和深度可以按照实际需求定制	台	1	GB/T 22690—2008 YD/T 2319—2011	教学辅助设备
3	多媒体中控台	主要功能： 为使教师授课声音传送、课堂控制达到理想效果所必需的综合控制台。 技术要求： 1. 台面电脑主要功能扩展及外接设备接口，包含但不限于 VGA、VIDEO、立体声、话筒、网络、USB、电源接口等，支持台式电脑、手提电脑、数字展台输入； 2. 配备功放、音箱、麦克风等	套	1	JY/T 0383—2007	教学辅助设备
4	集成电路应用与验证实验箱	主要功能： 支持基于 RISC-V 开源指令集的主流微控制器芯片设计和功能验证；支持 FPGA 的可编程逻辑设计技术应用和测试验证；支持基于 RISC-V 的嵌入式软件开发课程。 技术要求： 1. 支持高性能大容量的可编程逻辑器件以及主流 FPGA 开发工具； 2. 支持板载双晶振设计； 3. 支持高容量的 flash 程序存储芯片； 4. 支持 FPGA 烧写逻辑功能的 flash 芯片； 5. 支持微控制器 GPIO，配备独立的 32 个微控制器 MCU GPIO； 6. 支持 USART 接口：普通接口，最高速率可达 115200bps；高速接口，最高速率可达 3Mbps； 7. 支持 SPI 接口、I2C 接口	套	41	GB 21746—2008 GB 21748—2008	建议每隔 1 年根据科技及市场发展选择进行迭代及更新
5	IC 设计超融合平台	主要功能： 支持集成电路设计技术应用实践。 技术要求： 1.CPU：28Cores 56 Thread 2 颗； 2. 内存：≥ 512GB； 3. 硬盘：≥ 10TB； 4. 支持硬盘类型：SATA，SAS，SSD； 5. 网络接口：1Gb/s x6 分布式架构，支持分布式文件系统、块存储、对象存储分布式架构，支持宿主机资源复用、内存 KSM 技术、云主机自动启动、云主机资源监控、定时快照、在线热迁移、手动导出、离线克隆，支持不同项目二层 VLAN 隔离，能实现项目之间的虚拟网络物理隔离，保障网络流量安全	台	1	GB/T 9813.3—2017 GB/T 31915—2015 GB/T 21028—2007	教学辅助设备
6	集成电路教学管理平台	主要功能： 支持教学管理、实验项目管理、实战项目管理、教学资源管理、考试中心管理、实验环境管理、平台管理、IC 设计超融合平台的资源管理	套	1	T/SIA 003—2017	建议每隔 1 年，根据相关软件的功能演进的重要程度进行版本更新或更换软件

续表

序号	设备或软件名称	主要功能和技术要求	单位	数量	执行标准或质量要求	备注
7	集成电路设计实训系统	主要功能： 1. 支持主流 EDA 工具设计流程开发，方便教学和科研工程实践； 2. 提供集成电路设计技术应用所需的 IP 项目数据（不少于 5 个 IP）； 3. 提供完成 IP 设计技术所需要的工艺库文件； 4. 支持学生账号管理、支持学生远程登录管理、支持学生实训资源监控管理等； 5. 根据集成电路产业发展，定期发布新的 IP 及项目数据	套	1	T/SIA 003—2017	

表 9　集成电路成品测试实训室设备或软件要求

序号	设备或软件名称	主要功能和技术要求	单位	数量	执行标准或质量要求	备注
1	数字 / 模拟信号半导体测试机	主要功能： 采用数模混合架构，集成数字、模拟混合信号测试功能。 技术要求： 1. 支持 125MHz 时钟频率与 250Mbps 数据速率； 2. 业务板至少支持 16 路数字通道，每通道含独立 PPMU 模块； 3. 应当具备通信系统标准，超负荷硬件自测系统，保证系统超长时间稳定运行； 4. 应当具备智能软硬件维护系统，提供故障代码，精确定位软硬件故障位置	套	10		
2	数字 / 模拟信号半导体测试软件	主要功能： 提供整套基于 Windows 系统的集成开发软件，Eclipse 的 IDE 开发环境，C/C++ 语言的编程环境，用于创建测试方案及开发调试。 技术要求： 1. 软件 GUI 界面应当设计简洁，布局合理，使用方便； 2. 可以灵活切换应用场景，集成了 AWG、DGT、Pattern 等开发调试工具，可以方便用户开发调试	套	10		
3	半导体测试实训平台	主要功能： 至少可用于 5 种不同类型的芯片测试，可根据需要增加实训芯片类型，提供芯片测试实训定制化服务。 技术要求： 1. 各测试模块应当预留有调试接口，方便后续测试时抓取波形或测量芯片引脚电压； 2. 实训平台应当配备相应的实训案例以及教材供教学使用； 3. 通过该实训平台应当至少可完成以下几种芯片的测试：模数转换芯片，存储芯片，MCU 芯片，电源管理芯片，运算放大器芯片	套	10		
4	通用器件接口板	主要功能： 用于配合半导体测试机使用，完成芯片测试	套	10		

3.2.3 专业拓展技能实训室

嵌入式综合创新实训室设备或软件要求见表 10，电子设计自动化（EDA）技术实训室设备或软件要求见表 11。

表 10 嵌入式综合创新实训室设备或软件要求

序号	设备或软件名称	主要功能和技术要求	单位	数量	执行标准或质量要求	备注
1	嵌入式系统综合实训平台	主要功能： 1. 能完成嵌入式系统的硬件、软件开发项目； 2. 能完成工业嵌入式系统典型应用的设计开发。 技术要求： 1. 具有主流嵌入式硬件平台，具备多种数据采集能力，及适用于多种场景的控制接口； 2. 32 位及以上处理器； 3. 提供配套嵌入式系统设计仿真软件； 4. 提供主流开源算法，满足教学实训、应用开发等需求	台	41	GB 21746—2008 GB 21748—2008	
2	数字示波器	主要功能： 直流信号、交流信号的测量。 技术要求： 1. 带宽：≥ 100MHz； 2. 实时采样率：1GSa/s； 3. 垂直档位：1mV/div ~ 10V/div	台	20	GB/T 15289—2012	
3	逻辑分析仪	主要功能： 对多条数据线上的数据流进行观察、测试和分析。 技术要求： 1. 采样率 100MHz； 2. 16 个逻辑通道； 3. 多种参数测量统计功能	台	10	GB/T 15471—2012	

表 11 电子设计自动化（EDA）技术实训室设备或软件要求

序号	设备或软件名称	主要功能和技术要求	单位	数量	执行标准或质量要求	备注
1	服务器	主要功能： 实训项目的上载、存储、展示等。 技术要求： 1. 内存≥ 16GB； 2. 硬盘≥ 2TB； 3. 网卡≥ 2 个，千兆	台	1		
2	仿真软件	主要功能： 1. 电路原理图、PCB 图设计； 2. 电子工程 CAD 设计； 3. 电路仿真设计。 技术要求： 1. 主流 PCB 设计软件； 2. 主流 CAD 软件； 3. 主流电路仿真软件	套	41		

3.2.4 通用设备

每个实训室的通用设备配置要求见表 12。

表 12 通用设备要求

序号	设备名称	主要功能和技术要求	单位	数量	执行标准或质量要求	备注
1	万用表	主要功能： 电流、电压、电阻等参数测试。 技术要求： 1. 直流电压： 0～25V，20000Ω/V，0～500V，5000Ω/V，2.5 级； 2. 交流电压： 0～500V，5000Ω/V，5.0 级； 3. 电阻量程：200Ω，2kΩ，20kΩ，200kΩ，2MΩ，20MΩ，200MΩ	个	按需配置	JB/T 9283—1999	
2	投影仪	主要功能： 多媒体课件演示，音视频、动画播放等多媒体教学。 技术要求： 1. 光通量：≥ 1000ANSI 流明； 2. 对比度：≥ 5000 ∶ 1； 3. 物理分辨率：≥ 1280×720	台	1	GB/T 28037—2011	
3	投影幕	主要功能： 与投影仪配合获得理想的投影效果。 技术要求： 对角线 100 英寸或以上	个	1	GB/T 13982—2011	
4	交互式电子白板	主要功能： 电子感应白板硬件和白板操作系统软件的集成，能够实现使用者与系统之间的信息交流。 技术要求： 1. 媒体互动、配件互动、多屏互联、资源互联、智慧教学、智能管理; 2. 能够打开、编辑、存储交互式电子白板数字资源的通用文件； 3. 对角线 55 英寸或以上	个	1	JY/T 0614—2017 JY/T 0615—2017	
5	计算机	技术要求： 1.CPU：≥ 3GHz； 2. 内存：≥ 4GB； 3. 硬盘：≥ 500GB； 4. 显卡：显存≥ 2GB； 5. 网卡：≥ 1 个，百兆； 6. 支持网络同传和硬盘保护	台	41	GB/T 9813.1—2016 GB/T 9813.2—2016	

注：1. 表 3 至表 12 中实训设备数是为满足 40 人 / 班同时进行实训教学的配备要求。在保证实训教学目标要求的前提下，各院校可根据本专业的实际班级人数和教学组织模式对实训课程进行合理安排，配备相应的仪器设备数量。

2. 各院校可根据地域特点和行业、企业对从业人员的具体要求，优先选择具有 ISO 标准管理体系认证等国家质量监督管理部门认可的企业所生产的相应规格、型号的仪器设备，优先选择企业所用真实设备，亦可根据专业特点选择虚拟仿真实训资源等。

3. 请注明哪些实训室设备的要求为本专业实训教学建设的必配条件；哪些是可根据各自特点和培养方向进行建设的选配条件。

3.3 实训教学环境布局

各实训室布局如图 1—图 8 所示。

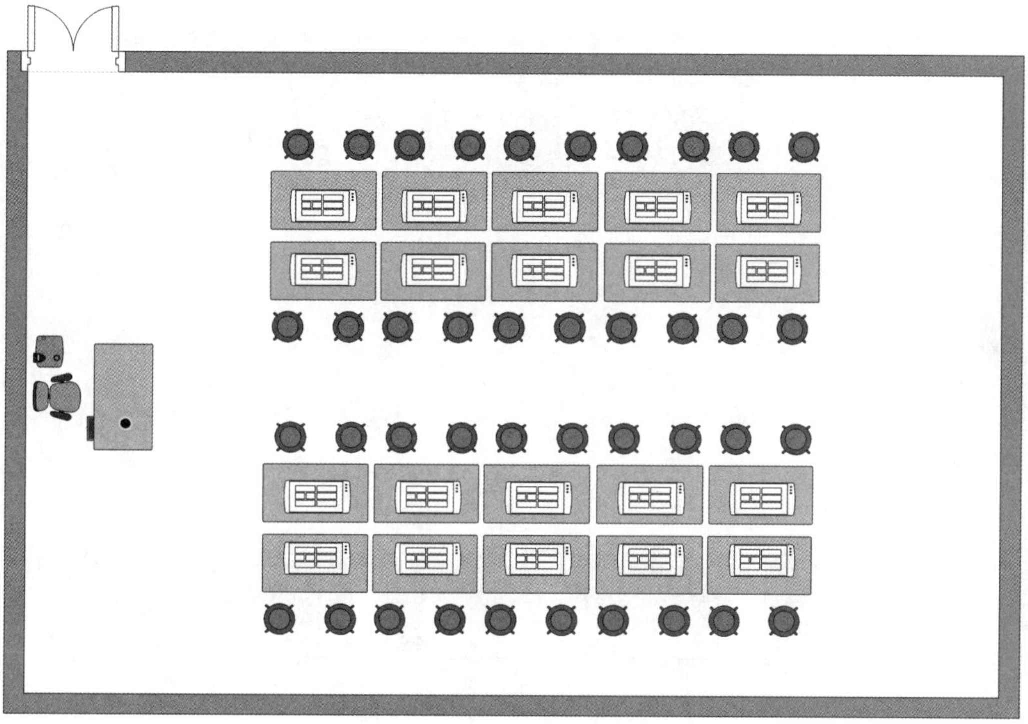

图 1 电子电路技术实训室布局

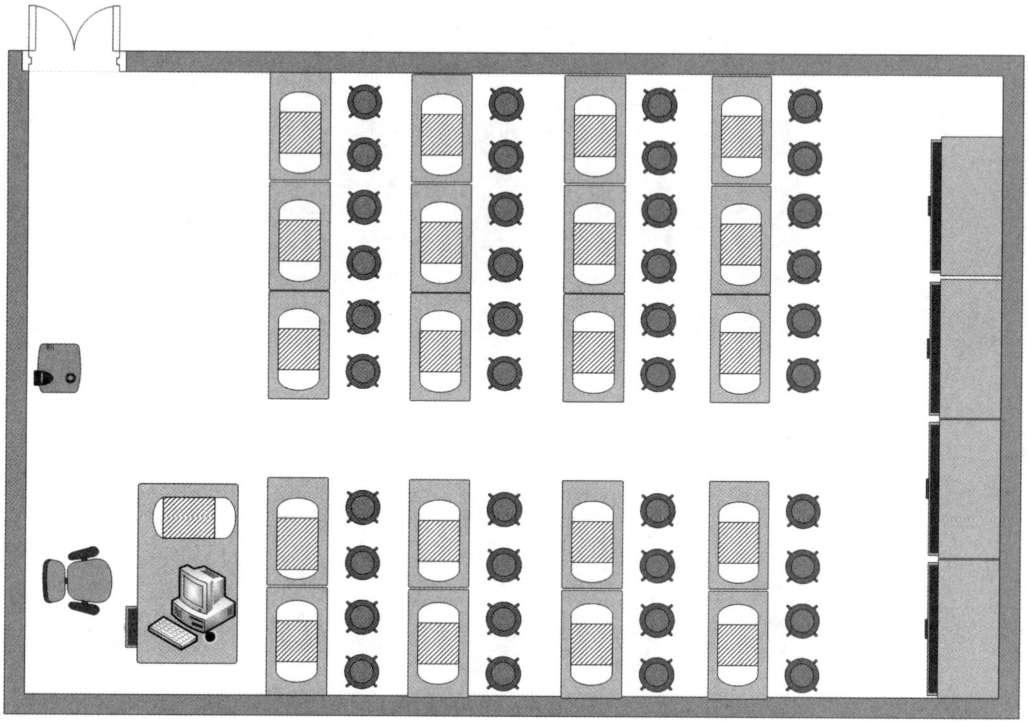

图 2 单片机技术实训室布局

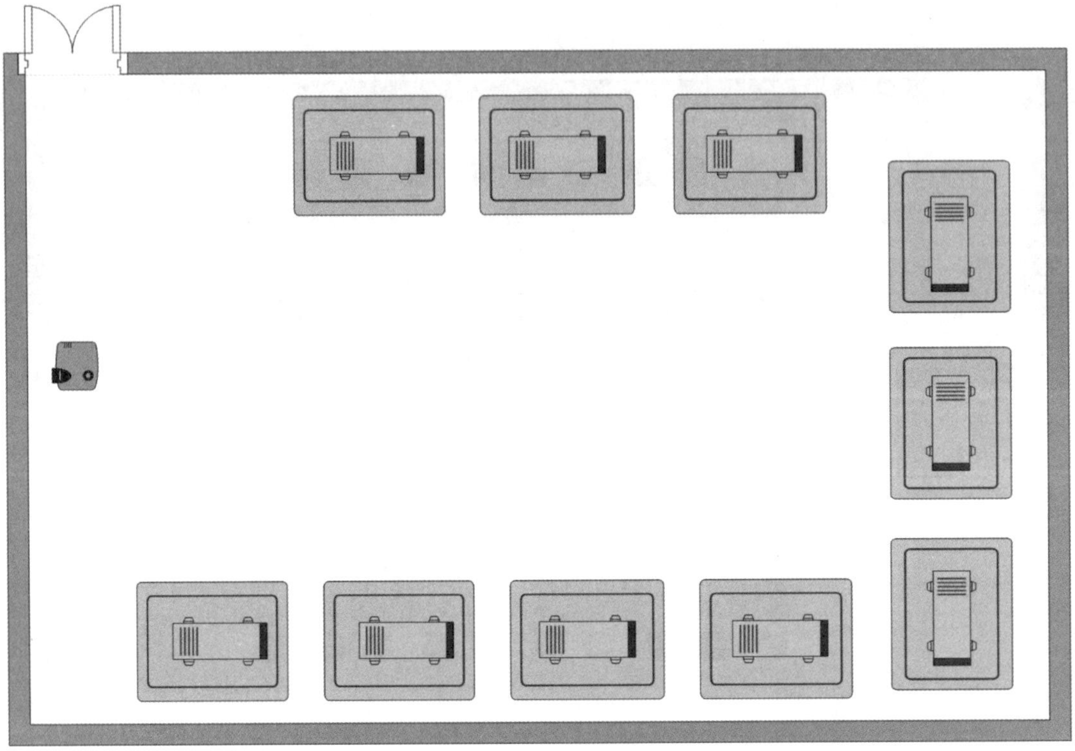

图 3 晶圆工艺制程实训室布局

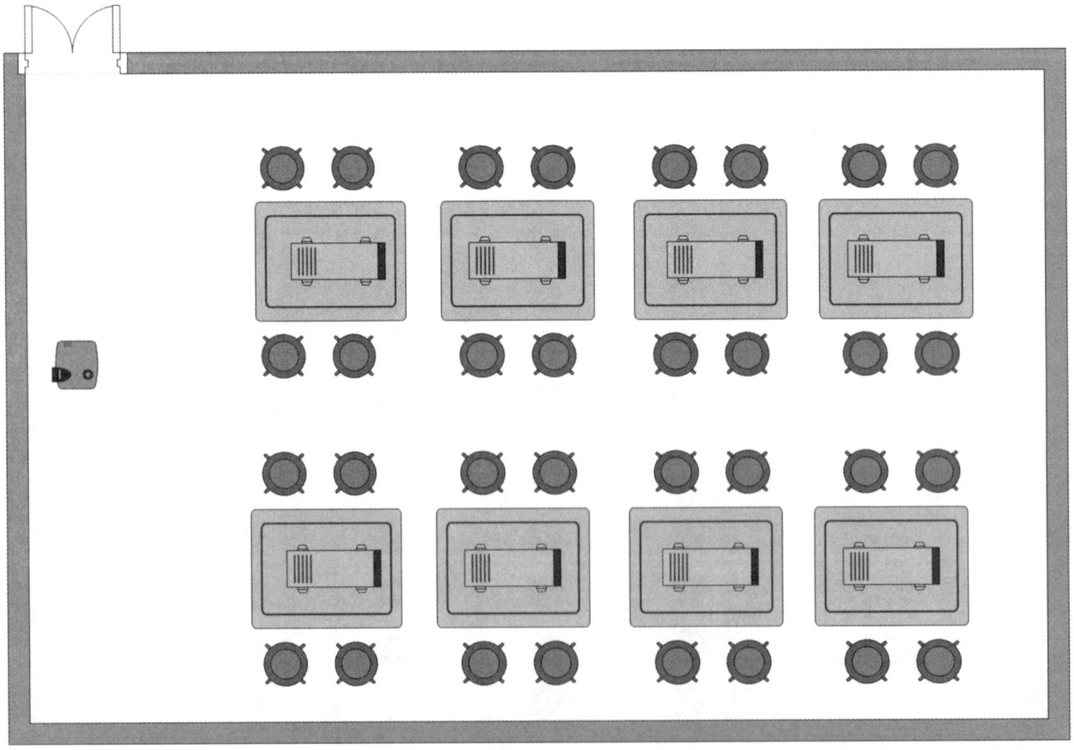

图 4 先进封装实训室布局

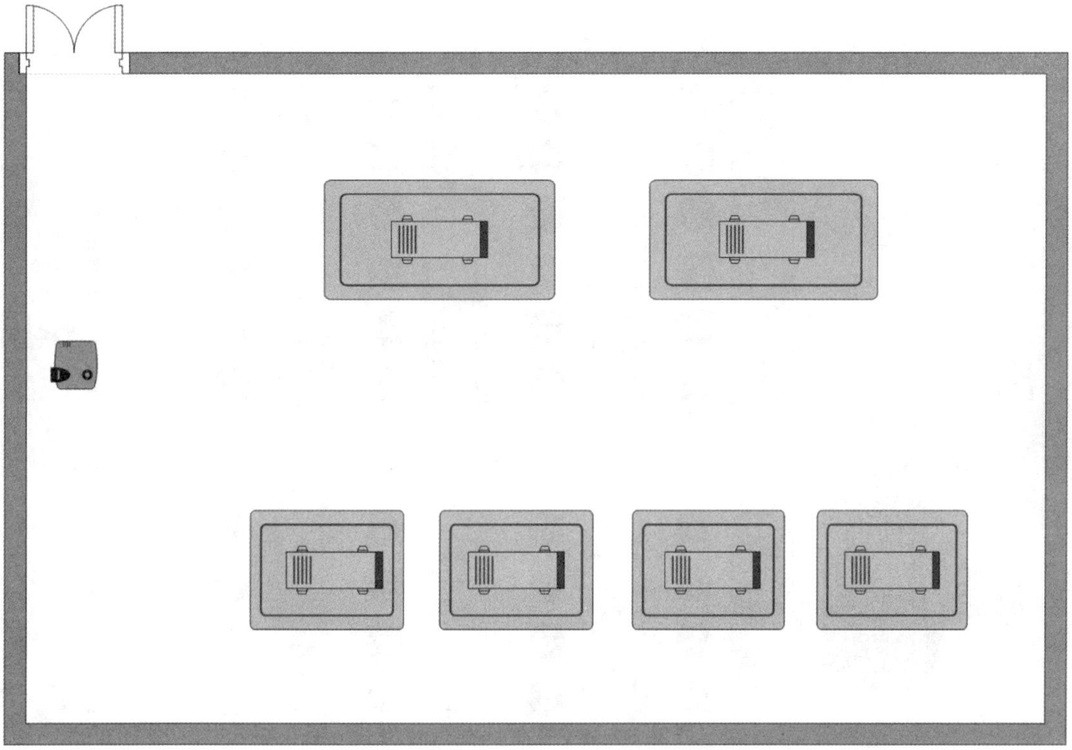

图 5　晶圆级测试实训室布局

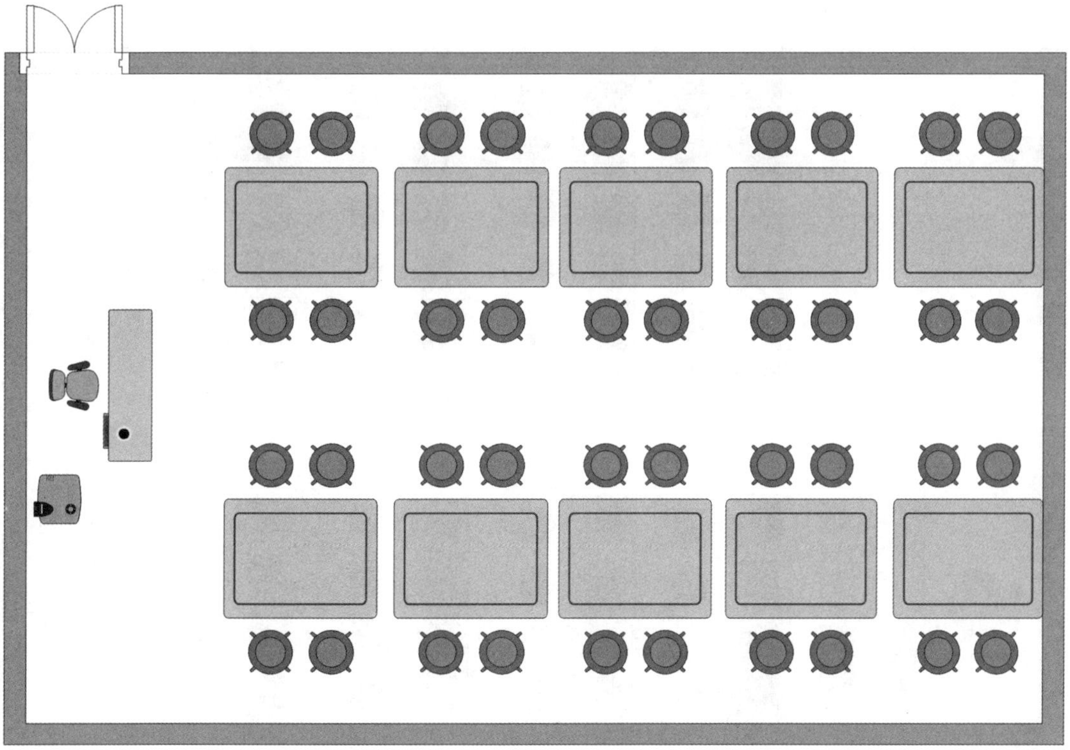

图 6　集成电路设计（集成电路成品测试）实训室布局

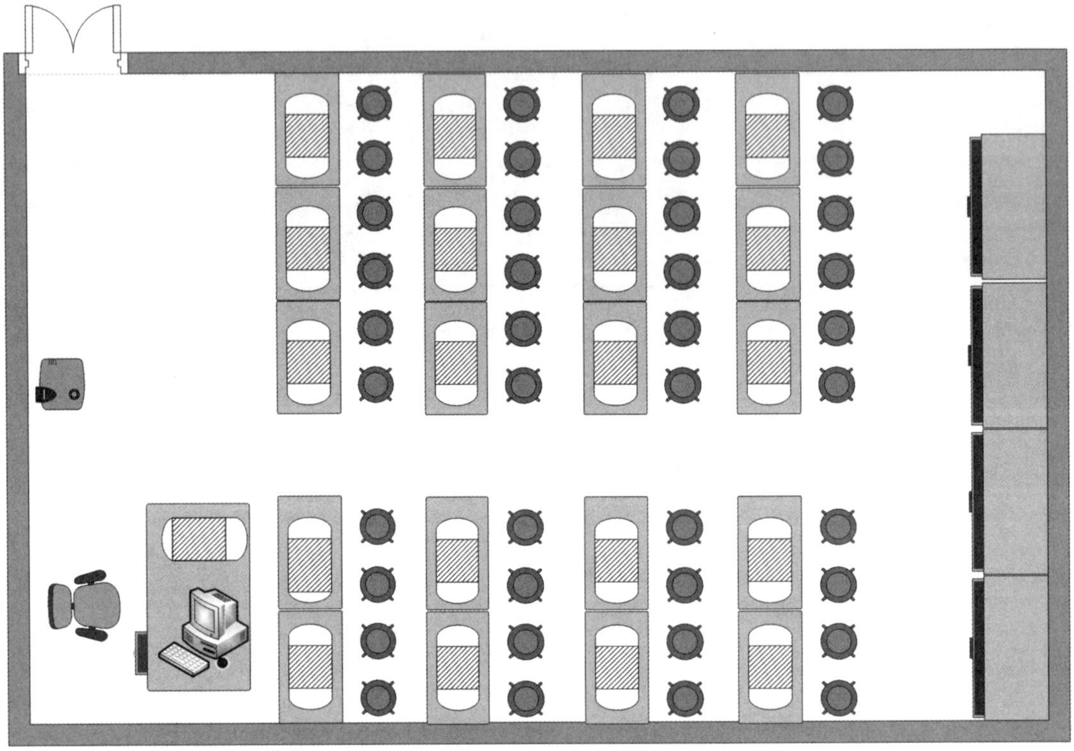

图 7　嵌入式综合创新实训室布局

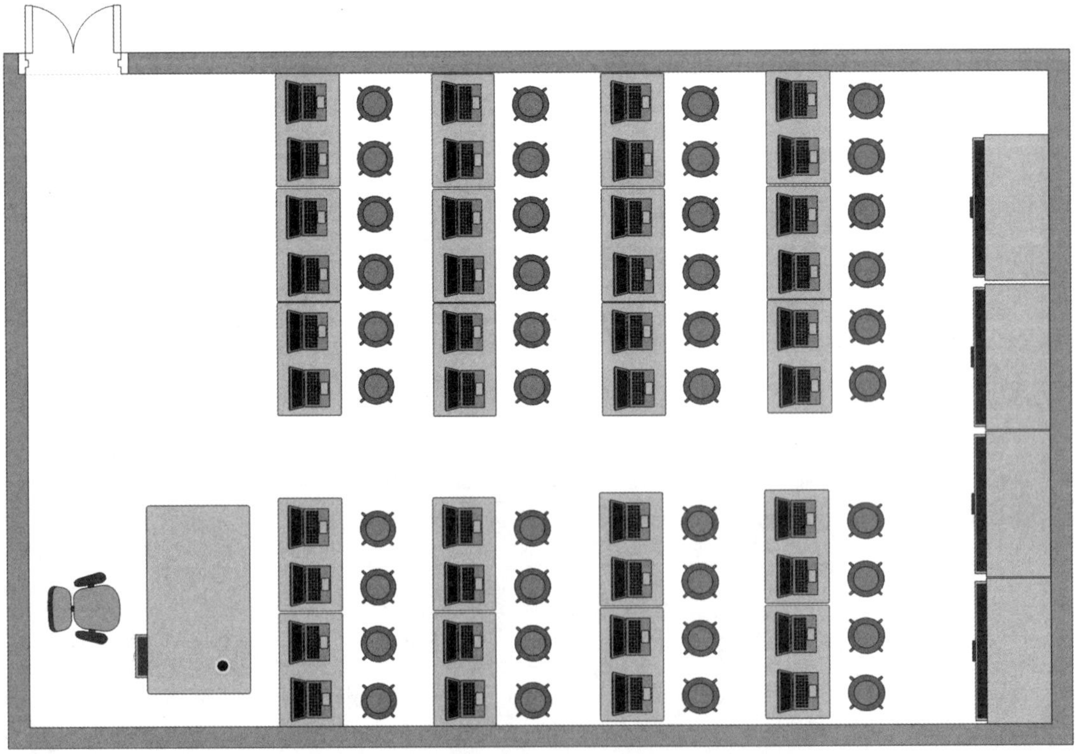

图 8　电子设计自动化（EDA）技术实训室布局

4 实训教学管理与实施

为适应中高职贯通培养模式、教学管理、课程实施一体化建设，使实训管理制度化、科学化、规范化，需建立健全实训室管理制度和工作规范，加强实训教学和管理人员师资队伍一体化建设，构建有效的质量管理体系。在教学实施过程中，针对中高职贯通及五年一贯制学生特点，灵活采用多种实训教学实施方案，积极对接不同级别的集成电路相关 1+X 证书并梯度渗透企业“新知识、新技术、新工艺”，最终培养出适应集成电路产业发展的高素质高技能专业人才。

4.1 实训教学管理

4.1.1 建立实训管理相关制度

建立健全实训教学设备管理制度，规范仪器设备采购、使用、维护、报废等运行环节。

建立实训室人员管理办法，明确实训教学岗位管理职责，定期培训和考核。

建立信息化管理平台，实现实训内容、空间、时间、人员、仪器设备等的高效利用和开放共享。

制定安全教育制度，并贯穿在日常实训教学中。

4.1.2 加强实训教学和管理人员师资队伍建设

集成电路技术更新迭代速度快，需定期对实训教学和管理人员进行新技术、新技能培训。

聘请企业工程师作为实训教学兼职教师，校企专兼教师比例合理，实现实训教学师资生态发展。

加强校企合作，拓展校外实习实训基地，为实训教师或管理人员提供企业实践岗位，切实提升实训指导教师的实践技能。

4.1.3 质量管理

建立中职、高职不同阶段教学质量管理体系，构建科学系统的人才培养模式，保障人才培养过程的有效衔接。

引入质量监控体系，对实训教学过程进行监控。

建立实训教学反馈机制，定期开展学生实训课程学习座谈会，及时收集并反馈教学信息，督促实训教师及时调整教学方法或教学实施方案。

4.2 实训教学实施

4.2.1 思政元素引入

贯彻“立德树人”的方针，在实训教学实施过程中注重思政元素的引入。

4.2.2 岗课对接、课证融通

开发基于工作过程、还原岗位真实场景的项目化教学方案。实训教学实施方案按照导入任务、分析流程、虚拟仿真、实操训练和任务评价与总结等步骤进行。

4.2.3 线上、线下混合教学模式

针对防疫常态化，构建线上线下混合教学模式，突破时空限制，提升学习效果。

4.2.4 因材施教、因需施教

建议结合学校实际建设理实一体化实训室，合理设计实训空间；实训教学教师依据培养目标、课程要求，结合中高职贯通及五年一贯制学生学习基础，灵活采用理实一体化、项目化、案例教学等教学方法。

4.3 实训教学管理与实施一体化

结合上海市集成电路产业发展，对接集成电路相关岗位内容，构建中职和高职不同阶段的课程体系，成立校级、院级两级实训教学管理委员会，建立健全实训教学管理制度，注重实训教学关键环节，实现中高职贯通培养在实训教学环节的管理、实施、评价、思政的一体化建设。实训教学管理与实施一体化框架如图 9 所示。

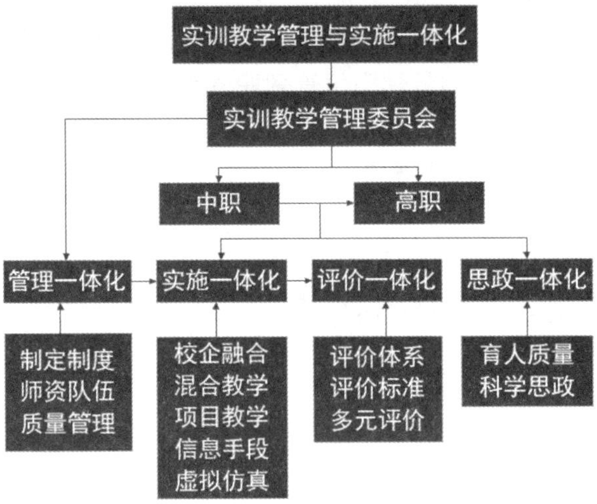

图 9 实训教学管理与实施一体化框架

5 参考文献及标准

5.1 参考文献

中华人民共和国教育部 . 职业教育专业目录（2021 年）[Z]. 北京，2021（03）.

5.2 参考标准

GB 15842—1995	移动通信设备安全要求和试验方法
GB 21746—2008	教学仪器设备安全要求总则
GB 21748—2008	教学仪器设备安全要求仪器和零部件的基本要求
GB 2893—2013	安全色
GB 2894—2008	安全标志及其使用导则
GB 50016—2014	建筑设计防火规范
GB 50033—2013	建筑采光设计标准
GB 50034—2013	建筑照明设计标准
GB 50174—2008	电子信息系统机房设计规范
GB/T 11461—2013	频谱分析仪通用规范
GB/T 12114—2012	合成信号发生器通用规范

GB/T 12116—2012	电子电压表通用规范
GB/T 12801—2008	生产过程安全卫生要求总则
GB/T 15151—2012	频率计数器通用规范
GB/T 15289—2012	数字存储示波器通用规范
GB/T 15394—1994	多探针测试通用条件
GB/T 15395—1994	电子设备机柜通用技术条件
GB/T 15471—2012	逻辑分析仪通用规范
GB/T 16895.1—2008	低压电气装置　第 1 部分：基本原则、一般特性评估和定义
GB/T 16895.18—2010	建筑物电气装置　第 5–51 部分：电气设备的选择和安装
GB/T 16895.2—2017	低压电气装置　第 4–42 部分：安全防护　热效应保护
GB/T 16895.22—2004	建筑物电气装置　第 5–53 部分：电气设备的选择和安装　隔离、开关和控制设备　第 534 节：过电压保护电器
GB/T 16895.3—2017	低压电气装置　第 5–54 部分：电气设备的选择和安装　接地配置和保护导体
GB/T 16895.4—1997	建筑物电气装置
GB/T 16895.5—2012	低压电气装置　第 4–43 部分：安全防护　过电流保护
GB/T 16895.6—2014	低压电气装置　第 5–52 部分：电气设备的选择和安装　布线系统
GB/T 21028—2007	信息安全技术服务器安全技术要求
GB/T 22690—2008	数据通信设备通用机械结构　机柜和插箱
GB/T 30094—2013	工业以太网交换机技术规范
GB/T 31915—2015	信息技术弹性计算应用接口
GB/T 9361—2011	计算机场地安全要求
GB/T 9813.1—2016	计算机通用规范　第 1 部分：台式微型计算机
GB/T 9813.2—2016	计算机通用规范　第 2 部分：便携式微型计算机
GB/T 9813.3—2017	计算机通用规范　第 3 部分：服务器
GB/T 9813—2016	计算机通用规范
GBZ 1—2010	工业企业设计卫生标准
GBZ 2.1—2019	工作场所有害因素职业接触限值　第 1 部分：化学有害因素
JB/T 6830—2013	投影仪
JB/T 9283—1999	万用电表
JY/T 0383—2007	多媒体设备集中控制系统
JY/T 0001—2003	教学仪器产品一般质量要求
GB/T 28037—2011	信息技术　投影机通用规范
JY/T 0373—2004	教学用液晶投影机
GB/T 13982-2011	反射和透射放映银幕标准
JY/T 0614—2017	交互式电子白板教学功能
JY/T 0615—2017	交互式电子白板教学资源通用文件格式
SJ 1500—1979	电子设备用低压直流稳压电源系列、基本参数要求及测量方法
T/SIA 003—2017	软件产品评估标准
YD/T 1778—2011	TD–SCDMA/GSM（GPRS）双模单待机数字移动通信终端技术要求
YD/T 2319—2011	数据设备用网络机柜

上海市职业院校酒店管理与数字化运营专业
（中高职贯通及五年一贯制）

实训教学环境建设指南

上海市教育委员会教育技术装备中心

目　　录

前　言

本指南由上海市教育委员会组织编制、审定并颁布实施。

为规范和加强职业院校酒店管理与数字化运营专业（中高职贯通及五年一贯制）实训教学环境建设，特制定本指南。本指南是职业院校酒店管理与数字化运营专业（中高职贯通及五年一贯制）实训教学环境建设及实训教学管理的基本依据，是加强酒店管理与数字化运营专业实践性教学、强化学生职业技能训练、提高人才培养质量的重要保障。

本指南主要参与编制单位与部门：上海市教育委员会职业教育处、上海市教育委员会教育技术装备中心、上海旅游高等专科学校、上海市商贸旅游学校。

本指南主要参与编写人员：王培来、王立进、王国栋、余虹、曾晨、邓卓君、孙建辉、甘炜、赵历等。

1 适用范围

本指南适用于职业院校酒店管理与数字化运营专业（中高职贯通及五年一贯制）校内实训教学场所及设备的建设，是达到酒店管理与数字化运营专业人才培养目标和规格应具备的基本实训教学条件要求。

2 实训教学环境要求

2.1 分类、面积与主要功能

专业实训教学类别分为专业基础技能实训、专业核心技能实训和专业拓展技能实训。按照实训教学内容，划分实训教学场所。实训场所面积需要满足 40 人 / 班同时开展实训教学的要求。实训教学场所分类、面积与主要功能见表 1。

表 1 实训教学场所分类、面积与主要功能

实训教学类别	实训场所名称	实训场所面积（m^2）	功能	
			主要实训项目	对应的主要课程
专业基础技能实训	形体礼仪实训室	150	1. 肢体梳理训练； 2. 综合形体训练； 3. 塑形训练； 4. 基本仪态礼仪； 5. 表情礼仪； 6. 手势礼仪； 7. 服饰与形象塑造	形体、职业礼仪
专业核心技能实训	前厅及数字化服务实训室	90	1. 行李存取； 2. 行李运送； 3. 金钥匙服务； 4. 登记入住； 5. 外币兑换服务； 6. 结账离店； 7. 客房预订； 8. 智慧入住； 9. 机器人服务； 10. 宾客投诉处理	前厅服务与管理、前厅虚拟仿真实训
	客房及智慧服务实训室	200	1. 客房清扫； 2. 客房保养； 3. 客房对客服务； 4. 迎送服务； 5. 物品租借服务； 6. 洗衣服务； 7. 擦鞋服务； 8. 房内小酒吧服务	客房服务与管理、基于物联网的智慧客房服务

续表

实训教学类别	实训场所名称	实训场所面积（m^2）	功能	
			主要实训项目	对应的主要课程
专业核心技能实训	中餐及虚拟仿真服务实训室	300	1. 托盘； 2. 铺设台布； 3. 餐巾折花； 4. 中餐摆台； 5. 斟酒； 6. 迎宾； 7. 开餐巾服务； 8. 茶水服务； 9. 小毛巾服务； 10. 分菜； 11. 点菜； 12. 上菜； 13. 撤换餐具； 14. 酒水服务； 15. 主题台面设计	中餐服务、中餐虚拟仿真实训
	西餐及虚拟仿真服务实训室	150	1. 托盘； 2. 餐巾折花； 3. 西餐宴会摆台； 4. 西餐服务； 5. 休闲餐服务； 6. 西餐宴会设计	西餐服务、西餐虚拟仿真实训
	清洁保养实训室	90	1. 地毯吸尘； 2. 地毯清洗； 3. 石材晶面处理； 4. 石材翻新； 5. 玻璃清洁； 6. 面层材料去渍； 7. 金属光亮保洁	清洁保养与技术
	酒店信息系统实训室	90	1. 客史资料操作； 2. 预订操作； 3. 团队预订操作； 4. 收银操作； 5. 客房管理操作	酒店信息管理系统运用和维护
专业拓展技能实训	调酒侍酒及虚拟仿真实训室	150	1. 烈酒酒水知识； 2. 调酒； 3. 对客酒水服务； 4. 酒吧管理	酒水知识与酒吧管理、调酒、调酒虚拟仿真实训
	茶艺及虚拟仿真实训室	90	1. 茶艺基础知识； 2. 茶汤品鉴； 3. 玻璃杯冲泡； 4. 紫砂壶冲泡； 5. 各种茶叶冲泡	茶艺、茶艺虚拟仿真实训
	咖啡制作及虚拟仿真实训室	90	1. 咖啡豆品鉴； 2. 意式咖啡制作； 3. 拉花基础训练； 4. 单品咖啡手冲	咖啡实训课、咖啡虚拟仿真实训
	酒水品鉴实训室	90	1. 葡萄酒知识； 2. 对客服务； 3. 葡萄酒品鉴； 4. 葡萄酒文化	酒水品鉴
	插花实训室	90	1. 各种花材识别； 2. 常见花型插花	插花

续表

实训教学类别	实训场所名称	实训场所面积（m^2）	功能	
			主要实训项目	对应的主要课程
专业拓展技能实训	数字化营销实训室	90	1. 酒店短视频及直播营销； 2. 编辑 HTML5 营销页面； 3. 酒店微信公众号运行； 4. 酒店营销渠道数字化管理； 5. 酒店精准营销； 6. 酒店营销自动化	酒店数字化精准营销
	酒店数字化运营实训室	90	1. 模拟酒店运营； 2. 数据采集、分析和应用； 3. 数字化人力资源管理； 4. 物联网解决方案设计； 5. 智慧酒店产品与服务设计； 6. 数字化财务与管理	酒店数字化运营，酒店环境、工程、设计、BIM 类课程
	酒店仓储管理实训室	90	1. 物资分类； 2. 物资入库； 3. 物资领用； 4. 物资盘存； 5. 物资耗用分析； 6. 最低库存管理等	酒店财务管理
	防火防爆和安全技术	100	1. 火灾模拟和报警联动演练； 2. 自动喷水灭火系统演练； 3. 各类消防灭火器的认识和操作； 4. 逃生演练； 5. 创伤急救； 6. 劳动保护用品的使用； 7. 灼伤急救； 6. 灭火器的使用	酒店安全工程

2.2 通用环境

2.2.1 采光

采光应符合 GB 50033—2013 的有关规定。

采光不应低于采光等级 III 级的采光标准值，侧面采光的采光系数不应低于 3.0%，室内天然光照度不应低于 450lx。

2.2.2 照明

照明应符合 GB 50034—2013 的有关规定。

参照 GB 50034—2013 规定的旅馆建筑照明标准值，客房及智慧服务实训室的一般活动区照度值不应低于 75lx，床头照度值不应低于 150lx，写字台混合照度值不应低于 300lx，卫生间照度值不应低于 150lx，客房及智慧服务实训室全区域的显色指数（Ra）不应低于 80。

中餐及虚拟仿真实训室照度值不应低于 200lx，统一眩光值（UGR）不得高于 22，一般照明照度均匀度（Uo）不应低于 0.60、全区域的显色指数（Ra）不应低于 80。

西餐及虚拟仿真实训室照度值不应低于 150lx，一般照明照度均匀度（Uo）不应低于 0.60，全区域的显色指数（Ra）不应低于 80。

调酒侍酒及虚拟仿真实训室和咖啡制作及虚拟仿真实训室照度值不应低于 75lx，一般照明照度均匀度（Uo）不应低于 0.40，全区域的显色指数（Ra）不应低于 80。

前厅及数字化服务实训室大堂区域照度值不应低于200lx，一般照明照度均匀度（Uo）不应低于0.40，全区域的显色指数（Ra）不应低于80。前厅及数字化服务实训室总服务台混合照度值不应低于300lx，全区域的显色指数（Ra）不应低于80。

酒店信息系统实训室和酒店数字化运营实训室照度值不应低于500lx，统一眩光值（UGR）不得高于19，一般照明照度均匀度（Uo）不应低于0.60，全区域的显色指数（Ra）不应低于80。

2.2.3 通风

通风应参照酒店行业标准 JGJ 62—2014 和 GB 50386—2005 的有关规定。

各实训室、走道、楼梯间、公共卫生间宜有自然通风：客房及智慧服务实训室应有与室外空气直接流通的自然通风，设置独立控制室温的房间空调设备；客房及智慧服务实训室卫生间、公共卫生间应设置通风系统，不应与其他房间的排风系统合并设置。客房及智慧服务实训室卫生间的排风量宜为房间新风量的60%～70%，换气次数不宜少于6次/h。公共卫生间的换气次数不宜少于10次/h。

2.2.4 防火

防火应符合 GB 50016—2014 和 GB 50222—2017 的有关规定。

实训室应为一、二级耐火等级的建筑，应设有2个安全出口，安全疏散门应向疏散方向开启，不得设置门槛。实训室内使用的各种电气设备应具有防爆隔爆性能。在日光照射的房间必须安装窗帘，在日光照射的地方不应放置遇热易蒸发的物品。实训室内应配备适用的灭火器材。

2.2.5 安全与卫生

安全标志应符合 GB 2893—2008、GB 2894—2008、GB 13495.1—2015 的相关要求。卫生应符合 GBZ 1—2010 和 GB/T 12801—2008 的相关要求。

遵守国家《使用有毒物品作业场所劳动保护条例》《危险化学品安全管理条例》《易制毒化学品管理条例》等文件的相关要求。各类清洁用剂应当储存在专用场所并由专人负责管理；有毒、腐蚀性、易燃易爆及高压罐装的清洁用剂，应当在专用仓库内单独存放，并实行双人收发、双人保管制度；建立危险化学品出入库核查、登记制度。使用清洁用剂的实训室内应张贴易燃易爆、危险化学品的性质介绍，同时配置有相应劳动防护措施、不同性质废液收集器，设置有应急洗眼及喷淋装置等。

2.3 网络环境

网络环境应保证信息化教学相应实训教学软件及设备的正常运行。

2.4 文化环境

各实训室安全制度和操作流程必须上墙。在各实训室明显位置张贴国旗图标或悬挂国旗。在实训室环境布置中应包括实训室设备介绍、相关技术的发展沿革、未来技术的发展趋势等内容，可适当加入用品用具的工艺介绍。在实训室内应适当加入劳动与创新、技能大赛要求、工匠精神和社会主义核心价值观等内容。

3 实训教学设备要求

3.1 基本要求

3.1.1 配备的仪器设备产品质量应符合相关的国家标准或行业标准，并具有相应的质量保证证明。

3.1.2 各种仪器设备的安装使用都应符合有关国家或行业标准，接地应符合 GB/T 16895.3—2017 的要求。

3.1.3 需接入电源的仪器设备，应满足国家电网规定接入要求，电压额定值为交流 380V（三相）或 220V（单相），并应具备过流、漏电保护功能；需要插接线的，插接线应绝缘且通电部位无外露。

3.1.4 具有执行机构的各类仪器设备，应具备急停功能，紧急状况可切断电源、气源、压力，并令设备动作停止。

3.2 实训室仪器设备配置标准目录（一室一表）

3.2.1 专业基础技能实训室

专业基础技能实训室设备要求见表 2。

表 2 形体礼仪实训室设备要求

序号	设备名称	主要功能和技术要求	单位	数量	执行标准或质量要求	备注
1	复合地板	主要功能： 形体礼仪训练。 技术要求： 厚 12mm	m^2	200	GB/T 15036.1—2018	
2	低更衣柜	主要功能： 形体礼仪训练。 技术要求： 1. 台柜：1000mm × 500mm，通长型； 2. 材料：免漆生态板及收边压条； 3. 五金：嵌入式拉手	套	15	GB/T 3324—2017	
3	硬木压腿杆	主要功能： 形体礼仪训练。 技术要求： 1. 扶手：硬木； 2. 固定配件：不锈钢	m	30	优先选择具有 ISO 标准管理体系认证企业的产品	
4	墙面落地镜	主要功能： 形体礼仪训练。 技术要求： 1. 镜子尺寸：3000mm × 3500mm 2. 光亮	m^2	10		

3.2.2 专业核心技能实训室

专业核心技能实训室设备要求见表 3—表 8 。

表 3 前厅及数字化服务实训室设备要求

序号	设备名称	主要功能和技术要求	单位	数量	执行标准或质量要求	备注
1	总台一字型柜台	主要功能： 总台工作任务训练。 技术要求： 1. 能够接电； 2. 能够嵌入三台电脑； 3. 能够摆放总台所需各种设备； 4. 包含账单架； 5. 包含收银、存放各类单据的抽屉	套	1	优先选择具有 ISO 标准管理体系认证企业的产品	
2	总台电脑	主要功能： 总台工作任务训练。 技术要求： 1. 能够运行酒店管理信息系统软件； 2. 能够连接多媒体； 3. 能够连接其他外接设备	台	3	GB/T 9813.1—2016	
3	酒店管理信息系统软件（PMS）	主要功能： 酒店运营模拟。 技术要求： 能够进行预订、入住、离店结账、客户档案管理、对接财务软件、生成营运报表等操作	套	1	GB/T 14394—2008	
4	钥匙卡制作机	主要功能： 制作房卡钥匙。 技术要求： 能够与酒店管理信息系统软件对接	台	2	优先选择具有 ISO 标准管理体系认证企业的产品	
5	显示电话机	主要功能： 拨打接听电话。 技术要求： 1. 支持免提功能； 2. 铃声可选； 3. 有时间显示； 4. 支持停电使用； 5. 防雷击	台	2	GB/T 15279—2002	
6	POS 机	主要功能： 1. 预授权操作； 2. 结账操作。 技术要求： 1. 能够进行信用卡预授权操作； 2. 带扫码枪； 3. 支持微信、支付宝付费	台	2	JR/T 0122—2014	
7	黑白多功能激光一体机	主要功能： 打印、复印、扫描操作。 技术要求： 1. 集智能打印、复印、扫描、传真于一体； 2. 支持移动打印、Air Print 等； 3. 支持 PCL6 等多种打印语言	台	1	GB/T 17540—2017	

续表

序号	设备名称	主要功能和技术要求	单位	数量	执行标准或质量要求	备注
8	行李车	主要功能： 1. 模拟运送大件、多件行李； 2. 模拟运送小件、少量行李。 技术要求： 1. 手推不锈钢钛金小金顶行李车（四轮）； 2. 手推不锈钢行李车（两轮）； 3. 尺寸： 1070mm ×650mm×1900mm， 500mm×380mm×1200mm	辆	2	优先选择具有 ISO 标准管理体系认证企业的产品	
9	礼宾台	主要功能： 1. 模拟行李服务； 2. 模拟金钥匙服务。 技术要求： 1. 能够接电； 2. 能够摆放一台电脑； 3. 能够摆放一部电话； 4. 能够摆放行李寄存牌等物品的抽屉； 5. 木质或石材	套	1	优先选择具有 ISO 标准管理体系认证企业的产品	
10	验钞机	主要功能： 点钞、验钞训练。 技术要求： 1. 等级：C 级； 2. 币种：人民币； 3. 使用方式：插电； 4. 鉴伪方式：磁性检测、安全线检测、荧光检测、红外鉴伪、幅面鉴伪； 5. 双屏幕、有语音提示、支持升级	台	1	GB 16999—2010	
11	学生座椅	主要功能： 模拟操作时使用。 技术要求： 与六角桌配套	张	42	GB/T 3324—2017	
12	六角桌	主要功能：酒店管理信息系统教学。 技术要求： 1. 能够安装电脑； 2. 与学生座椅配套	张	7	GB/T 3324—2017	
13	电脑	主要功能： 酒店管理信息系统教学。 技术要求： 1. 能够运行酒店管理信息系统软件； 2. 能连接多媒体； 3. 能连接其他外接设备	台	42	GB/T 9813.1—2016	
14	多媒体设备	主要功能： 教师课堂教学以及学生操作演示。 技术要求： 1. 65 英寸触摸屏教学一体机； 2. 内存类型：DDR3； 3. 内存容量：4GB； 4. 硬盘容量：其他； 5. 显卡类型：集成显卡； 6. 显示器类型：LED； 7. 需配音响设备	套	1	GB/T2 8037—2011 JY/T 0373—2004 GB/T 13982—2011	可以使用触摸屏教学一体机，也可以使用悬挂式投影仪和幕布，具体情况可根据实训条件而定

续表

序号	设备名称	主要功能和技术要求	单位	数量	执行标准或质量要求	备注
15	雨伞架	主要功能： 摆放酒店客用雨伞。 技术要求： 1. 带锁伞架； 2. 手动	个	1	优先选择具有 ISO 标准管理体系认证企业的产品	
16	大厅电子宣传屏	主要功能： 播放酒店宣传广告、会议信息等。 技术要求： 立式电子显示屏	个	1	优先选择具有 ISO 标准管理体系认证企业的产品	
17	前台、礼宾台资料展示屏	主要功能： 展示酒店各类产品、房价、外币兑换率等信息。 技术要求： Pad 或者显示屏	个	2	优先选择具有 ISO 标准管理体系认证企业的产品	
18	酒店自助入住机	主要功能： 1. 二代身份证入住； 2. 支持银联、微信、支付宝、二维码 B 扫 C； 3. 支持小票打印，开具电子发票； 4. 自动制卡退卡，带循环回收复写。 技术要求： 操作系统：Android+Windows 正版双系统	个	1	优先选择具有 ISO 标准管理体系认证企业的产品	非必备项目
19	酒店迎宾机器人	主要功能： 1. 具备主动问候、自动介绍、定点介绍、 路线巡回等介绍功能，能够进行线路咨询、景点介绍、公共信息等基础信息查询； 2. 具备人脸识别、身份识别等功能	个	1		非必备项目
20	酒店物品机器人	主要功能： 1. 具备定点送物品、传菜及介绍功能； 2. 具备定位功能、自动递送物品、自行返回等功能； 3. 具备物联网功能，能够进行电梯控制、自动拨打客房电话等	个	1		非必备项目
21	宾客人脸识别登记系统	主要功能： 具备宾客身份证件及面部识别功能	套	1		非必备项目

表 4　客房及智慧服务实训室设备要求

序号	设备名称	主要功能和技术要求	单位	数量	执行标准或质量要求	备注
1	床架及床垫	主要功能： 1. 中式铺床； 2. 计划卫生。 技术要求： 1. 长 2000mm、宽 1800mm、高 440mm； 2. 总高 480mm（误差 10mm）； 3. 床垫 200mm； 4. 软包床座 200mm； 5. 脚轮 80mm，2 只万向轮，2 只支撑脚	张	1	QB/T 1952.2—2004	

续表

序号	设备名称	主要功能和技术要求	单位	数量	执行标准或质量要求	备注
2	床架及床垫	主要功能： 中式铺床训练。 技术要求： 1. 长 2000mm、宽 1800mm、高 480mm； 2. 总高 480mm（误差 10mm）； 3. 床垫 200mm； 4. 软包床座 200mm； 5. 脚轮 80mm，2 只万向轮，2 只支撑脚	张	12	QB/T 1952.2—2004	
3	床头柜	主要功能： 中式铺床训练。 技术要求： 600mm × 450mm × 450mm	个	13	GB/T 3324—2017	
4	床单	主要功能： 布草折叠与收纳。 技术要求： 1. 2800mm × 2600mm，60S × 40S T300 涤棉（80% 棉 /20% 涤）贡缎面料，缩水率 5%； 2. 小标牌须规范	床	3	GB/T 22800—2009	
5	床单	主要功能： 中式铺床训练。 技术要求： 1. 2800mm × 2000mm，60S × 40S T300 涤棉（80% 棉 /20% 涤）贡缎面料，缩水率 5%； 2. 小标牌须规范	床	60	GB/T 22800—2009	按床数 1 ： 5 配备
6	被套	主要功能： 布草折叠与收纳。 技术要求： 1. 2300mm×2400mm，60S×40S T300 涤棉（80% 棉 /20% 涤）贡缎面料，三边 50mm 飞边，底部开口，2 条系带，缩水率 5%； 2. 小标牌须规范	床	3	GB/T 22800—2009	
7	被套	主要功能： 中式铺床训练。 技术要求： 1. 2300mm × 1800mm，60S × 40S T300 涤棉（80% 棉 /20% 涤）贡缎面料，三边 50mm 飞边，底部开口，2 条系带，缩水率 5%； 2. 小标牌须规范	床	60	GB/T 22800—2009	按床数 1 ： 5 配备
8	枕套	主要功能： 布草折叠与收纳。 技术要求： 1. 850mm × 550mm，60S × 40S T300 涤棉（80% 棉 /20% 涤）贡缎面料，缩水率 5%（开口方式为信封口，背面距离边缘 150mm 为枕套开口，四边 50mm 飞边）； 2. 小标牌须规范	个	78	GB/T 22800—2009	
9	被芯	主要功能： 布草折叠与收纳。 技术要求： 1. 2250mm × 2300mm，柔软防羽布面料，填充 90% 白鸭绒，10% 白鸭毛，180g/m^2； 2. 小标牌须规范	床	2	GB/T 22800—2009	

续表

序号	设备名称	主要功能和技术要求	单位	数量	执行标准或质量要求	备注
10	被芯	主要功能： 中式铺床训练。 技术要求： 1. 2250mm × 1700mm，柔软防羽布面料，填充90% 白鸭绒，10% 白鸭毛，180g/m^2； 2. 小标牌须规范	床	24	GB/T 22800—2009	
11	枕芯	主要功能： 布草折叠与收纳。 技术要求： 1. 750mm × 450mm，1100g，40S T230 全棉防羽布面料，填充 30% 白鸭绒，70% 白鸭毛，三层工艺，提供填充物独立小包装袋装样品； 2. 小标牌须规范	个	52	GB/T 22800—2009	
12	枕芯	主要功能： 布草折叠与收纳。 技术要求： 1.750mm × 450mm，40S T230 全棉面料，填充决明子、荞麦、记忆乳胶、菊花、银杏、竹炭； 2. 小标牌须规范	个	各 2		
13	行李柜	主要功能： 1. 客房设备认知与配备； 2. 客房清扫； 3. 计划卫生； 4. 对客服务。 技术要求： 尺寸：450mm × 650mm × 900mm	个	1	GB/T 3324—2017	
14	电视机柜	主要功能： 客房设备配置。 技术要求： 尺寸：1500mm × 400mm × 800mm	个	1	GB/T 3324—2017	
15	小冰箱	主要功能： 1. 客房清扫； 2. 计划卫生。 技术要求： 尺寸：370mm × 380mm × 450mm	个	1	GB 4343.1—2018	
16	浴缸	主要功能： 1. 客房清扫； 2. 计划卫生。 技术要求： 尺寸：1800mm × 800mm × 500mm	个	1	QB/T 2664—2004	
17	坐便器	主要功能： 1. 客房清扫； 2. 计划卫生。 技术要求： 尺寸：695mm × 355mm × 700mm 智能型，感应开盖、可冲洗烘干	个	1	GB 6952—2005 JC 987—2005 JCT 764—2008	
18	浴巾	主要功能： 布草折叠与收纳。 技术要求： 尺寸：1400mm × 800mm	条	2	GB/T 22800—2009	

续表

序号	设备名称	主要功能和技术要求	单位	数量	执行标准或质量要求	备注
19	面巾	主要功能： 布草折叠与收纳。 技术要求： 尺寸：700mm × 350mm	条	2	GB/T 22800—2009	
20	方巾	主要功能： 布草折叠与收纳。 技术要求： 尺寸：305mm × 305mm	条	2	GB/T 22800—2009	
21	地巾	主要功能： 布草折叠与收纳。 技术要求： 尺寸：750mm × 450mm	条	1	GB/T 22800—2009	
22	浴衣	主要功能： 布草折叠与收纳。 技术要求： 尺寸：衣长 1070mm，胸围 680mm，袖口直量 190mm	件	2	GB/T 22800—2009	
23	工作台	主要功能： 中式铺床训练。 技术要求： 尺寸：1400mm × 800mm × 750mm	张	12	GB/T 3324—2017	
24	智慧客房系统	主要功能： 基于物联网的酒店智慧客房系统，能够实现灯光、窗帘、背景音乐等场景化控制，支持语音控制。 技术要求： 基于物联网标准，支持移动端控制及语音控制，场景不少于 4 个	套	1		
25	智慧门锁	主要功能： 基于移动互联的二维码进房功能、面部识别进房功能	个	1		

表 5　中餐及虚拟仿真服务实训室设备要求

序号	设备名称	主要功能和技术要求	单位	数量	执行标准或质量要求	备注
1	圆桌	主要功能： 酒店中餐对客服务实训。 技术要求： 桌面直径 1800mm，高约 750mm	张	8	GB/T 24821—2009	
2	椅子	主要功能： 酒店中餐对客服务实训。 技术要求： 高：920mm，凳面（高）：460mm，凳面尺寸：450mm × 520mm	把	100	GB/T 24821—2009	
3	迎宾台	主要功能： 餐前迎客服务和餐后送客服务实训。 技术要求： 580mm × 430mm × 1170mm	个	1	GB/T 24821—2009	

续表

序号	设备名称	主要功能和技术要求	单位	数量	执行标准或质量要求	备注
4	工作台	主要功能： 酒店中餐对客服务实训。 技术要求： 1000mm × 2000mm	张	8	GB/T 3324—2017	
5	台布	主要功能： 酒店中餐厅摆台。 技术要求： 1. 正方形 240mm × 240mm； 2. 70% 棉，30% 化纤	块	16	GB/T 22800—2009	
6	口布	主要功能： 酒店中餐厅折花。 技术要求： 1. 500mm × 500mm； 2. 棉质	块	160	GB/T 22800—2009	
7	骨碟	主要功能： 酒店中餐厅摆台。 技术要求： 直径 200mm	个	200	GB/T 13484—2011	
8	调味碟	主要功能： 酒店中餐厅摆台。 技术要求： 口径 73mm，高 18mm，底径 40mm	个	200	GB/T 13484—2011	
9	口汤碗	主要功能： 酒店中餐厅摆台。 技术要求： 口径 113mm，高 40mm，底径 50mm	个	200	GB/T 13484—2011	
10	口汤勺	主要功能： 酒店中餐厅摆台。 技术要求： 长 130mm	个	200	GB/T 13484—2011	
11	筷架	主要功能： 酒店中餐厅摆台。 技术要求： 73mm × 30mm × 15mm	个	200	GB/T 13484—2011	
12	筷子	主要功能： 酒店中餐厅摆台。 技术要求： 295mm × 30mm	双	200	优先选择具有 ISO 标准管理体系认证企业的产品	
13	席面羹	主要功能： 酒店中餐厅摆台。 技术要求： 长 200mm	个	100	GB/T 29601—2013	
14	红葡萄酒杯	主要功能： 酒店中餐厅摆台。 技术要求： 口径 60mm，高 140mm，底径 55mm	个	200	GB/T 4162—2011	
15	白葡萄酒杯	主要功能： 酒店中餐厅摆台。 技术要求： 口径 35mm，高 90mm，底径 40mm	个	200	GB/T 4162—2011	

续表

序号	设备名称	主要功能和技术要求	单位	数量	执行标准或质量要求	备注
16	水杯	主要功能： 酒店中餐厅摆台。 技术要求： 口径 65mm，高 190mm，底径 65mm	个	200	GB/T 4162—2011	
17	托盘	主要功能： 酒店中餐对客服务实训。 技术要求： 外径 350mm，内径 320mm	个	16	优先选择具有 ISO 标准管理体系认证企业的产品	
18	装饰布	主要功能： 酒店中餐宴会厅摆台训练。 技术要求： 1. 圆形，直径 3200mm； 2. 成分：约 30%的棉，70%的化纤	块	16	GB/T 22800—2009	
19	牙签	主要功能： 酒店中餐宴会厅摆台训练。 技术要求： 长 82mm，宽 15mm	个	200	优先选择具有 ISO 标准管理体系认证企业的产品	
20	分菜工作台	主要功能： 酒店中餐分菜训练。 技术要求： 尺寸 0.6m × 1m，高度与工作台 一致	个	8	GB/T 3324—2017	
21	分菜叉勺	主要功能： 酒店中餐分菜训练。 技术要求： 1. 分菜勺与公勺大小一致； 2. 分菜叉长度与勺一致	个	16	GB/T 13484—2011	
22	备餐盘	主要功能： 酒店中餐分菜训练。 技术要求： 与骨碟大小一致	个	10	GB/T 13484—2011	
23	菜盘	主要功能： 酒店中餐分菜训练。 技术要求： 直径 290mm，误差 10mm	个	10	GB/T 13484—2011	
24	菜碟	主要功能： 酒店中餐分菜训练。 技术要求： 直径 175mm，误差 10mm	个	100	GB/T 13484—2011	
25	转盘	主要功能： 酒店中餐宴会厅摆台训练。 技术要求： 玻璃直径 900mm，厚 12mm	个	10	优先选择具有 ISO 标准管理体系认证企业的产品	
26	零点桌	主要功能： 酒店中餐零点训练。 技术要求： 边长 1200mm	个	8	GB/T 24821—2009	
27	中餐虚拟仿真系统及设备	主要功能： 虚拟摆台、虚拟主题宴会设计、虚拟场景服务	套	1		
28	虚拟点菜系统	主要功能： 中餐零点点菜服务实训	套	1		

表 6　西餐及虚拟仿真服务实训室设备要求

序号	设备名称	主要功能和技术要求	单位	数量	执行标准或质量要求	备注
1	迎宾台	主要功能： 1. 西餐迎宾服务实训； 2. 放置迎宾所需电话、笔记本等物品。 技术要求： 1. 台面应水平而光滑，牢固防震； 2. 迎宾台的尺寸一般为长 × 宽 × 高 =5900mm × 420mm × 450mm	个	2	GB/T 3324—2017	
2	方桌	主要功能： 西餐宴会摆台实训。 技术要求： 规格尺寸：2400mm × 120mm × 75mm	个	10	GB/T 24821—2009	每个方桌应设置必要边台，边台的尺寸一般为1200mm × 410mm × 75mm，长度结合使用空间进行确定
3	西式餐椅	主要功能： 西餐宴会摆台实训。 技术要求： 椅子的尺寸一般为长 × 宽 × 高 =525mm × 450mm × 450mm，椅背高度为 920mm	个	60	GB/T 24821—2009	
4	储物柜	主要功能： 储存西餐服务所需物品。 技术要求： 1. 储物柜的尺寸一般为高 × 宽 × 深 =1800mm × 900mm × 4200mm； 2. 材质为实木	个	2	GB/T 3324—2017	
5	开胃刀叉	主要功能： 西餐宴会摆台实训。 技术要求： 1. 开胃刀尺寸一般为高 × 宽 =200mm × 46mm； 2. 开胃叉尺寸一般为高 × 宽 =200mm × 46mm	套	10	GB/T 29601—2013	
6	汤勺	主要功能： 西餐宴会摆台实训。 技术要求： 汤勺的尺寸一般为高 × 宽 =215mm × 38mm	把	10	GB/T 29601—2013	
7	鱼刀鱼叉	主要功能： 西餐宴会摆台实训。 技术要求： 1. 鱼刀的尺寸一般为高 × 宽 =217mm × 24mm； 2. 鱼叉的尺寸一般为高 × 宽 =210mm × 26mm	套	10	GB/T 29601—2013	
8	主餐刀叉	主要功能： 西餐宴会摆台实训。 技术要求： 1. 主餐刀的尺寸一般为高 × 宽 =240mm × 20mm； 2. 主餐叉的尺寸一般为高 × 宽 =202mm × 20mm	套	10	GB/T 29601—2013	
9	甜品叉勺	主要功能： 西餐宴会摆台实训。 技术要求： 1. 甜品叉的尺寸一般为高 × 宽 =180mm × 25mm； 2. 甜品勺的尺寸一般为高 × 宽 =185mm × 36mm	套	10	GB/T 29601—2013	
10	黄油刀	主要功能： 西餐宴会摆台实训。 技术要求： 黄油刀的尺寸一般为高 × 宽 =155mm × 17mm	把	10	GB/T 29601—2013	

续表

序号	设备名称	主要功能和技术要求	单位	数量	执行标准或质量要求	备注
11	黄油碟	主要功能： 西餐宴会摆台实训。 技术要求： 黄油碟的尺寸一般为直径 × 高 =85mm × 35mm	个	10	GB/T 13484—2011	
12	面包盘	主要功能： 西餐宴会摆台实训。 技术要求： 面包盘的尺寸一般为直径 × 高 =176mm × 18mm	个	10	GB/T 13484—2011	
13	展示盘	主要功能： 西餐宴会摆台实训。 技术要求： 展示盘的尺寸一般为直径 × 高 =275mm × 25mm	个	10	GB/T 13484—2011	
14	胡椒盐瓶	主要功能： 西餐宴会摆台实训。 技术要求： 胡椒盐瓶的尺寸一般为长 × 宽 × 高 =40mm×40mm×95mm	套	10	GB/T 13484—2011	
15	牙签盅	主要功能： 西餐宴会摆台实训。 技术要求： 牙签盅的尺寸一般为长 × 宽 × 高 =43mm×28mm×90mm	个	20	GB/T 13484—2011	
16	烛台	主要功能： 西餐宴会摆台实训。 技术要求： 1. 烛台为三头烛台； 2. 烛台的长度一般为 250mm； 3. 烛台的高度一般为 250mm； 4. 烛台的底座一般为直径 100mm	个	20	GB/T 29601—2013	
17	口布	主要功能： 西餐宴会摆台实训。 技术要求： 1. 正方形 500mm × 500mm； 2.70% 棉，30% 化纤	块	60	GB/T 22800—2009	
18	台布	主要功能： 西餐宴会摆台实训。 技术要求： 台布的尺寸一般为长 × 宽 =1600mm × 2000mm	块	20	GB/T 22800—2009	
19	水杯	主要功能： 西餐宴会摆台实训。 技术要求： 1. 水杯的高度一般为 2300mm; 2. 水杯的杯口直径为 73mm	个	60	GB/T 4162—2011	
20	红葡萄酒杯	主要功能： 西餐宴会摆台实训。 技术要求： 1. 红葡萄酒杯的高度一般为 275mm； 2. 红葡萄酒杯的杯口直径为 100mm	个	60	GB/T 4162—2011	
21	白葡萄酒杯	主要功能： 西餐宴会摆台实训。 技术要求： 1. 白葡萄酒杯的高度一般为 260mm； 2. 白葡萄酒杯的杯口直径为 90mm	个	60	GB/T 4162—2011	
22	西餐虚拟仿真系统及设备	主要功能： 虚拟摆台、虚拟主题宴会设计、虚拟场景服务	套	1		

表 7　清洁保养实训室设备要求

序号	设备名称	主要功能和技术要求	单位	数量	执行标准或质量 要求	备注
1	桶式吸尘机（静音型）	主要功能： 软硬地面吸尘。 技术要求： 1. 电压：220V； 2. 功率：1000W； 3. 流量：571L/s； 4. 尘袋容量：18L； 5. 电线长度：10m； 6. 噪声级别：59dB	台	4	GB/T 25441—2010	
2	双马达吸尘吸水机	主要功能： 地面吸水。 技术要求： 1. 电压：220V； 2. 马达功率：2000W； 3. 空气流量：113L/s； 4. 机身容量：80L； 5. 电线长度：10m； 6. 吸喉长度：3m； 7. 吸喉直径：38mm； 8. 吸水桶身体积：70L； 9. 翻转车架：原机自带	台	1	SB/T 10740—2012	
3	肩背式吸尘器	主要功能： 地面与立面吸尘。 技术要求： 1. 电压：220V； 2. 功率：1000W； 3. 尘袋容量：6L； 4. 气流量：53L/S； 5. 电线长度：15m； 6. 噪声级别：59dB； 7. 机身重量：5.2kg	台	1	GB/T 25441—2010	
4	直立式吸尘器	主要功能： 地面吸尘。 技术要求： 1. 电压：220V； 2. 工作宽度：350mm； 3. 功率：1000W； 4. 噪声：65 分贝； 5. 电线长度：12m； 6. 尘袋容量：6L； 7. 空气流量：32L/S	台	2	GB/T 25441—2010	
5	三合一地毯抽洗机（含手扒、软喉）	主要功能： 地毯抽洗。 技术要求： 1. 电压：220V； 2. 电线长度：15m； 3. 功率：1680W； 4. 清水箱容量：8L； 5. 污水箱容量：30L； 6. 清洗宽度：40mm； 7. 吸力：200mbar； 8. 电线长度：15m	台	1	GB 25115.1—2010	

续表

序号	设备名称	主要功能和技术要求	单位	数量	执行标准或质量 要求	备注
6	三速吹风机	主要功能： 地面风干。 技术要求： 1. 特种工程纤维塑料外壳； 2. 功率：1000W； 3. 风叶转速：2500/1960/1350rpm； 4. 电线长度：7m； 5. 流量：3000/2600/2100L/s	台	2	IEC 60335-2-23	
7	17 寸单速擦机（含带动盘、水箱、洗地刷、干泡地毯刷、电子打泡箱）	主要功能： 软硬地面清洗。 技术要求： 1. 电压：220V； 2. 功率：1000W； 3. 转速：175rpm； 4. 电线长度：15m； 5. 工作宽度：430mm； 6. 水箱容量：6L； 7. 偏心设计中心出泡	台	1	GB 25115.1—2010	
8	加重结晶机	主要功能： 石材晶面及翻新处理。 技术要求： 1. 转速：150rpm； 2. 清洗宽度：457.2mm； 3. 功率：1500W； 4. 重量：80kg（配加重块）； 5. 配件：铁块、针盘、水箱、翻新针盘、带动盘、洗地刷； 6. 电线长度：15m	台	1	GB 25115.1—2010	
9	高压水枪	主要功能： 墙面、地面冲洗。 技术要求： 1. 电压：220V 50Hz； 2. 功率：3000W； 3. 工作压力：15mpa； 4. 最大工作压力：16mpa； 5. 出水量：10L/min； 6. 额定温度：50℃； 7. 最大进水压力：1mpa； 8. 电线长度：15m； 9. 高压软管：10m； 10. 流量：600L/h	台	1	GB/T 14545—2008	

表 8　酒店信息系统实训室设备要求

序号	设备名称	主要功能和技术要求	单位	数量	执行标准或质量要求	备注
1	电脑	主要功能： 酒店信息系统教学与实操。 技术要求： 1.CPU：4 核； 2. 内存：8GB； 3. 硬盘：500GB	台	41	GB/T 9813.1—2017	

续表

2	交换机	主要功能： 酒店信息系统网络环境运行。 技术要求： 48 口交换机	台	1	GB/T 30094—2013	
3	服务器	主要功能： 酒店信息系统网络环境运行。 技术要求： 1.CPU：10 核； 2. 内存：64GB； 3. 硬盘：600GB	台	1	GB/T 9813.1—2017	
4	电脑桌	主要功能： 酒店信息系统教学。 技术要求： 钢架结构，长 700mm，宽 600mm，高 700mm	张	41	GB/T 14531—2017	
5	折叠椅	主要功能： 酒店信息系统教学。 技术要求： 可折叠	把	41	GB/T 14531—2017	
6	多媒体设备	主要功能： 教师课堂教学以及学生操作演示。 技术要求： 1. 65 英寸触摸屏教学一体机； 2. 内存类型：DDR3； 3. 内存容量：4GB； 4. 硬盘容量：其他； 5. 显卡类型：集成显卡； 6. 显示器类型：LED； 7. 需配音像设备	套	1	GB/T 28037—2011 JY/T 0373—2004 GB/T 13982—2011	可以使用触摸屏教学一体机，也可以使用悬挂式投影和幕布，具体情况可根据实训条件而定

3.2.3 专业拓展技能实训室

专业拓展技能实训室设备要求见表 9—表 17。

表 9 调酒侍酒及虚拟仿真实训室设备要求

序号	设备名称	主要功能和技术要求	单位	数量	执行标准或质量要求	备注
1	制冰机	主要功能： 提供调酒所需冰块。 技术要求： 1. 220V/50Hz； 2. 制冷方式：直冷； 3. 制冰速度：80kg/24h； 4. 功率：300W； 5. 侧开门； 6. 自动进水； 7. 尺寸：448mm × 400mm × 798mm	台	1	GB 4706.13—2014	
2	开水机	主要功能： 提供热水。 技术要求： 1. 出水量 30 ~ 40L/h； 2. 带进水管； 3. 功率：2300~3000W	台	1	QB/T 4270—2011	

续表

序号	设备名称	主要功能和技术要求	单位	数量	执行标准或质量要求	备注
3	刨冰机	主要功能： 生产调酒用碎冰和饮料用沙冰。 技术要求： 1. 不锈钢刀片； 2. 250 ~ 380W 50Hz	台	1	JB/T 12225—2015	
4	恒温酒柜	主要功能： 储存教学使用的葡萄酒。 技术要求： 1. 单温 15 层（5 ~ 18℃）； 2. 双温 14 层（上 5 ~ 10℃，下 10 ~ 18℃）； 3. 额定电压 220V； 4. 额定功率 130W； 5. 尺寸：595mm × 1769mm × 680mm； 6. 容积单温 435L，双温 420L； 7. 耗电量 0.65kW/24h	台	2	GB/T 23777—2009	
5	卧式冷柜	主要功能： 冷藏啤酒饮料和水果装饰物等。 技术要求： 1. 侧开双门； 2. 220V 50Hz； 3. 冷藏功能； 4. 功率：1.24 ~ 2.1kWh/24h； 5. 1500mm × 760mm × 800mm（含地脚）； 6. 上表面平整，能放于吧台或酒柜下方	台	1	JBT 7244—2018	
6	小冰箱	主要功能： 冷冻冰淇淋等小食。 技术要求： 1. 立式 / 侧开门； 2. 冷冻功能功率：0.36~0.45kW · h/24h； 3. 尺寸：（495~544）mm×（527~570）mm×（840~850）mm	台	1	GB/T 8059—2016	
7	酒吧消毒柜	主要功能： 用具清洗与消毒实训教学。 技术要求： 1. 消毒方式：臭氧低温、远红外高温； 2. 容量 120L； 3. 消毒温度 125℃； 4. 层架载物重量 10kg； 5. 立柜式，上下层独立控制	台	1	GB 17988—2008	
8	酒吧操作台	主要功能： 调酒侍酒教学和实操。 技术要求： 1. 不锈钢表面； 2. 木质结构、钢架加固； 3. 侧面漆面柜门； 4. 宽 600mm，高 760mm，长度依结构确定	组	1	GB/T 14532—2017	
9	吧台杯架	主要功能： 放置调酒所需杯具。 技术要求： 低碳钢材质，高温烤漆，颜色雅黑、古铜或金属光泽，可伸缩	组	1	优先选择具有 ISO 标准管理体系认证企业的产品	

续表

序号	设备名称	主要功能和技术要求	单位	数量	执行标准或质量要求	备注
10	吧台桌椅	主要功能： 酒吧对客服务实训。 技术要求： 1. 椅子尺寸一般为 525mm × 450mm × 450mm； 2. 椅背高度为 920mm； 3. 桌子尺寸为 1200mm × 1200mm × 750mm	套	14（每套2 椅）	GB/T 24821—2009	
11	沙发桌椅	主要功能： 1. 卡座包厢对客服务实训； 2. 沙发家具清洁实训。 技术要求： 1. 沙发材质：布艺或皮革； 2. 沙发尺寸：1200mm × 650mm × 850mm； 3. 桌面：1200mm × 600mm， 茶几底座：400mm × 700mm，高：7500mm	套	3	GB/T 3324—2017	
12	吧凳	主要功能： 模拟吧台对客服务。 技术要求： 1. 皮革椅面； 2. 不锈钢； 3. 漆面木质材质； 4. 尺寸：880mm × 450mm × 450mm	个	8	GB/T 3324—2017	
13	碳酸饮料供应机	主要功能： 提供苏打类饮料。 技术要求： 1. 不锈钢、缸面烤漆材质； 2. 额定电流 2.6A； 3. 重量 50kg； 4. 额定功率 400W； 5. 温度 0 ~ 3℃； 6. 出水阀 3 个； 7. 重量 50kg； 8. 体积 700mm × 350mm × 710mm	台	1	GB/T 10792—2008	
14	电动搅拌机 / 榨汁机	主要功能： 1. 用于运用榨汁、搅拌法调制鸡尾酒； 2. 制作水果饮品。 技术要求： 1. 材质：不锈钢； 2. 额定电压：220V（50Hz）； 3. 功率：250W	台	4	JB/T 11510—2013	
15	收款机	主要功能： 酒吧收银实训。 技术要求： 1. 触屏点单收款； 2. 含前后厨打印； 3. 包含钱箱； 4. 配备扫码枪	台	1	SJ/T 11653—2016	
16	调酒用具	主要功能： 调酒实训。 技术要求： 1. 1OZ+1.5OZ 不锈钢量酒器； 2. 考布勒摇酒壶 250mL、550mL、750mL； 3. 波士顿摇酒壶（钢化玻璃与不锈钢组合）； 4. 玻璃调酒杯 + 不锈钢滤网； 5. 不锈钢材质碾棒； 6. 柠檬榨汁机	套	各 20（量酒器 40）	QB/T 4162—2011	

续表

序号	设备名称	主要功能和技术要求	单位	数量	执行标准或质量要求	备注
17	各式酒杯	主要功能： 调酒实训。 技术要求： 1. 口式杯 / 古典杯 / 岩口杯 180 ~ 300mL； 2. 柯林杯 / 柯林斯杯 300 ~ 360mL； 3. 飓口杯 400 ~ 600mL； 4. 酸酒杯 120 ~ 180mL； 5. 高球杯 240 ~ 300mL； 6. 玛格丽特杯 150mL； 7. 皮尔森杯 300mL	个	各 25	QB/T 4162—2011	
18	调酒虚拟仿真实训系统及设备	主要功能： 酒类识别、器皿识别、配方及规范仿真训练	套	1		

表 10　茶艺及虚拟仿真实训室设备要求

序号	设备名称	主要功能和技术要求	单位	数量	执行标准或质量要求	备注
1	储物柜（实木）	主要功能： 储存茶艺所需物品。 技术要求： 1. 储物柜的尺寸：长 × 宽 × 高 =1000mm × 2000mm × 350 ~ 400mm； 2. 材质为实木	个	6	GB/T 3324—2017	可根据实训室大小进行配置和调整
2	茶桌椅组合	主要功能： 茶艺训练。 技术要求： 1. 一桌四凳为一套； 2. 茶桌的尺寸：长 × 宽 × 高 =20000mm × 800mm × 7500mm； 3. 茶椅：圈椅 1 个及茶凳 3 个； 4. 圈椅的尺寸：长 × 宽 × 高 =550mm × 450mm × 480mm，椅背高度为 930mm； 5. 材质为实木	套	10	GB/T 3324—2017	可根据实训室大小调整茶桌椅数量
3	茶盘套装	主要功能： 茶艺用具实操。 技术要求： 1. 套装含一键自动电热壶、茶桶、水管、茶艺六君子、茶巾、茶叶罐、茶笔、茶壶、公道杯、盖碗、茶漏、闻香杯、品茗杯、茶宠、杯垫； 2. 尺寸：长 × 宽 × 高 =500mm × 370mm × 60mm	套	10	GB/T 3324—2017	可根据实训室大小调整茶盘套装数量
4	茶桌边几	主要功能： 放置泡茶所需用具及茶叶。 技术要求： 1. 尺寸：长 × 宽 × 高 =650mm × 680mm × 460mm； 2. 实木	个	10	GB/T 3324—2017	可根据实训室大小调整茶桌边几数量，一般与茶桌数量相等
5	洗杯池	主要功能： 茶艺洗杯。 技术要求： 1. 陶瓷或不锈钢材质； 2. 水池的尺寸一般为长 × 宽 × 高 =500mm × 500mm × 800mm	个	2	GB/T 6952—2015 GB/T 38160—2019	可在实训室单独设置 2 个水池

续表

序号	设备名称	主要功能和技术要求	单位	数量	执行标准或质量要求	备注
6	茶叶储藏柜	主要功能： 贮藏茶叶。 技术要求： 1. 容量：800L； 2. 恒温恒湿储藏柜； 3. 恒温范围：0 ~ 22℃； 4. 恒湿范围：50% ~ 80%； 5. 尺寸：长 × 宽 × 高 =595mm × 600mm × 1630mm	台	1	GB/T 21001—2015	
7	消毒柜	主要功能： 消毒茶具。 技术要求： 1. 容量：138L； 2. 消毒温度：125℃； 3. 额定功率：700W； 4. 消毒方式：臭氧 + 中温 + 高温； 5. 尺寸：长 × 宽 × 高 =420mm × 365mm × 1030mm	台	1	GB 17988—2008	
8	净水机	主要功能： 泡茶用水净水。 技术要求： 1. 工作原理：活性炭过滤； 2. 滤芯：活性炭； 3. 使用位置：终端净水； 4. 功效：直饮	台	10	GB 34914—2017	
9	小冰箱	主要功能： 冷冻冰淇淋等小食。 技术要求： 1. 立式 / 侧开门； 2. 冷冻功能功率：0.36 ~ 0.45kW · h/24h； 3. 尺寸：（495 ~ 544）mm ×（527 ~ 570）mm ×（840 ~ 850）mm	台	1	GB/T 8059—2016	
10	多媒体设备	主要功能： 教师课堂教学以及学生操作演示。 技术要求： 1. 65 英寸触摸屏教学一体机； 2. 内存类型：DDR3； 3. 内存容量：4GB； 4. 硬盘容量：其他； 5. 显卡类型：集成显卡； 6. 显示器类型：LED； 7. 需配音响设备	套	1	GB/T 28037—2011 JY/T 0373—2004 GB/T 13982—2011	可以使用触摸屏教学一体机，也可以使用悬挂式投影仪和幕布，具体情况可根据实训条件而定
11	茶艺虚拟仿真实训系统及设备	主要功能： 茶叶认知，茶具摆放及应用仿真实训，不同茶类的泡制训练	套	1		

表 11　咖啡制作及虚拟仿真实训室设备要求

序号	设备名称	主要功能和技术要求	单位	数量	执行标准或质量要求	备注
1	半自动咖啡机（三头）	主要功能： 咖啡制作教学实训。 技术要求： 1. 蒸汽棒、智能蒸汽、热水； 2. 智能锅炉：15L； 3. 可独立萃取压力； 4. 冲煮头独立温度调节； 5. 电压 / 功率：380 ~ 415V；7 ~ 8.4kW； 6. 尺寸：1055mm × 570mm × 565mm； 7. 重量：129kg	台	1	IEC 60661：2016 GB/T 23129—2008	
2	半自动咖啡机（双头）	主要功能： 咖啡制作教学实训。 技术要求： 1. 蒸汽双头数控； 2. 锅炉：11L； 3. 电压 / 功率：380V/5kW； 4. 尺寸：16mm × 563mm × 561mm； 5. 重量：66kg	台	8 ~ 10	IEC 60661—2016 GB/T 23129—2008	
3	美式滴滤咖啡机	主要功能： 咖啡制作教学实训。 技术要求： 1. 保温盘：2 个注； 2. 加水方式：手动； 3. 产能：15L/h； 4. 功率 / 电压：2300W/230V； 5. 尺寸：205mm × 460mm × 425mm	台	2	IEC 60661—2016 GB/T 23129—2008	
4	全自动咖啡机	主要功能： 咖啡制作教学实训。 技术要求： 1. 使用方式：全自动； 2. 咖啡壶分类：泵压式； 3. 功能：同意大利式磨豆机	台	2	GB/T 23129—2008	
5	软水机	主要功能： 咖啡制作用水软水。 技术要求： 1. 分类：净水机； 2. 滤芯：PPF 棉折叠滤芯； 3. 使用位置：终端净水； 4. 功效：直饮； 5. 额定出水量：1000L/h	台	2	GB 34914—2017	
6	净水机	主要功能： 咖啡制作用水净水 技术要求： 1. 工作原理：活性炭过滤； 2. 滤芯：活性炭； 3. 使用位置：终端净水； 4. 功效：直饮	台	12	GB 34914—2017	

续表

序号	设备名称	主要功能和技术要求	单位	数量	执行标准或质量要求	备注
7	磨豆机	主要功能： 咖啡豆研磨。 技术要求： 1. 转速：1350rpm； 2. 电压：220V； 3. 漏斗容量：1.2kg； 4. 粉碎刀片：64mm； 5. 粉碎力：10 ~ 15kg/h	台	12	优先选择具有 ISO 标准管理体系认证企业的产品	
8	咖啡制作虚拟仿真系统及设备	主要功能： 器皿认知，咖啡制作仿真训练	套	1		

表 12　酒水品鉴实训室设备要求

序号	设备名称	主要功能和技术要求	单位	数量	执行标准或质量要求	备注
1	恒温酒柜	主要功能： 储存教学使用的葡萄酒。 技术要求： 1. 单温 15 层（5 ~ 18℃）； 2. 双温 14 层（上 5 ~ 10℃，下 10 ~ 18℃）； 3. 额定电压：220V； 4. 额定功率：130W； 5. 尺寸：595mm × 1769mm × 680mm； 6. 容积单温 435L，双温 420L； 7. 耗电量 0.65kW/24h	台	4	GB/T 23777—2009	
2	葡萄酒杯架	主要功能： 放置品鉴所需杯具。 技术要求： 低碳钢材质，高温烤漆，颜色雅黑、古铜或金属光泽，可伸缩	组	1	优先选择具有 ISO 标准管理体系认证企业的产品	
3	品酒专用台	主要功能： 葡萄酒对客服务实训。 技术要求： 1. 长方形大理石表面； 2. 四周带 8 个黑色塑料吐酒桶（带漏斗形导流盖）	个	1	优先选择具有 ISO 标准管理体系认证企业的产品	
4	酒吧椅	主要功能： 葡萄酒对客服务实训。 技术要求： 1. 皮革椅面； 2. 漆面木质材质； 3. 尺寸：880mm × 450mm × 450mm	个	8	GB/T 3324—2017	
5	各式葡萄酒杯	主要功能： 葡萄酒对客服务实训。 技术要求： 1. 红葡萄酒杯：500~800mL； 2. 白葡萄酒杯：400~500mL； 3. 郁金香型香槟杯：200~250mL； 4. 水晶或无铅玻璃，高脚，透明； 5. 无花纹，无气泡	个	各 30	GB/T 4162—2011	

续表

6	洗消池	主要功能： 清洗酒杯。 技术要求： 1. 品酒台嵌入式洗碗机，一体化水槽； 2. 玻璃面板； 3.304 不锈钢材质； 4. 触控式； 5. 带超声清洁，尺寸为 760mm × 425mm × 800mm	个	1	GB/T 38160—2019	

表 13　插花实训室设备要求

序号	设备名称	主要功能和技术要求	单位	数量	执行标准或质量要求	备注
1	插花工作台	主要功能： 制作酒店各处需要摆放的新鲜插花的实训。 技术要求： 木质（铁质）长方台，桌面铺橡胶垫，尺寸：2200mm × 1400mm × 780mm	张	8	GB/T 3324—2017 GB/T 3325—2017 GB/T 14531—2008	
2	凳子	主要功能： 上课学生坐凳。 技术要求： 符合相关标准要求	张	40	GB/T 3976—2002	
3	储物柜	主要功能： 储存、保管插花器具。 技术要求： 边柜，木质（铁质），与花艺室风格相称	个	2	GB/T 3324—2017 GB/T 3327—1997	
4	鲜花冷藏柜	主要功能： 储存花材。 技术要求： 玻璃柜门，总有效容积≥ 200L，绝热性能良好，低耗电，低噪音	台	1	JB/T 7244—2018	
5	各式仿真花材	主要功能： 制作酒店各处需要摆放的新鲜插花的实训。 技术要求： 不少于 10 种	批	适量	优先选择行业标杆企业的产品	
6	各式插花容器	主要功能： 制作酒店各处需要摆放的新鲜插花的实训。 技术要求： 各型合理搭配	个	适量	优先选择行业标杆企业的产品	
7	各式插花工具	主要功能： 制作酒店各处需要摆放的新鲜插花的实训。 技术要求： 含花艺剪、打刺钳、花泥刀等工具套装	套	8	优先选择行业标杆企业的产品	
8	多媒体设备	主要功能： 一体化实训用途，在实训过程中讲解及演示。 技术要求： 55 英寸一体机或电脑 + 投影设备	台（套）	1	GB/T 28037—2011 JY/T 0373—2004 GB/T 13982—2011	

表 14　数字化营销实训室设备要求

序号	设备名称	主要功能和技术要求	单位	数量	执行标准或质量要求	备注
1	台式电脑	主要功能： 1. 运行新媒体相关软件； 2. 酒店新媒体营销教学与实操。 技术要求： 1.CPU：4 核； 2. 内存：8GB； 3. 硬盘：500GB	台	41	GB/T 9813.1—2017	
2	电脑桌	主要功能： 酒店数字化营销课程教学。 技术要求： 钢架结构，尺寸为 700mm × 600mm × 700mm	张	41	GB/T 14531—2017	
3	折叠椅	主要功能： 酒店数字化营销课程教学。 技术要求： 可折叠	把	41	GB/T 14531—2017	
4	多媒体设备	主要功能： 教师课堂教学以及学生操作演示。 技术要求： 1. 65 英寸触摸屏教学一体机； 2. 内存类型：DDR3； 3. 内存容量：4GB； 4. 硬盘容量：其他； 5. 显卡类型：集成显卡； 6. 显示器类型：LED； 7. 需配音响设备	套	1	GB/T 28037—2011 JY/T 0373—2004 GB/T 13982—2011	可以使用触摸屏教学一体机，也可以使用悬挂式投影仪和幕布，具体情况可根据实训条件而定
5	数据挖掘分析软件	主要功能： 酒店数字化营销课程教学。 技术要求： 机器学习与数据挖掘软件	套	41	GB/T 14394—2008	免费软件
6	数据库营销与管理软件	主要功能： 酒店数字化营销课程教学。 技术要求： 用户数据平台和营销自动化软件	套	41	GB/T 14394—2008	

表 15　酒店数字化运营实训室设备要求

序号	设备名称	主要功能和技术要求	单位	数量	执行标准或质量要求	备注
1	平板电脑	主要功能： 酒店运营虚拟仿真系统教学。 技术要求： Android 4.0 以上	台	40	GB/T 9813.1—2016	
2	多媒体设备	主要功能： 教师课堂教学以及学生操作演示。 技术要求： 1. 65 英寸触摸屏教学一体机； 2. 内存类型：DDR3； 3. 内存容量：4GB； 4. 硬盘容量：其他； 5. 显卡类型：集成显卡； 6. 显示器类型：LED； 7. 需配音响设备	套	1	GB/T 28037—2011 JY/T 0373—2004 GB/T 13982—2011	可以使用触摸屏教学一体机，也可以使用悬挂式投影仪和幕布，具体情况可根据实训条件而定

续表

序号	设备名称	主要功能和技术要求	单位	数量	执行标准或质量要求	备注
3	酒店管理沙盘软件系统	主要功能： 教师课堂教学以及学生操作演示。 技术要求： 具备酒店市场营销、前厅管理、客房管理、餐饮管理、人力资源管理、财务管理、工程管理、采购管理等实践功能	套	1	GB/T 14394—2008	

表 16 酒店仓储管理实训室设备要求

序号	设备名称	主要功能和技术要求	单位	数量	执行标准或质量 要求	备注
1	电脑桌	主要功能： 仓储管理实训教学。 技术要求： 钢架结构，尺寸为 700mm × 600mm × 700mm	张	1	GB/T 14531—2017	
2	开放式货架	主要功能： 摆放实训用具和用品。 技术要求： 1. 采用优质冷轧钢，底层防锈； 2. 立柱规格：75mm × 35mm × 1.2mm，永不变形； 3. 横梁规格：40mm × 60mm × 1.5mm，采用货架专用型材，承载效果强，不变形，不弯曲，强度高、刚性好；横梁与立柱采用柱卡连接，并配以带耳安全销锁定； 4. 隔板：0.8mm 优质冷轧钢板，下设 M 型加强筋，承载效果强，不变形，不弯曲，强度高、刚性好；（四层）承重 200kg； 5. 具体尺寸、规格数量以实地测量为准	套	1	GB/T 14531—2017	
3	台式电脑	主要功能： 运行库存管理系统软件。 技术要求： 1.CPU：4 核； 2. 内存：8GB； 3. 硬盘：1TB	台	1	GB/T 9813.1—2017	
4	库存管理系统软件	主要功能： 仓储管理实训教学，管理实训室物资物料的收发存储。 技术要求： 1. 提供基础管理、任务管理、报表管理、入库管理、出库管理、在库管理等功能； 2. 具备跨平台特性，支持绝大多数的移动设备及操作系统（例如智能手机、智能平板等）； 3. 兼容系统：WinCE，安卓，IOS，Win10 等	套	1	GB/T 14394—2008	

表 17 防火防爆和安全技术实训室设备要求

序号	设备名称	主要功能和技术要求	单位	数量	执行标准或质量要求	备注
1	消防报警联动监控计算机中心	主要功能： 能对整个智能楼层消防系统进行监控，并可进行平面图导入、画面布局、报警点设置等。 技术要求： 1. 工作电压：单相三线 220V ± 5% 50Hz 2. 整机容量：<200W 3. 外型尺寸：800mm × 700mm × 1500mm	组	1	GB/T 38315—2019 GB/T 40248—2021 GB 50116—2013	本系统全部器件均采用实物，整个实训装置主要由计算机、编程软件、监控软件、网络适配器等组成

续表

序号	设备名称	主要功能和技术要求	单位	数量	执行标准或质量要求	备注
2	火灾自动消防报警联动系统实验实训装置	主要功能： 能进行各种模拟火灾和报警联动操作演示，系统管理，数据查询，设备启停，单点操作，联动编程，线路设计与连接，故障设置，判断及排除等实验，并可与消防系列中其他设备联网。 技术要求： 1. 工作电压：单相三线 220V ± 5% 50Hz； 2. 整机容量：<200W； 3. 外型尺寸：教学系统，1500mm × 700mm × 1800mm； 4. 学生实训模块，600mm × 500mm × 400mm； 5. 安全保护：具有漏电自动保护装置； 6. 故障设置：具有故障设置系统	组	1	GB 50116—2013 GB 25506—2013 XF 703—2017	本系统全部器件均采用实物，控制对象采用仿真模型，整个实训装置主要由智能主机、警铃、报警器、多种模块、报警按钮、隔离器、智能烟感、智能温感、智能气感等组成
3	消防广播电话系统实验实训装置	主要功能： 能进行电话及广播切换等联动操作演示，紧急通话，电话主机与分机操作，背景音响与火警紧急广播的切换，系统功能设置，线路设计与连接，故障设置，判断及排除等实验和实训，并可与消防系列中其他设备联网。 技术要求： 1. 工作电压：单相三线 220V ± 5% 50Hz； 2. 整机容量：<200W； 3. 外型尺寸：教学系统，1500mm × 700mm × 1800mm； 4. 安全保护：具有漏电自动保护装置； 5. 故障设置：具有故障设置系统	组	1	GB 51348—2019 GB 50116—2013 GB 25506—2013	本系统全部元器件均采用实物，整个实训装置主要由录放单元、功放单元、广播切换模块、总线火警通信盘、电话模块、多种消防电话、音箱、音源等组成
4	自动喷水灭火系统实验实训装置	主要功能： 能进行各种自动喷水灭火系统联动操作的演示，各种喷头的安装及喷水试验，扩展的灭火试验，自动喷水灭火系统的工作原理，线路设计与连接，故障设置，判断与排除等实验和实训，并可与消防系列中其他设备联网。 技术指标： 1. 工作电压：单相三线 220V ± 5% 50Hz； 2. 整机容量：<1500W； 3. 外型尺寸：2400mm × 1000mm × 2260mm； 4. 安全保护：具有漏电自动保护装置； 5. 故障设置：具有故障设置系统	组	1	GB 50084—2017	本系统全部元器件均采用实物，整个实训装置主要由报警阀、蝶阀、排气阀、水流、指示器、洒水喷头、水箱、高位水箱、主泵、辅泵、控制电器、管路系统等组成
5	干粉灭火器	主要功能： 用于易燃、可燃液体、气体及带电设备的初起灭火。 技术要求： 手提式	个	5	GB 4351.1—2005	可用电子仿真品代替
6	泡沫灭火器	主要功能： 用于 A 类及部分 B 类火灾的灭火。 技术要求： 手提式	个	5	GB 15368—1994	可用电子仿真品代替
7	二氧化碳灭火器	主要功能： 用于扑救贵重设备、档案资料、仪器仪表、600V 以下电气设备及油类的初起灭火。 技术要求： 手提式	个	5	GB 4399—1984	可用电子仿真品代替
8	防毒面具	主要功能： 用于有毒气环境作业。 技术要求： 过滤式	个	20	GB 2890—2009	

续表

序号	设备名称	主要功能和技术要求	单位	数量	执行标准或质量要求	备注
9	防尘口罩	主要功能： 用于有粉尘环境作业。 技术要求： N95	个	20	GB 2626—2006	
10	全自动电脑心肺复苏模拟人	主要功能： 心肺复苏模拟操作。 技术要求： KAS/CPR 580	台	8		
11	自动体外除颤器	主要功能： 心脏骤停除颤。 技术要求： 符合 GB 9706.8—2009/IEC60601-2-4:2002，IDT 规范	台	8	GB 9706.8—2009	
12	急救箱	主要功能： 用于紧急救助操作。 技术要求： 成套用品	个	10		
13	一次性止血带	主要功能: 用于止血。 技术要求: A-ZXD	根	20		
14	骨科外固定夹板	主要功能： 用于骨折或损伤或术后的部位固定支撑用。 技术要求： 上肢型、下肢型、胸腔	套	10	YY/T 0508—2009	
15	自给式空气呼吸器	主要功能： 用于供氧。 技术要求： 1. 最大吸气阻力≤ 500Pa; 2. 最大呼气阻力≤ 1000Pa	台	10	GB/T 16556—2007	
16	自给闭路式压缩氧气呼吸器	主要功能： 用于供氧。 技术要求： 1. 有效防护时间≥ 4h; 2. 氧气瓶额定工作压力≥ 20MPa; 3. 氧气瓶容积≥ 2.7L	台	10	GB 23394—2009	

注：1. 表 2 至 17 中实训设备数满足 40 人 / 班进行实训教学的配备要求。在大型实训装置不能满足 40 人同时进行实训时，可安排学生分组分批进行实训或安排与其他大型实训装置一起轮换实训项目。各学校在保证实训教学目标要求的前提下，可根据本专业的实际班级人数和教学组织模式对实训课程进行合理安排，配备相应数量的仪器设备。

2. 各学校可根据地域特点和行业、企业对从业人员的具体要求，优先选择具有 ISO 标准管理体系认证等国家质量监督管理部门认可的企业所生产的相应规格、型号的仪器设备，优先选择企业所用真实设备，当真实设备很难适应实训教学要求时，可选择虚拟仿真实训资源等。

4 实训教学管理与实施

4.1 实训室人员

建立中高职一体化实训教学质量管控体系，建立实训教学反馈机制，督促问题诊改等管理体系。建立健全实训室各项管理制度，如实训室设备管理制度、物资申购制度、资产盘点制度、设备报损制度、实训安全操作制度、实训室卫生管理制度、实训室应急管理制度等，确保实训室合理、安全、高效地运行，切实提高实训项目的开出率、实训设备的使用率、完好率。实训室主任根据学校的工作目标和专业要求，制定实训室各相应规章制度。要明确相应人员的岗位职责，认真做好实训室设施设备的使用维护、定期保养、调试、改装、报废等工作。对所有设备建卡建册，确保账卡物相符。

实训室相应岗位人员需定期组织专业能力考核、业务考核、新技术技能培训，制定人员考核机制，切实确保实训室的人岗匹配，确保实训室安全高效运转。

4.2 实训管理制度

实训室实行主任负责制，由相应专业的中级技术职称及以上人员担任。

实训室配备相应职称的专 / 兼职管理人员。

4.3 安全教育

实训室应有醒目的安全警示标识，实训教师在实训前应向学生交代清楚每次实训的危险环节和注意事项，教学过程中要加强安全管理。

实训室要制定学生实训守则，要加强学生日常教学管理，学生进入实训室前应先进行安全教育。

4.4 突发事件应急预案

制定实训教学突发事件应急预案与处理措施，成立应急处置工作领导小组，制定突发事件应急预案程序，定期开展演练，做好记录，以“快速、有序、高效”地应对和处理好学生实训中出现的突发事件，确保师生的人身安全，尽最大努力减少损失和负面影响，维护学校正常的教学秩序，构建平安、稳定、和谐的校园环境。制定实训室卫生防疫与清洁消杀制度，保障师生的健康安全。

4.5 突出专业特色

做好实训室精神文明建设，展现实训室的专业化、前沿性和个性化。加强与合作企业的沟通，突出实训室的校企合作特色。

每节实训课之前，应组织召开班前布置会和班后总结会。通过实训课程向学生传递正确的劳动观、价值观和事业观。培养学生不断创新、爱岗敬业、追求完美的态度，发扬大国工匠精神。以实践训练中学生核心素养的养成教育为载体，实施实训课程思政育人。

5 参考文献及标准

5.1 参考文献

[1] 中华人民共和国教育部 . 职业教育专业目录（2021 年）[Z]. 北京，2021（03）.

[2] 中华人民共和国教育部. 普通高等学校高等职业教育（专科）专业目录及专业简介（2015 年）[M]. 北京：中央广播电视大学出版社，2016.

[3] 高等学校财务制度：财教〔2022〕128 号 [S]. 北京：中华人民共和国财政部，2022.

[4] 高等学校仪器设备管理办法：教高〔2000〕9 号 [S]. 北京：中华人民共和国教育部，2000.
[5] 中央行政事业单位固定资产管理办法：国管资〔2009〕167 号 [S]. 北京：国务院机关事务管理局，2009.
[6] 关于加强高等学校物资工作的若干意见：教备〔1997〕014 号 [S]. 北京：中华人民共和国教育部，1997.
[7] 高等学校材料、低值易耗品管理办法：教育部、财政部〔84〕教供字 020 号 [S]. 北京：中华人民共和国教育部、财政部，1984.
[8] 高等学校物资工作的若干问题的规定：教备〔1990〕013 号 [S]. 北京：中华人民共和国教育部，1990.

5.2 参考标准

GB 13495.1—2015	消防安全标志　第 1 部分：标志
GB 15368—1994	手提式泡沫灭火器
GB 16999—2010	人民币鉴别仪通用技术条件
GB 17988—2008	食具消毒柜安全和卫生要求标准
GB 18018—2007	信息安全技术　路由器安全技术要求
GB 21748—2008	教学仪器设备安全要求　仪器和零部件的基本要求
GB 23394—2009	自给闭路式压缩氧气呼吸器
GB 25115.1—2010	工业洗涤机械的安全要求　第 1 部分：通用要求
GB 25506—2010	消防控制室通用技术要求
GB 25956—2010	打印机、传真机能效限定值及能效等级
GB 2626—2006	呼吸防护用品　自吸过滤式防颗粒物呼吸器
GB 2890—2009	呼吸防护　自吸过滤式防毒面具
GB 2893—2008	安全色
GB 2894—2008	安全标志
GB 3445—2005	室内消火栓
GB 34914—2017	反渗透净水机水效限定值及水效等级
GB 4343.1—2018	家用电器、电动工具和类似器具的电磁兼容要求　第 1 部分：发射
GB 4351.1—2005	手提式灭火器
GB 4399—1984	手提式二氧化碳灭火器
GB 4706.13—2014	家用和类似用途电器的安全　制冷器具、冰淇淋机和制冰机的特殊要求
GB 50016—2014	建筑设计防火规范
GB 50033—2013	建筑采光设计标准
GB 50034—2013	建筑照明设计标准
GB 50084—2017	自动喷水灭火系统设计规范
GB 50116—2019	火灾自动报警系统设计规范
GB 50174—2017	电子计算机机房设计规范
GB 50210—2011	建筑装饰装修工程质量验收规范
GB 50222—2017	建筑内部装修设计防火规范
GB 50311—2016	综合布线系统工程设计规范
GB 50386—2005	住宅建设规范

GB 6952—2005	卫生陶瓷国家标准实施指南
GB 9706.8—2009	医用电气设备　第 2–4 部分：心脏除颤器安全专用要求
GB/T 12801—2008	生产过程安全卫生要求总则
GB/T 13306—2011	标牌
GB/T 13484—2011	接触食物搪瓷制品
GB/T 13982—2011	反射和投射放映银幕
GB/T 14308—2010	旅游饭店星级的划分与评定
GB/T 14394—2008	计算机软件可靠性和可维护性管理标准
GB/T 14531—2017	办公家具　阅览桌、椅、凳
GB/T 14532—2017	办公家具木质柜、架
GB/T 14545—2008	带电作业用小水量冲洗工具（长水柱短水枪型）
GB/T 15036.1—2018	实木地板　第 1 部分：技术要求
GB/T 15279—2002	自动电话机技术条件
GB/T 16556—2007	自给开路式压缩空气呼吸器
GB/T 16895.1—2008	低压电气装置　第 1 部分：基本原则、一般特性评估和定义
GB/T 16895.18—2010	建筑物电气装置　第 5–51 部分：电气设备的选择和安装
GB/T 16895.2—2017	低压电气装置　第 4–42 部分：安全防护　热效应保护
GB/T 16895.22—2004	建筑物电气装置　第 5–53 部分 : 电气设备的选择和安装　隔离、开关和控制设备　第 534 节：过电压保护电器
GB/T 16895.3—2017	低压电气装置　第 5–54 部分：电气设备的选择和安装　接地配置和保护导体
GB/T 16895.4—1997	建筑物电气装置
GB/T 16895.5—2012	低压电气装置　第 4–43 部分：安全防护　过电流保护
GB/T 16895.6—2014	低压电气装置　第 5–52 部分：电气设备的选择和安装　布线系统
GB/T 17540—2017	台式激光打印机通用规范
GB/T 17900—1999	网络代理服务器的安全技术要求
GB/T 21001.3—2015	制冷陈列柜　第 3 部分：试验评定
GB/T 22800—2009	星级旅游饭店用纺织品
GB/T 23129—2008	家用咖啡机性能测试方法
GB/T 23777—2009	葡萄酒储藏柜
GB/T 24821—2009	餐桌餐椅标准
GB/T 25441—2010	吸尘器电机技术规范
GB/T 28037—2011	信息技术投影机通用规范
GB/T 29601—2013	不锈钢餐具
GB/T 30094—2013	工业以太网交换机技术规范
GB/T 3324—2017	木家具通用技术条件
GB/T 3325—2017	金属家具通用技术条件
GB/T 3327—1997	家具　柜类主要尺寸
GB/T 35781—2017	托盘共用系统塑料平托盘
GB/T 38315—2019	社会单位灭火和应急疏散预案编制及实施导则
GB/T 3976—2002	学校课桌椅功能尺寸
GB/T 40248—2021	人员密集场所消防安全管理

GB/T 4162—2011	玻璃杯
GB/T 8059—2016	家用和类似用途制冷器具
GB/T 9813.1—2016	计算机通用规范　第 1 部分：台式微型计算机
GB/T 9813—2000	微型计算机通用规范
GBZ 1—2010	工业企业设计卫生标准
IEC 60335-2-23	家用和类似用途电器的安全　第 2 部分：电熨斗的特殊要求
IEC 60661：2006	家用咖啡机性能测试方法
JB/T 12225—2015	碎冰机用电动机技术条件
JB/T 7244—2018	冷柜技术标准
JC 987—2005	便器水箱配件
JCT 764—2008	坐便器圈和盖
JGJ 62—2014	旅馆建筑设计规范
JR/T 0122—2014	非金融机构支付业务设施技术要求
JY/T 0373—2004	教学用液晶投影机
QB/T 1952.2—2004	弹簧软床垫
QB/T 2664—2004	搪瓷浴缸
QB/T 4270—2011	商用电热开水器技术标准
SB/T 10740—2012	商用吸尘吸水机技术规范
SJ/T 11653—2016	电子收款机通用规范
XF 703—2017	住宿与生产储存经营合用场所消防安全技术要求
YY/T 0508—2009	外固定支架专用要求

上海市职业院校学前教育专业
（中高职贯通及五年一贯制）

实训教学环境建设指南

上海市教育委员会教育技术装备中心

目　　录

前　言

本指南由上海市教育委员会组织编制、审定并颁布实施。

为规范和加强职业院校学前教育专业（中高职贯通及五年一贯制）实训教学环境建设，特制定本指南。本指南是职业院校学前教育专业（中高职贯通及五年一贯制）实训教学环境建设及实训教学管理的基本依据，是加强学前教育专业实践性教学、强化学生职业技能训练、提高人才培养质量的重要保障。

本指南主要参与编制单位与部门：上海市教育委员会职业教育处、上海市教育委员会教育技术装备中心、上海市高职高专学前教育类专业教学指导委员会、上海行健职业学院、上海市新陆职业技术学校、幼乐美（北京）教育科技有限公司。

本指南主要编写人：章卫芳、魏魏、李娜、王羿、申海燕、张徽、田久民；参与编制人员：杨佳蕾、聂艺苑、王杰、程伟超、张石伟、吕莹莹、宋彩虹、朱素静、冯炜、邓安娜。

1　适用范围

本指南适用于职业院校学前教育专业（中高职贯通及五年一贯制）校内实训教学环境及设备的建设，职业院校相关专业及有关培训机构可参照执行。

2　实训教学环境要求

2.1　分类、面积与主要功能

专业实训教学类别分为专业基础技能实训、专业核心技能实训和专业拓展技能实训。

按照实训教学内容，划分实训教学场所。实训场所面积需要满足 40 人 / 班同时开展实训教学的要求。实训教学场所分类、面积与主要功能要求见表 1。

表 1　实训教学场所分类、面积与主要功能

实训教学类别	实训场所名称	实训场所面积（m^2）	工位数	功能	
				主要实训项目	对应的主要课程
专业基础技能实训	钢琴教学实训室	120	40	1. 基础训练； 2. 手指技巧训练； 3. 综合演奏能力的训练	音乐基础与儿歌弹唱
	音乐实训室	85	40	1. 歌唱与韵律活动； 2. 幼儿园歌唱活动的组织实施； 3. 幼儿园韵律活动的组织实施； 4. 幼儿园打击乐活动的组织实施； 5. 幼儿园音乐欣赏活动的组织实施； 6. 幼儿园音乐游戏活动的组织实施	乐理视唱、学前儿童音乐教育
	形体与舞蹈实训室	120	40	1. 形体训练； 2. 民族民间舞训练； 3. 儿童舞创编； 4. 舞种拓展训练	幼儿舞蹈与律动
	美术教育活动实训室	120	40	幼儿美术与手工	幼儿美术与手工、幼儿园教育环境创设和玩教具制作
	普通话实训室	85	40	1. 普通话训练； 2. 普通话测试	幼儿教师口语
专业核心技能实训	婴幼儿保育实训室	120	40	1. 幼儿人体主要器官的观摩； 2. 婴幼儿生长指标测量； 3. 婴幼儿食谱制订及营养分析； 4. 婴幼儿生活技能训练； 5. 心肺复苏训练； 6. 婴幼儿部分急救措施训练	幼儿卫生与保健、学前儿童健康教育、0~3 岁儿童教养
	幼儿园情境模拟综合实训室	120	40	1. 幼儿园区角环境布置； 2. 幼儿园游戏活动的组织与指导； 3. 幼儿园五大领域教学活动的模拟； 4. 幼儿园生活活动的组织与管理	学前儿童语言教育、学前儿童社会教育、学前儿童科学教育、学前儿童游戏、幼儿园教育活动设计与实践

续表

实训教学类别	实训场所名称	实训场所面积（m^2）	工位数	功能	
				主要实训项目	对应的主要课程
专业核心技能实训	教育信息技术实训室	85	40	1. 键盘按键功能、分布认识及操作指法练习； 2.Windows 系统（Word、Excel、PowerPoint）的操作； 3. 图片处理操作； 4. 动画制作； 5. 音视频编辑； 6. 现代教育技术基本技能训练、课件制作、网页制作、学习空间建设	现代教育技术应用
专业拓展技能实训	蒙台梭利教育实训室	60	25	1. 蒙台梭利日常生活教学； 2. 蒙台梭利感官教学； 3. 蒙台梭利数学教学； 4. 蒙台梭利语言教学； 5. 蒙台梭利科学文化教学	蒙台梭利教育理论与实践
	幼儿行为观察实训室	85	40	1. 幼儿行为观察； 2. 幼儿行为分析与指导	学前儿童行为观察

2.2 通用环境

2.2.1 采光

实训室采光应符合 GB 50033—2013 的有关规定。

美术教育活动实训室应有良好的天然采光，当采用人工照明时，应避免眩光。

2.2.2 照明

照明应符合 GB 50034—2013 及 JGJ 310—2013 的有关规定。

教育信息技术实训室照明应限制灯具中垂线以上等于或大于 65° 范围的亮度，房间采用低光泽度的表面装饰材料。教育信息技术实训室应避免人工光光线照射到投影屏幕上和学生的显示屏上。

美术实训室照度标准值为 750lx，统一眩光值（UGR）小于 19，显色指数（Ra）小于 90。

2.2.3 通风

通风应符合 GB 50352—2019 中的相关规定。

2.2.4 电气安装

应符合 GB/T 16895.1—2008、GB/T 16895.2—2017、GB/T 16895.3—2017、GB/T 16895.4—1997、GB/T 16895.5—2012、GB/T 16895.6—2014、GB/T 16895.18—2010、GB/T 16895.22—2004 的有关规定。

2.2.5 防火

防火应符合 GB 50016—2014 中有关民用建筑防火的规定。

2.2.6 安全与卫生

安全标志应符合 GB/T 2893.1—2013 和 GB 2894—2008 的有关要求，教学仪器设备安全应符合 GB 21746—2008 和 GB 21748—2008 的有关要求。卫生应符合 GBZ 1—2010 和 GB/T 12801—2008 的有关要求。

2.3 网络环境

2.3.1 网络教学环境

网络建设应符合 GB 50314—2015 中关于教育建筑智能化系统的要求，并应符合现行行业标准 JGJ 310—2013 的有关规定。应保证实训教学软件及设备的正常运行。

2.3.2 信息安全

做好防病毒措施，消除信息孤岛，保证信息安全。

2.4 文化环境

在文化环境建设上，各实训室应当在明显位置张贴国旗图标或悬挂国旗，也可以自行加入教育家、教育理念、教师职业道德等相关内容，使实训室具有良好的职业氛围和文化内涵。

2.5 其他

钢琴教学实训室、形体与舞蹈实训室隔音设计，应符合 GB 50118—2010 的有关规定。噪声较大的实训室应单独划分区域并远离其他教学区或办公区域，以免产生噪声干扰。

形体与舞蹈实训室需要考虑两层的层高以适应大空间的需求，地面铺设实木地板或复合地板（三层）须符合 GB/T 15036.1—2009 或 GB/T 18103—2013 的要求，或根据教室面积配备塑胶软垫。与采光窗相垂直的一面墙上，应设高度不低于 2100mm（含镜座）的通长照身镜，其余三面墙应设置高度不低于 1000mm 的可升降把杆，把杆距墙不小于 400mm，同时需设有更衣室。

美术教育活动实训室空间宜满足一个班的学生用画架写生的要求。

钢琴教学实训室应设地插。

教育信息技术实训室的建设要求应符合现行国家标准 GB 50174—2017 和 GB 50314—2015 中关于学校建筑智能化系统的配置规定。数据中心应设置火灾自动报警系统，并应符合现行国家标准 GB 50116—2013 的有关规定。数据中心装修后的室内空气质量应符合现行国家标准 GB/T 18883—2022 的有关规定。

3 实训教学设备要求

3.1 基本要求

3.1.1 实训室课桌椅符合国家标准 GB/T 3976—2014 的有关规定，并具有相应的质量保证证明。

3.1.2 各种仪器设备的安装使用都应符合有关国家或行业标准，接地应符合 GB/T 16895.3—2017 的要求。

3.1.3 需接入电源的仪器设备，应满足国家电网规定接入要求，电压额定值为交流 380V（三相）或 220V（单相），并应具备过流、漏电保护功能；需要插接线的，插接线应绝缘且通电部位无外露。

3.1.4 具有执行机构的各类仪器设备，应具备急停功能，紧急状况可切断电源、气源、压力，并令设备动作停止。

3.2 实训室仪器设备配置标准目录（一室一表）

3.2.1 专业基础技能实训室

专业基础技能实训室设备要求见表 2—表 6。

表 2 钢琴教学实训室设备要求

序号	设备名称	主要功能和技术要求	单位	数量	执行标准或质量要求	备注
1	教师数字音频转换器	主要功能： 与学生进行教学互动的控制器。 技术要求： 1.44.1K /16 位双声道立体声，CD 音质；信噪比 >80dB；失真度 <1%； 2. 终端延时：小于 1‰ s，绝无延迟感觉； 3. 终端功能：音量调节，呼叫开关，麦克风开关，状态指示； 4. 终端接口：2 组麦克风、电子琴、耳机接口； 5. 终端连线：使用以太网线并行连接； 6. 差动全数字信号，抗干扰力强	套	1		
2	多媒体交互控制服务器	主要功能： 操作互动平台，播放教学资源。 技术要求： 1. 正版微软 64 位，Win7 及以上操作系统； 2. I5 中央处理器； 3. 4GB 内存储； 4. 1TB 硬盘； 5. 21 英寸 LED 显示器	台	1		
3	学生终端	主要功能： 与教师进行教学互动的控制器。 技术要求： 1. 差动全数字信号，抗干扰力强； 2.44.1K /16 位双声道立体声，CD 音质；信噪比 >80dB；失真度 <1%； 3. 终端延时：小于千分之一秒，绝无延迟感觉； 4. 终端功能：音量调节，呼叫开关，麦克风开关，状态指示； 5. 终端接口：1 组麦克风、电子琴、耳机接口； 6. 终端连线：使用以太网线并行连接	台	40		
4	数字音频控制器	主要功能： 终端故障提示。 技术要求： 1. 专用芯片 USB 3.0，可以直连计算机高速传输； 2. 系统连接采用水晶头以太网线并行连接，可同时对 64 个终端进行管理控制； 3. 支持 Windows7/8/10 操作系统； 4. 若终端有硬件故障或线路故障，系统自动提示发生故障的位置	台	1	GB/T 17576—2011	数字音频控制器
5	音频交互控制平台	主要功能： 教学主控软件平台。 技术要求： 1. 能进行教学模式控制； 2. 实现分组授课、呼叫应答； 3. 进行名单管理； 4. 内置双通道数字调音台，进行音频控制	套	1		音频交互控制平台

续表

序号	设备名称	主要功能和技术要求	单位	数量	执行标准或质量要求	备注
6	音乐教学互动平台	主要功能： 教学素材的播放及编辑。 技术要求： 1. 能显示教学所需的乐谱，并可在乐谱上进行编辑； 2. 能播放音频素材，并可根据需要变速、变调、停止、反复等； 3. 能调用图片、视频等资料，并能对图片和视频资料进行局部放大、缩小以及编辑等； 4. 能显示标准钢琴键盘，并通过鼠标、键盘、触摸等操控其发音	套	1		音乐教学互动平台
7	音箱	主要功能： 音乐及音频输出。 技术要求： 1. 单个音箱：两路 3 单元 10 寸低音 1 个，3 寸高音 2 个； 2. 额定阻抗：8Ω； 3. 灵敏度：96dB ± 2dB； 4. 频率范围：30~600Hz	对	1		
8	电钢琴（含配套琴凳、耳麦）	主要功能： 1. 教师演奏示范； 2. 学生弹奏练习。 技术要求： 1.88 键重锤力度键盘； 2. 金属三踏板	套	41		
9	主控桌	主要功能： 可放置计算机、主控箱、功放等。 技术要求： 机柜宽度和深度可以按照实际需求定制	个	1	无味，环保材料	
10	投影仪	主要功能： 1. 清晰投放教师授课内容； 2. 具有“冻屏”功能。 技术要求： 1. 光通量：≥ 3500 流明； 2. 对比度：≥ 5000 ： 1； 3. 物理分辨率：≥ 1280 × 720	台	1	GB/T 28037—2011 JY/T 0373—2004	
11	投影幕	主要功能： 与投影仪配合获得理想的投影效果。 技术要求： 对角线 100 英寸或以上	个	1	GB/T 13982—2011	
12	视频信号接收器	主要功能： 接收视频信号。 技术要求： 1. 支持 32 路 WD1 显示和 32 路 WD1 格式录像； 2. 支持 4 路音频；支持 32 路回放； 3. 支持 2 块 4TB 硬盘； 4. 支持 DDNS、VGA/CVBS 输出、所有通道 WD1 分辨率(960 × 576)编码	台	1		
13	指法采集器	主要功能： 摄录教师和学生弹奏指法。 技术要求： 1. 30 倍变焦； 2. 支持中 / 英文 OSD-L 显示，色彩饱和度、清晰度可调； 3. 变焦速度快	台	13		

续表

序号	设备名称	主要功能和技术要求	单位	数量	执行标准或质量要求	备注
14	教师指法控制器	主要功能： 可遥控教师指法采集器，调整教师指法采集器的角度与焦距。 技术要求： 1. 信噪比 >80dB；失真度 <1%； 2. 终端延时：小于千分之一秒，绝无延迟感觉； 3. 终端功能：音量调节，终端呼叫，麦克风控制，状态指示； 4. 终端连线：使用网线，性能稳定	台	1	指法控制器	
15	指法监视器	主要功能： 用于监视视频指法采集图像。 技术要求： 21 英寸 LED 液晶显示屏	个	1		
16	VGA 切换器	主要功能： 控制输入、输出的信号或者数据。 技术要求： 1. 分辨率 640 × 480； 2. 1 路 VGA 15HDF 接口输入，2 路 VGA 15HDF 接口输出； 3. 视频 A、B 按键切换	个	1		
17	VGA 分屏器	主要功能： 多屏监控需求。 技术要求： 1.1 路 VGA 15HDF 接口输入； 2.2 路 VGA 15HDF 接口同步输出； 3. 传输距离 65~85m	个	1		
18	功放	主要功能： 功率放大。 技术要求： 1. 输出功率：200W+200W（4Ω）； 2. 话筒输入灵敏度：10mV； 3. 音频输入灵敏度：200mV； 4. 信噪比：95dB； 5. 谐波互调失真：1.0%（1KHz,200mV）； 6. 频率响应：20Hz ~ 20KHz； 7. 话筒音调：80Hz ± 12dB； 8. 回响音调：250Hz/12KHz ± 8dB； 9. 总音调：80Hz ± 12dB	台	1		

表 3　音乐实训室设备要求

序号	设备名称	主要功能和技术要求	单位	数量	执行标准或质量要求	备注
1	学生座椅	主要功能： 模拟活动时供学生入座。 技术要求： 自带可折叠写字小桌板	套	40		
2	交互式电子白板	主要功能： 显示高清的教学资源，进行互动式教学。 技术要求： 1. 显示屏不小于 75 英寸； 2. 整机处于任意信号通道下在屏幕表面任意位置都可快速调出触摸便捷菜单； 3. 可以配合视频展台、电视、外接 PC 等外接设备进行辅助教学	台	1	JY/T 0456—2013 JY/T 0614—2017	本设备要求提供原生产厂家针对本项目的授权书原件及原厂三年质保函原件

续表

序号	设备名称	主要功能和技术要求	单位	数量	执行标准或质量要求	备注
3	钢琴	主要功能： 歌曲伴奏及弹唱。 技术要求： 1. 尺寸：151cm × 61cm × 121cm； 2. 琴键：木制，88 键（$7\frac{1}{4}$八度高音）； 3. 踏板功能齐全； 4. 琴槌：天然羊毛毡； 5. 乐谱架：与普通立式琴相同； 6. 优质环保漆，外壳采用 E0 级环保板材，甲醛浓度检测标准 ≤ 0.08ppm	台	1	GB/T 10159—2015	
4	五线谱电教板	主要功能： 音乐素材的直观演示。 技术要求： 1. 产品规格：1800mm × 900mm × 60mm； 2. 外箱尺寸：1810mm × 1030mm × 80mm； 3. 五线谱表、128 种 GM 音色 +1 组键盘、打击乐器音	个	1		
5	奥尔夫乐器	主要功能： 模拟活动时演奏使用。 技术要求： 1. 含皮质、散响类、金属类、木质等各种打击乐器，种类齐全； 2. 材料环保	套	1		
6	音乐软件	主要功能： 音乐编辑、打谱、简谱和五线谱的互换。 技术要求： 1. 打谱软件：根据需要可以现场更改五线谱、简谱中的音高、节奏、谱面记号等音乐要素，支持简谱、五线谱互译； 2. 音乐编辑软件：可以更改作品速度、力度以及曲调等，也可以进行音乐剪辑、音响合成等，通过音乐编辑可以使教学更加具有直观性和简捷性	个	1		

表 4　形体与舞蹈实训室设备要求

序号	设备名称	主要功能和技术要求	单位	数量	执行标准或质量要求	备注
1	固定把杆	主要功能： 辅助舞蹈基本功训练。 技术要求： 1. 距地高度为 80~110cm； 2. 距墙不小于 40cm； 3. 把杆直径 5~5.5cm； 4. 把杆内镶弹簧钢芯，柔韧度适中，外部为木质材料； 5. 表面清漆处理，漆层不易脱落； 6. 底座支架为电镀钢管，坚实稳固	面	2		
2	舞蹈练功凳	主要功能： 辅助舞蹈基本功训练。 技术要求： 实木，结实稳固	张	2		
3	移动把杆	主要功能： 辅助舞蹈基本功训练。 技术要求： 1. 距地升降高度为 80~110cm； 2. 把杆直径 5~5.5cm； 3. 表面光滑，稳固	根	4		

续表

序号	设备名称	主要功能和技术要求	单位	数量	执行标准或质量要求	备注
4	交互式电子白板	主要功能： 教学资源的高清显示，互动式教学。 技术要求： 1. 显示屏不小于 75 英寸； 2. 整机处于任意信号通道下在屏幕表面任意位置都可快速调出触摸便捷菜单，实现即时批注、截图、快捷白板等功能； 3. 可以配合视频展台、电视、外接 PC 等外接设备进行辅助教学	台	1	JY/T 0456—2013 JY/T 0614—2017	本设备要求提供原生产厂家针对本项目的授权书原件及原厂三年质保函原件
5	钢琴	主要功能 1. 基本功训练配乐； 2. 节奏练习。 技术要求： 1. 尺寸：151cm × 61cm × 121cm； 2. 琴键：木制，88 键（$7\frac{1}{4}$八度高音）； 3. 踏板：功能齐全，配有延音踏板、弱音踏板和柔音踏板； 4. 琴槌：天然羊毛毡； 5. 乐谱架：与普通立式琴相同； 6. 外观颜色：镜面亮光漆（黑色），优质环保漆，外壳采用 E0 级环保板材，甲醛 BAW 检测标准≤ 0.08ppm	架	1	GB/T 10159—2015	提供厂家授权书原件以及产品 3C 认证
6	镜面	主要功能 辅助进行形体及舞蹈动作的学习和纠正。 技术要求 1. 高度不小于 210cm（包括镜座）的照身镜； 2. 镜座离地不大于 20cm	面	2	QB/T 1102—2006	

表 5　美术教育活动实训室设备要求

序号	设备名称	主要功能和技术要求	单位	数量	执行标准或质量要求	备注
1	交互式电子白板	主要功能： 教师课堂教学示范示意图，学生活动等。 技术要求： 1. 显示屏不小于 75 英寸； 2. 整机处于任意信号通道下在屏幕表面任意位置都可快速调出触摸便捷菜单，实现即时批注、截图、快捷白板等功能； 3. 可以配合视频展台、电视、外接 PC 等设备进行辅助教学； 4. 支持铅笔、毛笔、钢笔等笔的书写模式，笔画颜色、粗细可调； 5. 可对屏幕操作和对板书内容进行录制、回放； 6. 能够打开、编辑、存储交互式电子白板数字资源的通用文件	台	1	JY/T 0456—2013 JY/T 0614—2017	本设备要求提供原生产厂家针对本项目的授权书原件及原厂三年质保函原件
2	教师操作台	主要功能： 教师操作平台。 技术要求： 1. 稳定结实； 2. 尺寸：160cm × 80cm × 75cm	个	1	无味、环保材料	
3	学生操作台	主要功能： 学生操作平台。 技术要求： 1. 尺寸：120cm × 100cm × 75cm； 2. 可移动； 3. 稳固	套	20	无味、环保材料	

续表

序号	设备名称	主要功能和技术要求	单位	数量	执行标准或质量要求	备注
4	学生坐凳	主要功能： 学生操作坐凳。 技术要求： 1. 座凳高度不低于 40cm； 2. 可升降； 3. 稳固	把	40	无味、环保材料	
5	视频展示台	主要功能： 示教绘画及手工。 技术要求： 1. 不低于 500 万高清像素； 2. 设备稳定； 3. 色彩还原高； 4. 带 USB、HDMI 接口； 5. 支持 32GB 内存卡； 6.1080P 及以上高清画质； 7. 采集画面不小于 A4 纸张大小； 8. 整体 220 倍放大	台	1	JY/T 0363—2002	
6	全白投影幕布	主要功能： 呈现展示台的投影内容。 技术要求： 1. 对角线 100 英寸或以上； 2. 4 ： 3 比例； 3. 表层有高清涂层处理； 4. 色彩还原度高； 5. 顺滑、耐腐蚀； 6. 可升降	块	1	JB/T 13293—2017	
7	黑板	主要功能： 教师教学与示范，学生绘图。 技术要求： 1. 稳定性好； 2. 书写流畅、笔道均匀、线条明显； 3. 无眩光； 4. 擦拭效果好，往复两次擦拭后无明显笔迹残留	个	1	WS 99—1998	
8	美术用品及作品陈列柜	主要功能： 优秀学生作品和日常美术用具放置。 技术要求： 稳固结实；容量大	个	4	GB/T 14532—2017	
9	画板	主要功能： 绘画工具。 技术要求： 1. 尺寸：60cm × 45cm； 2. 采用双面椴木，三合板板面平整光滑； 3. 板面能承受重力 ≥ 15kg	个	41	无味、环保材料	
10	工艺制作垫板	主要功能： 手工刀刻工具。 技术要求： 1. 四边平直，表面平整无裂缝； 2. 垫板两面印制刻线分层结构；有自愈合功能，能保护刀锋，经久耐用	个	41		
11	各类陶艺用品	主要功能： 教学观赏与借鉴。 技术要求： 1. 表面无破损； 2. 色泽线条流畅	个	10	GB/T 13524.3—2015	

续表

序号	设备名称	主要功能和技术要求	单位	数量	执行标准或质量要求	备注
12	各类雕塑模型	主要功能： 教学工具。 技术要求： 1. 线条流畅； 2. 表面光滑无损伤	个	10	GB/T 13524.1—2015	
13	石膏静物模型	主要功能： 教学工具。 技术要求： 1. 色泽和线条流畅、清晰； 2. 表面无破损，边缘不锋利、无毛刺	个	10	DB51/T 1426—2012	
14	静物台	主要功能： 模型与范例展示。 技术要求： 实木；稳固结实	个	2	DB52/T 551—2010	
15	小型摄影棚	主要功能： 学生作品拍摄。 技术要求： 1. 80cm^2 小型拍照摄影棚； 2. LED 补光灯； 3. 灯板可调节角度并在棚体上移动	个	1	SJ/T 11643—2016	
16	照相机	主要功能： 学生作品拍摄。 技术要求： 1. CCD 像素：120 万 ~200 万； 2. 轻便、防抖、色彩还原度高	个	1	GB/T 10047.1—2005	
17	数码摄像机	主要功能： 教学过程片段拍摄。 技术要求： 1. 像素不低于 80 万； 2. 水平解像度：提供 500 线至 530 线的解像度； 3. CCD 像素不低于 100 万	个	1	GB/T 15412—2017	
18	写生灯	主要功能： 物体明暗观察。 技术要求： 高度不低于 60cm，照射角度可调，可升降	个	4	JY/T 0471—2015	

表 6　普通话实训室设备要求

序号	设备名称	主要功能和技术要求	单位	数量	执行标准或质量要求	备注
1	多媒体中控台	主要功能： 为使教师授课声音传送、课堂控制达到理想效果所必需的综合控制台。 技术要求： 1. 台面电脑主要功能扩展及外接设备接口，包含但不限于 VGA、VIDEO、立体声、话筒、网络、USB、电源接口等，支持台式电脑、手提电脑、数字展台输入； 2. 功放； 3. 音箱； 4. 麦克风	套	1	JY/T 0383—2007 JY 0001—2003	教学辅助设备

续表

序号	设备名称	主要功能和技术要求	单位	数量	执行标准或质量要求	备注
2	普通话设备桌椅	主要功能： 安全稳定地放置及操作普通话设备。 技术要求： 1. 座凳高度不低于 40cm，可升降； 2. 稳固	套	41		
3	普通话测试机器设备	主要功能： 提供真实的普通话练习与测试环境。 技术要求： 1. 音箱； 2. 麦克风	台	41		配备普通话训练软件
4	普通话测试软件	主要功能： 提供普通话训练与测试环境。 技术要求： 1. 带有《普通话水平测试》试题； 2. 专业的普通话发音评估系统	套	41		建议每隔 2 年，根据相关软件的功能演进的重要程度进行版本更新

3.2.2 专业核心技能实训室

专业核心技能实训室设备要求见表 7—表 9。

表 7 婴幼儿保育实训室设备要求

序号	设备名称	主要功能和技术要求	单位	数量	执行标准或质量要求	备注
1	操作台	主要功能： 各项婴幼儿保育技能的操作、演示。 技术要求： 1. 尺寸：120cm × 100cm × 75cm； 2. 可移动； 3. 稳固	个	11	GB/T 14531—2017	
2	交互式电子白板	主要功能： 教学资源的高清显示，互动式教学。 技术要求： 1. 显示屏不小于 75 英寸； 2. 整机处于任意信号通道下在屏幕表面任意位置都可快速调出触摸便捷菜单，实现即时批注、截图、快捷白板等功能； 3. 可以配合视频展台、电视、外接 PC 等外接设备进行辅助教学	台	1	JY/T 0456—2013 JY/T 0614— 2017	本设备要求提供原生产厂家针对本项目的授权书原件及原厂三年质保函原件
3	学生坐凳	主要功能： 学生听课就坐。 技术要求： 1. 座凳高度不低于 40cm，可升降； 2. 稳固	个	40	JY/T 0471—2011	
4	虚拟仿真娃娃	主要功能： 婴儿日常护理（喂奶、拍嗝、换尿布、安抚）操作。 技术要求： 1. 娃娃体内有内置传感器，能检测学生操作是否恰当； 2. 每次照护程序运行完成后，操作软件可自动生成评估报告；也可以用无功能性的假娃娃替代，由教师进行现场评价	个	10	身长和重量与真实的婴儿一致，身长 47~52cm，重量 2500~4000g；无毒，无辐射	

续表

序号	设备名称	主要功能和技术要求	单位	数量	执行标准或质量要求	备注
5	宝宝餐椅	主要功能： 婴儿喂食练习。 技术要求： 1. 餐盘离地面高度不小于 68cm； 2. 桌面尺寸不小于 48cm × 25cm； 3. 稳固性好，边角光滑； 4. 承重 25kg	个	1		
6	儿童身高体重秤	主要功能： 婴幼儿身高体重测量。 技术要求： 1. 最大称重：50kg; 2. 称重最小分度值：0.05kg； 3. 身长测量范围：60~160cm； 4. 身长最小分度值：0.5cm； 5. 座高测量范围：38~100cm； 6. 承重板尺寸：37.5cm × 27cm	个	1		
7	红外耳温计	主要功能： 婴幼儿体温测量。 技术要求： 1. 耳朵 / 额头温度测量范围：32.0℃ ~42.9℃； 2. 显示：液晶显示屏； 3. 最小单位：0.1℃	个	1	GB/T 21417.1—2008	
8	幼儿园膳食配餐营养计算分析软件	主要功能： 学前儿童带量食谱的编制与营养分析。 技术要求： 1. 能实现幼儿园膳食管理，能进行带量食谱编制及营养分析，能根据食谱自动生成食物预购清单； 2. 具备“单机光盘版”和“网络在线版”双版本	套	1		
9	耳解剖模型	主要功能： 示教耳朵结构。 技术要求： 1. 显示了外耳、中耳、内耳； 2. 听小骨和内耳可拆下； 3. 按实物放大 5 倍； 4. PVC 材质	个	1	JY/T 0165—2011	
10	眼球解剖模型	主要功能： 示教眼睛结构。 技术要求： 1. 按实物放大 6 倍； 2. PVC 材质	个	1	JY/T 0164—2011	
11	心脏解剖模型	主要功能： 示教心脏外部形态、内部结构。 技术要求： 1. 按实物放大 4 倍； 2. PVC 材质	个	1	JY/T 0160—2011	
12	牙保健模型	主要功能： 示教牙齿结构。 技术要求： 1. 尺寸：14cm × 15.5cm × 24cm； 2. 展示牙齿的纵切面； 3. PVC 材质	个	1	身长和重量与真实的婴儿一致，身长 47~52cm，重量 2500~4000g；无毒，无辐射	

续表

序号	设备名称	主要功能和技术要求	单位	数量	执行标准或质量要求	备注
13	人体呼吸系统模型	主要功能： 示教肺泡的微观显微结构、气体交换过程。 技术要求： 1. 置于地板上； 2. 显示上下呼吸道，另一边设计了放大的肺泡模型； 3. PVC 材质并使用高级手工着色工艺	个	1	JY/T 0563—2015	
14	人体躯干模型	主要功能： 观摩人体躯干构成。 技术要求： 1. 男性躯干模型，手工喷漆，效果逼真； 2. 包含人体内脏及血管； 3. 安放于座位上； 4. PVC 材质； 5. 85cm	个	1	JY/T 0158—2011	
15	膳食宝塔模型	主要功能： 展示一日膳食应包含的食物种类。 技术要求： 包含每日膳食所需的共 60 种食物模型	个	1		
16	人体骨骼模型	主要功能： 示教骨及骨连接的形态、功能和组成。 技术要求： 1. 尺寸：70cm； 2. 由全身散骨穿制而成一整体	个	1	解剖结构比例准确，用环保材料、油漆，金属配件为不锈钢外观，电镀	
17	心肺复苏模拟人	主要功能： 1. 气道开放训练； 2. 人工呼吸； 3. 人工胸外按压。 技术要求： 面皮肤、颈皮肤、胸皮肤、头发采用进口热塑弹性体混合胶材料，在不锈钢模具中经注塑机高温注压而成，消毒清洗后不变形	套	4		
18	综合急救箱	主要功能： 急救措施操作。 技术要求： 内含急救所需的成套材料	箱	10	有保质期限的物品需在保质期内	根据急救箱内物品的保质期限，定期更换

表 8　幼儿园情境模拟综合实训室设备要求

序号	设备名称	主要功能和技术要求	单位	数量	执行标准或质量要求	备注
1	交互式电子白板	主要功能： 教学资源的高清显示，互动式教学。 技术要求： 1. 显示屏不小于 75 英寸； 2. 整机处于任意信号通道下在屏幕表面任意位置都可快速调出触摸便捷菜单，实现即时批注、截图、快捷白板等功能； 3. 可以配合视频展台、电视、外接 PC 等外接设备进行辅助教学	台	1	JY/T 0614—2017 JY/T 0456—2013	本设备要求提供原生产厂家针对本项目的授权书原件及原厂三年质保函原件

续表

序号	设备名称	主要功能和技术要求	单位	数量	执行标准或质量要求	备注
2	角色游戏场景	主要功能： 模拟和幼儿生活经验相关的常见游戏。 技术要求： 1. 尺寸：120cm × 120cm × 140cm； 2. 可以是娃娃家、小医院、美食城、厨房、理发店、小超市、小银行、照相馆、交通等和幼儿生活经验相关的主题； 3. 环保防火板材质； 4. 建议搜集生活中的纸板、纸箱以及各类包装盒等废旧材料作为补充	套	3	GB 6675—2014	1. 根据实训室面积的大小和实际教学的需要，选择角色游戏场景的数量； 2. 在课程实训的过程中组织学生利用废旧材料制作场景中的各类游戏材料
3	钢琴	主要功能： 歌曲伴奏及弹唱。 技术要求： 1. 尺寸：151cm × 61cm × 121cm； 2. 琴键：木制，88 键（$7\frac{1}{4}$八度高音）； 3. 踏板：功能齐全，配有延音踏板、弱音踏板和柔音踏板； 4. 琴槌：天然羊毛毡； 5. 乐谱架：与普通立式琴相同； 6. 外观颜色：镜面亮光漆（黑色），优质环保漆，外壳采用 E0 级环保板材，甲醛浓度检测标准≤ 0.08ppm	台	1	GB/T 10159—2015	提供厂家授权书原件以及产品 3C 认证
4	幼儿沙发	主要功能： 供学生坐以及模拟幼儿活动时使用。 技术要求： 1. 卡通造型； 2. 尺寸：60cm × 42cm × 58cm	个	4	GB 28007—2011	
5	幼儿桌椅	主要功能： 组织学生模拟活动时供学生坐。 技术要求： 桌椅周边无尖锐的棱角	套	8	GB/T 3976—2014	1. 获得中国环境标志认证； 2. 可以是 6 人桌，也可以是 4 人桌等，能容纳 40 人坐即可
6	玩具柜	主要功能： 幼儿玩具及物品摆放。 技术要求： 1. 环保材质； 2. 带玩具筐	组	6	GB 28007—2011	获得中国环境标志认证
7	玩具收纳柜	主要功能： 幼儿玩具收纳。 技术要求： 1. 环保材质； 2. 一般为三层五格，带玩具筐	组	3	GB 28007—2011	获得中国环境标志认证
8	书包收纳柜	主要功能： 收纳幼儿书包、衣服等物品。 技术要求： 环保材质	组	3	GB 28007—2011	获得中国环境标志认证
9	幼儿书架	主要功能： 幼儿图书摆放。 技术要求： 环保材质	组	2	GB 28007—2011	

续表

序号	设备名称	主要功能和技术要求	单位	数量	执行标准或质量要求	备注
10	积木	主要功能： 模拟搭建。 技术要求： 1. 原木色，符合环保要求； 2. 含有三角形、长方体、正方体、圆柱体、半圆形、圆弧形等各类常见的基本形状； 3. 含大积木、中积木和各类小型桌面积木	套	1	GB 6675—2014	
11	雪花片	主要功能： 模拟拼插。 技术要求： 1. 塑料材质，无毛刺，符合环保和安全要求； 2. 规格齐全：含大五角（直径 4.3cm）、大六角（直径 3.2cm）等各种规格	片	800	GB 6675—2014	
12	弯形管道插塑	主要功能： 模拟拼插。 技术要求： 1. 塑料材质，无毛刺，符合环保和安全要求； 2. 102 件套装，多色	套	1	GB 6675—2014	
13	拼插、拼接、穿编等玩具	主要功能： 模拟拼插、拼接、穿编成各种造型。 技术要求： 1. 材质为 ABS 环保塑料，无毒无味，安全环保，颜色鲜艳，采用注塑一次成型工艺； 2. 含乐高系列玩具	套	3	GB 6675—2014	
14	螺丝配对、组装拆卸玩具	主要功能： 配对、组装。 技术要求： 符合安全环保要求	套	1	GB 6675—2014	
15	磁力片	主要功能： 模拟拼搭。 技术要求： 1. 塑料和磁力材质，符合环保要求； 2. 含有正方形、等边三角形、等腰三角形、六边形、菱形、半圆形六种常见的基本形状； 3. 每套片数：200~300 片	套	1	GB 6675—2014	
16	表演游戏场景	主要功能： 模拟幼儿以动作、角色扮演、语言等再现文学作品。 技术要求： 1. 该场景的主要材料为：场景标识，舞台背景，幼儿表演用的服装、头饰等各类道具； 2. 材料安全、环保、卫生； 3. 含手偶、指偶、提线木偶、皮影等各类常见的表演游戏材料	套	1	GB 6675—2014	1. 根据实训室面积的大小和实际教学的需要，选择表演游戏场景的类型； 2. 在课程实训的过程中组织学生利用废旧材料制作场景中的各类游戏材料
17	益智区材料	主要功能： 模拟幼儿开展益智类游戏。 技术要求： 能促进幼儿认知能力发展，适合各年龄段的棋类、牌类、迷宫类、拼图类材料。	套	1	GB 6675—2014	

续表

序号	设备名称	主要功能和技术要求	单位	数量	执行标准或质量要求	备注
18	科学区材料	主要功能： 供幼儿操作学习，获得科学经验。 技术要求： 1. 材料丰富多样，包含幼儿阶段的各类科学关键经验，例如声、光、电、力、磁等几大类材料； 2. 可以是成品材料，也可以是一些自制材料	套	1	GB 6675—2014	也可以在课程实训的过程中，组织学生利用废旧材料制作一些操作材料
19	阅读区材料	主要功能： 供幼儿阅读。 技术要求： 1. 提供地垫、抱枕等场景创设材料； 2. 适合各年龄段幼儿的阅读材料； 3. 材料符合印刷安全标准	套	1	GB 6675—2014	
20	音乐区材料	主要功能： 供幼儿演奏、表演、自由表现与创造。 技术要求： 1. 提供播放音乐的设备； 2. 提供各类乐器、乐谱； 3. 提供和音乐表演相配合的各类道具	套	1	GB 6675—2014	也可以在课程实训的过程中，组织学生利用废旧材料制作一些操作材料
21	单向玻璃	主要功能： 观察幼儿活动。 技术要求： 1. 玻璃厚度正反面均为 12mm； 2. 透视率、反射率的等级均为 I 级，遮蔽系数正面为 0.93，反面为 0.28； 3. 太阳热能积累系数正面为 0.3，反面为 0.06	块	1		可选教学辅助设备
22	美工区材料	主要功能： 满足幼儿绘画、手工等各类美术活动的需求。 技术要求： 1. 材料符合安全环保要求； 2. 适合不同年龄段幼儿开展各类美术及手工活动的材料； 3. 提供幼儿美术创意作品展示的空间	套	1	GB 6675—2014	
23	数码摄像机	主要功能： 拍摄活动所需。 技术要求： 1. 像素不低于 80 万； 2. 水平解像度提供 500 线至 530 线的解像度； 3. CCD 像素不低于 100 万	台	1	GB/T 19259—2003	

表 9　教育信息技术实训室设备要求

序号	设备名称	主要功能和技术要求	单位	数量	执行标准或质量要求	备注
1	多媒体中控台	主要功能： 为使教师授课声音传送、课堂控制达到理想效果所必需的综合控制台。 技术要求： 1. 台面电脑主要功能扩展及外接设备接口，包含但不限于 VGA、VIDEO、立体声、话筒、网络、USB、电源接口等，支持台式电脑、手提电脑、数字展台输入； 2. 功放； 3. 音箱； 4. 麦克风	套	1	JY/T 0383—2007 JY/T 0001—2003	教学辅助设备

续表

序号	设备名称	主要功能和技术要求	单位	数量	执行标准或质量要求	备注
2	计算机	主要功能： 程序设计课程教学、实训项目开发所必须的硬件环境。 技术要求： 1.CPU：≥ 3.2GHz 或同性能产品； 2. 内存：≥ 8GB； 3. 硬盘：≥ 500GB； 4. 显卡：显存≥ 2GB； 5. 网卡：≥ 1 个，百兆； 6. 支持网络同传和硬盘保护	台	41	GB/T 9813.1—2016 GB/T 9813.2—2016	教师机需配光驱
3	服务器	主要功能： 1. 提供真实练习环境的服务器环境配置； 2. 支持实训项目上传、存储、运行、展示。 技术要求： 1. 内存：≥ 16GB； 2. 硬盘：≥ 2TB； 3. 网卡：≥ 2 个，千兆	台	1	GB/T 9813.3—2017 GB/T 31915—2015 GB/T 21028—2007	可选，可选用云计算服务器
4	交换机	主要功能： 支持机房 Internet 接入及局域网的联通。 技术要求： 1. 网络标准：IEEE 802.3、IEEE 802.3u、IEEE 8.2.3ab、IEEE 802.3x； 2. 端口：16 个 10/100/1000Mbps 自适尖 RJ45 端口（Auto MDI/MDIX）； 3. 速度：10/100/1000Mbps； 4. LEDS：LED 指示每个端口 Link/Act(连接 / 工作)，1000Mbps（1000M 速度）	台	1	GB/T 30094—2013	教学辅助设备
5	投影幕	主要功能： 与投影仪配合获得理想的投影效果。 技术要求： 对角线 100 英寸或以上	个	1	GB/T 13982—2011	可选教学辅助设备
6	交互式电子白板	主要功能： 电子感应白板硬件和白板操作系统软件的集成，能够实现使用者与系统之间的信息交流。 技术要求： 1. 媒体互动、配件互动、多屏互联、资源互联、智慧教学、智能管理； 2. 能够打开、编辑、存储交互式电子白板数字资源的通用文件； 3. 55 英寸或以上	台	1	JY/T 0614—2017 JY/T 0615—2017	可选教学辅助设备
7	网络机柜	主要功能： 集中组合装载交换机、服务器、线缆等，美观隔尘。 技术要求： 机柜宽度和深度可以按照实际需求定制	台	1	GB/T 22690—2008 YD/T 2319—2020	教学辅助设备
8	投影仪	主要功能： 1. 清晰投放教师授课内容； 2. 具有“冻屏”功能。 技术要求： 1. 光通量：≥ 3500 流明； 2. 对比度：≥ 5000∶1； 3. 物理分辨率：≥ 1280 × 720	台	1	GB/T 28037—2011 JY/T 0373—2004	可选教学辅助设备
9	电脑桌椅	主要功能： 安全稳定地放置及操作电脑。 技术要求： 含标准办公坐椅、插线板 1 套	套	41	QB/T 4156—2010	

续表

序号	设备名称	主要功能和技术要求	单位	数量	执行标准或质量要求	备注
10	操作系统软件、办公软件	主要功能： 提供教学、软件开发的基本软件环境。 技术要求： 1.32 位或 64 位主流操作系统； 2. 办公软件（文字处理、电子表格、演示文稿）； 3. 多媒体教学软件，能够分发文件、广播控屏等	套	1	GB/T 26856—2011 GB/T 14394—2008	建议每隔 2 年，根据相关软件的功能演进的重要程度进行版本更新

3.2.3 专业拓展技能实训室

专业拓展技能实训室设备要求见表 10 到表 11。

表 10　蒙台梭利教育实训室设备要求

序号	设备名称	主要功能和技术要求	单位	数量	执行标准或质量要求	备注
1	交互式电子白板	主要功能： 电子感应白板硬件和白板操作系统软件的集成，能够实现使用者与系统之间的信息交流。 技术要求： 1. 媒体互动、配件互动、多屏互联、资源互联、智慧教学、智能管理； 2. 能够打开、编辑、存储交互式电子白板数字资源的通用文件； 3. 对角线 55 英寸或以上	台	1	JY/T 0614—2017 JY/T 0615—2017	可选教学辅助设备
2	投影仪	主要功能： 1. 清晰投放教师授课内容； 2. 具有“冻屏”功能。 技术要求： 1. 光通量：≥ 3500 流明； 2. 对比度：≥ 5000：1； 3. 物理分辨率：≥ 1280 × 720	台	1	GB/T 28037—2011 JY/T 0373—2004	可选教学辅助设备
3	蒙台梭利教具	主要功能： 供教学演示和学生操作使用。 技术要求： 全套 88 件，包含感官教具 23 件、语言教具 5 件、科学文化教育教具 16 件、数学教育教具 41 件	套	11		
4	蒙台梭利柜	主要功能： 存放蒙台梭利教具。 技术要求： 尺寸：120cm × 30cm × 85cm	套	11	GB 28007—2011	获得中国环境标志认证
5	学生桌椅	主要功能： 学生听课、操作蒙氏教具使用。 技术要求： 含标准学生桌椅 1 套	套	41	GB/T 3976—2014	

表 11　幼儿行为观察实训室设备要求

序号	设备名称	主要功能和技术要求	单位	数量	执行标准或质量要求	备注
1	交互式电子白板	主要功能： 电子感应白板硬件和白板操作系统软件的集成，能够实现使用者与系统之间的信息交流。 技术要求： 1. 媒体互动、配件互动、多屏互联、资源互联、智慧教学、智能管理； 2. 能够打开、编辑、存储交互式电子白板数字资源的通用文件； 3. 55 英寸或以上	台	1	JY/T 0614—2017 JY/T 0615—2017	可选教学辅助设备
2	单向玻璃	主要功能： 观察幼儿活动。 技术要求： 1. 玻璃厚度正反面均为 12mm； 2. 透视率、反射率的等级均为 I 级，遮蔽系数正面为 0.93，反面为 0.28； 3. 太阳热能积累系数正面为 0.3，反面为 0.06	块	1		
3	学生桌椅	主要功能： 学生听课就坐。 技术要求： 含标准学生桌椅 1 套	套	41	GB/T 3976—2014	
4	数码摄像机	主要功能： 拍摄活动所需。 技术要求： 1. 像素不低于 80 万； 2. 水平解像度提供 500 线至 530 线的解像度； 3. CCD 像素不低于 100 万	台	1	GB/T 19259—2003	
5	拾音器	主要功能： 采集声音所需。 技术要求： 1. 拾音覆盖范围大于 85m^2； 2. 失真控制在 0.3% 内； 3. 降噪能力 10~15dB（自适应）	台	2	GB 9254—2008	

注：1. 表 2 至表 11 中实训设备数是为满足 40 人 / 班进行实训教学的配备要求。大型实训装置不能满足 40 人同时进行实训时，可安排学生分组分批进行实训或安排与其他大型实训装置一起轮换实训项目。各学校在保证实训教学目标要求的前提下，可根据本专业的实际班级人数和教学组织模式对实训课程进行合理安排，配备相应的仪器设备数量。

2. 各学校可根据地域特点和行业、企业对从业人员的具体要求，优先选择具有 ISO 标准管理体系认证等国家质量监督管理部门认可的企业所生产的相应规格、型号的仪器设备，优先选择企业所用真实设备，当真实设备很难适应实训教学要求时，可选择虚拟仿真实训资源等。

3.3 实训教学环境布局

实训室布局如图 1—图 10 所示。

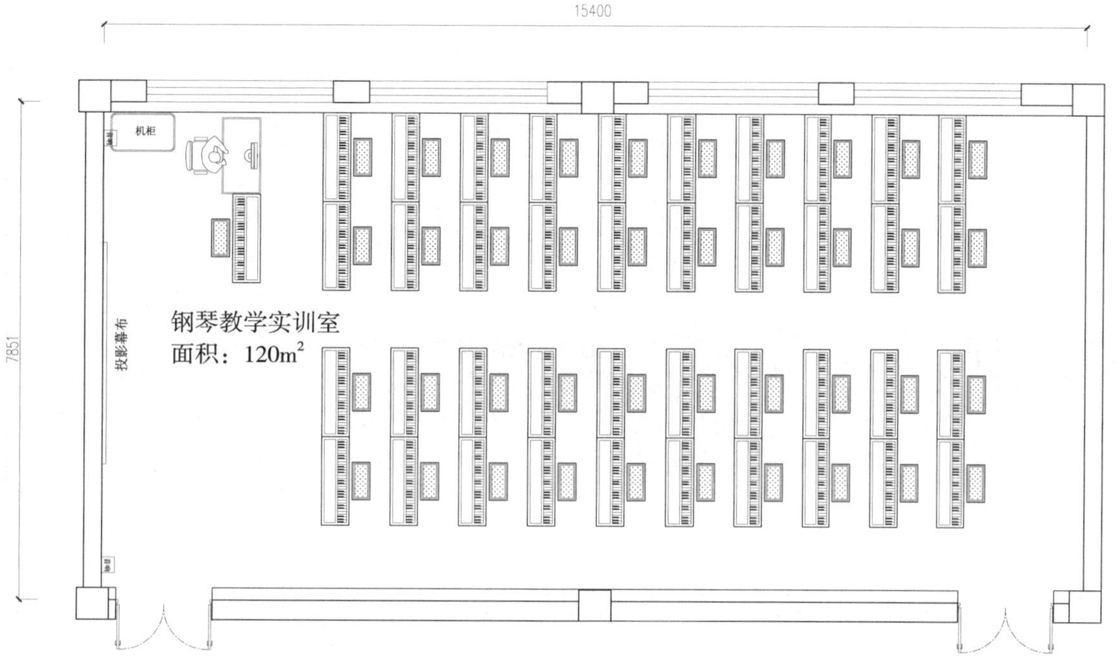

图 1　钢琴教学实训室布局

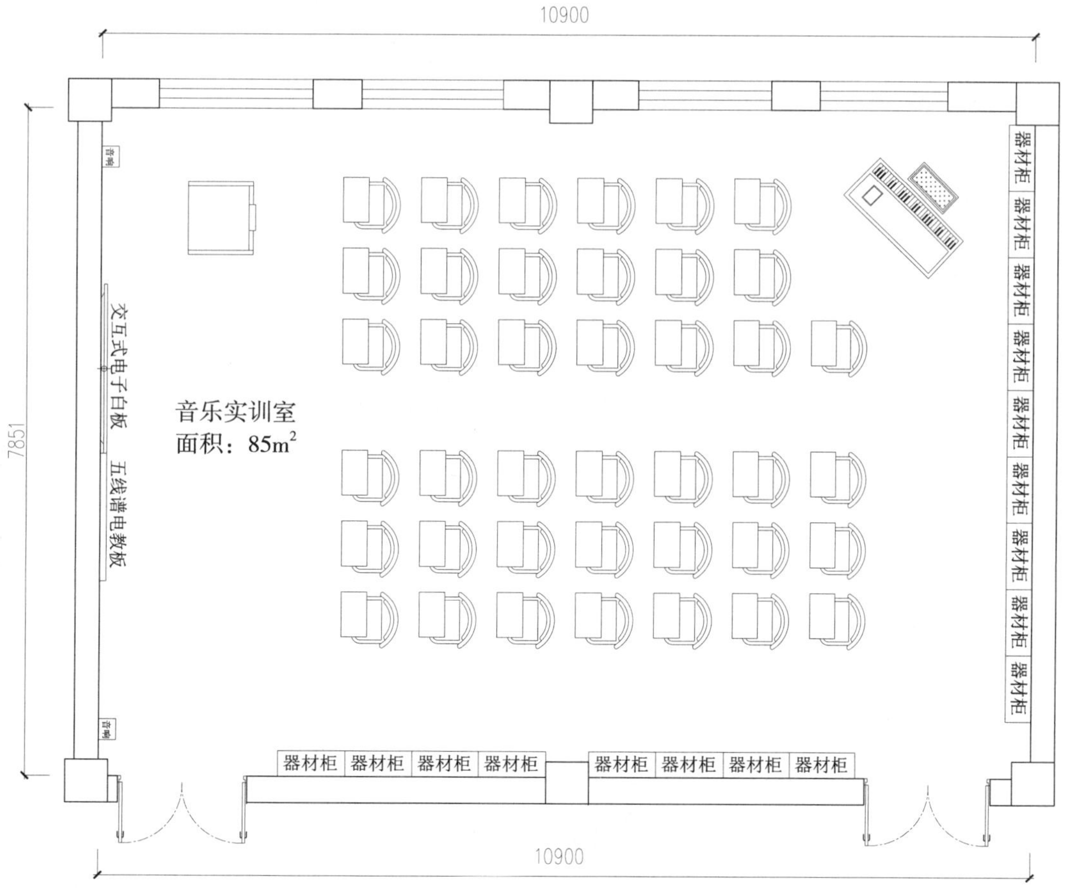

图 2　音乐实训室布局

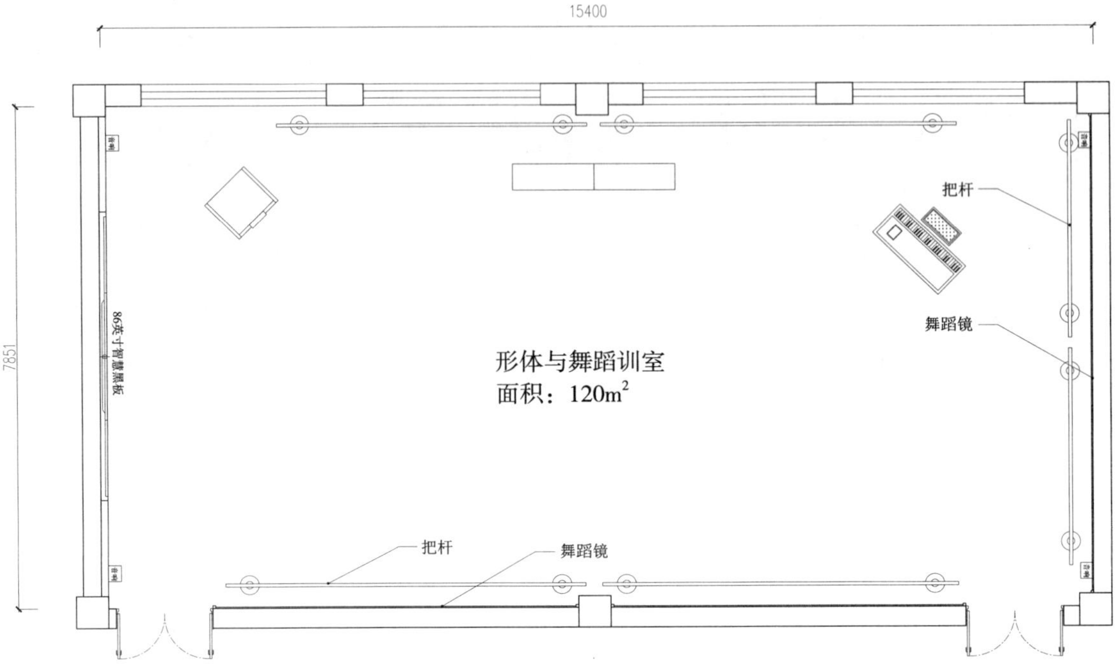

图 3　形体与舞蹈实训室布局

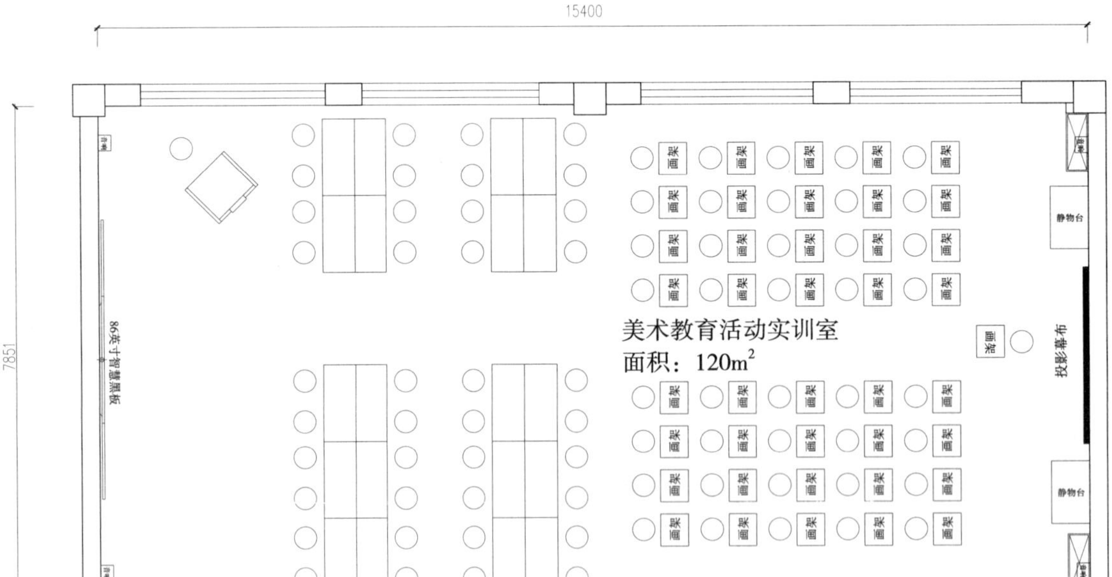

图 4　美术教育活动实训室布局

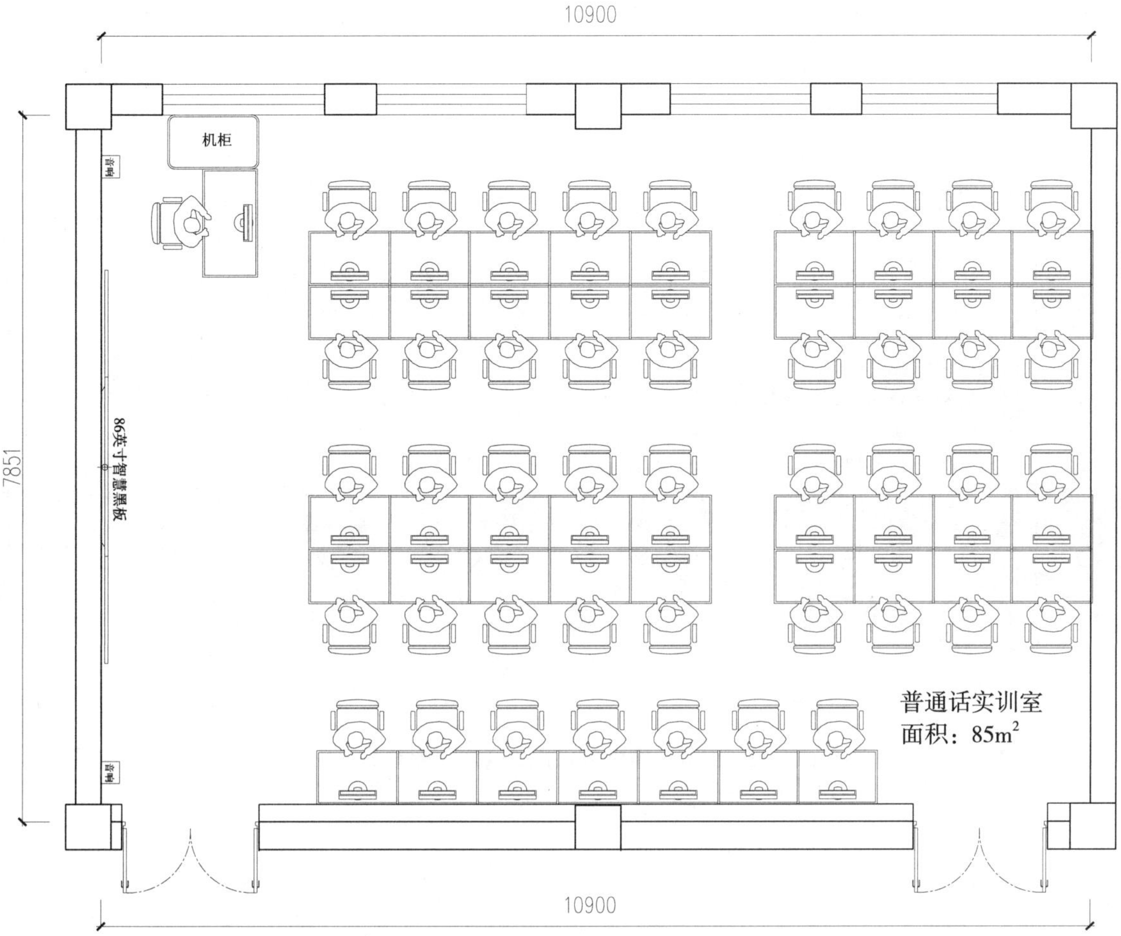

图 5　普通话实训室布局图

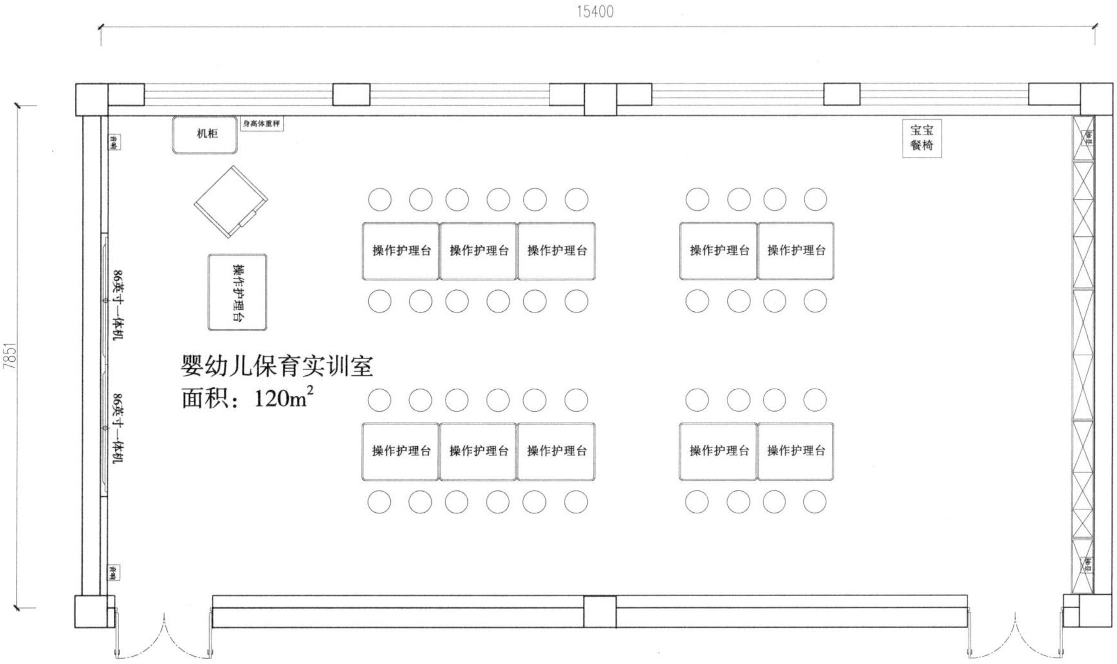

图 6　婴幼儿保育实训室布局图

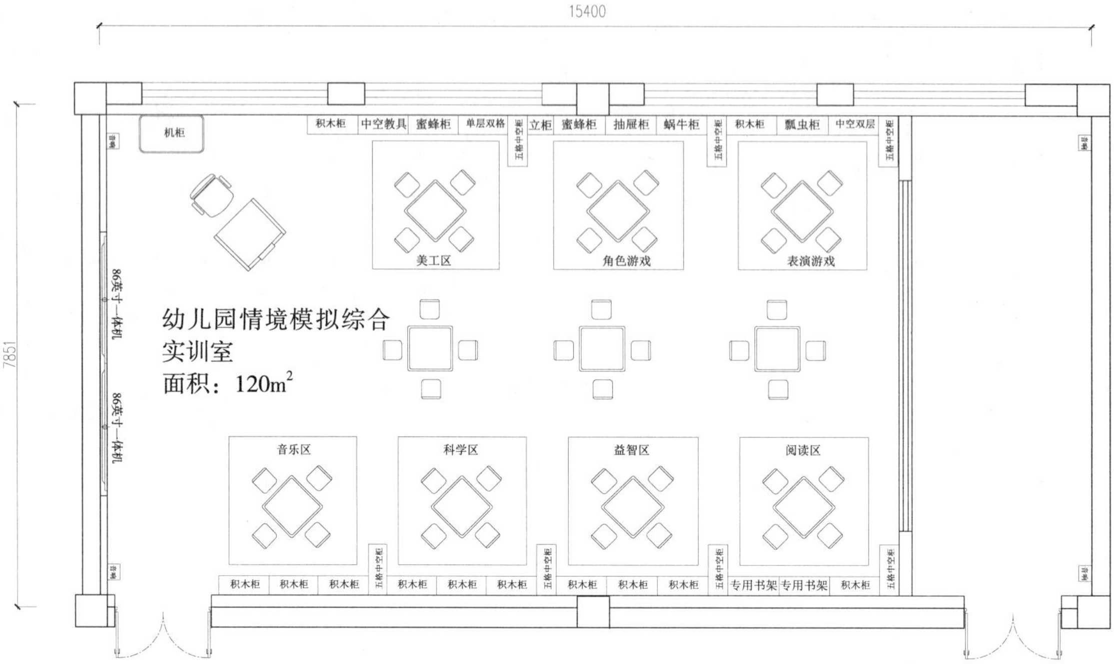

图 7　幼儿园情境模拟综合实训室布局

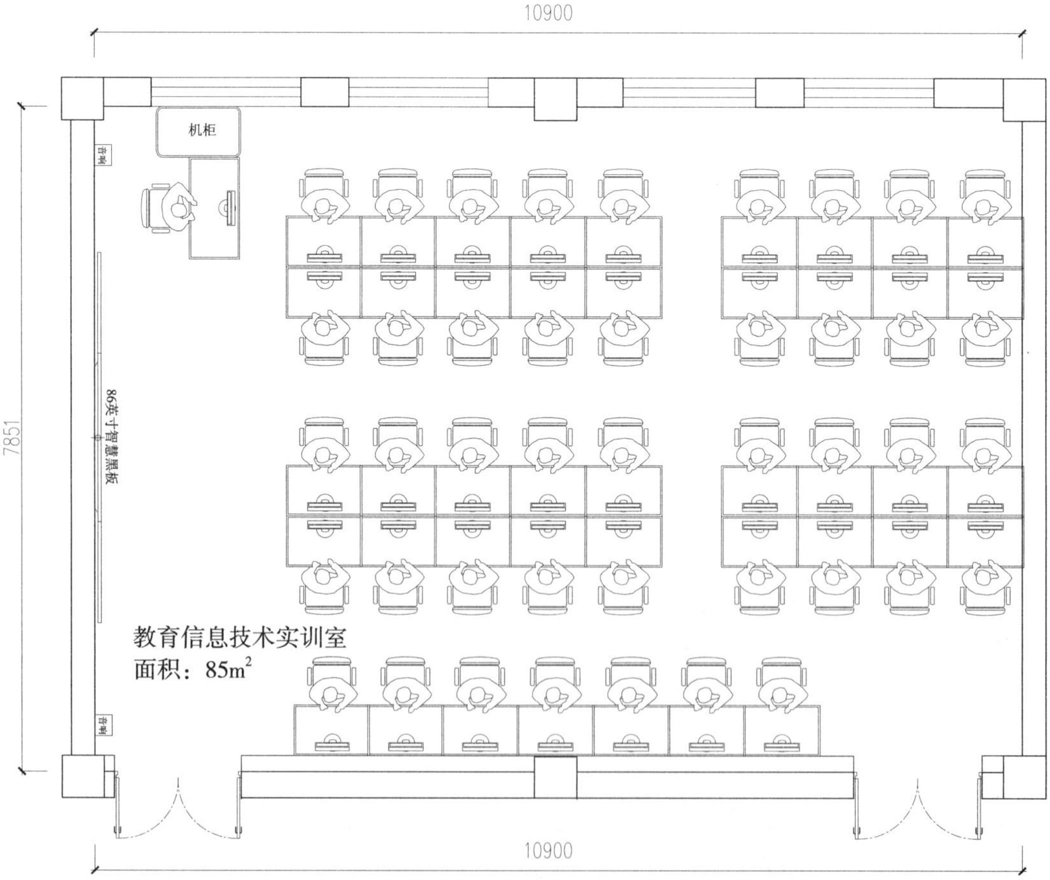

图 8　教育信息技术实训室布局

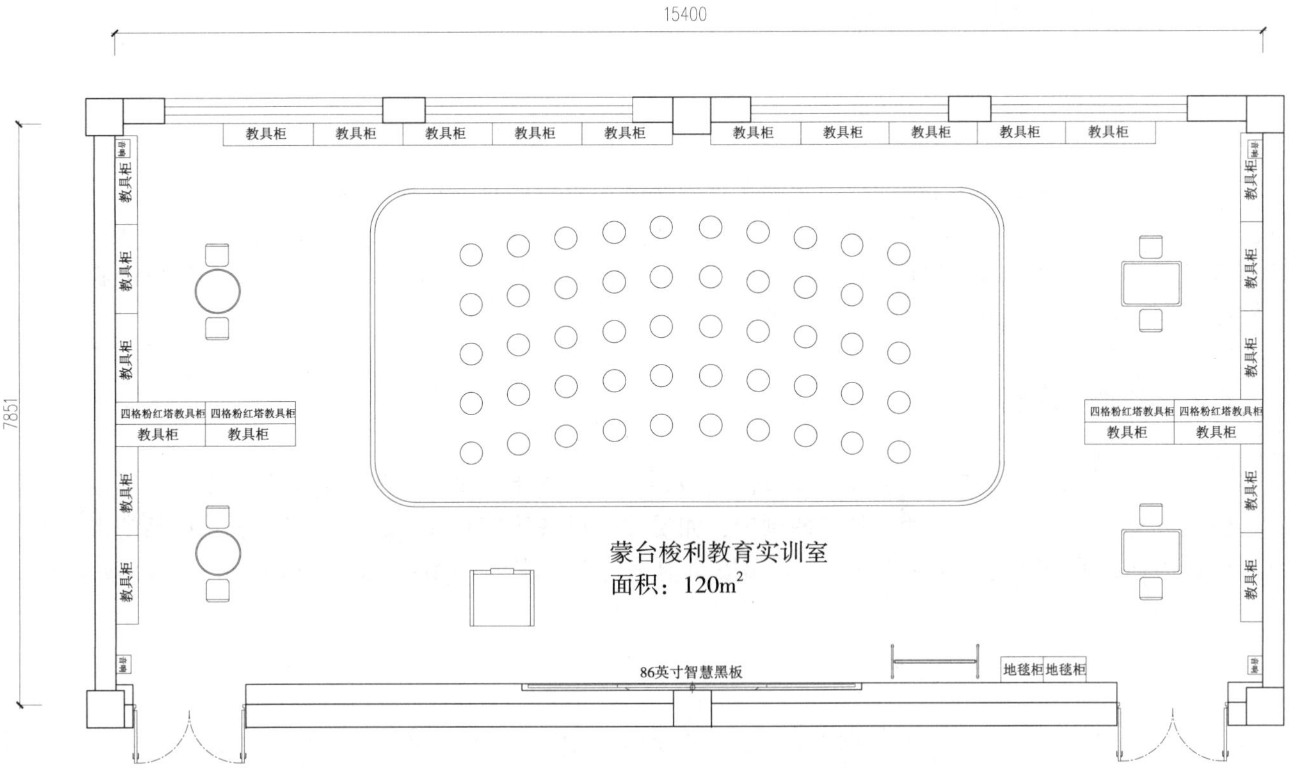

图 9　蒙台梭利教育实训室布局

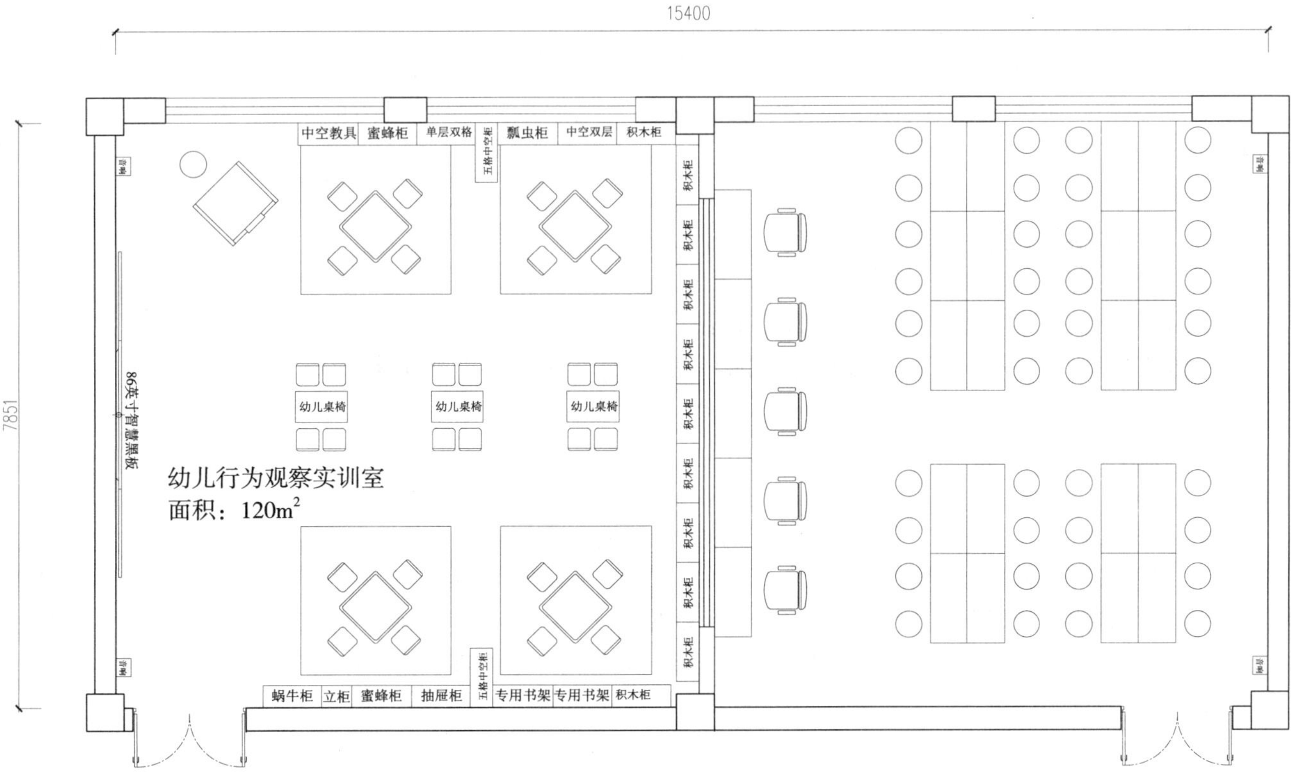

图 10　幼儿行为观察实训室布局

4 实训教学管理与实施

4.1 实训室人员

配备相应的实训室人员管理办法，明确实训教学岗位管理职责，定期培训和考核。

实训室实行专人负责制，由学前教育专业的中级技术职称及以上人员担任。配备相应职称的专 / 兼职管理人员并明确相应的岗位职责，定期培训和考核。各室管理人员要有明确的职责分工和岗位职责，认真做好实训室仪器设备运行情况的日常记录。

4.2 实训管理制度

建立健全实训教学设备管理制度，规范仪器设备采购、使用、维护、报废等运行环节。

建立健全实训室和实训教学设备管理制度，如实训室设备管理制度、低值耐用品与易耗品管理制度、仪器设备损坏、丢失赔偿与报废制度、实训室安全卫生管理制度等，确保实训室合理、安全、高效地运行。

4.3 建立信息化管理平台

建立信息化管理平台，实现实训内容、空间、时间、人员、仪器设备等的高效利用和开放共享。同时还应考虑到网络教学环境，确保今后线上教学软件及设备的正常运行。

4.4 安全教育

制定安全教育制度并贯穿在日常实训教学中。

实训室要制定学生实训守则，要加强学生日常教学管理，学生进入实训室前应先进行安全教育。建立健全实训室的安全保障制度，规范安全教育、安全检查、安全预防等环节的实施。尤其是后疫情时代应考虑到实训室的消毒、防疫等问题。

4.5 突发事件应急预案

制定实训教学突发事件应急预案与处理措施。

成立应急处置工作领导小组，制定突发事件应急预案程序，定期开展演练。

4.6 突出专业特色

根据学校文化与专业需要，建设多种形式的实训环境，实施理实一体化教学。

针对实训室对应的课程和需达到的教学目标，进行相应教学设计、完善教学方法和评价体系，以适应人才培养的需要。鼓励实训室紧随专业和行业的发展，结合专业特点和学校实际。当真实设备很难适应实训教学要求时，可选择虚拟仿真实训资源，建设多种形式的实训环境，实施理实一体化教学。

5 参考文献及标准

5.1 参考文献

[1] 中华人民共和国教育部．职业教育专业目录（2021 年）[Z]. 北京，2021（03）.

[2] 上海市教育委员会．上海市中高职贯通教育学前教育专业教学标准 [Z]. 上海，2022（08）.

5.2 参考标准

DB51/T 1426—2012	中小学美术教学石膏模型技术规范
DB52/T 551—2010	工艺实木门及实木门
GB 21746—2008	教学仪器设备安全要求　总则
GB 21748—2008	教学仪器设备安全要求　仪器和零部件的基本要求
GB 28007—2011	儿童家具通用技术条件
GB 2894—2008	安全标志
GB 50016—2014	建筑设计防火规范
GB 50033—2013	建筑采光设计标准
GB 50034—2013	建筑照明设计标准
GB 50116—2013	火灾自动报警系统设计规范
GB 50118—2010	民用建筑隔声设计规范
GB 50174—2017	数据中心设计规范
GB 50314—2015	智能建筑设计标准
GB 50352—2019	民用建筑设计统一标准
GB 6675—2014	玩具安全
GB 9254—2008	信息技术设备的无线电骚扰限值和测量方法
GB/T 10047.1—2005	照相机　第 1 部分：民用小型照相机
GB/T 10159—2015	钢琴
GB/T 12801—2008	生产过程安全卫生要求总则
GB/T 13524.1—2015	陈设艺术瓷器　第 1 部分：雕塑瓷
GB/T 13524.3—2015	陈设艺术瓷器　第 3 部分：文化用瓷
GB/T 13982—2011	反射和透射放映银幕
GB/T 14394—2008	计算机软件可靠性和可维护性管理
GB/T 14531—2017	办公家具　阅览桌、椅、凳
GB/T 14532—2017	办公家具　木质柜、架
GB/T 15036.1—2009	实木地板　第 1 部分：技术要求
GB/T 15412—2017	应用电视摄像机云台通用规范
GB/T 16895.1—2008	低压电气装置　第 1 部分：基本原则、一般特性评估和定义
GB/T 16895.18—2010	建筑物电气装置　第 5-51 部分：电气设备的选择和安装
GB/T 16895.2—2017	低压电气装置　第 4-42 部分：安全防护　热效应保护
GB/T 16895.22—2004	建筑物电气装置　第 5-53 部分：电气设备的选择和安装　隔离、开关和控制设备　第 534 节：过电压保护电器
GB/T 16895.3—2017	低压电气装置　第 5-54 部分：电气设备的选择和安装　接地配置和保护

	导体
GB/T 16895.4—1997	建筑物电气装置
GB/T 16895.5—2012	低压电气装置　第 4-43 部分：安全防护　过电流保护
GB/T 16895.6—2014	低压电气装置　第 5-52 部分：电气设备的选择和安装　布线系统
GB/T 17576—2011	CD 数字音频系统
GB/T 18103—2013	实木复合地板
GB/T 18883—2022	室内空气质量标准
GB/T 19259—2003	视频投影器通用技术条件
GB/T 21028—2007	信息安全技术　服务器安全技术要求
GB/T 21417.1—2008	医用红外体温计　第 1 部分：耳腔式
GB/T 22690—2008	数据通信设备通用机械结构　机柜与插箱
GB/T 26856—2011	中文办公软件基本要求及符合性测试规范
GB/T 28037—2011	信息技术　投影机通用规范
GB/T 2893.1—2013	图形符号　安全色和安全标志　第 1 部分：安全标志和安全标记的设计原则
GB/T 30094—2013	工业以太网交换机技术规范
GB/T 31915—2015	信息技术　弹性计算应用接口
GB/T 36075.1—2018	声学室内声学参量测量　第 1 部分：观演空间
GB/T 3976—2014	学校课桌椅功能尺寸及技术要求
GB/T 9813.1—2016	计算机通用规范　第 1 部分：台式微型计算机
GB/T 9813.2—2016	计算机通用规范　第 2 部分：便携式微型计算机
GB/T 9813.3—2017	计算机通用规范　第 3 部分：服务器
GBZ 1—2010	工业企业设计卫生标准
JB/T 13293—2017	聚酯纤维投影幕布
JGJ 310—2013	教育建筑电气设计规范
JGJ 57—2016	剧场建筑设计规范
JY 0001—2003	教学仪器设备产品一般质量要求
JY/T 0158—2011	850mm 人体头、颈、躯干模型
JY/T 0160—2011	心解剖模型
JY/T 0164—2011	眼球解剖模型
JY/T 0165—2011	耳解剖模型
JY/T 0363—2002	视频展示台
JY/T 0373—2004	教学用液晶投影机
JY/T 0383—2007	多媒体设备集中控制系统
JY/T 0456—2013	交互式电子白板
JY/T 0471—2015	初中美术教学器材配备标准
JY/T 0563—2015	体呼吸运动模型
JY/T 0614—2017	交互式电子白板　教学功能
JY/T 0615—2017	交互式电子白板　教学资源通用文件格式
QB/T 1102—2006	民用装饰镜
QB/T 4156—2010	办公家具　电脑桌
SJ/T 11643—2016	立体数码摄像设备通用规范

WS 99—1998　　　　黑板安全卫生要求
YD/T 2319—2020　　数据设备用网络机柜

说明：上述文件凡是注明日期的，仅注明日期的版本适用于本标准；凡是不注明日期的，其最新版本（包括所有的修改单）适用于本标准。

上海市职业院校智慧健康养老服务与管理专业
（中高职贯通及五年一贯制）

实训教学环境建设指南

上海市教育委员会教育技术装备中心

目　录

前　言

本指南由上海市教育委员会组织编制、审定并颁布实施。

为规范和加强职业院校智慧健康养老服务与管理专业（中高职贯通及五年一贯制）实训教学环境建设，特制定本指南。本指南是职业院校智慧健康养老服务与管理专业（中高职贯通及五年一贯制）实训教学环境建设及实训教学管理的基本依据，是加强智慧健康养老服务与管理专业实践性教学、强化学生职业技能训练、提高人才培养质量的重要保障。

本指南主要参与编制单位与部门：上海市教育委员会职业教育处、上海市教育委员会教育技术装备中心、上海市高职高专医药健康类专业教学指导委员会、上海城建职业学院、上海市医药学校、上海迈动医疗器械有限公司、上海福祉实业有限公司、上海弘联医学科技集团、成都泰盟软件有限公司等。

本指南主要编写人员：夏凡林、韦德祥、杨蕾、蔡晶晶、邱智超、朱艳梅、王成文；参与编制人员：樊菁怡、韩菊、李满红、陈志付、王文。

1　适用范围

本指南适用于职业院校智慧健康养老服务与管理专业（中高职贯通及五年一贯制）校内实训教学场所及设备的建设，职业院校相关专业及有关培训机构可参照执行。

2　实训教学环境要求

2.1　分类、面积与主要功能

专业实训教学类别分为专业基础技能实训、专业核心技能实训和专业拓展技能实训。按照实训教学内容，划分实训教学场所。实训场所面积需要满足40人/班同时开展实训教学的要求。实训教学场所分类、面积与主要功能要求见表1。

表1　实训教学场所分类、面积与主要功能（每室的工位数：20）

实训教学类别	实训场所名称	实训场所面积（m^2）	功能	
			主要实训项目	对应的主要课程
专业基础技能实训	人体结构与功能实训室	150	1. 运动系统标本识别与生理病理； 2. 神经系统识别与生理病理； 3. 消化系统识别与生理病理； 4. 循环系统识别与生理病理； 5. 呼吸系统识别与生理病理； 6. 泌尿系统识别与生理病理； 7. 内分泌系统识别与生理病理； 8. 生殖系统识别与生理病理	正常人体学、老年常见疾病预防与照护、老年健康照护、老年医学基础、疾病学基础
	老年人能力评估室	150	1. 老年人一般情况评估； 2. 老年人健康状况评估； 3. 老年人保健需求评估； 4. 老年人体征观察与测量； 5. 老年人日常生活能力评估； 6. 老年人活动能力评估； 7. 老年人认知能力评估	健康评估、老年综合评估
	高龄体验中心——智能设备设施应用与维护实训室	250	1. 高龄行动体验； 2. 中风偏瘫体验； 3. 高龄购物体验； 4. 高龄视觉、听觉、嗅觉、失智体验； 5. 人生轨迹体验； 6. 智能转运设备系统的识别及使用； 7. 多媒体感官系统体验及训练； 8. 智能排泄物处理系统的识别及使用； 9. 智能床垫的识别及使用； 10. 智能如厕及沐浴设备的识别及使用； 11. 智能厨房的识别及使用； 12. 智能辅具如滑单、智能腕表等的识别及使用； 13. 养老创新创意产品体验与研发	老年学概论、老年护理、智慧养老、老年心理学、老年照护、大学生职业生涯规划、大学生创新创业教育

续表

实训教学类别	实训场所名称	实训场所面积（m^2）	功能	
			主要实训项目	对应的主要课程
专业核心技能实训	智慧养老平台建设与应用维护实训室	200	1. 养老服务与运营管理信息化； 2. 养老监管调度信息化； 3. 健康养老虚拟仿真实训项目	智慧养老、健康养老大数据应用管理、养老机构运营与管理、老年常见疾病与照护、适老化设计与改造、老年照护（1+X）
	老年健康管理与身心活化实训室	200	1. 老年健康管理； 2. 老年人常见心理问题分析与干预； 3. 老年心理健康测评与慰藉技术； 4. 老年人情绪调节技能； 5. 老年活动策划组织； 6. 为老服务礼仪训练； 7. 与老年人沟通、客户服务技巧训练； 8. 音乐疗法、游戏疗法等技能训练； 9. 社工服务技能训练； 10. 插花艺术、书法、文艺表演等文娱类活动； 11. 职业防护	老年健康管理、老年心理学、老年心理健康、老年活动策划与组织、老年社会工作、管理与沟通、客户服务与管理、老年身心活化技能
	社区居家照护中心——模拟社区居家场景	200	1. 社区（日间照料中心、社区综合为老服务中心）及居家环境场景及生活模拟； 2. 社区居家照护技能（穿脱衣、饮食、转移、排泄等）； 3. 社区居家适老化环境设计与改造	居家与社区养老实务、社区居家适老化环境设计与改造、老年健康照护、老年生活照护
	长者照护之家——模拟养老机构场景	200	1. 清洁照护； 2. 穿脱衣物； 3. 饮食照护； 4. 排泄照护； 5. 睡眠照护； 6. 环境清洁； 7. 失智照护； 8. 体征观测； 9. 用药照护； 10. 风险应对； 11. 护理协助； 12. 感染防控； 13. 急危应对； 14. 安宁疗护； 15. 冷热疗法； 16. 吸氧照护	老年照护、老年基础护理、老年健康照护、老年常见疾病预防与照护、老年心理学
	康复保健中心	200	1. 功能障碍训练； 2. 关节活动度训练； 3. 步行训练； 4. 平衡训练； 5. 床上活动训练； 6. 转移训练； 7. 日常生活活动能力训练； 8. 体位转换训练； 9. 辅助器械训练； 10. 老年运动干预保健； 11. 老年人康乐活动； 12. 中医康复保健	老年康复、老年保健与康复、中医养生保健、老年运动健康

续表

实训教学类别	实训场所名称	实训场所面积（m^2）	功能	
			主要实训项目	对应的主要课程
专业拓展技能实训	记忆家园	160	1. 认知障碍症老年人生活照护； 2. 认知障碍症老年人活动能力训练； 3. 认知功能测评； 4. 认知功能训练（定向力、记忆力、言语功能等）； 5. 非药物干预照护； 6. 环境照护； 7. 防走失照护	失智老年人照护、认知障碍症照护
	老年膳食营养实训室	150	1. 适老化餐饮体系； 2. 老年营养监测； 3. 老年营养配餐； 4. 老年菜谱设计、膳食搭配与膳食制作； 5. 康护特殊膳食搭配与制备	老年营养与膳食
	老年急救护理实训室	150	1. 止血包扎； 2. 心肺复苏（CPR）； 3. 骨折固定及转运； 4. 噎食误吸急救； 5. 跌倒急救； 6. 摔伤急救； 7. 烫伤急救； 8. 低血糖急救	老年急救护理、老年健康照护
	安宁疗护与生命关怀实训室	150	1. 安宁疗护； 2. 临终关怀； 3. 生命教育	死亡观与生死教育 安宁疗护

2.2 通用环境

2.2.1 采光

应符合 GB/T 50033—2013 的有关规定。

专业特殊要求：采光设计应注意光的方向性，应避免对工作产生遮挡和不利的阴影。

2.2.2 照明

应符合 GB 50034—2013 的有关规定。

专业特殊要求：当自然光线不足时，应配置人工照明，人工照明光源应选择接近自然光色温的光源。照明应根据教学内容对识别物体颜色的要求和场所特点，选择相应显色指数的光源，一般显色指数（Ra）不低于 80。

2.2.3 通风

应符合 GB 50016—2014 和工业企业通风有关的要求。

专业特殊要求：实训室应选择通风良好、南北通透，温湿度适宜的位置。

2.2.4 电气安装

应符合 GB/T 16895.1—2008、GB/T 16895.2—2017、GB/T 16895.3—2017、GB/T 16895.4—1997、GB/T 16895.5—2012、GB/T 16895.6—2014、GB/T 16895.18—2010、GB/T 16895.22—2004 的有关规定。

专业特殊要求：电缆电线铺设应充分考虑满足实训室设备正常使用，满足大型仪器设备的最高用电负荷。

2.2.5　防火

应符合 GB 50016—2014 有关厂房、仓库防火的规定。

专业特殊要求：实训室装饰材料应选用防火阻燃材料，实训室应设置若干逃生出口，必须满足消防要求。实训室及走廊应按面积配备灭火器，安装喷淋、烟雾报警装置。

2.2.6　安全与卫生

应符合 GBZ 1—2010 和 GB/T 12801—2008 的有关要求。安全标志应符合 GB 2893—2008 和 GB 2894—2008 的有关要求。

专业特殊要求：实训室登高、攀爬类设备应设置明显警示标志并配置护栏等安全防护装置。悬空设备应设置明显警示标志并配备防碰撞保护装置。浴室、卫生间等涉水场所应设置明显警戒区域，应配置防滑垫和扶手等安全防护设备。

2.3　网络环境

2.3.1　网络教学环境

建议所有实训室铺设网络设备并预留相应端口，满足实训教学软件及设备的正常运行。在部分实训室设置一定数量录播和网络传输等网络教学管理设备，具备便捷的录课与在线课程功能，满足不同情景实训教学需求。配置一定数量的网络监控室，便于整个实训中心网络环境的网格化管理。

专业特殊要求：实训室应配置一定数量的无线网络终端，方便教学软件的实施。虚拟仿真实训室应配备独立的网络控制中心，应有足够空间满足不同情景下各类虚拟仿真实训项目的开展。

2.3.2　信息安全

做好防病毒措施，消除信息孤岛，保证信息安全。

专业特殊要求：制定实训室相关网络设备信息安全保障措施和制度，相关重要数据定期进行备份和清理工作。

2.4　文化环境

根据学校文化与专业特点，建设丰富多样的实训环境。在各实训室明显位置张贴国旗图标或悬挂国旗，将爱国主义精神、职业精神与企业文化元素融入文化环境建设中，根据专业特色制作背景墙、宣传栏等，建设生产性实训环境，营造良好职业氛围。

专业特殊要求：

（1）实训室环境文化建设。设置实训基地介绍，包括：基地主要功能和服务专业（专业介绍）、实训室构成、对外培训（技能鉴定）项目、与企业共建情况及其他特色内容等。实训室介绍包括：实训室功能、布局、面积、规模及特色等。室内文化氛围营造包括：实训室明显位置应悬挂国旗、校训及专业相关人物、标语口号与警句等，部分实训室整体装修风格贴近还原优秀企业文化元素，布置职业愿景图。专业核心操作技能上墙展示，外围部分可有明显的功能标识，并将养老服务理念、优秀养老服务事迹等上墙展示。可以设置养老福祉创新创意专栏，展示学生的成果及想法。实训室内部可结合信息技术，在设备上尤其是代表性的设备上做功能说明卡或用 VR 技术进行集功能介绍及使用于一体的体验设备展示。实训室应贮备并将一定数量的老年人健康评估、检测、干预的流程图和常用老年人物品实物图和解说上墙展示，部分上墙内容可根据实训室情况使用电子展播屏滚动播放、定期更新。

（2）制度文化建设。各实训室制度铭牌、仪器设备安全操作规程牌上墙展示，设置实训计划显示牌、实训室公告栏等。部分上墙内容可根据实训室情况使用电子展播屏滚动播放、定期更新。

注：特殊要求是指基本要求不能涵盖的专业、行业、企业生产场所规定必须达到的标准。

3 实训教学设备要求

3.1 基本要求

3.1.1 配备的仪器设备产品质量应符合相关的国家标准或行业标准，并具有相应的质量证明。

3.1.2 各种仪器设备的安装使用都应符合有关国家或行业标准，接地应符合 GB/T 16895.3—2017 的要求。

3.1.3 需接入电源的仪器设备，应满足国家电网规定接入要求，电压额定值为交流 380V（三相）或 220V（单相），并应具备过流、漏电保护功能；需要插接线的，插接线应绝缘且通电部位无外露。

3.1.4 具有执行机构的各类仪器设备，应具备急停功能，紧急状况可切断电源、气源、压力，并令设备动作停止。

3.1.5 电脑只规定数量，功能和性能应能满足设备功能使用需求。

3.2 实训室仪器设备配置标准目录（一室一表）

3.2.1 专业基础技能实训室

专业基础技能实训室设备要求见表 2—表 4。

表 2 人体结构与功能实训室设备要求

序号	名称	主要功能和技术要求	单位	数量	执行标准或质量要求	备注
1	3D 解剖模型	主要功能： 基于真实连续断层影像三维重建的专业数字人体解剖系统，功能完善的数字化解剖教学系统。 技术要求： 1. 采用无器质性病变和无缺失的中国人体连续断层真实数据重建三维人体。 2. 数字人体横断面间距：头部和颈部为≤ 0.5mm，其中颅底部必须≤ 0.1mm，其他部位为≤ 1.0mm，断层总数据必须＞2100 层。具有横断面、冠状面、矢状面真实人体断层图像，能够任意放大与缩小，分辨率≤ 0.18mm×0.18mm/ 像素。 3. 结合真实医学数据精确地重建人体，包含至少 6000 个以上不可再分的解剖结构。每个解剖结构都必须加注文字说明及关键结构标注。 4. 系统内根据教学大纲，将人体的器官组织以全真三维模型的形式展示，能够放大、缩小并以任何角度旋转观察。包括俯视效果和仰视效果。 5. 系统内横、矢、冠三个断面各断层内解剖结构做好圈画标注，方便查看各解剖结构在断层中的位置和范围，且与三维人体必须相互关联，点击三维或断层任意结构位置，其他各区域均有同步响应	套	4	解剖结构比例准确，标识清晰，易操作	男女各 2 套

续表

序号	名称	主要功能和技术要求	单位	数量	执行标准或质量要求	备注
2	3D 解剖软件	主要功能： 直观展示人体结构解剖关系。 技术要求： 1. 提供标准 1 ： 1 比例三维数字人体，实现 360° 观察解剖结构并可添加标记点。 2. 提供与正常组织三维结构对比等多种教学及演示效果。 3. 采用无器质性病变和无缺失的中国人体连续断层真实数据重建三维人体，数据为无节段性数据缺失的断层数据。 4. 结合真实医学数据精确地重建人体，关键结构有文字说明及标注以满足教学需要。 5. 该系统包括执行体系、保障体系、调节体系、基础动作分析、复杂动作分析、系统解剖、练习等模块。系统基础动作分析不少于 15 个，复杂动作分析不少于 6 个，复杂动作真人对照视频不少于 6 个。 6. 基础动作分析、复杂动作分析模块包含动作关键点设置、动画播放速度调节、动画播放 / 暂停等功能控制动画的播放，方便用户可以更加细致地观察动作运动过程中肌肉的变化。 7. 系统执行体系包含肌肉的基本介绍、肌肉起止点标识，该肌肉相关联的基础动作以及复杂动作。 8. 系统基础动作分析、复杂动作分析模块三维动画模型，可进行缩放、旋转等操作	套	4	解剖结构比例准确，标识清晰，易操作	男女各 2 套，包含 12 个系统
3	人体全身模型（170cm）	主要功能： 示教体表标志、人体各部位及分区。 技术要求： 1. 模型置于基板上，由男性头颈部、躯干和四肢组成，对比展示人体皮肤、肌肉、胸腔、腹腔、盆腔等结构，可分解成 28 部件，共有 240 个部位显示。 2. 尺寸：自然大小，高 170cm，宽 60cm，深 20cm。 3. 材质：进口 PVC、进口油漆、电脑配色、高级彩绘	套	2	解剖结构比例准确，环保材料及油漆	
4	人体全身模型（78cm）	主要功能： 示教体表标志、人体各部位及分区。 技术要求： 1. 模型置于基板上，由女性头颈部、躯干和四肢组成，对比展示人体皮肤、肌肉、胸腔、腹腔、盆腔等结构，可分解成 28 部件，共有 240 个部位显示。 2. 尺寸：缩小模型，高 78cm，宽 48cm，深 14cm。 3. 材质：进口 PVC 材料、进口油漆、电脑配色、高级彩绘	套	5		
5	人体骨架（全身骨骼模型，170cm）	主要功能： 示教骨及骨连接的形态、功能和组成，神经走行、肌肉起止点。 技术要求： 1.170cm。 2. 由全身散骨穿制而成一整体骨架，标注神经走行和肌肉起止点	件	2	解剖结构比例准确，环保材料及油漆，金属配件为不锈钢外观，电镀	
6	人体骨架（全身骨骼模型，70cm）	主要功能： 示教骨及骨连接的形态、功能和组成。 技术要求： 1.70cm。 2. 由全身散骨穿制而成一整体骨架	件	5		
7	全身肌肉模型（170cm）	主要功能： 示教人体深浅层肌肉解剖结构及肌性标志。 技术要求： 1. 模型由全身肌肉、胸腹壁肌、上下肢肌、颅顶骨等 18 多个部件组成，并显示头颈部、躯干部、上下肢骨、肌肉、肌腱、韧带等结构，共有 100 多个部位指示标志。 3. 尺寸：自然高 170cm；宽 86cm；深 24cm。 4. 材质：进口 PVC 材料、进口油漆、电脑配色、高级彩绘	套	2		

续表

序号	名称	主要功能和技术要求	单位	数量	执行标准或质量要求	备注
8	全身肌肉模型（78cm）	主要功能： 示教人体深浅层肌肉解剖结构及肌性标志。 技术要求： 1. 模型由全身肌肉、胸腹壁肌、上下肢肌、颅顶骨等 18 多个部件组成，并显示头颈部、躯干部、上下肢骨、肌肉、肌腱、韧带等结构，共有 100 多个部位指示标志。 2. 尺寸：缩小模型，高 78cm，宽 16cm，深 12cm。 3. 材质：进口 PVC 材料、进口油漆、电脑配色、高级彩绘	套	5	解剖结构比例准确，环保 PVC 材料，环保油漆，配件为金属镀铬和不锈钢材料	
9	脊柱模型与解剖图谱	主要功能： 示教脊柱结构和椎体组成及椎间盘结构。 技术要求： 1. 自然比例大小。 2. 由颈椎、胸椎、腰椎、骶尾部穿制而成一个整体。 3. 关节结构准确、灵活可动，标注主要韧带、肌肉的起止点	套	5	解剖结构比例准确，环保材料及油漆	
10	肩关节模型与解剖图谱	主要功能： 示教肩关节结构和组成。 技术要求： 1. 肩关节结构准确、灵活可动。 2. 须标注主要韧带、肌肉	套	5		
11	肘关节模型与解剖图谱	主要功能： 示教肘关节结构和组成。 技术要求： 1. 肘关节结构准确、灵活可动。 2. 标注主要韧带、肌肉。	套	5		
12	腕手关节模型与解剖图谱	主要功能： 示教腕手关节结构和组成。 技术要求： 1. 腕手关节结构准确、灵活可动。 2. 标注主要韧带、肌肉	套	5		
13	骨盆模型与解剖图谱	主要功能： 示教骨盆结构和组成。 技术要求： 1. 骨盆结构准确、灵活可动。 2. 标注主要韧带、肌肉	套	5	解剖结构比例准确，环保材料及油漆	
14	髋关节模型与解剖图谱	主要功能： 示教髋关节结构和组成。 技术要求： 1. 髋关节结构准确、灵活可动。 2. 标注主要韧带、肌肉	套	5		
15	膝关节模型与解剖图谱	主要功能： 示教膝关节结构和组成。 技术要求： 1. 膝关节结构准确、灵活可动。 2. 标注主要韧带、肌肉	套	5		
16	踝足关节模型与解剖图谱	主要功能： 示教踝足关节结构和组成。 技术要求： 1. 踝足关节结构准确、灵活可动。 2. 标注主要韧带、肌肉	套	5		
17	头颅骨模型	主要功能： 示教颅面骨及脑部结构形态。 技术要求： 1. 自然比例大小。 2. 显示颅骨的形态、组成结构，颅骨内脑的组织和脑与颅骨的位置关系	套	5		

续表

序号	名称	主要功能和技术要求	单位	数量	执行标准或质量要求	备注
18	神经系统模型	主要功能： 示教中枢及周围神经系统的组成、形态结构。 技术要求： 等比例缩小模型	套	2	解剖结构比例准确，环保材料及油漆	
19	脑模型	主要功能： 示教脑的组成、形态结构。 技术要求： 1. 自然比例大小。 2. 显示头部结构和脑结构的形态、结构、位置关系	套	5		
20	电动脑干模型	主要功能： 演示脑干。 技术要求： 演示脑干神经核团及功能	套	5		
21	中枢神经传导电动模型	主要功能： 演示中枢神经传导。 技术要求： 演示视神经、视交叉、动眼神经损伤的传导及正常瞳孔对光的反射	套	5		
22	听觉传导电动模型	主要功能： 演示听觉传导。 技术要求： 电动演示听觉传导过程	套	5		
23	眼结构模型	主要功能： 演示眼解剖结构。 技术要求： 演示眼睛外观及内部解剖结构	套	5		
24	耳结构模型	主要功能： 演示耳解剖结构。 技术要求： 演示耳外观及内部解剖结构	套	5		
25	鼻结构模型	主要功能： 演示鼻解剖结构。 技术要求： 演示鼻外观及内部解剖结构	套	5		
26	脊髓内部结构和上下行纤维电动模型	主要功能： 演示纤维神经。 技术要求： 演示灰质和白质、脊髓丘脑束和前束、皮质脊髓前束和侧束	套	2		
27	消化系统模型	主要功能： 演示消化系统。 技术要求： 1. 模型由消化系统、胃冠状剖面和横结肠 3 个部件组成，显示消化系统消化管组成的各个器官和消化腺等结构，共有 49 个部位指示标志。 2. 尺寸：自然大小，高 79cm，宽 27cm，深 8.5cm。 3. 材质：进口 PVC 材料、进口油漆、电脑配色、高级彩绘	套	2		
28	胃及剖面模型	主要功能： 消化系统胃部的学习。 技术要求： 模型由胃和胃冠状剖面 2 个部件组成，显示胃的形态，贲门、幽门、胃底、胃体、胃小弯、胃大弯等胃的组织结构，黏膜层、黏膜下层、肌层、幽门括约肌、浆膜以及胃的血管和迷走神经等结构，共有 27 个部位指示标志	套	2		

续表

序号	名称	主要功能和技术要求	单位	数量	执行标准或质量要求	备注
29	胰、十二指肠和脾模型	主要功能： 学习胰、十二指肠和脾。 技术要求： 模型显示胰、十二指肠和脾的结构以及腹腔干、肝门静脉等血管，共有22个部位指示标志	套	2		
30	肝、胆囊放大模型	主要功能： 示教肝胆。 技术要求： 模型显示肝的分叶、肝的血管分支和胆囊、胆管系统等结构，共有28个部位指示标志	套	5		
31	透明肝模型	主要功能： 示教肝脏的结构。 技术要求： 直观显示肝内血管神经结构	套	2		
32	呼吸系统模型	主要功能： 示教呼吸系统。 技术要求： 1. 材质：进口PVC材料，进口油漆。 2. 尺寸：成人自然大小	套	2		
33	电动人体呼吸系统模型	主要功能： 用电子灯光示教呼吸系统。 技术要求： 1. 发光显示呼吸系统结构功能。 2. 材质：进口PVC材料、进口油漆	套	1		
34	肺、心、喉模型	主要功能： 示教呼吸系统肺、心、喉的关系。 技术要求： 由喉正中矢状切面、心冠状切面和肺等7个部件组成，并显示喉、气管、胸腔内心脏、左右肺以及膈上的食道裂孔、主动脉裂孔等结构，共有70个部位指示标志	套	1		
35	大、小循环电动模型	主要功能： 示教大小循环。 技术要求： 模拟演示心动周期及大小循环	套	1		
36	电动心脏搏动与血液循环模型	主要功能： 示教心脏搏动与血液循环。 技术要求： 用光电显示电动心脏搏动与血液循环	套	1		
37	成人心脏解剖放大模型	主要功能： 示教心脏的解剖结构。 技术要求： 模型由心房、心室冠状剖面和右心耳、左心房4个部件组成，并显示心房、心室以及二尖瓣、三尖瓣、主动脉瓣和肺动脉瓣等结构，共有25个部位指示标志	套	1		
38	泌尿系统模型	主要功能： 示教整个泌尿系统概况。 技术要求： 由泌尿系统各器官中肾、输尿管、膀胱剖面等4个部件组成，并显示泌尿系统各器官，肾剖面的肾皮质、肾髓质以及膀胱和前列腺剖面等结构，共有30个部位指示标志	套	1		

续表

序号	名称	主要功能和技术要求	单位	数量	执行标准或质量要求	备注
39	女性泌尿生殖系统模型	主要功能： 示教女性泌尿系统。 技术要求： 解剖标志准确，成人自然大小	套	1		
40	男性泌尿生殖系统模型	主要功能： 示教男性泌尿系统。 技术要求： 解剖标志准确，成人自然大小	套	1		
41	肾脏解剖放大模型	主要功能： 示教肾脏的解剖结构。 技术要求： 模型显示肾剖面的肾皮质、肾髓质、肾小盏、肾大盏、肾盂、输尿管以及肾动脉、肾静脉等结构，共有15个部位指示标志	套	1		
42	肾脏与肾上腺放大模型	主要功能： 示教肾脏与肾上腺的关系。 技术要求： 由肾脏剖面和肾上腺2个部件组成，显示肾剖面的肾皮质、肾髓质、近曲小管、远曲小管、髓袢、集合管、乳头管、肾小盏、肾大盏、肾盂、输尿管以及小叶间动脉、静脉，肾动脉、静脉和肾上腺等结构，共有24个部位指示标志	套	1		
43	男性盆腔正中矢状切面模型	主要功能： 示教男性盆腔解剖结构。 技术要求： 男性盆腔正中矢状切面、盆腔剖面等4个部件组成，并显示男性内外生殖器官、男性尿道以及男性盆腔器官等结构，共有31个部位指示标志	套	1		
44	男性生殖器官结构模型	主要功能： 示教男性生殖器解剖结构。 技术要求： 模型由男性生殖器官、膀胱矢状切面等5个部件组成，并显示内外生殖器、膀胱、男性尿道以及男性会阴等结构，共有72个部位指示标志	套	1		
45	女性盆腔正中矢状切面模型	主要功能： 示教女性盆腔解剖结构。 技术要求： 模型为女性盆腔正中矢状切面，由2个部件组成，并显示女性生殖器官以及膀胱和直肠等结构，共有27个部位指示标志	套	1		
46	女性生殖器官结构模型	主要功能： 示教女性生殖器解剖结构。 技术要求： 模型由女性生殖器官正中矢状切面、盆部器官和女性会阴等4个部件组成，并显示女性内外生殖器官、盆腔脏器以及女性会阴等结构，共有40个部位指示标志	套	1		
47	女性骨盆附盆底肌和神经模型	主要功能： 示教女性骨盆及盆底肌解剖结构。 技术要求： 模型显示骨盆、骨盆的韧带、盆底肌、神经和会阴等结构，共有50个部位指示标志	套	1		

续表

序号	名称	主要功能和技术要求	单位	数量	执行标准或质量要求	备注
48	下丘脑与垂体激素对靶器官作用电动模型	主要功能： 示教下丘脑、垂体激素对靶器官的作用。 技术要求： 演示下丘脑与垂体的激素对应靶细胞分泌的功能作用	套	1		
49	人体内分泌器官模型	主要功能： 示教人体内分泌器官。 技术要求： 显示各内分泌器官，包括垂体、甲状腺、肾上腺、睾丸、胰、甲状旁腺、卵巢	套	1		
50	储物柜	主要功能： 用于储存设备耗材。 技术要求： 带透明玻璃可移动门，部分可配置亚克力台面作为操作台面	组	8		
51	多功能教学椅	主要功能： 用于教学活动。 技术要求： 稳固，环保，可移动	个	40		
52	多功能教学桌	主要功能： 用于教学活动。 技术要求： 稳固，环保，可移动，可自由组合	组	5		
53	多媒体教学机	主要功能： 教学讲解、视频播放等。 技术要求： 1. 屏幕尺寸：55 英寸以上；显示比例 16 : 9，显示分辨率 1920 × 1080 以上。 2. 音视频接口：支持 HDMI 等主流要求。 3. 支持网络接口。 4. 操作系统：Windows 10 以上。 5. 支持 USB 接口	台	1	ISO 14001：2015； ISO 9001：2015	

表 3　老年人能力评估室设备要求

序号	名称	主要功能和技术要求	单位	数量	执行标准或质量要求	备注
1	多功能护理床	主要功能： 用于评估老年人日常生活能力。 技术要求： 1. 尺寸：200cm × 90cm ×（55 ~ 60）cm。 2. 双摇三折（床头、中间、床尾能升降），配有可收折护栏等，均有电动按钮控制。 3. 床脚有制动万向轮，配有餐桌、输液架	张	1		日常生活评估区
2	床头柜	主要功能： 用于摆放物品。 技术要求： 与护理床配套，附有抽屉、柜子	只	1		
3	床旁椅	主要功能： 用于基础照护技能评估。 技术要求： 与护理床配套	把	1		

续表

序号	名称	主要功能和技术要求	单位	数量	执行标准或质量要求	备注
4	微型步梯	主要功能： 用于评估上下楼梯功能。 技术要求： 1. 单向或双向或三向。 2. 主体框架钢材。 3. 扶手杠高度可调节。 4. 侧向额定载荷≥ 70kg。 5. 阶梯额定载荷≥ 135kg。 6. 表面铺材防滑	个	1	GB 24436—2009	运动功能评估区
5	步行测量贴纸	主要功能： 测量老年人步行状况。 技术要求： 1. 5m 透明背胶地贴。 2. 有刻度显示	套	1	刻度清晰	
6	餐桌	主要功能： 用于评估老年人日常生活活动能力。 技术要求： 1. 高度符合老年人使用习惯。 2. 台面边角倒圆，做防水槽	套	1	材质无毒、无害、抗菌环保	饮食评估区
7	餐椅	主要功能： 用于评估老年人日常生活活动能力。 技术要求： 1. 腿底部加装防滑垫。 2. 扶手应注意不要突出，以免老人磕碰。 3. 坐垫采用高密度海绵，防渗漏 PU 面料	个	3	材质无毒、无害、抗菌环保	
8	餐具及仿真食品	主要功能： 用于评估老年人日常生活活动能力。 技术要求： 1. 常规餐具（餐碗、筷子、叉子、勺子等）。 2. 仿真 PVC 食品（馒头、米饭等）	套	1		
9	简易洗脸台盆	主要功能： 用于评估洗漱功能。 技术要求： 台盆、镜子一套，台盆尺寸为 800mm × 500mm	套	1		洗漱评估区
10	简易坐便器	主要功能： 用于评估两便自理能力。 技术要求： 尺寸为 360mm × 670mm × 660mm	个	1		
11	简易淋浴装置	主要功能： 用于评估沐浴功能。 技术要求： 龙头、花洒一套，常规尺寸，固定在墙壁	套	1		
12	简易浴凳	主要功能： 用于评估沐浴功能。 技术要求： 50mm × 45mm × 15mm，用于老人淋浴辅助	个	2		
13	扶手，L 型杆 + 马桶扶手	主要功能： 用于老人站立做下辅助。 技术要求： 不锈钢内管	套	1		
14	洗漱用品套件	主要功能： 用于评估洗漱功能。 技术要求： 毛巾、牙刷、杯子、浴巾、脸盆、肥皂盒、沐浴露各 2 套，毛巾架 1 组，固定在墙壁	套	1		
15	呼叫器	主要功能： 用于老人应急呼叫。 技术要求： 能够与前台服务中心连接，常规尺寸	个	1		—

续表

序号	名称	主要功能和技术要求	单位	数量	执行标准或质量要求	备注
16	电子视力检测仪	主要功能： 用于检测评估日常视觉功能。 技术要求： 具有对比度视力检查、夜盲症检查、低视力检查和色盲检查四大功能	台	1	数值精确，稳定性好	体征数据评估区
17	轮椅秤	主要功能： 测量行动不便长者的体重，评估体重变化状况。 技术要求： 1. 不锈钢材质。 2. 液晶显示屏。 3. 坡度平稳	张	1	数值精确，稳定性好	
18	身高测试仪	主要功能： 用于测量身高。 技术要求： 1. 测量范围 700 ~ 2500mm。 2. 最小刻度 5mm，允许误差 ±5mm	台	2		
19	体重秤	主要功能： 用于测量体重。 技术要求： 1. 最大称量 120kg，最小分度 0.5kg。 2. 允许误差 ±0.5kg	台	2		
20	血糖仪	主要功能： 用于测量血糖。 技术要求： 电子显示，可测量手指末梢血糖值	个	20		
21	血氧仪	主要功能： 用于测量血氧饱和度。 技术要求： 电子指夹式，可用于测量血氧饱和度	个	20		
22	轮椅	主要功能： 用于测量活动能力。 技术要求： 1. 可折叠，扶手可拆卸，海绵高度可调。 2. 高性能尼龙椅面，载重≥ 100kg。配备车闸、制动、腿托、安全带。 3. 材质为铝合金或不锈钢车身	个	5		
23	助步车	主要功能： 用于测量活动能力。 技术要求： 1. 材质：铝合金。 2. 高度可调。 3. 可折叠。 4. 安全承重：180kg。 5. 含各种类型	个	5		
24	体征数据测量评估展板	主要功能： 用于体征数据测量。 技术要求： 含角度尺、听诊器、血压计、一次性压舌板、多功能关节活动测量表、握力器、手电筒、体温计、听力音叉	套	1	环保材质，操作简单	
25	办公桌	主要功能： 用于教学活动。 技术要求： 环保，稳固	张	1		
26	椅子	主要功能： 用于教学活动。 技术要求： 环保，稳固	把	1		

续表

序号	名称	主要功能和技术要求	单位	数量	执行标准或质量要求	备注
27	认知图形插板	主要功能： 用于感知能力、大脑对图形的认知评估。 技术要求： 1. 规格：43.2cm × 38cm × 2.5cm。 2. 质量小于 0.5kg。 3. 木质	件	1	平整光滑，吻合度好	认知功能评估区
28	智力几何图形插板	主要功能： 用于感知能力、大脑对图形的认知评估。 技术要求： 1. 规格：43.2cm × 38cm × 2.5cm。 2. 质量小于 0.5kg。 3. 木质	套	1	平整光滑，吻合度好	
29	阶梯对比积木	主要功能： 用于老年人认知能力评估。 技术要求： 1. 规格：18.5cm × 18.5cm × 4cm。 2. 材质：木质。 3.4 组形状大小各异的木柱，共 16 个	套	1		
30	台式智力拨钟	主要功能： 用于认知功能评估训练。 技术要求： 可用于评估老年人对数字图形感知认识的能力	个	1		
31	电脑	主要功能： 用于评估报告的生成及数据记录。 技术要求： 内存大于 128GB，可联网	台	1		评估报告区
32	打印机	主要功能： 用于打印评估报告。 技术要求： 可进行激光式黑白双面打印	台	1		
33	老年人能力评估系统	主要功能： 进行老年人能力智能评估。 技术要求： 1. 对老年人健康危险因素进行全面评估、分析，主要包括全面的认知和心理功能评估，跌倒评估和营养评估，老年精神心理评估。 2. 可实现大数据应用部署，对接智慧养老平台，数据共享，一键式登录、一键式管理	套	1		选配
34	平衡功能测试系统	主要功能： 测量老年人平衡功能。 技术要求： 1. 对老年人平衡功能进行全面评估、分析。 2. 可实现大数据应用部署，对接智慧养老平台，数据共享，一键式登录、一键式管理	套	1		选配
35	心肺功能测试系统	主要功能： 测量老年人心肺功能。 技术要求： 1. 对老年人心肺功能进行全面评估、分析。 2. 可实现大数据应用部署，对接智慧养老平台，数据共享，一键式登录、一键式管理	套	1		选配
36	足底压力测试仪	主要功能： 测量老年人足底压力。 技术要求： 1. 对老年人足底压力进行全面评估、分析。 2. 可实现大数据应用部署，对接智慧养老平台，数据共享，一键式登录、一键式管理	套	1		选配

续表

序号	名称	主要功能和技术要求	单位	数量	执行标准或质量要求	备注
37	全身多关节等速肌力测试系统	主要功能： 测量老年人肌力及关节活动度。 技术要求： 1. 对老年人肌力及关节活动度进行全面评估、分析。 2. 可实现大数据应用部署，对接智慧养老平台，数据共享，一键式登录、一键式管理	套	1		选配
38	多功能教学椅	主要功能： 用于教学活动。 技术要求： 稳固，环保，可移动，可堆叠	个	40		
39	多功能教学桌	主要功能： 用于教学活动。 技术要求： 稳固，环保，可移动，可自由组合	组	5		
40	储物柜	主要功能： 用于储存设备耗材。 技术要求： 带透明玻璃可移动门	组	8		
41	多媒体教学机	主要功能： 教学讲解、视频播放等。 技术要求： 1. 屏幕尺寸：55 英寸以上；显示比例 16∶9，显示分辨率 1920×1080 以上。 2. 音视频接口：支持 HDMI 等主流要求。 3. 支持网络接口。 4. 操作系统：Windows 10 以上。 5. 支持 USB 接口	台	1	ISO 14001：2015 ISO 9001：2015	

表 4　高龄体验中心——智能设备设施应用与维护实训室

序号	名称	主要功能与技术要求	单位	数量	执行标准或质量要求	备注
1	高龄者模拟体验装置	主要功能： 用于体验高龄者行动不便。 技术要求： 1. 脚部固定物 1 组，含鞋型支撑物 2 件，脚踝固定板 4 片。 2. 脚部四格式加重物 2 个。 3. 膝盖支撑物 2 件。 4. 拐杖 1 根。 5. 手腕三格式加重物 2 个。 6. 肘部支撑物 2 件。 7. 背心 1 件。 8. 身体加重物 4 个。 9. 模拟老花眼镜 1 副，镜片设计留置四方形、较清楚的窗口，具模拟视线窄化效果。 10. 模拟驼背弹性带 1 条。 11. 棉制白布手套 1 双。 12. 半截式弹性手套 1 双。 13. 补强用魔术贴布 1 条。 14. 小钱包 1 个。 15. 手提箱 1 个。 16. 体验教学光盘 1 片	套	10	体验真实	

续表

序号	名称	主要功能与技术要求	单位	数量	执行标准或质量要求	备注
2	半身麻痹模拟体验装置	主要功能： 用于体验老年人偏瘫半身麻痹状态及行动不便。 技术要求： 1. 拐杖 1 根。 2. 脚部模拟器 1 件。 3. 腰部支撑带 1 件。 4. 肘部支撑带 1 件。 5. 背心 1 件。 6. 束缚手套 1 只。 7. 居家生活体验教学光盘 1 片。 8. 可携带收纳箱 1 个	套	10	体验真实	
3	转角阶梯（含智慧升降机）	主要功能： 用于体验老年人行动不便和路径规划。 技术要求： 1. 智慧升降机、楼梯路径规划、直流马达等。 2. 横向水平移动，座椅轻松收折，不占楼梯空间，转角没问题；楼梯升降椅座垫为柔软皮质，适合老人使用，皆配有伸缩安全带与安全扶手，确保使用者的乘坐安全；升降椅由微电脑控制前进速度，遇拐弯或进入充电站时会自动减速。 3. 最大安全负载：150kg。 4. 运行速度：6m/min 转弯时减速行驶。 5. 电池：免维护铅酸电池（2×12V）。 6. 驱动马达功率：320W。 7. 轨道最大升角：52°。 8. 轨道钢管直径：38mm。 9. 噪声：不大于 70dB。 10. 故障显示：有。 11. 传动方式：齿轮、齿条啮合传动。 12. 体验路径规划：规划楼梯路径，可让参观者或实务操作者亲身体验及学习操作方法。 13. 尺寸公差：±5%	组	1	运行平稳安全	
4	无障碍电动爬梯机	主要功能： 用于体验照顾无法上下楼人群出行。 技术要求： 1. 使用履带内建座椅形式，可搭载人员或是轮椅。搭载轮椅时具备角度自动调整功能(具有水平陀螺仪功能)，可使乘坐者保持在最舒适角度，乘坐更安全。移动轮的设计可使平地移动更灵活快速。 2. 车体与操纵杆可分离，能够实现电动手工操作模式和电动全自动模式自由切换。 3. 荷重：130 kg（285 lbs）。 4. 最大楼梯角度：35°。 5. 上楼梯速度：16 台阶 /min。 6. 下楼梯速度：26 台阶 /min。 7. 续航力：30 min。 8. 刹车：电磁刹车。 9. 尺寸：1040mm×670mm×1050mm。 10. 重量：70 kg。 11. 最小楼梯宽度：90 cm。 12. 转弯平台尺寸："L"：120cm×120cm，"U"：200cm×120cm。 13. 电瓶：铅酸电池 12V/20Ah×2 个。 14. 最小转弯半径：100cm	台	1		
5	缓坡	主要功能：用于体验上下坡。 技术要求： 1. 平台高 10cm、宽 150cm、长 150cm，符合轮椅回转空间需求，以满足体验指令设计内容。 2. 两座缓坡衔接平台，一座 145cm×150cm。另一座 90cm×110cm，上贴纸滑条，能表现无障碍空间的斜率规定及低于规定的不同比较值，以符合体验指令设计内容。 3.90cm 矮隔屏，长 700cm，隔屏须于内部动线中安装照明功能扶手，扶手直径符合无障碍环境的规定。 4. 材质：木质	组	1	GB 18581—2009	

续表

序号	名称	主要功能与技术要求	单位	数量	执行标准或质量要求	备注
6	模拟体验路径规划（含失智照护VR体验）	主要功能： 用于模拟体验路径规划及失智老年照护。 技术要求： 1.VR体验设备1台。 2.手机1台。 3.VR4种照护模拟场景。 4.体验路径标示牌1组。 5.无障碍衣服2套。 6.展示架2个，材质：亚克力材料。 7.海报1组。 8.模特2个：男模特1个，女模特1个。支持杆在小腿，可以穿鞋	组	1	体验真实	
7	电动升降桌	主要功能： 适老化无障碍体验。 技术要求： 1.尺寸：1200mm×600mm。 2.承重：150kg。 3.升降方式：电动升降。 4.控制方式：按键上下升降。 5.适用人群：残疾人、老年人等特殊需求人群	张	2		
8	AI声控触控升降橱柜	主要功能： 适老化无障碍体验。 技术要求： 1.无障碍设计，吊柜内柜可AI声控及触控控制，下柜可触控控制，根据使用需求调节高度，方便拿取物品。 2.电动控制；方便坐轮椅或高度有限的人轻松取物，可做为ADL功能训练。 3.AI声控吊柜可升降范围500mm，台面可升降范围230mm，符合无障碍设计及适老化规范要求 4.含电磁炉、油烟机、水槽全套配件	套	1		
9	辅助沟通器	主要功能： 用于体验生活自立照护。 技术要求： 1.超轻100g。 2.一对多使用，适用于团体照护	个	2	性能稳定，音质清晰	
10	智能居家电动床	主要功能： 用于体验居家生活照护。 技术要求： 1.垂头仰卧位倾斜角度0~11°，逆垂头仰卧位倾斜角度0~11°。 2.静态安全负载为：213kg。最大使用者的体重为：178kg。输入电压：100~240V，50/60Hz。输入电流：3.15A（最大电流）。工作运行频率：10% Max 2/18min（连续工作2min后须停用18min）。 3.安全类别：防水等级IP54级。用电操作系统可承受或使用的环境温度和湿度范围：环境温度：5℃~40℃。环境湿度：20%~90%（30℃条件下）	张	2		
11	静态防压疮床垫	主要功能： 用于压疮预防及照护技能训练体验。 技术要求： 1.产品由聚氨酯海绵、中空纤维垫、床垫罩组成。 2.尺寸：1950mm×830mm×120mm	床	2	一类医疗器械备案	
12	智能压力分析床垫	主要功能： 用于体验居家独居老人/机构失智老人照护。 技术要求： 辅助老年照护，具有心率、呼吸、体动实时监测，离床报警提醒，防褥疮报警提醒等功能，支持移动端和PC端系统控制	套	2		

续表

序号	名称	主要功能与技术要求	单位	数量	执行标准或质量要求	备注
13	智能压疮仿真模型	主要功能： 用于压疮预防及照护技能训练体验。 技术要求： 显示压疮1期~4期，显示褥疮类型，形象逼真，皮肤手感真实	套	2		
14	智能照护护理床	主要功能： 用于体验居家生活及机构养老照护。 技术要求： 1. 具备电动升降、倾斜、旋转功能，床－轮椅一体化，可自动控制分离，带排泄物处置装置。 2. 静态安全负载为：213kg。最大使用者的体重为：178kg。输入电压：100~240V，50/60Hz。输入电流：3.15A（最大电流）。工作运行频率：10% Max 2/18min（连续工作2min后须停用18min）。 3. 安全类别：防水等级IP54级。用电操作系统可承受或使用的环境温度和湿度范围：环境温度：5℃~40℃。环境湿度：20%~90%（30℃条件下）	个	1		
15	多媒体感觉统合训练系统	主要功能： 用于老龄状态体验及训练。系统是通过灯光、音效、地面震动、卡通动画等多种模式营造出一种康复训练环境，对老年人的听觉、视觉、触觉等各个感官以及本体和语言都能起到综合刺激作用，令老年人沉浸其中，增强其积极训练的主观能动性，培养和提高特殊老年人的交流沟通、情感表达、感觉综合等方面的能力。 技术要求： 1. 系统由高清数字地面成像设备、高清数字互动捕捉设备、触摸式控制主机、音响设备、地面振动系统、墙面成像结构、软件部分组成。 2. 高清数字地面成像设备：由2套高清数字成像设备构成墙地一体的拼接屏幕，投影仪镜头在3米以上的高度，地面投射影像可达到（3×4）m^2，可遥控启动和关闭设备。 3. 高清数字互动捕捉设备：用于动态捕捉地面成像区域的活动元素。 4. 触摸式控制主机： 材质：机身采用ABS环保工程材料注塑一次性冲压成型，边角采用圆弧形设计；视频接口：1个VGA端口，1个DVI-D端口；电源：210~230V；外形尺寸：600mm×560mm×1000mm（±10mm）；输入方式：触屏手写、键盘操等作多种方式。键盘主机一体化设计，非外接键盘；分辨率：1024×768；规格：22英寸高精度多电容触摸显示屏4∶3显示模式。 5. 音响设备： 功能：双声道（立体声）产生更悦耳的音乐，提供高品质的音响效果；品牌音响1组；信噪比：>88dB；失真度：THD<0.05%(8Ω、1kHz、40W)；低音单元10寸×1，高音3寸×2；卫星箱每个声道输出频率50Hz~18KHz（−10dB）；卫星箱低音输出功率150W；阻抗8Ω；灵敏度：90dB；频率范围：40~20KHz；电源性能AC100~240V，50/60Hz。 6. 地面振动系统：感应区不小于15m^2，感应区应为高强度地板一体结构，安全不变形。非多块拼接材质，避免变形等安全隐患。振动区高度约10cm，内部应有龙骨支撑，承重安全；振动频率：15Hz~160Hz，多组振动源。 7. 墙面成像结构：使用安全无毒、无害、无甲醛材料，有效地防止对老年人造成损害。成像区域为白色，使成像更加身临其境。 8. 软件部分：情景互动游戏，包含17个不同场景互动训练软件。康复训练，包含吉祥爷爷爱购物、保卫河山、老年复合型步行训练、接金币等软件。音乐系统，包含1套以音乐为主题的训练软件	套	1		

续表

序号	名称	主要功能与技术要求	单位	数量	执行标准或质量要求	备注
16	转移天轨	主要功能： 用于模拟养老院、护理院内对失能及行动不便人群的转移、移位和康复照护。 技术要求： 1. 借助于灵活的轨道系统，将轨道安装于室内房屋顶部，利用可沿轨道滑动的升降机头，选择合适的穿戴吊衣，将老年人安全悬吊，转运至室内不同功能区域。 2. 最大安全承重：200kg。 3. 弯轨：15° 、30° 、45° 、60° 、90° 五种角度选择。 4. 所有变轨装置配有自动传感技术：当移位机头接近和停靠时，自动调整轨道方向对接机头及旋转，无需遥控器操控，使照护人员的注意力在被转运者身上	套	1	一类医疗器械备案	
17	全自动清洗消毒机系统	主要功能： 用于模拟体验养老院、护理院内智能排泄物处理、智能感控管理。 技术要求： 1. 适用于对养老院、护理院内使用的尿壶、大便盆、引流瓶等物品容器进行自动倒空、冲洗、高温蒸汽消毒，需具备自动倾倒—清洗—消毒—烘干—冷却一体化功能。 2. 清洗仓采用 316 不锈钢；密封材料应避免二次污染以及耗材产生，便于后期维护管理。 3. 清洗喷头可保证全方位清洗污物容器，无死角，喷头数量应不少于 13 个。 4. 设备应具有安全保护装置，避免过热、干烧等造成安全隐患。 5. 污物浸泡池采用 316L 不锈钢，耐腐蚀性强，以便人工消毒浸泡使用；柜体采用 304 不锈钢，柜门采用 304 不锈钢，门把手应具有避免微生物滋生的效果。 6. 全套设备及柜体应一体化设计，清洗消毒流程合理，避免二次污染	套	1		
18	电动沐浴推床	主要功能： 用于模拟养老院、护理院内对失能及行动不便人群的洗浴。 技术要求： 1. 产品规格：长度：1900mm，宽度：750mm，高度：450~750mm（可调节），承重：150kg。 2. 标准配置：灰色床垫，灰色头枕和 FLEXI 排水软管。 3. 沐浴推床穿梭于狭窄的过道时，护栏可收起，以便通过。 4. 沐浴推床可设置两个不同的下水口，促进快速排水。 5. 侧边立柱设计便捷、轻巧；可将沐浴推床嵌入到床的 1/2 处，方便将老人从床上移位至沐浴推床。 6. 电动调节沐浴推床高度，方便工作人员简捷操作。 7. 底盘低的重心设计，使推床更加稳定；具有直线导向装置，便于单人进行平稳移动运送，节约人力成本。 8. 配静音万向轮 4 个，2 个脚轮带有制动器，2 个脚轮带有转向装置，方便操作。 9. 推床两头有倾斜控制手柄，由气弹簧控制，可以轻松调节倾斜度。 10. 升降调节模式：手控调节、脚控调节两种方式	张	1		

续表

序号	名称	主要功能与技术要求	单位	数量	执行标准或质量要求	备注
19	电动升降洗脸台（魔镜版）	主要功能： 用于模拟养老院、护理院内对失能及行动不便人群的洗漱护理。 技术要求： 1. 电动升降洗脸台 （1）尺寸：约 900mm × 500mm × 600~1000mm； （2）材质：台面采用人工大理石，柜体多层板贴木皮做油漆； （3）可电动升降调节，采用双电机静音模式。一键调节，符合无障碍设计要求。 2. 智能魔镜： （1）尺寸：约 700mm × 900mm × 20mm； （2）材质：触摸屏，即多点电容式触控屏； （3）功能：防水防雾、人体感应、多点触控、实时天气预报、新闻资讯、音乐视频播放、息留言推送、出行路况、健康管理； （4）显示尺寸：21.5 英寸； （5）分辨率：1920 × 1080dpi； （6）蓝牙：4.0BLE； （7）人体感应：0~1000mm	套	1		
20	尿检一体机	主要功能： 用于模拟养老院、护理院内对失能及行动不便人群的智能如厕护理。 技术要求： 1. 电动升降马桶可以随时调节至所需的高度，使用者可以实现最大限度的独立操作。 2. 遥控器：全自动调节马桶高度，可以悬挂在马桶上或墙壁滑轨上。 3. 构成材质：喷漆不锈钢、聚苯乙烯、铝、陶瓷。 4. 最大重量：200kg。 5. 座便器：座便器墙壁滑轨、冲水配有按钮。 6. 标准配置：马桶、臂撑、墙壁滑轨、遥控器	套	1		
21	电动升降马桶扶手	主要功能： 用于模拟体验失能及行动不便人群的如厕和起身。 技术要求： 1. 帮助老人如厕时电动起身和坐下。 2. 标配直流双推杆电机，运行更平稳。 3. 标配手控式按键操控器，方便老人自己操作。 4. 高强度碳钢车架，结构更安全。 5. 设备不使用时可直接推走，不影响原来的如厕环境。 6. 设备带蓄电池，无需插电源	套	1		
22	坐入式无障碍洗浴系统	主要功能： 用于模拟体验行动不便老人洗浴护理。 技术要求： 1. 外形尺寸：1300mm × 660mm × 1000mm（ ± 50mm）。 2. 亚克力一体成型缸体，满缸水容量不低于 150L。 3. 内置双安全扶手，外开式单门铝型材设计。 4. 开门宽度不低于 760mm，门体重量不低于 30kg。 5. 硅胶材质加厚裙边密封，开关门力度低于 5kg，低门槛，入缸高度不高于 160mm。 6. 冷热双给水不锈钢管路，高速进水龙头 50L/min，双排水管路，高速排水 80L/min。 7. 不锈钢底架	套	1		

续表

序号	名称	主要功能与技术要求	单位	数量	执行标准或质量要求	备注
23	无障碍挂墙式移动淋浴椅	主要功能： 用于模拟体验行动不便老人洗浴护理。 技术要求： 1. 正常载荷 80~100kg，极限载荷 150kg。 2. 标准横轨 L900。 3. 外形尺寸（展开）：535mm × 545mm × 626mm。 4. 外形尺寸（折叠）：535mm × 175mm × 955mm~1276mm。 5. 座位上下升降范围：330mm。 6. 靠背与扶手上下升降范围：320mm。 7. 尺寸：扶手长度 390mm；座位尺寸 360mm × 310mm；靠背尺寸 360mm × 140mm。 8. 座位、扶手、靠背均可上下、左右调节，并带有折叠功能，方便各类老人使用	套	1		
24	时尚助行车	主要功能： 用于模拟体验行动不便人群的出行。 技术要求： 1. 三角形轮廓，稳定的框架设计。 2. 最大承重 150kg。 3. 可折叠，并带刹车功能，配备轻便、有热塑性弹性体覆盖的车轮。 4. 把手高度可自由调节	辆	1		
25	电动轮椅	主要功能： 用于模拟体验行动不便人群的出行。 技术要求： 1. 自动多功能，整车可上飞机，镁合金稀土永磁高效盘式 120W 有刷电机，配置电磁刹车、分体式控制器。 2. 电池可快拆，可单独充电，配有电源控制开关，可选配 10Ah 锂电池，最大续航 30km	辆	1		
26	智能跌倒报警垫	主要功能： 用于模拟体验行动不便老人洗浴护理防护。 技术要求： 1. 采用在地面平铺的形态进行使用，跌倒监测垫上表面可覆盖防滑材料。可在浴室地面平铺并在淋浴环境下进行使用，不受水流干扰。 2. 平铺于地面的检测器不使用任何传输电信号、利用电信号进行采集检测的技术或元器件（如压电式传感器、需要电线供电或传输信号的传感器等），杜绝用户使用时漏电、触电等事故发生；同时跌倒监测垫监测过程中不会对外部产生任何可见光，影响用户的正常生活。 3. 跌倒监测垫不受环境光线、水汽影响，可在黑暗环境、厨房烟雾环境、浴室等有水汽造成非可见的环境使用。 4. 跌倒监测垫可实现人体全身在监测垫覆盖区域内的跌倒检测，当人体跌倒稳定后 1min 之内发出警报。 5. 跌倒监测垫具备利用高亮报警灯、高分贝蜂鸣器或喇叭进行报警的功能。 6. 跌倒监测垫供电方式采用 5V 1.5A 供电。 7. 跌倒监测垫尺寸为 50cm × 100cm	张	1		

续表

序号	名称	主要功能与技术要求	单位	数量	执行标准或质量要求	备注
27	智慧辅具体验组	主要功能： 智慧照护辅具体验。 技术要求： 1. 软质旋转软垫（床 / 车用）：辅助自理老人轻松上下床或车；辅助行动不便老人时，护理人员更轻松、方便，同时减少频繁整理床单的工作量。 2. 软质旋转软垫（地面用）：辅助自理老人轻松从床转移至轮椅上或从轮椅转移至床上；辅助行动不便老人时，护理人员更轻松、方便。 3. 椅子防滑垫：有效地预防老人从椅子或轮椅向下滑动；辅助自理老人或行动不便老人更轻松、方便地落座到椅子或轮椅的正确位置。 4. 行动不便腰部支撑带：护理人员更轻松、方便辅助行动不便老人站立、坐下、转移、行走。 5. 床用起身辅助带：可有效辅助行动不便老人卧床起身。 6. 滑单：辅助行动不便老人在床上的移动和翻身、床与轮椅之间的转移、床与转移床之间的转移；辅助行动不便老人时，护理人员更轻松、方便	套	2		
28	智能手表	主要功能： 智能照护辅具体验。 技术要求： 具备超精准 GPS 定位、亲情通话、紧急呼救、心率监测、久坐提醒、吃药提醒等功能	个	20		
29	电动多功能按摩训练系统	主要功能： 用于老年人身心放松体验。 技术要求： 1. 运用揉捏、指压、推拿、叩击、拍打、拉伸等手法对头部、颈部、背部、腰部、臀部、腿部、脚部等全身穴位进行按摩。 2. 具有音乐舒缓等功能	套	1		
30	电动辅助起身系统	主要功能： 肢体功能障碍者行动照护体验。 技术要求： 1. 适用于起身、落座困难者，借助电动起身沙发可以轻松完成起身及落座；靠背和搁脚可以电动调节至任意角度；靠背可以 180° 放平，供老人平躺休息。 2. 靠背及坐垫使用医疗级大小便失禁防护面料，易于清洗。 3. 扶手防滑，高度适宜。 4. 带小桌板、制冷加热座位、底部带轮可以推行	套	1		
31	智能陪伴机器人	主要功能： 人工智能照护、智能化照护机器人体验。 技术要求： 1. 整机尺寸：1000mm × 410mm × 410mm。 2. 屏幕尺寸：14 英寸。 3. 屏幕分辨率：1920 × 1080px。 4. 麦克风：6 个麦克风环形阵列。 5. 通信方式：Wi- Fi，2.4G/5G、4G。 6. 操作系统：基于 Android 9。 7. 电池：锂电池，容量：10.4Ah，电压 25.2V。 8. 充电桩尺寸：204mm × 221mm × 251mm。 9. 头部顶端中间区域集成了语音交互区（6MIC）和触摸唤醒区（中间环状按键），辅以凹凸造型的功能快捷按键，一键跟随，方便快捷。 10. 高清摄像头：4800 万像素，行业顶配超清晰广角摄像头，视野广阔无盲区，ISO 是普通摄像头 4 倍，夜视能力加倍。 11. 低电量回充，电量低于 10%，自动回到充电桩充电。 12. 定时充电，在 23 时 ~ 7 时可以设置定时充电。 13. 续航时长，充电 4.5h，工作 9h。 14. 高保真重低音扬声器，激光雷达、240° 扫描范围，底盘最小直径 41cm。 15. 功能：养生百科、健康管理、一键呼救、娱乐陪伴、远程陪伴、呼叫家人、戏曲视频、家庭相册、长辈模式、智能操控、找人提醒	个	1		

续表

序号	名称	主要功能与技术要求	单位	数量	执行标准或质量要求	备注
32	储物柜	功能要求： 用于储存设备耗材。 技术要求： 坚固，环保	组	8		
33	多媒体教学机	主要功能： 教学讲解、视频播放等。 技术要求： 1. 屏幕尺寸：55 英寸以上；显示比例 16 ： 9，显示分辨率 1920 × 1080 以上。 2. 音视频接口：支持 HDMI 等主流要求。 3. 支持网络接口。 4. 操作系统：Windows 10 以上。 5. 支持 USB 接口	台	1	ISO 14001：2015 ISO 9001：2015	

3.2.2 专业核心技能实训室

专业核心技能实训室设备要求见表 5—表 9。

表 5 智慧养老平台建设与应用维护实训室设备要求

序号	名称	主要功能和技术要求	单位	数量	执行标准或质量要求	备注
1	智慧养老平台	主要功能： 机构及居家养老信息化管理平台。 技术要求： 1. 基于 web 操作界面，云储存模式。 2. 集成并联动全部智能硬件设备，采集相关数据并分析。 3. 集合智能信息化管理功能	套	1	通过 3C 认证	
2	智慧养老管理软件系统	主要功能： 用于智慧养老监管。 技术要求： 通过汲取先进的信息技术（物联网、互联网、智能呼叫、云技术、移动互联网技术、GPS 定位技术等），实施“系统 + 服务 + 老人 + 终端”的智慧养老服务模式，能够适时显示养老服务数据情况，并与智慧养老设备终端（如老人机、腕表、无线传输的健康检测设备）等连接，实现与子女、服务中心、医护人员的信息交互	套	1	通过 3C 认证	
3	异形大屏	主要功能： 用于展示养老运营管理监管数据信息。 技术要求： 1. 屏幕：尺寸 86 英寸以上；显示比例 16∶9，显示分辨率 1920 ×1080 以上。 2. 音视频接口：支持 HDMI 等主流要求。 3. 支持网络接口。 4. 操作系统：Windows 10 以上	个	1	通过 3C 认证	
4	电脑	主要功能： 管理软件本地展示设备。 技术要求： 1. 酷睿 i7–6700K，16GB，256GB SSD 或更高配置。 2. 运行 Windows10 1809 或更新操作系统。 3. 配备键盘、鼠标、音箱等外设	台	1	通过 3C 认证	
5	沙发、绿植、宣传板等软装	主要功能： 用于布置智慧养老信息化监管环境。 技术要求： 温馨、协调、舒适，体现智慧养老科技发展	套	1		

续表

序号	名称	主要功能和技术要求	单位	数量	执行标准或质量要求	备注
6	多媒体教学机	主要功能： 教学讲解、视频播放等。 技术要求： 1. 屏幕尺寸：55 英寸以上；显示比例 16 ∶ 9，显示分辨率 1920 ×1080 以上。 2. 音视频接口：支持 HDMI 等主流要求。 3. 支持网络接口。 4. 操作系统：Windows 10 以上。 5. 支持 USB 接口	台	1	ISO 14001：2015 ISO 9001：2015	
7	3 × 4VR–MR 操作间	主要功能： 提供 VR 操作员的操作环境。 技术要求： 1. 内部可操作空间 3m × 4m。 2. 专业绿色运动地垫，沙漠纹路，质感优良。 3. 专业摄影棚用 LED 补光灯，冷白光，色温 5500K，无级调光，寿命≥ 30000h。 4. 专业摄影棚用 3 × 3m 天花路轨。 5. 强弱电线材（视频、音频、网络）	间	1		
8	VR–Ready 电脑	主要功能： 承载虚拟仿真实验教学课件程序。 技术要求： 1.CPU：酷睿 i7–9700K。 2. 显卡：RTX2080ti，独立 11GB。 3. 内存：16GB DDR4 2666MHz；1TB；512GB SSD。 4. 电源功率：750W。 5. 显示器：分辨率 1920 × 1080，60Hz 刷新率	台	1	VR 画面与 MR 画面需要流畅播放	
9	VR 头显手柄定位套装	主要功能： 操作者与 VR 课件的交互及将操作者在虚拟场景中定位。 技术要求： 1. 屏幕：2 个 3.5 英寸 AMOLED；分辨率：单眼分辨率 1440 × 1600，双眼分辨率为 3K（2880 × 1600）；刷新率：90 Hz；视场角：110°；音频输出：Hi–Res Audio 认证头戴式设备、Hi–Res Audio 认证耳机（可拆卸式），支持高阻抗耳机；音频输入：内置麦克风；连接口：蓝牙、USB–C 3.0；传感器：SteamVR 追踪技术、G–sensor 校正、gyroscope 陀螺仪、proximity 距离感测器、瞳距感测器；人体工学设计：可调整镜头距离（适配佩戴眼镜用户），可调整瞳距，可调式耳机，可调式头带。 2. 手柄 2 套：配备 24 个感应器、多功能触摸板、双阶段触发器、高清触觉反馈和可充电电池。附带一个控制器、挂绳、微型 USB 线和电源适配器，电池容量：960mAh。 3. 定位器：通过定位器 2.0 可以帮助 VIVE Pro 或 VIVE ProEye 头戴式设备和控制器追踪其确切位置，从而为更大范围的房间规模的虚拟现实提供支持。 4. 具有无线同步功能，内含一个基座和一个电源适配器，适用标准式螺纹安装点。 5. 线缆：长 2.5m	套	1	需要充电式的 VR 手柄，供电时间需满足至少 2 课时	
10	摄像机	主要功能： 与采集卡配合将操作者嵌入在虚拟场景中。 技术要求： 1. 传感器：CMOS，1/5 英寸，像素 300 万以上，静态有效像素 600 万以上，光学变焦倍数 15~30 倍。 2. 屏幕：3.0 英寸，46 万像素液晶屏，16 ∶ 9。 3. 镜头：46mm，光圈（F）值：F1.8~F4.0。 4. 其他：约 61.5mm × 66.0mm × 121.0mm，约 325g。 5. 内存卡：大于等于 32GB，读写速度大于 4MB/s	台	1	拍摄的画面要清晰	

续表

序号	名称	主要功能和技术要求	单位	数量	执行标准或质量要求	备注
11	采集卡	主要功能： 与摄像机配合将操作者嵌入在虚拟场景中。 技术要求： 1. 接口 PCI-Express x4 Gen2；视频输入 / 输出（环出）HDMI 2.0。 2. 最高环出分辨率：2160p60HDR/1440p144Hz/1080p240Hz。 3. 最高采集分辨率：2160p60HDR/1440p144Hz/1080p240Hz。 4. 支持分辨率：2160p，1440p，1080p，1080i，720p，576p，480p。 5. 录像格式：MPEG 4（H.264+ACC）或（H.265+ACC）。 6. 尺寸：125mm × 151mm × 21.5mm。 7. 重量：208g	块	1	与摄像机配合，采集到的人像需要清晰	
12	追踪器	主要功能： 跟踪操作者在虚拟场景中的位置。 技术要求： 相机定位装置与虚拟相机定位传感器	个	1	充电式追踪器	
13	三脚架	主要功能： 支撑摄像机。 技术要求： 1. 铝合金 4 节三脚架。脚管节数：4 节；最大管径：2.6cm；最小管径：15.5cm，管径误差：± 1.5mm；折合高度：60.5cm；最低工作高度：8cm；最高工作高度：171.5cm；脚管锁类型：强力扳锁；螺丝尺寸：3/8 英寸螺纹接口。 2. 承重：7kg，重量约 2.55kg，含万向云平台	个	1	与摄像机相适配	
14	语音交互系统	主要功能： 满足教师与 VR 操作员及全班学生的教学互动。 技术要求： 1. 无线话筒套装。 （1）无线接收主机。工作电压：直流 12~14V 2A；工作电流：400mA；功率消耗：5W；接收灵敏度：−105dBm；音频输出电压：0.3V；邻频干扰抑制：>60dB；音频响应：50Hz~15KHz；频率稳定度：± 0.001%；信噪比：>85dB；工作距离：50~100m。 （2）领夹式话筒。配置数量 2 个；UHF 频段无线腰包发射器；橡胶天线接收信号强；明亮显示屏实时显示所用工作频点。 （3）无线话筒。配置数量 6 个；人声清晰细腻，音色饱满，拾音轻松，内置 UHF 智能音频芯片，自动降噪；专业 U 段高保真无线话筒。 2. 音箱：强劲低音壁挂音响。尺寸：5 英寸。灵敏度：92dB ± 2dB。电压：70V/110V。额定抗阻：8Ω。输出功率：20W。频率响应：55~19KHz。箱体尺寸：175mm × 165mm × 240mm。 3. 功放：输出功率：200W。频率响应：40Hz~16KHz。信噪比 ≥ 75dB。输出方式：4~16Ω 定阻；70V，110V 定压。失真度 ≤ 0.3%。颜色：银色。 4. 尺寸：486mm × 374mm × 105mm；容量：9.4GB	套	1	清楚立体	
15	群体学习小组圆桌椅	主要功能： 提供全班互动式、讨论式学习及线上学习环境。 技术要求： 1. 扇形桌：878mm × 595mm × 750mm。 2. 六张桌可拼接成直径 1.8m 圆形桌。 3. 绿色环保 E1 三聚氰胺板面，ABS 工程塑料，钢制脚架，钣金配件及锌铝压铸配件可循环使用，钢木结合，稳固耐用不变形	套	5	定制小组式桌椅	

续表

序号	名称	主要功能和技术要求	单位	数量	执行标准或质量要求	备注
16	学生端电脑	主要功能： 每个学生可进行虚拟仿真实训。 技术要求： 1.CPU：酷睿 i7–7700。 2. 显卡：NVIDIA GeForce GTX 1070，独立 8GB。 3. 内存：8GB DDR4。 4.1TB；512GB SSD。 5. 电源功率：500W。 6. 显示器：分辨率 1920×1080，60Hz 刷新率	套	40	流畅播放 VR 课件	
17	学生端 VR 设备	主要功能： 每个学生可进行虚拟仿真实训。 技术要求： 1. 分辨率：单眼 1440 × 1440，总分辨率 2880×1440。 2. 显示屏尺寸：2.89 英寸。 3. 头显配置摄像头：2 个。 4. 定位追踪方式：inside–out 位置追踪。 5.FOV：95° 。 6. 刷新率：90Hz。 7. 其他：前翻式屏幕，内置麦克风和耳机，单线缆，拥有 HDMI 2.0 和 USB 3.0 接口，线缆长度为 4m	套	40	1. 延时小于 20ms； 2. 最大视场角 110°	
18	教师端平板	主要功能： 承载教师端教学软件。 技术要求： 1. 处理器：海思麒麟 659，八核。 2. 操作系统：Android8.0。 3. 储存容量：64GB，系统内存 4GB，扩展支持 Micro SD，屏幕尺寸 10.1 英寸。 4. 屏幕分辨率：1920×1200，屏幕比例 16∶10，屏幕类型 IPS，指取设备触摸，Wi–Fi 功能，音频接口 3.5mm，USB 接口 micro–USB，前置摄像头 200W，后置摄像头 800W，支持多点触控。 5. 尺寸：243mm×164mm×7.8mm，净重 460g	个	1	1. 平板正面与后壳表面不能有刮花，侧面不能有明显的凹痕； 2. 表面涂镀层应均匀，不能有气泡、龟裂、脱落； 3. 用手按屏，屏要固定无松动	
19	互动大屏	主要功能： 显示学生的答题情况及正确率（错误率）。 技术要求： 1. 整机有效显示面积 86 英寸及以上（符合教育部教育行业标准 JY/T 0614—2017），物理分辨率：≥ 3840×2160。屏幕采用 LED 背光技术的 A 规液晶屏；液晶屏采用防眩光全钢化玻璃屏，且表面硬度≥ 7H，透光率应不低于 93%，雾度≤ 5%（提供权威检测报告复印件并加盖制造商鲜章）。 2. 至少支持 10 点同时触控，至少支持 10 笔书写，触摸高度≤ 2.5mm（提供权威检测报告复印件并加盖制造商鲜章）。 3. 整机前置不少于 3 个 USB3.0、HDMI（非转接）×1，具有中文标识说明。 4. 整机前置一键还原按键，不需保修或专业人员即可轻松恢复电脑系统故障。 5. 整机下边缘具有通屏笔槽（非外置），以便收纳。 6. 整机前置综合设置物理按键，可实现在任意通道下一键呼出系统设置、系统检测、信号源预览等功能并进行快速设置。 7. 保障设备安全，整机具备智能温控，当温度达到 50℃则高温预警，当温度达到 80° 直接断电保护设备（不接受第三方检测软件）。 8. 整机支持仅需一根网线，即可满足 Windows 和 Android 双系统的上网需求；安卓系统的 Android 主板 ROM ≥ 8GB，RAM ≥ 1GB，版本≥ Android6.0，保证设备能够快速反应。 9. 整机具备供电保护模块，可在插拔式 OPS 电脑未固定的情况下，不给插拔式电脑供电，保证整机及插拔式电脑安全。 10. 大屏支架结实耐用	个	1	JY/T 0614—2017	

续表

序号	名称	主要功能和技术要求	单位	数量	执行标准或质量要求	备注
20	OPS 插拔电脑	主要功能： 承载群体学习互动端教学软件。 技术要求： 1. 采用严格遵循 Intel® 的 OPS-C 相关规范，针脚数为 80Pin 的可插拔式 OPS 接口的模块化电脑方案。 2. 不低于 Intel 第六代 i5 处理器、4GB 内存、128GB 固态硬盘。 3. 内置 Wi-Fi、内置网卡，采用双 Wi-Fi 天线设计；不低于独立非外扩展的 6 组 USB（3 路 USB3.0）接口、1 组 HDMI 及 1 组 DP	台	1	针脚数：80	
21	虚拟仿真服务器	主要功能： 承载虚拟仿真平台软件及群体教学软件。 技术要求： 1. CPU 英特尔至强 E5-2609v4，8 核，1.7GHz，支持 CPU 数 2 个。 2. 内存 ECC 自动纠错内存，16GB DDR4 2400MHz，12 个扩展槽。 3. 硬盘 1TB，RAID1。 4. 网络控制器 Broadcom5720 千兆网卡（双口）。 5. 显示芯片，支持 Windows、CcentOS、Liunx 系统。 6. 配置演示器：显示器分辨率 1920×1080，60Hz 刷新率	台	1	GBT 9813.3—2017	
22	一体化收纳管理桌	主要功能： 盛放管理虚拟仿真服务器与 VR 电脑。 技术要求： 1. 同时容纳 VR-Ready 主机与服务器主机，具备双显示器展示位置。 2. 收纳 VR 设备、MR 设备等一体化管理空间。 3. 具备群体学习互动教室、VR-MR 实验操作间连接排布线出口。 4. 具备 VR-Ready 及服务器运行所需的空间及环境（温度、功率电源等）	张	1	1. 同时容纳 VR-Ready 主机与服务器主机，具备双显示器展示位置。 2. 收纳 VR 设备、MR 设备等一体化管理空间	
23	VR 大屏	主要功能： 呈现 VR 第一人称画面。 技术要求： 1. 整机有效显示面积 86 英寸及以上（符合教育部教育行业标准 JY/T 0614—2017），物理分辨率：≥ 3840×2160。屏幕采用 LED 背光技术的 A 规液晶屏；液晶屏采用防眩光全钢化玻璃屏，且表面硬度 ≥ 7H，透光率应不低于 93%，雾度 ≤ 5%。 2. 至少支持 10 点同时触控，至少支持 10 笔书写，触摸高度 ≤ 2.5mm。 3. 整机前置不少于 3 个 USB3.0、HDMI（非转接）×1，具有中文标识说明。 4. 整机支持仅需一根网线，即可满足 Windows 和 Android 双系统的上网需求；安卓系统的 Android 主板 ROM ≥ 8GB，RAM ≥ 1GB，版本≥ Android6.0，保证设备能够快速反应。 5. 整机具备供电保护模块，可在插拔式 OPS 电脑未固定的情况下，不给插拔式电脑供电，保证整机及插拔式电脑安全。 6. 大屏支架结实耐用	个	1	JY/T 0614—2017	

续表

序号	名称	主要功能和技术要求	单位	数量	执行标准或质量要求	备注
24	MR 大屏	主要功能： 呈现 MR 第三人称画面。 技术要求： 1. 整机有效显示面积 86 英寸及以上（符合教育部教育行业标准 JY/T 0614—2017），物理分辨率：≥ 3840×2160。屏幕采用 LED 背光技术的 A 规液晶屏；液晶屏采用防眩光全钢化玻璃屏，且表面硬度≥ 7H，透光率应不低于 93%，雾度≤ 5%。 2. 至少支持 10 点同时触控，至少支持 10 笔书写，触摸高度≤ 2.5mm。 3. 整机前置不少于 3 个 USB3.0、HDMI（非转接）×1，具有中文标识说明。 4. 整机支持仅需一根网线，即可满足 Windows 和 Android 双系统的上网需求；安卓系统的 Android 主板 ROM ≥ 8GB，RAM ≥ 1GB，版本≥ Android6.0，保证设备能够快速反应。 5. 整机具备供电保护模块，可在插拔式 OPS 电脑未固定的情况下，不给插拔式电脑供电，保证整机及插拔式电脑安全。 6. 大屏支架结实耐用	个	1	JY/T 0614—2017	
25	辅助教学大屏	主要功能： 呈现不同形式的基础知识、理论知识。 技术要求： 1. 显示屏尺寸：86 英寸。 2. 显示屏类型：液晶显示屏。 3. 物理分辨率：3840×2160。 4. 刷新率：60Hz。 5. 亮度：≥ 330 cd/m²。 6. 对比度：大于 1200 ： 1。 7. 视角（度）：大于 100° 。 8. 显示屏防护：4mm 全钢化高防爆玻璃。 9. 触摸嵌入方式：内置一体式，非外挂式。 10. 触摸感应技术：红外感应识别触摸技术。 11. 响应时间：<15ms。 12. 书写方式：手指、触摸笔等不透光物体。 13. 定位精度：有效触摸最小识别物 2mm。 14. 触摸分辨率：多点触摸。 15. 触摸次数：理论上无限次。 16. 喇叭规格：扬声器。 17. 音频特性：平衡，自动音量控制，环绕声，均衡器。 18. 端口：VGA 端口、音频端口、HDMI 端口、USB2.0 端口、USB3.0 端口、网络接口等。 19. 采用精湛的防眩光技术，屏幕具备高效的防反光功能。 20. 内置电脑： （1）CPU 型号：i7 处理器。 （2）内存：8GB。 （3）存储：240GB 以上硬盘。 （4）显卡：Intel 核芯显卡 Intel HD Graphics。 （5）接口：USB2.0、USB3.0、网络接口、MIC 输入、HDMI 输出、VGA 输出、支持 Wi-Fi。 （6）操作系统：Windows 10 操作系统、安卓系统	个	1	JY/T 0614—2017	

续表

序号	名称	主要功能和技术要求	单位	数量	执行标准或质量要求	备注
26	人机交互版线上虚拟仿真实验教学平台软件	主要功能： 线上虚拟仿真项目的载体，虚拟仿真线上实训、形成性评价、数据库管理等，记录学习进程、考核结果。 技术要求： 1. 虚拟软件安装在学校的本地服务器，通过访问学校本地服务器，用户可以在任意时间、空间以及不同移动终端上访问平台。 2. 平台兼容多种教学软件，支持成熟的虚拟实验室软件兼容到 VMC 平台。 3. 门户网站功能，根据学校需求订制特色的门户网站，用于展示学校风采。 4. 资源管理功能，特殊权限账号可以自由上传虚拟教学资源，教学资源包含虚拟动画、教学 PPT、文档、视频等多种模式。并且资源将在学校本地云服务器有序地管理。 5. 虚拟实验学习功能，通过登录账号，学生可以学习平台上所有的虚拟内容。 6. 题库功能，软件管理平台特有的题库管理功能。教师账号可以自由上传、调用题库，组成考试试卷。题库支持填空题、选择题、判断题、图片题、虚拟仿真题。有特有的题目自动评级功能，适应不同难度考试。 7. 考试功能，教师自由组卷，定义考试时间。学生在规定考试时间内进行考试。考试成绩自动记录在管理平台，随时调用。 8. 班级管理功能，教师可以自由开启各种班级，自定义班级成员、课程、考试、作业、评教等教学活动。 9. 学习信息统计功能，学生的登录情况、学习情况均在管理平台记录并随时调用。 10. 学生学习笔记功能。 11. 学生网络考试自测功能。 12. 在线答疑交流功能。 13. 论坛功能。 14. 权限功能，不同账号拥有不同的权限，决定自己独有的功能。权限身份有：管理员（系统、新闻、论坛等）、教师、学生等。通过不同终端，登陆不同 ID 便能够使用相应权限范围内的平台管理功能和教学功能。 15. 用户管理功能，系统管理员以及其他有权限的角色，可以自由添加 / 删除账号 ID。 16. 分布式资源服务器功能，系统要能够支持分布式的资源服务器，让用户对实验资源的访问分散到资源服务器上，以支撑大量学员对实验资源的并发访问。 17. 实验预约功能。 18. 实验设备管理功能	套	1	平台数据可对接国家虚拟仿真实验教学项目共享服务平台	
27	VR 虚拟仿真实训教学平台软件	主要功能： VR 虚拟仿真项目的载体，VR 虚拟仿真实训、形成性评价、数据库管理等，记录学习进程、考核结果。 技术要求： 具备虚拟仿真教学、评价功能	套	1	平台数据可对接国家虚拟仿真实验教学项目共享服务平台	

续表

序号	名称	主要功能和技术要求	单位	数量	执行标准或质量要求	备注
28	辅助教学大屏系统平台软件	主要功能： 承载辅助教学大屏系统课件。 技术要求： 1. 电子白板：可以进行画笔设置、笔记与背景随意切换、笔记页面管理、撤销与恢复等功能。 2. 实验内容： （1）内置实验模块数：超过 30 个以上内置养老服务实训模块。 （2）内置实验模块内容：每个内置实验模块包括 6 部分内容：电子教材、教学 PPT、实验录像、微课、理论测试、虚拟实验操作。 ①电子教材：电子教材要求图文并茂，可实现鼠标点击翻页功能。 ②教学 PPT：至少包括实验目的、原理、实验对象、药品器材、方法步骤、注意事项以及思考题等。 ③实验录像：高清视频实验动物手术操作录像。 ④微课：高清视频录像，至少包括实验目的、原理、实验对象、药品器材、方法步骤、实验结果、注意事项以及思考题等部分的讲解，讲解老师要利用大屏幕同步展示讲解的内容。 ⑤理论测试：每个实验模块至少不少于五道理论测试题目。 ⑥虚拟实验操作：每个实验模块连接一个简单虚拟实验项目。 （3）扩展教学知识：基础机能学知识介绍，手术操作以及动物福利等。 （4）自定义实验模块：系统支持用户自定义实验模块，每个自定义实验模块可以包括 PPT、实验录像、微课、虚拟实验操作，测验等内容。 （5）自定义实验模块与系统内置实验模块融为一体，自动添加在内置实验模块后面，便于用户管理和操作	套	1	可内置 50 多个实训教学模块，同时可扩展教学内容	
29	群体学习学生端——手机学习软件	主要功能： 学生智能手机参与 VR 互动学习，支持 iOS/Android 系统，同时满足 100 人学习。 技术要求： 1. 适用 iOS 和 Android 系统。 2. 支持扫描二维码登录。 3. 与服务器双向通信。 4. 实时同步教师端、VR 端考题，显示考题题干、选项，可进行作答并提交。 5. 同步实验操作过程，结束实验时自动生成本人实验报告，实验报告可在手机上进行本地保存，可通过社交软件分享	套	1	适用 iOS 与 Android 系统	
30	群体学习教师端——平板电脑软件	主要功能： 教师端平板电脑软件，控制实验课程进程。 技术要求： 1. 教师端软件与服务器双向数据传输。 2. 教师端软件可选择授课专业、授课内容。 3. 教师端软件可选择授课组织、学员。 4. 教师端软件可开启实验，控制实验流程，同步到服务器，下发给 VR 端、互动大屏端、学生端。 5. 教师端软件可控制开启测试题目，控制开启答题完毕，统计答题结果，显示正确答案、答案解析。 6. 教师端软件可开启同步实验操作、实验体验。 7. 教师端软件可随机发布实验操作试题，统计实验操作测试结果。 8. 教师端软件可控制结束实验，生成实验报告	套	1	流畅运行	

续表

序号	名称	主要功能和技术要求	单位	数量	执行标准或质量要求	备注
31	群体学习互动大屏端——互动大屏学习软件	主要功能： 互动大屏软件，实时统计学生答题情况，呈现整个实验课内容（实验背景、实验报告等）。 技术要求： 1. 与服务器双向通信，可同步接收服务器、教师端下发数据。 2. 显示课程主界面，呈现学生登录二维码，具有动态点名功能。 3. 呈现实验教学大纲，包含实验目的、实验原理、实验步骤等。 4. 具有动态答题统计功能，实时统计学生答题选项，以图表形式表现；呈现测试题题干、选项等。 5. 具有答题评价功能，呈现测试题正确答案、答案解析，并统计正确率。 6. 实时同步实验操作步骤，在实验结束时对班级实验数据进行统计。 7. 支持教师手写讲解	套	1	流畅运行	
32	PC端学习系统	主要功能： 学生通过PC端参与VR互动学习，满足50人以内同时使用。 技术要求： 1. 支持用户名、密码登录。 2. 与服务器双向通信。 3. 实时同步教师端、VR端考题，显示考题题干、选项，可进行作答并提交。 4. 同步实验操作过程，结束实验时自动生成本人实验报告	套	1	流畅运行	

表6　老年健康管理与身心活化实训室设备要求

序号	名称	主要功能和技术要求	单位	数量	执行标准或质量要求	备注
1	健康管理一体机	主要功能： 用于健康数据检测与管理。 技术要求： 1. 多种登陆方式，支持二代身份证。 2. 自助体检，一站式操作，实时语音视频指引，10个及以上项目检测参数一体化。 3. 互联网+，云端数据共享，检测与建档同步。 4. 30s内快速上传数据	台	1	操作简单，数据稳定可靠	
2	智能健康体检仪	主要功能： 健康筛查，早期健康预警。 技术要求： 血压测量环、血氧测量手柄和三点式心电测量模块同时测量用户的血压值、血氧饱和度和心电数据	套	1		
3	人体成分分析仪	主要功能： 用于分析人体BMI、脂肪、肌肉、水含量等。 技术要求： 1. 能报告基本的身体成分和分析节段性身体脂肪，能够即时打印身体成分报告。 2. 分析项目：体重、骨骼肌、人体脂肪、水分、蛋白质、无机盐、去脂体重、BMI、体脂肪率，腰臀脂肪比率（WHR）、基础代谢量、肌肉控制、脂肪控制、节段性肌肉量、节段性身体脂肪量运动处方（提供每个运动项目各自所需要消耗的能量）。 3. 技术参数。电极方式：8点接触式电极；测量方法：直接节段多频率生物电阻抗测试法（DSM-BIA法）、生物电阻测量法（BIA）；测量项目：生物电阻抗（Z）；通过2个不同的频率（20kHz，100kHz），分别在5个节段部分（右上肢、左上肢、躯干、右下肢、左下肢）进行10个阻抗测量；尺寸：843mm×356mm×984mm（长×宽×高）；显示屏：240×320STN液晶显示屏；测量频率：20100kHz；手柄类型：杠杆型。 4. 可以自行安装、折叠、移动	台	2		

续表

序号	名称	主要功能和技术要求	单位	数量	执行标准或质量要求	备注
4	慢病教育模型	主要功能： 慢病宣教。 技术要求： 包含吸烟肺模型、脂肪肝进化模型、1kg 肌肉的体成分模型、1kg 体脂肪的生成和消耗模型等	个	若干		
5	老年音波催眠放松系统	主要功能： 用于老年人心理慰藉。 技术要求： 1. 用于全身部位的体感音乐治疗，可激活大脑中枢，缓解焦虑紧张，改善脑部供血，促进全身血循环和微循环，尤其末梢循环。 2. 适用于老年人失眠、焦虑、紧张、抑郁状态，各种心理、身心疾病的躯体化症状，以及有学习、认知、情绪等障碍的辅助康复放松。 3. 产品配置：音波振动平台 1 张，优质钢材，表面采用进口 PU 皮材质；音波感应床垫（内嵌式）、体感音乐震动垫；工作台－内嵌式微型处理器及显示平台（工作台车≥ 1 部、显示器≥ 17 寸、高保真耳机≥ 1 副、高弹力棉枕头≥ 1 个、内嵌式处理器：CPU ≥ 2.1GHz、内存≥ 4GB、硬盘≥ 500GB）；工作台－内嵌式生理监控接口及声波处理模块（频率范围：20 ~ 150Hz、输出功率：20W、振动输出：负载 4Ω 时≥ 18W、音响输出：负载 8Ω 时≥ 0.5W × 2）；生理监控仪（通信方式：蓝牙 4.0，传输距离：10m）	套	1		选配
6	电脑	主要功能： 软件管理本地展示设备。 技术要求： 1. i7–6700，16GB，256GB SSD 或更高配置。 2. 运行 Windows10 1809 或更新操作系统。 3. 配备键盘、鼠标、音箱等外设	台	1	通过 3C 认证	
7	心理评估沙盘	主要功能： 用于心理评估。 技术要求： 1. 含沙箱、陈列架、沙子、沙具、沙盘支架或沙箱柜。 2. 沙箱、陈列架、沙箱柜为优质实木材质，不锈钢收缩支架，沙具精细度高且质量坚固	套	1	材料环保安全，结实耐用	
8	心理评估软件	主要功能： 用于心理评估。 技术要求： 具有心理档案管理功能、数据统计分析功能、学生数据管理功能、心理测评分析功能、量表科学管理功能、自动预警功能	套	1		选配
9	摇摇椅	主要功能： 用于心理放松。 技术要求： 1. 高度适合老人。 2. 坐垫采用高密度海绵，防渗漏 PU 面料	套	1	舒适平稳	
10	梅花桌	主要功能： 用于老年人心理咨询实训。 技术要求： 1. 高度符合老人使用习惯。 2. 台面边角倒圆，做防水槽。 3. 桌面有内扣手，用于放置拐杖	张	1	材料环保安全，结实耐用	

续表

序号	名称	主要功能和技术要求	单位	数量	执行标准或质量要求	备注
11	半扶手椅	主要功能： 用于老年人心理咨询实训。 技术要求： 1. 腿底部加装防滑垫。 2. 扶手应注意不要突出，以免老人磕碰	套	2	材料环保安全，结实耐用	
12	快乐芯	主要功能： 用于老年人心理咨询实训。 技术要求： 1. 分别以两种曲线显示正常 HRV 信号和伪信号。 2. 监测心率变化曲线、压力指数、自主协调状况等各项指标，并通过人机互动的训练工具帮助使用者学习对情绪和压力进行自我管理。 3. 以心率变异性作为时间的函数，并对该函数进行频域分析，从而实时地给出协调状态的高、中、低比例。 4. 通过生物反馈芯片传感器采集人体的心率变异信号（HRV），通过 USB 接口将受测者的每一秒的心率变化反馈给电脑。 5. 通过心率变异性监测系统软件统计分析生理数据，形成评价报告。 6. 具有 4 个不同类型训练方案，如菩提树、射箭、记忆风暴、心灵手巧，分别进行帮助和训练	套	10		
13	宣泄套件	主要功能： 用于心理情绪宣泄。 技术要求： 1. 包括橡胶宣泄人 1 个，宣泄沙袋 1 个，宣泄球 1 个，宣泄棒 4 个，宣泄手套 1 副。 2. 使用者可通过运动及力量展示的方式宣泄内心压抑的不良情绪、释放压力。	套	1		
14	边柜	主要功能： 用于摆放物品。 技术要求： 1. 实木材质。 2. 边角圆弧设计，以免老人磕碰	组	1	材质无毒、无害、抗菌环保	
15	按摩椅	主要功能： 用于休闲按摩。 技术要求： 1. 真皮材质。 2. 电动按摩，可用遥控自由调控模式				
16	电视机	主要功能： 用于播放影视作品。 技术要求： 1. 尺寸：55 英寸及以上液晶显示器。 2. 分辨率：高于 1366 × 768				
17	活动物品	主要功能： 用于老年人活动使用。 技术要求： 包括书籍、益智类玩具、怀旧小物品、插花物品、茶艺器具物品、书法物品、录音机等	套	1	材质无毒、无害、抗菌环保	根据实际需要选用
18	团体活动组合桌	主要功能： 开展团体活动。 技术要求： 1. 由环形、扇形、组合桌组成，不同颜色。 2. 可根据活动需要拆卸组合成不同形状	组	5	材质环保，方便移动	

续表

序号	名称	主要功能和技术要求	单位	数量	执行标准或质量要求	备注
19	适老椅	主要功能： 用于活动就座。 技术要求： 1. 扶手应注意不要突出，以免老人磕碰。 2. 坐垫采用高密度海绵，防渗漏 PU 面料。 3. 腿底部加装防滑垫	张	40		
20	监控	主要功能： 捕捉监控区域的画面（对老人活动中出现的安全问题进行责任认定和纠纷处理，防患于未然）。 技术要求： 1. 分辨率为 400 万像素及以上。 2. H256 格式。 3. 有拾音效果	个	4		
21	触控电子白板	主要功能： 用于教学与操作视频播放。 技术要求： 1. 电源：220V。 2. 尺寸：55 英寸以上。 3. 支持：手写触摸；高清接口；USB 端口。 4. 音响：有	台	1		
22	音响	主要功能： 用于开展讲座、演出展示及观赏类活动。 技术要求： 1. 产品组成：功放、周边设备、扬声器、调音台、声源、显示设备。 2. 混响效果好	套	1		
23	地胶	主要功能： 用于礼仪实训。 技术要求： 1. 尺寸：厚度 5mm。 2 材质：PVC	平方	100	材质环保、抗菌、防滑	
24	舞蹈把杆	主要功能： 用于礼仪实训。 技术要求： 专业特制 8m+4 个支架	条	3	牢固、圆滑	
25	墙面镜	主要功能： 用于礼仪实训。 技术要求： 镜面悬挂，可粘贴，定制尺寸	平方	30		
26	翻板椅	主要功能： 用于礼仪实训。 技术要求： 1. 材质：钢制或框架。 2. 椅架：烤漆工艺。 3. 带翻板，可堆叠	套	50	结实耐用	
27	园艺疗法桌	主要功能： 用于心理放松。 技术要求： 1. 尺寸：1800mm × 600mm × 1750mm。 2. 材质：橡木桌面、铁艺框架。 3. 桌体有半弧形设计，方便乘坐轮椅者靠近。 4. 桌面有两个盆栽放置凹槽，凹槽底部为金属挡板，以便固定。 5. 水壶、记录板、老人人偶、植栽名牌、清洁池及排水系统一套	张	2	结实耐用	

续表

序号	名称	主要功能和技术要求	单位	数量	执行标准或质量要求	备注
28	中高龄身心活化套件	主要功能： 用于团体活动，放松身心，提升身体技能。 技术要求： 1. 健康环 20 组。 2. 手指棒 20 个。 3. 活性温热组 5 组，每组物品如下： （1）温热板 (1 台)：碳晶发热远红外散热、钢化玻璃面板，9 档温控，可以定时断电； （2）温热垫（2 人）：岩晶麦饭石矿化球填充。 4. 高尔槟果投掷 1 组。 5. 高尔槌球组 1 组。 6. 音乐照护用具 1 组。 7. 舒压按摩用具 1 组	套	1		
29	室外 LED 显示屏	主要功能： 活动宣传以及公告板的作用。 技术要求： 尺寸为 256cm × 128cm，每平方米不少于 7000 点	块	1		
30	多媒体教学机	主要功能： 教学讲解、视频播放等。 技术要求： 1. 屏幕尺寸：55 英寸以上；显示比例 16 ： 9，显示分辨率 1920 × 1080 以上。 2. 音视频接口：支持 HDMI 等主流要求。 3. 支持网络接口。 4. 操作系统：Windows 10 以上。 5. 支持 USB 接口	台	1	ISO 14001：2015 ISO 9001：2015	

表 7　社区居家照护中心——模拟社区居家场景设备要求

序号	名称		主要功能和技术要求	单位	数量	执行标准或质量要求	备注
1	模拟客厅区	辅助站立休闲椅	主要功能： 用于模拟居家照护环境。 技术要求： 1. 扶手设计：人体工程学设计，符合人体手臂的结构。 2. 配阅读灯、小桌板、SOS 寻呼及手机 APP 远程紧急呼救功能，面料可根据自身需要进行选择。 3.T3 紧急按钮 +A1 报警盒子，可折叠，360° 旋转桌板。 4. 座垫加热功能，嵌入式可充电 USB 按钮	把	2	材质无毒、无害、抗菌、环保	
2		茶几	主要功能： 用于模拟居家照护环境。 技术要求： 1. 高度符合老人使用习惯。 2. 台面边角倒圆，做防水槽	个	1	材质无毒、无害、抗菌、环保	
3		双人沙发	主要功能： 用于模拟居家环境。 技术要求： 1. 扶手应注意老人手臂舒适度及拐杖放置位置。 2. 腿底部加装防滑垫。 3. 坐垫采用高密度海绵，防渗漏 PU 面料	套	1	材质无毒、无害、抗菌、环保	

续表

序号	名称		主要功能和技术要求	单位	数量	执行标准或质量要求	备注
4	模拟客厅区	单人沙发	主要功能： 用于模拟居家环境。 技术要求： 1. 扶手应注意老人手臂舒适度，及拐杖放置位置。 2. 腿底部加装防滑垫。 3. 坐垫采用高密度海绵，防渗漏 PU 面料	套	1	材质无毒、无害、抗菌、环保	
5		电视柜	主要功能： 用于模拟居家环境。 技术要求： 1. 高度符合老人使用习惯。 2. 台面边角倒圆，做防水槽	个	1	材质无毒、无害、环保	
6		电视机	主要功能： 用于播放影视作品。 技术要求： 1. 尺寸：55 英寸液晶显示器。 2. 分辨率：高于 1366 × 768				
7		生活自理辅助照护组	主要功能： 用于社区居家生活照护训练。 技术要求： 1. 多用途放大镜 1 个。材质：塑料 / 不锈钢金属 / 聚碳酸脂；可立于桌面单独当放大镜使用，底部附有锉刀片。 2. 计时装药盒 1 个：可设定用药时间，及时提醒老人用药。 3. 碎药器 1 个。 4. 取药器 1 个。 5. 穿袜辅助器 1 个。 6. 放大镜指甲剪 1 个。材质：塑料 / 不锈钢金属 / 聚碳酸脂；可立于桌面单独当放大镜使用，底部附有锉刀片。 7. 假牙清洁器 1 个。减菌光波长：265nm；工作频率：超音波；材质：主体 ABS。 8. 机械手长、短各 1 个。 9. 长柄梳子 1 个。材质：PP、TPR；耐温：−10℃ ~75℃。 10. 长柄洗澡刷 1 个。材质：TPR、TPR7005、PP+15% 纤；耐温：−10℃ ~75℃。 11. 弯柄洗澡刷 1 个。材质：PP+15% 纤；耐温：−10℃ ~75℃	组	1		
8	模拟餐厅区	餐具组合	主要功能： 用于进食、进水照护技能训练。 技术要求： 包含开口水杯、餐碗、筷子、勺子等	组	1	材质无毒、无害、抗菌、环保，易于清洁	可根据需要补充
9		餐桌花艺摆件	主要功能： 用于调节就餐环境。 技术要求： 易于清洁、不易褪色	组	1	材质无毒、无害、抗菌、环保	根据需要选配
10		餐桌	主要功能： 用于模拟居家环境，进食、进水照护技能训练。 技术要求： 1. 高度符合老人使用习惯。 2. 台面边角倒圆，做防水槽。 3. 桌面有内扣手，用于放置拐杖	件	1	材质无毒、无害、抗菌、环保	
11		餐椅	主要功能： 用于模拟居家环境，进食、进水照护技能训练。 技术要求： 1. 腿底部加装防滑垫。 2. 扶手应注意不要突出，以免老人磕碰	张	4	材质无毒、无害、抗菌、环保	

续表

序号	名称		主要功能和技术要求	单位	数量	执行标准或质量要求	备注
12	模拟餐厅区	餐饮辅具照顾组	主要功能： 用于社区居家进食进水照护实训。 技术要求： 1. 多功能汤匙 1 把。 2. 多功能食物料理板 1 个。 3. 辅助木筷 1 双。 4. 弧形碗 1 个：（1）边缘特殊弧度设计，防止食物掉出，（2）附止滑吸盘，方便固定于桌面上。 5. 弧形盘 1 个：（1）边缘特殊弧度设计，防止食物掉出，（2）附止滑吸盘，方便固定于桌面上。 6. 止滑托盘 1 个：（1）材质：特殊人造木纹树脂，（2）具有止滑功能，角度可倾斜 30°。 7. 成人记忆叉子 1 把：可弯曲调整。 8. 成人记忆汤匙 1 把：可弯曲调整。 9. 人体工程学鼻形杯 1 个：安全耐热温度：80℃；符合人体工程学设计；鼻型设计。 10. 便利水杯 1 个：符合人体工程学；倾斜把手设计。 11. 餐盘护围 1 个：用于微波炉加热或洗碗机清洗。 12. 开瓶器：方、圆各 1 个。 13. 平面围兜 1 个：特殊防泼水加工；魔鬼粘设计，方便穿戴止滑。 14. 口袋围兜 1 个：前方设计有收纳袋；方便拆洗、快干	组	1	GB 19790.1—2005 GB/T 15067.2—2016 GB/T 4139—2012	餐饮辅具照顾组
13	模拟厨房区	厨房组合柜	主要功能： 用于模拟居家厨房环境。 技术要求： 1. 适合老人的高度。 2. 台面圆角收边	组	1	材质无毒、无害、抗菌、环保	
14		橱柜情景展示	主要功能： 用于模拟居家厨房环境。 技术要求： 含瓦罐、汤罐、电磁炉、炒锅、刀具组合、电饭煲等道具，仿真食物等	组	1	材质无毒、无害、抗菌、环保	根据实际需要选配
15	模拟卧室区	居家护理床	主要功能： 用于模拟居家环境，居家照护实训。 技术要求： 1. 尺寸：200cm × 180cm。 2. 实木材质。 3. 含床上用品	张	1	材质无毒、无害、环保	
16		床头柜	主要功能： 摆放所需物品。 技术要求： 1. 圆弧边拉手，三节导轨。 2. ABS 或木质	个	2	材质无毒、无害、抗菌、环保	配合护理床使用
17		移动马桶	主要功能： 用于失能老年人排泄照护技能训练。 技术要求： 1. 尺寸：48cm × 41.5cm × 41cm。 2. 有独立内桶。 3. 材质为 ABS 树脂，且为抗菌材料。 4. 承重 150kg。	个	1	材质无毒、无害、抗菌、环保，易冲洗。	
18		陪护椅	主要功能： 用于陪护失能老年人。 技术要求： 1. 扶手应注意不要突出，以免老人磕碰。 2. 腿底部加装防滑垫。 3. 坐垫采用高密度海绵，防渗漏 PU 面料	把	1	材质无毒、无害、抗菌、环保	

续表

序号	名称		主要功能和技术要求	单位	数量	执行标准或质量要求	备注
19	模拟卧室区	转移器	主要功能： 用于转移老人。 技术要求： 1. 尺寸：120cm × 95cm × 180cm。 2. 材质环保、稳固	个	1	材质轻巧，便于使用	
20	模拟卧室区	衣柜	主要功能： 用于模拟居家老人居住环境。 技术要求： 1. 耐污染性：1~23 号试剂无影响。 2. 强度高、刚性好、不变形、比重合理	件	1	材质无毒、无害、抗菌环保	
21		助行器（各类）	主要功能： 供下肢力量不充分或平衡不佳的老人转移和步行训练。 技术要求： 1. 材质：铝合金。 2. 高度可调。 3. 可折叠。 4. 安全承重：180kg。 5. 含各种类型	套	1	GB 24436—2009	
22		拐杖（各类）	主要功能： 用于辅助步行训练。 技术要求： 1. 铝合金材质，高度可调，有防滑脚垫。 2. 含手杖、四脚拐、肘拐、腋拐等类型	套	1	GB 24436—2009	
23		轮椅（各类）	主要功能： 用于下肢不便老年人的转移训练。 技术要求： 1. 可折叠，扶手和高靠背可拆卸，海绵枕高度可调，车架电镀。 2. 椅面载重 ≥ 100kg，配有车闸、活动脚托、固定带等装置，表面耐磨。 3. 含普通轮椅（低靠背、高靠背）、偏瘫用轮椅、下肢截肢用轮椅等类型	套	1	GB/T 13800—2009	
24	模拟卫浴区	马桶	主要功能： 用于模拟居家环境，排泄照护训练。 技术要求： 常规落地连体式，充水量 3.0~6.0L，承重 70kg 以上	个	1		
25		马桶升降扶手	主要功能： 用于排泄时起身辅助支撑。 技术要求： 安全、牢固	个	2		配合马桶使用
26		台盆	主要功能： 用于模拟居家环境，摆放洗漱、洗浴用品。 技术要求： 1. 亚克力材质，不锈钢底部，支架挑空。 2. 高度适中，方便坐轮椅的老人使用	个	1	抗老化、耐腐蚀、抗菌性强，安装简单，经久耐用	
27		洗漱用具	主要功能： 用于清洁照护技能训练。 技术要求： 含漱口杯、牙刷、毛巾、假牙、洗手皂	组	1		

续表

序号	名称		主要功能和技术要求	单位	数量	执行标准或质量要求	备注
28	模拟卫浴区	扶手	主要功能： 为老人沐浴时提供辅助支撑。 技术要求： 表面采用进口的抗菌尼龙管，内可选 201 不锈钢或者铝合金内芯	套	1	抗老化、耐腐蚀、抗菌性强，安装简单，维护保养方便，经久耐用	根据实训室实际情况选用
29		坐式淋浴器	主要功能： 用于训练清洁照护技能。 技术要求 1. 外螺管道接口：G1/2。 2. 适用力范围：0.1~0.5MPa。 3. 耐压性能：0.9MPa。 4. 重量：20kg。 5. 淋臂耐性能：0.5MPa。 6. 座椅承重：110kg。 7. 淋臂最大流量：12L/min。 8. 手持花洒最大流量：12L/min。 9. 坐立两种沐浴方式，双臂式喷淋臂和手持花洒，多角度可调	个	1	抗老化、耐腐蚀、抗菌性强，安装简单，经久耐用	
30		沐浴椅	主要功能： 用于模拟居家环境，清洁照护技能训练。 技术要求： 1. 尺寸：500mm × 600mm × 760mm（展开），500mm × 280mm × 800mm（折叠）。 2. 材质：靠背、椅面为聚乙烯，靠垫、坐垫为 EVA 树脂，脚管为铝合金，扶手为 EVA 树脂，橡胶脚为 EVA 树脂，高度调整弹簧销为不锈钢。 3. 接触肌肤面采用环保 EVA 发泡底板和靠背内材由优质 ABS 注塑一体形成。 4. 框架部分：优质铝合金，采用鱼鳞片高频焊接，更加牢固。 5. 产品可折叠，高度可分 6 段调，两边可以抬起，增加使用安全	把	1	轻巧、安全、稳固	
31		各种梳子	主要功能： 用于训练头发清洁照护技能。 技术要求： 包含长柄、短柄、粗柄梳子	套	1	材质轻巧，符合人体工学	
32		各种刷子	主要功能： 用于训练身体清洁照护技能。 技术要求： 包含长柄、弯柄洗澡刷，擦背刷	套	1	材质轻巧，符合人体工学	
33		浴室柜	主要功能： 用于模拟居家环境，盛放卫浴物品。 技术要求： 1. 玻璃或其他材质。 2. 高度适合	组	1	坚固耐用	
34	智能看护系统		主要功能： 智能看护，满足失智、排泄、用药等照护。 技术要求： 1. 随行定位，实时定位老人位置，预防丢失。 2. 链接智能家居，舒适方便。 3. 健康管理，可以接第三方设备健康数据，建立健康档案。 4. 离床报警。 5. 尿湿报警、摔倒报警等。 6. 服药提醒。 7. 门开合提醒等	套	1		选配

续表

序号	名称	主要功能和技术要求	单位	数量	执行标准或质量要求	备注
35	火柴人（人脸及体态识别系统）	主要功能： 智能看护，预防跌倒。 技术要求： 1. 利用云端及本地识别运算方式，对老人的行为进行分析，自动识别老人体态，以“火柴人”的形式呈现在监测屏幕上。当监测到老人跌倒后，该系统立即发出跌倒告警，可在保护老人个人隐私的情况下，兼顾老人安全问题，解决了居家、社区、机构养老的尊严照护问题。 2. 包含监测用摄像头、监测系统、55 英寸触控一体机 1 台	套	1		选配
36	多媒体教学机	主要功能： 教学讲解、视频播放等。 技术要求： 1. 屏幕尺寸：55 英寸以上；显示比例 16 ：9，显示分辨率 1920×1080 以上。 2. 音视频接口：支持 HDMI 等主流要求。 3. 支持网络接口。 4. 操作系统：Windows 10 以上。 5. 支持 USB 接口	台	1	ISO 14001：2015 ISO 9001：2015	

表 8　长者照护之家——模拟养老机构场景设备要求

序号	名称	主要功能和技术要求	单位	数量	执行标准或质量要求	备注
1	便携式吸痰器	主要功能： 便携式，用于抽吸痰液。 技术要求： 1. 电压：交流 220V。 2. 负压值：≥ 0.075MPa。 3. 抽气速率：≥ 15L/min	台	10		
2	多功能电控护理床	主要功能： 用于各种生活照护技能训练。 技术要求： 1. 尺寸：200cm×90cm×（55～60）cm。 2. 双摇三折（床头、中间、床尾能升降），配有可收折护栏等，均有电动按钮控制。 3. 床脚有制动万向轮，配有餐桌、输液架	张	10		
3	床旁桌	主要功能： 用于摆放物品。 技术要求： 与护理床配套，附有抽屉、柜子	只	10		
4	床旁椅	主要功能：用于基础照护技能训练。 技术要求： 与护理床配套。	把	10		
5	床头设备带	主要功能： 用于基础照护技能训练。 技术要求： 模拟机构病房，配有床号、床头灯、管道吸氧接口、负压吸引接口、电源等装置	套	10	GB/T 16895.3—2017	

续表

序号	名称	主要功能和技术要求	单位	数量	执行标准或质量要求	备注
6	床上用品	主要功能： 用于基础照护技能训练。 技术要求： 1. 床垫：200cm×90cm×10cmm。材料：高弹海绵、半棕半海绵或全棕外包帆布。 2. 床褥：200cm×90cm，有布套的棉褥。棉胎：230cm×160cm。 3. 枕芯：60cm×40cm（填充物为高弹棉等） 4. 大单：250cm×180cm。 5. 被套：250cm×170cm。枕套：75cm×45cm。 6. 橡胶中单：85cm×65cm，两端各加白布 40cm。 7. 中单：140cm×85cm。 均为棉布制作	套	10（20）		床垫、床褥、枕芯 10 套，其余 20 套
7	床上用品其他套件	主要功能： 用于基础照护技能训练。 技术要求： 含床头卡或床尾卡、护理级别标记、腕带、病员服、床刷或扫床巾、一次性中单、便盆等	件	若干		根据实际床位数进行相应匹配
8	轮椅（各类）	主要功能： 用于下肢残疾者或脊髓损伤患者的转移训练。 技术要求： 1. 可折叠，扶手和高靠背可拆卸，海绵枕高度可调，车架电镀。 2. 椅面载重≥ 100kg，配有车闸、活动脚托、固定带等装置，表面耐磨。 3. 普通轮椅（低靠背、高靠背）、偏瘫用轮椅、下肢截肢用轮椅等若干	套	10	GB/T 13800—2009	
9	助行器（各类）	主要功能： 下肢力量不充分或平衡不佳的患者使用，用于转移和步行训练。 技术要求： 铝合金材质，高度可调，类型若干	套	10	GB/T 14730—2008	
10	拐杖（各类）	主要功能： 用于辅助步行训练。 技术要求： 1. 铝合金材质，高度可调，防滑脚垫。 2. 手杖、四脚拐、肘拐、腋拐等，类型若干	套	10	GB 24436—2009	
11	约束带	主要功能： 用于神志模糊、躁动老年人身体限制，防止误伤。 技术要求： 1. 带有尼龙搭扣或其他固定装置的宽布带。 2. 可约束四肢、胸部、膝部等	套	10		
12	紫外线消毒车	主要功能： 与消毒灯配合使用，用于空气及物体表面消毒。 技术要求： 1. 电源：220 V ± 10% 50 Hz。输入功率：30 W × 2。 2. 紫外线波长：253.7 nm。定时范围：0 ~ 60 min。灯管调节角度：0° ~ 135° 。有静音脚轮，可移动。 3. 材质：不锈钢	辆	2	GB 28235—2011	
13	持物钳（镊）、置钳（镊）筒	主要功能： 用于持物。 技术要求： 1. 尺寸：置钳（镊）筒 Φ（4.5 ~ 8）cm × h（11 ~ 20）cm，可为直筒形或锥形，应与持物钳（镊）大小配套。 2. 材质：不锈钢	套	20	GB/T 16886.10—2017	

续表

序号	名称	主要功能和技术要求	单位	数量	执行标准或质量要求	备注
14	治疗碗	主要功能： 用于盛物。 技术要求： 1. 尺寸：（12 ~ 16）cm ×（4.5 ~ 6）cm。 2. 材料：不锈钢	个	40	GB/T 16886.10—2017	
15	治疗盘	主要功能： 用于盛物。 技术要求： 1. 尺寸：40cm × 30cm。 2. 材料：不锈钢	个	40	GB/T 16886.10—2017	
16	有盖罐	主要功能： 用于盛物。 技术要求： 1. 尺寸：（10 ~ 16）cm ×（12 ~ 16）cm。 2. 材料：不锈钢	个	40	GB/T 16886.10—2017	
17	三叉钳	主要功能： 用于持物。 技术要求： 1. 尺寸：长 20cm。 2. 材料：不锈钢	个	2	GB/T 16886.10—2017	
18	循环风紫外线空气消毒器	主要功能： 用于房间内空气消毒。 技术要求： 1. 产品组成：高强度紫外线、过滤系统。 2.24h 不间断运转	套	1	GB 28235—2020	
19	紫外线消毒灯	主要功能： 用于房间内空气及物体表面消毒。 技术要求： 1. 产品组成：紫外线杀菌灯、紫外线灯箱、控制箱、电源线、底座、万向轮。 2. 灯臂展开式结构，臂展角可调，笼罩范围广，灯臂可调节，可 360° 全方位消毒	盏	2	GB 19258—2012	
20	手烘干器	主要功能： 手部烘干。 技术要求： 电压 220V，感应式，自动吹风	个	10	GB/T 2900.35—2008	
21	手消毒检测仪	主要功能： 检测手消毒效果。 技术要求： 材质环保，检测结果准确	台	2		
22	治疗车	主要功能： 用于盛放照护物品。 技术要求： 1. 材质：不锈钢或防腐塑钢。 2. 尺寸：（60 ~ 80）cm ×（40 ~ 50）cm × 85cm。 3. 上部带抽屉，静音滑道，抽拉灵活无噪声。配污物桶或污物盆。配置 4 个静音耐磨万向脚轮	辆	10		
23	洗头车	主要功能： 用于头部清洁照护技能训练。 技术要求： 1. 材质：不锈钢或防腐塑钢。 2. 具有调节水温、缺水报警、漏电保护功能	辆	1		

续表

序号	名称	主要功能和技术要求	单位	数量	执行标准或质量要求	备注
24	床上洗头器	主要功能： 用于头部清洁照护技能训练。 技术要求： 1. 尺寸：47cm × 35cm × 13cm。 2. 材料：塑料或防水材料。 3. 枕式、充气槽式，可供卧床病人洗头	个	10		
25	成人女性护理人	主要功能： 用于评估及各种照护技能训练。 技术要求： 具有真实人体的仿真结构，能满足清洁卫生护理、梳理清理头发、洗脸、眼耳清洗滴药、口腔护理、假牙护理、口鼻气管插管、气管切开护理、吸痰法、吸氧、胃管置入术、灌肠法、膀胱冲洗、造瘘引流术、血压测量训练	具	5		
26	成人男性护理人	主要功能： 用于评估及各种照护技能训练。 技术要求： 具有真实人体的仿真结构，能满足清洁卫生护理、梳理清理头发、洗脸、眼耳清洗滴药、口腔护理、假牙护理、口鼻气管插管、气管切开护理、吸痰法、吸氧、胃管置入术、灌肠法、膀胱冲洗、造瘘引流术、血压测量训练	具	5		
27	牙模型	主要功能： 用于口腔清洁照护技能训练。 技术要求： 成人全口，上下牙颌能开合，有舌的放大塑料、硅胶模型	个	10		
28	器械柜	主要功能： 用于盛放各类器械。 技术要求： 1. 尺寸：90cm × 50cm × 180cm。 2. 材质：不锈钢或塑钢	组	8		
29	坐浴椅及盆	主要功能： 用于坐浴。 技术要求： 符合照护要求	套	10		
30	剃须刀（手动、电动）	主要功能： 用于剃须。 技术要求： 1. 电动剃须刀需有保护刀网、保护盖等保护装置。 2. 手动剃须刀要求切口平整，不易有毛刺	套	10	GB/T 23132—2008	
31	义齿	主要功能： 用于为牙体和牙列缺损的患者制作的修复体。 技术要求： 1. 活动义齿应按肯尼迪（Kennedy）分类法制作金属支架。 2. 活动义齿均应该光滑。 3. 义齿的基托不应有气孔、裂纹。 4. 义齿不应有翘起、摆动等不稳定现象	付	10	YY 0300—2009	
32	移动坐便器	主要功能： 用于年老行动不便者、半身不遂者、住院病人和腿脚不方便者，如房间没有卫生间，可方便使用。 技术要求： 1. 表面圆滑光亮，污渍容易清洗，洁净卫生。 2. 有独立内桶。 3. 使用后请盖上内桶的小盖和外盖，即可防止异味扩散	个	10	GB/T 23131—2019	

续表

序号	名称	主要功能和技术要求	单位	数量	执行标准或质量要求	备注
33	吹风机	主要功能： 用于头发的干燥和整理。 技术要求： 1. 应有过热保护。 2. 进风口应该有保护罩。 3. 风力大小、温度大小应能调节	个	10	GB/T 23106—2008	
34	屏风	主要功能： 保护老年人隐私。 技术要求： 1. 材质：钢管喷塑处理，高档布料。 2. 尺寸：18cm × 50cm	扇	10		可用床帘代替
35	洗漱用品套件	主要功能： 用于生活照护技能训练。 技术要求： 含漱口杯、污物碗、润唇膏、毛巾、牙刷、牙膏、海绵棒、吸管等	套	10		
36	生活用物套件	主要功能： 用于生活照护技能训练。 技术要求： 含毛巾、脸盆、痰盂、痰杯、塑料桶、黑色垃圾袋、抹布、拖布、纸巾、口罩、眼罩、手帕、别针、大水壶、梳子、热水袋、热水袋套、水温计、剪刀、清洁衣、清洁裤、清洁外衣（套头、开襟各 1 件）、清洁外裤、披肩、污物杯、电源板、计时器、手电筒、橡皮筋等	套	10		
37	二便用品套件	主要功能： 用于清洁照护技能训练。 技术要求： 含便盆、便袋（全套）、一次性尿垫、一次性手套、卫生纸、纸尿裤、移动坐便器等	套	10		
38	照护用品套件	主要功能： 用于生活照护技能训练。 技术要求： 含大软枕、小软枕、压疮垫（圈）、楔形垫、小方巾、纱布、棉球、大棉棒等	套	10		
39	餐饮用品套件	主要功能： 用于进食照护技能训练。 技术要求： 含餐桌、餐具（饭碗、筷子、汤匙）、饭单、餐盘、餐巾纸、水杯、吸管等	套	10		
40	医疗用品套件	主要功能： 用于生活照护技能训练。 技术要求： 含治疗巾、小镊子、弯盘、压舌板、消毒瓶、快速手消毒剂、大量杯 (500mL)、小量杯 (50mL)、导尿管、引流袋、鼻饲管、注食器（80mL）、注射器（20mL）、纱布、棉球、棉签、小药杯、胶布、无菌纱布、绷带、衬垫、三角巾、止血带、布条、夹板、碘伏、消毒液（片）、消毒剂、烫伤膏、安尔碘、眼药水、漱口液、石蜡油、计时器、氧气枕、垃圾袋等	套	10		
41	文档套件	主要功能： 用于生活照护技能训练。 技术要求： 含照护记录单、签字笔、给药单、体温记录单、紫外线登记本、各种评估表等	套	10		

续表

序号	名称	主要功能和技术要求	单位	数量	执行标准或质量要求	备注
42	超声雾化器（配口含嘴、螺纹管）	主要功能： 使药物分子通过气雾直接进入毛细血管或肺泡。 技术要求： 1. 电压 220 V。 2. 定时范围：0 ~ 60min。 3. 连续工作时间：≥ 4h	台	10	YY 0109—2013	
43	汞柱式血压计（台式）	主要功能： 用于测量血压。 技术要求： 血压计盒盖板壁上有一固定的玻璃管、贮汞槽，管面刻度为 0~300mmHg，每小格为 2mmHg。配有加压气球和压力阀门、袖带	台	10	YY 91035—1999	
44	压缩雾化器	主要功能： 使药物分子通过气雾直接进入毛细血管或肺泡。 技术要求： 1. 电压：220 V。 2. 定时范围：0 ~ 60min。 3. 连续工作时间：≥ 4h	台	10		
45	药柜	主要功能： 用于盛放物品。 技术要求： 1. 尺寸：90cm × 50cm × 180cm。 2. 上部有药瓶搁架、玻璃门及锁，中间有两个抽屉及锁，下部为两门柜，内有隔板，可存放各类药物。 3. 材质：不锈钢或塑钢	顶	1		
46	器械柜	主要功能： 用于盛放各类器械。 技术要求： 1. 尺寸：90cm × 50cm × 180cm。 2. 材质：不锈钢或塑钢	顶	8		
47	制氧机	主要功能： 用于吸氧实训。 技术要求： 独立负离子、500min 定时、LED 屏、触摸发光按键、氧浓度氧流量实时显示、累计计时、无线遥控、便携脚轮、带氧浓度监控和氧浓度报警	台	5		
48	储物柜	主要功能： 用于储存设备耗材。 技术要求： 稳固、环保、可移动，亚克力操作台面，带透明玻璃可移动门	组	8		
49	移动示教转播直播车	主要功能： 用于教师示教的转播直播。 技术要求： 能够清晰转播直播教师示范的技术动作，画面清晰，无延时，转播直播画面能够清晰地在多媒体教学机呈现	台	1	ISO 14001：2015 ISO 9001：2015	
50	多媒体教学机	主要功能： 教学讲解、视频播放等。 技术要求： 1. 屏幕尺寸：55 英寸以上；显示比例 16 ：9，显示分辨率 1920 × 1080 以上。 2. 音视频接口支持：HDMI 等主流要求。 3. 支持网络接口。 4. 操作系统：Windows 10 以上。 5. 支持 USB 接口	台	1	ISO 14001：2015 ISO 9001：2015	

表 9 康复保健中心设备要求

序号	名称	主要功能与技术要求	单位	数量	执行标准或质量要求	备注
1	踏步机	主要功能： 用于下肢关节活动、肌力及协调功能训练。 技术要求： 1. 规格：85cm × 65cm × 115cm，扶手宽约 60cm，高约 110cm。 2. 主体框架为优质钢材。 3. 阻力可调，自动往复油压缸，表头显示次数、时间	台	1	坚固、耐用	
2	上肢训练器	主要功能： 用于上肢关节活动度、肌力及协调性训练。 技术要求： 1.LED 显示器，分档定时。 2. 阻力可调。 3. 有防痉挛模式	台	1	坚固、耐用	
3	下肢训练器	主要功能： 用于下肢关节活动度、肌力及协调性训练。 技术要求： 1.LED 显示器，分档定时。 2. 阻力可调。 3. 有防痉挛模式	台	1	坚固、耐用	
4	系列弹力带	主要功能： 用于肌肉力量训练。 技术要求： 1.5m、1.8m、2.5m 各 4 条	套	20	材质环保安全	
5	握力计	主要功能： 用于测量手的抓握力量。 技术要求： 机械指针显示或电子显示	个	10	简易便携、测量准确	
6	背拉力计	主要功能： 用于测量背部拉力。 技术要求： 机械指针显示或电子显示	个	10	简易便携、测量准确	
7	捏力计	主要功能： 用于测量徒手捏力。 技术要求： 机械指针显示或电子显示	个	10	手持式动态测力计	
8	通用量角器	主要功能： 用于测量关节活动范围。 技术要求： 1. 金属或塑料材质。 2. 不同大小适用于不同关节的活动度测量。 3. 刻度准确	套	10	双臂灵活、稳定，刻度清晰	
9	平衡板	主要功能： 用于平衡与协调训练。 技术要求： 1. 木质。 2. 坚固。 3. 成人使用	台	2	坚固、耐用	
10	平行杠	主要功能： 用于运动控制障碍评定时受试者扶持站立或扶持行走。 技术要求： 1. 规格：340cm ×（90 ~ 115）cm ×（75 ~ 120）cm。 2. 由底座、支柱、横杆扶手和矫正板构成。 3. 不锈钢扶手高度可调节	套	1	GB 24436—2009	

续表

序号	名称	主要功能与技术要求	单位	数量	执行标准或质量要求	备注
11	肩梯	主要功能： 用于肩关节活动障碍者的康复训练。 技术要求： 1. 规格：60cm × 10cm × 122cm。 2. 高度可调。 3. 垂直方向额定载荷≥ 10kg。 4. 支架为优质钢材。 5. 梯级块为一次成型优质塑料模具或木质阶梯	个	1	GB 24436—2009	
12	肋木	主要功能： 用于上下肢体关节活动度、肌力、坐站立、平衡及躯干的牵伸训练。 技术要求： 1. 规格：99cm × 65cm × 230cm。 2. 肋木杠直径约 3cm，肋木杠间距离约 15cm。 3. 主架为优质钢材	台	1	GB 24436—2009	
13	肩关节旋转训练器	主要功能： 用于肩关节活动度及上肢肌力训练。 技术要求： 1. 规格：40cm × 20cm × 98cm。手柄升降可调节。 2. 由滑动杆、阻尼件、连接旋转臂、可调节组件构成。 3. 主体框架为优质钢材	台	1	GB 24436—2009	
14	普通轮椅	主要功能： 用于移乘训练。 技术要求： 1. 可折叠。 2. 扶手可拆卸。 3. 高性能尼龙椅面，载重≥ 100kg。 4. 配有车闸、活动脚托、固定带等装置。 5. 车身材质为不锈钢或铝合金	辆	8	GB/T 13800—2009	
15	电动起立床	主要功能： 用于站立训练。 技术要求： 1. 床面宽度约 60cm，高度约 50cm。 2. 转动角度 0 ~ 85° 。 3. 床面及脚踏板额定承载≥ 140kg。 4. 输入功率为 250VA。 5. 床面为优质抗菌耐磨皮革。 6. 主架为优质钢材	张	1	GB 24436—2009	
16	站立架	主要功能： 用于站立训练。 技术要求： 1. 双人或四人。 2. 主体框架为优质钢材。 3. 桌板为优质木材，靠板为优质抗菌耐磨皮革，绑带为优质布料	台	1	GB 24436—2009	
17	辅助步行训练器	主要功能： 用于辅助患者步行。 技术要求： 1. 主体框架为优质钢材。 2. 台面垫高度可调节。 3. 台面垫额定承载≥ 80kg	台	1	GB 24436—2009	
18	双轮助行器	主要功能： 用于辅助患者步行。 技术要求： 1. 主体是铝合金支撑架并可折叠，支撑架管径不小于 2.0cm。 2. 配有脚轮	架	2	GB 24436—2009	

续表

序号	名称	主要功能与技术要求	单位	数量	执行标准或质量要求	备注
19	手杖	主要功能： 用于辅助代步。 技术要求： 1. 长度：83 ~ 93cm。 2. 高度可调。 3. 材质为铝合金。 4. 单脚或三脚或四脚。 5. 脚垫防滑。 6. 手杖头为优质耐磨橡胶	副	8	GB 24436—2009	
20	肘仗	主要功能： 用于辅助代步。 技术要求： 1. 长度：95 ~ 115cm。 2. 高度可调。 3. 材质为铝合金。 4. 脚垫防滑。 5. 肘杖头为优质耐磨橡胶	副	8	GB 24436—2009	
21	腋仗	主要功能： 用于辅助代步。 技术要求： 1. 长度 111 ~ 135cm。 2. 高度可调。 3. 材质为铝合金。 4. 脚垫防滑。 5. 腋杖头为优质耐磨橡胶	副	8	GB 24436—2009	
22	训练用阶梯	主要功能： 用于上下楼梯训练。 技术要求： 1. 三向。 2. 主体框架为钢材。 3. 扶手杠高度可调节。 4. 侧向额定载荷≥ 70kg。 5. 阶梯额定载荷≥ 135kg。 6. 表面铺材防滑	个	1	GB 24436—2009	
23	步行训练用倾斜板	主要功能： 用于步行训练。 技术要求： 1. 规格：（200 ~ 300）cm × 85cm × 35cm。 2. 阶梯为抽拉式。 3. 阶梯额定载荷≥ 135kg。 4. 表面铺材防滑	个	1	GB 24436—2009	
24	简易上肢功能评价器	主要功能： 用于上肢功能受限程度评估。 技术要求： 含秒表 1 个，大小木块若干，弹性球 5 个，小木球若干，各种小器具若干	套	1	GB 24436—2009	
25	明尼苏达手工灵巧测试套件	主要功能： 用于手眼协调能力和粗大运动技巧的评估。 技术要求： 1. 折叠板 1 块，长 150cm。 2. 测试零件 40 个，每个 2.7cm	套	1	GB 24436—2009	

续表

序号	名称	主要功能与技术要求	单位	数量	执行标准或质量要求	备注
26	早老干预系统	主要功能： 失智症的早期诊断及干预。 技术要求： 1. 产品组成：电脑主机、隔离变压器、麦克风、单通道低通滤波器、耳机、打印机、工作台、软件（含加密狗）等。 2. 尺寸：1400mm × 750mm × 1150mm。 3. 单通道低通滤波器： （1）增益，分五档：20dB、25dB、30dB、35dB、40dB，每档误差：± 1dB（100 ~ 700Hz 基频范围内）。 （2）低通滤波，分四档：5KHz、10KHz、15KHz、20KHz，每档误差：≤ 4%。 （3）当无信号输入时，静止噪声≤ 1mV。 （4）信号频率误差：± 4%，电压误差：± 5%。 4. 输入功率：500VA。 5. 操作系统能实现智能筛查、康复效果全程监控、智能排序训练策略、20 分钟训练机制、康复保健、回忆录平台等功能	套	1		选配
27	几何图形插板	主要功能： 用于感知能力、大脑对图形的识别训练。 技术要求： 1. 木制，平整光滑，吻合度好。 2. 规格：43.2cm × 38cm × 2.5cm。 3. 质量 0.5kg	套	10		
28	认知评定及训练系统	主要功能： 用于认知功能训练。 技术要求： 提供难易各异的训练方案，客观的、直观的、丰富的评估数据。 内置： 1.8000 个以上的声音库。 2.4000 张以上的图像库。 3.1500 个以上的影音库	套	2		选配
29	治疗车	主要功能： 用于盛放吞咽障碍的治疗用具。 技术要求： 1. 不锈钢或防腐塑料。 2. 上部带抽屉，静音滑道，抽屉灵活无噪声。 3. 配污物桶或污物盘。 4. 配置 4 个静音耐磨的万向脚轮	辆	8		
30	治疗盘	主要功能： 用于盛放治疗用具。 技术要求： 医用不锈钢材质	个	20		
31	按摩床	主要功能： 用于对患者卧位治疗实训教学。 技术要求： 1. 规格：190cm × 65cm × 65cm。 2. 床头有按摩孔，床高可调节，平坦舒适	张	5		
32	按摩凳	主要功能： 用于中医保健类项目坐位实训教学。 技术要求： 1. 高约 50cm，可根据实际情况自行调节。 2. 标准型圆管、优质塑料、高密度海棉	个	5	平坦防滑，方便转向和移位	

续表

序号	名称	主要功能与技术要求	单位	数量	执行标准或质量要求	备注
33	经络穴位模型	主要功能： 用于经络穴位实训教学。 技术要求： 1. 身高约 166cm。 2. 经络穴位精准，涵盖穴位全面	个	5		
34	耳穴模型	主要功能： 用于耳穴实训教学。 技术要求： 1. 模型高度不低于 13cm。 2. 材质无毒，结实耐用。 3. 模型逼真，穴位精准	个	5		
35	足部反射区模型	主要功能： 用于足部反射区实训。 技术要求： 1. 长度不低于 25cm。 2. 材质无毒，结实耐用。 3. 模型逼真，穴位精准	个	5		
36	无烟艾灸仪	主要功能： 用于对患者艾灸治疗实训教学。 技术要求： 1.LED 屏显示。 2. 可多个穴位施灸。 3. 加粗金属关节。 4. 高度、风速可调。 5. 静音低噪	个	5	性能稳定，安全牢固	
37	火罐	主要功能： 用于拔罐治疗实训教学。 技术要求： 1. 玻璃材质或其他。 2. 有 1、2、3、4、5 五种型号	套	40		
38	刮痧板	主要功能： 用于刮痧实训。 技术要求： 1. 规格：9cm × 5cm × 5cm。 2. 材质舒适耐用	个	40		
39	持物钳	主要功能： 夹持棉球。 技术要求： 不锈钢材质，大小合适	个	10		
40	置镊（钳）筒	主要功能： 放持物钳。 技术要求： 不锈钢材质，大小合适	个	10		
41	红外线理疗仪	主要功能： 用于康复理疗。 技术要求： 1. 电源电压：220V，频率：50Hz。 2. 安全类型：I 类。 3. 功耗：250W。 4. 允许方式：连续工作。 5. 定时控制范围：0~60min 以上。 6. 工作环境温度：5℃ ~40℃。 7. 工作环境湿度：≤ 80%。 8. 电磁波谱：2~25 μ m。 9. 支臂伸缩范围：立式＞ 500mm。 10. 俯仰角：立式＞ 90° 。 11. 转角：立式 360° 。 12. 治疗板寿命：1000h。 13. 治疗板直径：124mm。 14. 治疗器内放置倾倒开关，治疗器发生倾斜或摔倒时自动切断电源以确保安全	台	5		

续表

序号	名称	主要功能与技术要求	单位	数量	执行标准或质量要求	备注
42	多功能按摩椅	主要功能： 局部热疗理疗。 技术要求： 1. 安装方式：一体式免安装。 2. 机芯类型：3D 机械手按摩。 3. 按摩手法：揉捏、叩击、敲击、指压、揉敲。 4. 热敷功能：腰部、腿部热敷，3 档温度可调。 5. 足部伸缩：纵向伸缩，14cm 可调。 6. 颜色分类：卡其色，深灰色。 7. 面料材质：皮质。 8. 气囊个数：30 个及以下。 9. 导轨类型：SL 型导轨。 10. 导轨角度：53° 可调，初始角度 112.5°，最大角度 165.5°。 11. 控制方式：有线遥控器。 12. 肩部按摩方式：免安装肩部按摩。 13. 脚底按摩方式：一排滚轮式按摩。 14. 手臂按摩方式：U 型手臂气囊。 15. 额定电压：220V。 16. 额定功率：120W	台	1		
43	诊察床	主要功能： 用于各种检查技能训练。 技术要求： 1. 表面装有 5cm 软海绵床垫。 2.PU 皮革表面、防水、易清洗、耐磨。 3. 支脚底部有橡胶垫，防滑	张	5		
44	床旁桌	主要功能： 用于摆放物品。 技术要求： 与护理床配套，附有抽屉、柜子	只	5		
45	床旁椅	主要功能： 适合老人休息、起坐。 技术要求： 与护理床配套	把	5		
46	康复训练游戏机	主要功能： 用于肢体功能及脑功能康复训练。 技术要求： 1. 屏幕尺寸：55 英寸以上；显示比例 16 ∶ 9，显示分辨率 1920 ×1080 以上。 2. 音视频接口：支持 HDMI 等主流要求。 3. 支持网络接口。 4. 操作系统：Windows 10 以上。 5. 支持 USB 接口。 6. 内置手部功能训练软件、记忆力训练软件、计算力训练软件等	台	3	ISO 14001：2015 ISO 9001：2015	选配
47	体感运动检测与训练仪	主要功能： 用于老年人运动康复。 技术要求： 1.LED 显示器，分档定时。 2. 阻力可调。 3. 主体框架为优质钢材。 4. 可记录分析数据	台	1		选配

续表

序号	名称	主要功能与技术要求	单位	数量	执行标准或质量要求	备注
48	平衡测试与训练系统	主要功能： 用于老年人平衡功能康复。 技术要求： 1. LED 显示器，分档定时。 2. 阻力可调。 3. 主体框架为优质钢材。 4. 可记录分析数据	套	1		选配
49	综合体适能功能训练仪	主要功能： 用于老年人运动康复。 技术要求： 1.LED 显示器，分档定时。 2. 阻力可调。 3. 主体框架为优质钢材。 4. 可记录分析数据	台	1		选配
50	运动康复评估与训练系统	主要功能： 用于老年人运动康复。 技术要求： 1.LED 显示器，分档定时。 2. 阻力可调。 3. 主体框架为优质钢材。 4. 可记录分析数据	套	1		选配
51	心肺运动测试系统	主要功能： 用于老年人心肺功能康复。 技术要求： 1.LED 显示器，分档定时。 2. 阻力可调。 3. 主体框架为优质钢材。 4. 可记录分析数据	套	1		选配
52	颈椎脊柱评估与运动指导系统	主要功能： 用于老年人康复。 技术要求： 1.LED 显示器，分档定时。 2. 阻力可调。 3. 主体框架为优质钢材。 4. 可记录分析数据	套	1		选配
53	储物柜	功能要求： 用于储存设备耗材。 技术要求： 稳固、环保、可移动，带透明玻璃可移动门	组	8		
54	多媒体教学机	主要功能： 教学讲解、视频播放等。 技术要求： 1. 屏幕尺寸：55 英寸以上；显示比例 16 ∶ 9，显示分辨率 1920 × 1080 以上。 2. 音视频接口：支持 HDMI 等主流要求。 3. 支持网络接口。 4. 操作系统：Windows 10 以上。 5. 支持 USB 接口	台	1	ISO 14001：2015 ISO 9001：2015	

3.2.3 专业拓展技能实训室

专业拓展技能实训室设备要求见表10—表13。

表10 记忆家园设备要求

序号	名称	主要功能和技术要求	单位	数量	执行标准或质量要求	备注
1	前台	主要功能：用于模拟接待训练。 技术要求： 1. 适老化设计。 2. 台面飘出一段距离，为老人坐下留出双腿空间	套	1	材质环保，结实耐用	
2	接待椅	主要功能： 用于模拟接待训练。 技术要求： 1. 扶手应注意不要突出，以免老人磕碰。 2. 坐垫采用高密度海绵，防渗漏PU面料。 3. 腿底部加装防滑垫	把	3	材质环保，结实耐用	
3	无线门磁报警器	主要功能： 监测门窗、抽屉柜门等开合的状态。 技术要求： 1. AA或纽扣电池供电，续航时间≥2年。 2. MCU智能编码方式。 3. 门磁和紧急按钮双模式设计	套	1	采用PVC阻燃材质	
4	智能门锁	主要功能： 门禁管理、访客管理。 技术要求： 1. 多重开锁方式：密码、指纹、卡片。 2.AA电池供电，续航≥6个月。 3. 支持无线传输协议，支持消息推送传递	套	1	采用PVC阻燃材质	
5	智能可视门铃	主要功能： 门禁可视化呼叫对讲。 技术要求： 1. 720p分辨率，30fps帧率图像采集。 2. 通过Wi-Fi无线接入网络	套	1	采用PVC阻燃材质	
6	智能室内警笛	主要功能： 联动设备进行报警。 技术要求： 支持联动设备进行声光报警	台	1	采用PVC阻燃材质	
7	红外遥控	主要功能： 控制室内传统家电设备。 技术要求： 1. 支持红外信号学习。 2. 支持360° 信号发射	台	1	采用PVC阻燃材质	
8	空气质量检测仪	主要功能： 监测室内空气质量指数。 技术要求： 1. PM2.5、CO_2、甲醛数据监测。 2. 能够通过Wi-Fi、蓝牙采集数据并回传	台	1	采用PVC阻燃材质	
9	燃气传感器	主要功能： 监测燃气泄漏并联动报警。 技术要求： 1. 通过3C认证。 2. 低功耗长续航，内置电池供电设计	台	1	通过3C认证	

续表

序号	名称	主要功能和技术要求	单位	数量	执行标准或质量要求	备注
10	烟雾传感器	主要功能： 监测室内烟雾并联动报警。 技术要求： 1. 通过 3C 认证。 2. 低功耗长续航	台	1	通过 3C 认证	
11	温湿度传感器	主要功能： 监测室内温湿度并推送至网关。 技术要求： 1. 内置电池供电，低功耗长续航。 2. 支持天气预报信息	台	1	采用 PVC 阻燃材质	
12	智能开关面板	主要功能： 控制室内灯光、窗帘开合。 技术要求： 1. 通过 3C 认证。 2. 单火线设计。 3. 支持紫峰（ZigBee）方式远程控制	套	1	采用 PVC 阻燃材质	
13	人体大脑模型与脑解剖学图谱	主要功能： 示教脑区域功能、失智症的脑部病变过程、不同类型失智症的脑区域功能变化。 技术要求： 1. 自然比例大小。 2. 解剖比例正确。 3. 显示阿尔茨海默症的脑结构形态。 4. 环保 PVC 和油漆	套	1	无味，环保材料	
14	认知功能评估系统	主要功能： 示教定向力、记忆力、注意力、感知觉、计算力、反应能力、语言（表达、听理解、视理解、命名）、执行能力、日常知识、推理能力等认知功能的测评方法。 技术要求： 1. 可生成评估报告，记录历次测试成绩。 2. 可生成认知功能变化曲线图	套	1	GB/T 16260.1—2006	选配
15	电脑	主要功能： 能进行量表施测、数据统计、汇总等。 技术要求： 1. RAM ≥ 4GB。 2. 支持网络同传和硬盘保护	台	1	通过 3C 认证	
16	认知功能训练系统	主要功能： 示范记忆力、注意力、感知觉、反应时等认知功能模块的训练模式。 技术要求： 1. 游戏方式。 2. 在线进行，能够适时给出训练结果。 3. 训练方案体现阶梯性。 4. 训练方案体现个性化	套	1		选配
17	认知功能训练箱	主要功能： 示例定向力、记忆力、感知觉、反应时等认知功能的日常辅助训练道具。 技术要求： 1. 配备人物、数字、蔬菜、动物、家具等训练卡片 1 套。 2. 秒表 2 个。 3. 配备故事、图画、诗歌等语言训练材料 1 套。 4. 配备豆类、珠子、积木块、袜子等日常生活用品 1 套。 5. 认知训练示范案例 1 套。 6. 训练道具满足不同颜色、大小、形状等。	个	5		

续表

序号	名称	主要功能和技术要求	单位	数量	执行标准或质量要求	备注
18	典型案例视频资料	主要功能： 示教失智症核心症状和周边症状（即常见的异常精神和行为症状）表现。 技术要求： 1. 画面清晰、流畅，音量适当。 2. 具备教学讲解功能	套	1		
19	非药物干预视频资料	主要功能： 示教失智照护中非药物干预的实践影像资料，至少包括园艺疗法、音乐疗法、绘画疗法、手工活动、感官训练、怀旧疗法 6 种非药物干预类型。 技术要求： 1. 画面清晰，流畅，音量适当。 2. 具备教学讲解功能	套	1		
20	非药物干预训练箱	主要功能： 示例音乐、感官、绘画、园艺、手工等非药物干预训练模式。 技术要求： 1. 包含音乐、芳香、绘画、园艺、手工等多种非药物干预辅助训练包。 2. 辅助道具可开展 50 种以上活动。 3. 配活动说明书。 4. 配艺术活动示范案例。 5. 自理、半自理、失能老年人等不同人群的使用规格	个	5		
21	情感依赖玩具	主要功能： 示例宠物疗法等非药物干预模式。 技术要求： 1. 不过敏材质。 2. 声控功能。 3. 环保材料。 4. 仿真大小	套	5		
22	怀旧家具及生活物品	主要功能： 示例怀旧场景布置。 技术要求： 1. 体现不同年代的餐具、家具、办公物品等。 2. 老照片、画报、挂历等。 3. 环保材料，保存良好	套	1		
23	环境照护视频资料	主要功能： 示例失智老年人的居住环境设计特征。 技术要求： 1. 体现适老化、无障碍特点。 2. 保护机构隐私。 3. 环境特征具有代表性和普适性	套	1		
24	轮椅	主要功能： 辅助失智老年人活动。 技术要求： 1. 能够辅助老年人行走，扩大活动范围。 2. 具备平衡轴，四轮平衡着地，适用于各种路面。 3. 附有安全认证资质	个	3		

续表

序号	名称	主要功能和技术要求	单位	数量	执行标准或质量要求	备注
25	离床监控器	主要功能： 示例失智老年人走失预警功能。 技术要求： 1. 预警装置。 2. 人体特征监测。 3. 低压电，安全性	套	1		
26	智能定位穿戴设备	主要功能： 示例失智老年人走失预警功能。 技术要求： 1. GPR 定位装置。 2. 可穿戴	套	1		
27	徘徊感应垫	主要功能： 示例失智老年人走失预警功能。 技术要求： 1. GPR 定位装置。 2. 可穿戴	套	1	各设备良好互联并协调运行，定位数据分析客观准确	
28	徘徊感知器	主要功能： 示例失智老年人走失预警功能。 技术要求： 1. GPR 定位装置。 2. 可穿戴	套	1		
29	定位鞋	主要功能： 示例失智老年人走失预警功能。 技术要求： 1. GPR 定位装置。 2. 可穿戴	套	1		
30	沙发、绿植、百叶窗等软装	主要功能： 用于布置温馨环境。 技术要求： 温馨、协调、舒适	套	1		
31	手机	主要功能： 智能设备手机 App 控制。 技术要求： 1. Android 或 iOS 智能平台。 2. 高通骁龙 660 或 A10 级别以上处理器。 3. 4GB 以上内存，32GB 以上储存空间。	台	1	通过 3C 认证	
32	平板	主要功能： 智能设备平板 App 控制。 技术要求： 1. Android 或 iOS 智能平台。 2. 高通骁龙 660 或 A10 级别以上处理器	台	1	性能稳定、反映灵敏	
33	平台管理软件	主要功能： 机构、居家集中管理平台。 技术要求： 1. 基于 web 操作界面，云储存模式。 2. 集成并联动全部智能硬件设备。 3. 集合智能化管理及机构、社区行政、财务、效率管理功能	套	1	采用 PVC 阻燃材质	
34	显示大屏	主要功能： 集中管理平台展示界面。 技术要求： 1. 65 英寸以上。 2. 60fps 或更高。 3. 窄边框，适合拼接	套	1	通过 3C 认证	

续表

序号	名称	主要功能和技术要求	单位	数量	执行标准或质量要求	备注
35	电脑	主要功能： 软件管理本地展示设备。 技术要求： 1. 酷睿 i7–6700，16GB，256GB SSD 或更高配置。 2. 运行 Windows10 1809 或更新操作系统。 3. 配备键盘、鼠标、音箱等外设	台	1	通过 3C 认证	
36	电视机	主要功能： 用于播放视频资料。 技术要求： 1. 尺寸：55 英寸及以上液晶显示器。 2. 分辨率：高于 1366 × 768				
37	相片记忆扩音电话	主要功能： 记忆训练。 技术要求：9 个照片记忆速拨按键，12 个大型灯光数字按键，扩音功能，适用于老年人、重听及弱视者使用	个	1		
38	台式 LED 放大镜阅读灯	主要功能： 失智老年人适老化器具。 技术要求：适用于远视老年人家中阅读	个	1		
39	电动护理床	主要功能： 失智老年人使用。 技术要求： 1. 能够进行生命体征的监测。 2. 能够对存在智力障碍老人或正常老人非正常离床进行报警。 3. 能够帮助患者自动变换体，位背部上升到一定角度时，膝部会下降，永远保持夹角 >90° （有效预防压疮发生）；两侧分别采用转动和全封闭式护栏。 4. 提供配套护理用移动辅具和体位转换器。 5. 可解决卧床老年人的大小便问题，也可采用坐姿排便。 6. 适用于半自理及不能自理的老人。 7. 满足以上要求需配置:（1）护理床功能: 起背功能、起背防下滑、起背防侧滑、电动快速坐便器、洗脚功能、洗头功能、输液架功能、下曲腿功能、上抬腿功能、蓄电功能、吃饭功能、助便功能。（2）智能床垫：生命体征监测功能主要由智能床垫、无线局域网、软件服务平台、终端显示等实现。智能床垫可用于测量老人的脉搏、呼吸、离床等主要体征，并将测量数据通过无线方式上传至护士管理站、手机等平台。 8. 智能脚垫	个	3		
40	床头柜	主要功能： 用于摆放物品。 技术要求： 与护理床配套，附有抽屉、柜子	只	3		
41	床旁椅	主要功能： 适合老人休息、起坐。 技术要求： 与护理床配套	把	3		
42	衣柜	功能要求： 用于储存衣服等。 技术要求： 适老化，带透明玻璃可移动门	组	3		
43	多功能教学椅	功能要求： 用于教学活动。 技术要求： 稳固，环保，可移动，可堆叠	个	40		

续表

序号	名称	主要功能和技术要求	单位	数量	执行标准或质量要求	备注
44	多功能教学桌	功能要求： 用于教学活动。 技术要求： 稳固，环保，可移动，可自由组合	组	5		
45	多媒体教学机	主要功能： 教学讲解、视频播放等。 技术要求： 1. 屏幕尺寸：55 英寸以上；显示比例 16 ： 9，显示分辨率 1920 × 1080 以上。 2. 音视频接口：支持 HDMI 等主流要求。 3. 支持网络接口。 4. 操作系统：Windows10 以上。 5. 支持 USB 接口	台	1	ISO 14001：2015 ISO 9001：2015	

表 11　老年膳食营养实训室设备要求

序号	名称	主要功能和技术要求	单位	数量	执行标准或质量要求	备注
1	膳食分析与营养评价系统	主要功能： 老年膳食营养教学讲解、模拟实操等。 技术要求： 1. 系统具有营养监测功能，可以实时分析周期内的膳食结构和营养状况，及时发现营养偏差，给予科学的营养膳食推荐。 2. 系统具有“营养测算”工具，可利用营养测算工具为个体或群体进行全方位的营养测算，计算分析对象单位周期内的合理膳食，为分析对象确定合理的营养目标，科学地指导膳食。 3. 系统能提供智能化的食物配平工具，食物摄入量的计算采用智能化方式，无需自行设定，完全由系统根据配餐者的摄入量标准自动计算生成，也可辅以少量的手工微调。同时可以提供“各种食物对营养素的贡献比例”。 4. 系统的数据库采取开放模式，数据存储无上限，可以视硬件条件存储海量数据。 5. 包含一套可升级的营养食物列表数据库，查询模式帮助用户查询所有食物成分。系统的基础数据库采取开放数据库，可以修改完善基础数据，数据记录无上限。 6. 系统内置数据指标：基础数据源自国家标准《食物成分列表》（CDC）；膳食指南基础数据源自中国营养学会最新版《中国居民膳食指南》	套	5		选配
2	电脑	主要功能： 能进行数据统计、汇总等。 技术要求： 1.RAM ≥ 4GB。 2. 支持网络同传和硬盘保护	台	1	通过 3C 认证	
3	皮褶厚度仪	主要功能： 用于测量皮褶厚度，分析营养状态。 技术要求： 活动度佳，精确度达到 0.01cm	个	20		
4	皮尺	主要功能： 用于测量腰围、腹围等。 技术要求： 长度 100cm 以上，材质柔软无刺激	个	40		
5	精准电子天平秤	主要功能： 老年膳食营养搭配，用于称重等。 技术要求： 电子显示器，精度达到 0.01g	个	5		

续表

序号	名称	主要功能和技术要求	单位	数量	执行标准或质量要求	备注
6	操作台	主要功能： 老年膳食营养食物制备。 技术要求： 不锈钢或亚克力材质，表面平整	个	5		
7	微波炉	主要功能： 老年膳食营养食物制备。 技术要求： 常规，可用于食物加热	个	5		
8	烤箱	主要功能： 老年膳食营养食物制备。 技术要求： 常规，可用于烤制食物	个	5		
9	搅拌机	主要功能： 老年膳食营养食物制备。 技术要求： 常规，电动，可用于鸡蛋、肉类食物搅拌	个	5		
10	电饭煲	主要功能： 老年膳食营养食物制备。 技术要求： 常规，可用于煮饭	个	5		
11	食物标准容器	主要功能： 老年膳食营养食物制备，用于盛装食物。 技术要求： 常规，不锈钢材质	套	10		
12	厨房刀具	主要功能： 老年膳食营养食物制备，用于切配食材。 技术要求： 常规，不锈钢材质	套	10		
13	营养食物教学模型	主要功能： 基础食材营养指标、食品交换份教学。 技术要求： 1. 产品组成：碳水化合物食品群；蔬菜水果食品群；禽类豆制品食品群；油、盐调味品；酒、饮料、糕点嗜好品等。 2. 材质：PVC 环保材质。 3. 规格：按食物 1 ∶ 1 生产，食物种类齐全，数量丰富	套	1		
14	模型样品展示柜	主要功能： 展示食物模型。 技术要求： 1. 材质：金属、玻璃。 2. 带有装饰灯照明	个	若干		
15	教学挂图	主要功能： 展示食物营养成分、养老院餐饮食谱。 技术要求： 1.PVC 材质，彩色挂图。 2. 内容包含基础营养疾病与营养教育、饮食健康教育、养老机构食谱等	套	1		
16	储物柜	主要功能： 用于储存设备耗材。 技术要求： 稳固、环保、可移动，带透明玻璃可移动门	组	8		

续表

序号	名称	主要功能和技术要求	单位	数量	执行标准或质量要求	备注
17	多功能教学椅	主要功能： 用于教学活动。 技术要求： 稳固，环保，可移动	个	40		
18	多功能教学桌	主要功能： 用于教学活动。 技术要求： 稳固，环保，可移动，可自由组合	组	5		
19	多媒体教学机	主要功能： 教学讲解、视频播放等。 技术要求： 1. 屏幕尺寸：55 英寸以上；显示比例 16 ： 9，显示分辨率 1920×1080 以上。 2. 音视频接口：支持 HDMI 等主流要求。 3. 支持网络接口。 4. 操作系统：Windows 10 以上。 5. 支持 USB 接口	台	1	ISO 14001：2015 ISO 9001：2015	

表 12　老年急救护理实训室设备要求

序号	名称	主要功能和技术要求	单位	数量	执行标准或质量要求	备注
1	多功能护理床	主要功能： 用于各种生活照护技能训练。 技术要求： 1. 尺寸：200cm×90cm×（55～60）cm。 2. 双摇三折（床头、中间、床尾能升降）、配有可收折护栏等	张	8	YY 0003—1990	
2	床上用品套件	主要功能： 用于基础照护技能训练。 技术要求： 1. 床垫：200cm×90cm×10cmm。材料：高弹海绵、半棕半海绵或全棕外包帆布。 2. 床褥：200cm×90cm，有布套的棉褥。棉胎：230cm×160cm。 3. 枕芯：60cm×40cm（填充物为高弹棉等）。 4. 大单：250cm×180cm。 5. 被套：250cm×170cm。枕套：75cm×45cm。 6. 橡胶中单：85cm×65cm，两端各加白布 40cm。 7. 中单：140cm×85cm。 均为棉布制作	套	8		
3	床旁桌	主要功能： 用于摆放物品。 技术要求： 与护理床配套，附有抽屉、柜子	只	8		
4	床旁椅	主要功能： 适合老人休息、起坐。 技术要求： 与护理床配套	把	8		
5	成人女性护理人	主要功能： 用于评估及各种照护技能训练。 技术要求： 具有真实人体的仿真结构，能满足清洁卫生护理、吸氧、吸痰、鼻饲、洗胃、导尿、灌肠、肌肉与静脉注射、血压测量训练	具	4		可与其他实训室共用

续表

序号	名称	主要功能和技术要求	单位	数量	执行标准或质量要求	备注
6	成人男性护理人	主要功能： 用于评估及各种照护技能训练。 技术要求： 具有真实人体的仿真结构，能满足清洁卫生护理、吸氧、吸痰、鼻饲、洗胃、导尿、灌肠、肌肉与静脉注射、血压测量训练	具	4		可与其他实训室共用
7	诊察床	主要功能： 用于心肺复苏等技能训练。 技术要求： 1. 表面装有 5cm 软海绵床垫。 2. PU 皮革表面，防水、易清洗、耐磨。 3. 支脚底部有橡胶垫，防滑	张	4		
8	治疗车	主要功能： 用于摆放照护物品。 技术要求： 1. 尺寸：90cm × 45cm ×（85 ~ 92）cm，三层且配有污物袋。 2. 材料：不锈钢或防腐塑钢	辆	8		
9	治疗盘	主要功能： 用于盛放照护物品。 技术要求： 1. 尺寸：60cm × 50cm；40cm × 30cm。 2. 材质：不锈钢	个	40		
10	止血钳	主要功能： 用于持物。 技术要求： 1. 弯头和直头。 2. 材质：304 不锈钢	个	8	YY/T 0452—2003	
11	心肺复苏模型人	主要功能： 用于进行心肺复苏技能训练。 技术要求： 1. 执行标准：美国心脏学会 (AHA)2020 国际心肺复苏 (CPR) & 心血管急救 (ECC) 指南标准。 2. 模拟人支持自建热点，可通过手机扫描二维码无线连接模拟人，手机不需要安装软件，iOS 或 Andriod 平台不限。模拟人身侧配备了液晶显示窗，可清晰显示模拟人的编号，便于多台同时使用时，正确地找到对应模拟人。 3. 模拟人自带锂电池，正常使用时间不小于 8h；模拟人可感应意识判断、脉搏触诊、是否取出口中异物。 4. 系统内置不同的 CPR 场景，包括：溺水、心脏骤停、创伤、中毒、意外低温、电击、过敏等，用户也可添加新的场景，或在现有的场景上进行编辑修改。每个场景都可以有独立的操作流程和评分标准。 5. 系统支持视频导引，用户可选择在训练或考核前导入相应的视频场景。 6. 模拟生命体征：胸外按压时有模拟心脏按压心电波形；抢救成功后，模拟人可有心电图、颈动脉搏动、散大的瞳孔恢复正常、自主呼吸等变化。 7. 可进行胸外按压、气道开放、人工呼吸。 8. 三种操作方式：自主训练、自测模式、考核模式。 9. 手机系统上条形显示按压深度，正确的按压深度 5cm 以上，不超过 6cm。 10. 手机系统上条形显示吹气量：500/600~1000mL。 11. 监考功能：学生考核模式时，教师可用另一台手机连接模拟人进入监考模式，查看学生的操作记录、实时的操作数据，并且控制考核暂停或重置。 12. 考生可完全自主完成考核，无需教师参与，或者教师也可同时登录系统进行监考。 13. 成绩管理：记录考核的所有成绩单，可根据场景进行查看和统计，了解所有考生的各技能点掌握情况。 14. 系统可显示操作日志：系统自动记录操作流程、胸外按压的次数、按压力度过大、按压力度过小、按压位置、按压频率、按压中断、吹气次数、吹气量等信息	具	8	AHA2020	

续表

序号	名称	主要功能和技术要求	单位	数量	执行标准或质量要求	备注
12	除颤仪训练器	主要功能： 用于除颤训练。 技术要求： 1. 具备手动除颤、心电监护、呼吸监护、自动体外除颤（AED）功能。 2. 整机带电极板、电池的重量不超过 6kg。 3. 除颤采用双相指数截断波技术，具备自动阻抗补偿功能。最低能量 1J，最大能量为 360J，提高除颤成功率和有效性。 4. 手动除颤分为同步和非同步两种方式，能量分 20 档以上，可通过体外电极板进行能量选择。 5. 除颤充电迅速，充电至 200J<5s，360J<8s。 6. 体外起搏功能，起搏分为固定和按需两种模式。具备慢速起搏功能。 7. 心电波形扫描时间 >10s，扫描长度 >100mm。 8. 可升级血氧饱和度监护功能、NIBP 监护功能。 9. 可充电锂电池，支持 200 次以上 200J 除颤。 10. 具备生理报警和技术报警功能，通过声音、灯光等多种方式进行报警。 11. 可存储 24h 连续 ECG 波形，数据可导出至电脑查看。 12. 关机状态下设备可自动运行自检，支持大能量自检（不低于 150J），屏幕、按键检测。 13. 可在 −10℃环境正常工作，存储温度 −30℃ ~ 70℃。 14. 具备良好的防水性能，防水级别 IPX4	件	8		
13	平车	主要功能： 用于转运老人。 技术要求： 1. 尺寸：190cm × 60cm × 80cm。 2. 产品组成：由担架床、床挡、车闸、输液架、车架等组成。 3. 材料：医用不锈钢。	辆	4		
14	氧气瓶	主要功能： 用于供氧。 技术要求： 耐高压、40L 柱形无缝钢筒	只	8		
15	吸氧设备	主要功能： 用于供氧。 技术要求： 含中心供氧系统，床头有可供连接的设备带，吸氧头罩、面罩	套	8		
16	墙壁式氧气表	主要功能： 用于供氧。 技术要求： 含湿化瓶、流量表、流量表开关	只	8		
17	呼吸器	主要功能： 用于供氧。 技术要求： 含面罩、单向阀、球体、氧气储气阀、氧气储气袋、氧气导管。其中氧气储气阀及氧气储气袋必须与外接氧气组合，如未接氧气时应将两项组件取下	件	8		
18	心肺复苏按压板	主要功能： 用于心肺复苏按压。 技术要求： 表面坚固，能使病人始终保持气道打开的正确位置	件	8		
19	脚踏凳	主要功能： 用于心肺复苏按压垫高。 技术要求： 表面坚固，使用不锈钢材质	个	8		

续表

序号	名称	主要功能和技术要求	单位	数量	执行标准或质量要求	备注
20	汞柱式血压计（台式）	主要功能： 用于测量血压。 技术要求： 血压计盒盖板壁上有一固定的玻璃管、贮汞槽，管面刻度为 0 ~ 300mmHg，每小格为 2mmHg。配有加压气球和压力阀门、袖带	台	12	YY 91035—1999	
21	听诊器	主要功能： 听心音、呼吸音等。 技术要求： 1. 听诊头须使用不锈钢甚至钛等重金属材质，听诊器的传音管路的材质一般为 PVC。 2. 传音管国际标准长度为 27 英寸	只	12	YY 91035—1999	
22	持物钳（镊）、置钳（镊）筒	主要功能： 用于持物。 技术要求： 1. 尺寸：置钳（镊）筒（4.5 ~ 8）cm×（11 ~ 20）cm，可为直筒形或锥形，应与持物钳（镊）大小配套。 2. 材质：不锈钢	套	20		
23	治疗碗	主要功能： 用于盛物。 技术要求： 1. 尺寸：（12 ~ 16）cm×（4.5 ~ 6）cm。 2. 材料：不锈钢	个	40		
24	有盖罐	主要功能： 用于盛物。 技术要求： 1. 尺寸：（10 ~ 16）cm×（12 ~ 16）cm。 2. 材料：不锈钢	个	20		
25	三叉钳	主要功能： 用于持物。 技术要求： 1. 尺寸：长 20cm。 2. 材料：不锈钢	个	20		
26	支被架	主要功能： 辅助支撑，防止肢体受压。 技术要求： 1. 常用型号。 2. 材料：不锈钢、铝合金或塑钢	个	8		支被架
27	红外线体温计	主要功能： 用于测量体温。 技术要求： 额式或耳蜗式感温	个	10	GB/T 21417.1—2008	
28	照护用品套件	主要功能： 用于老年急救护理技能训练。 技术要求： 含大软枕、小软枕、压疮垫（圈）、楔形垫、小方巾、纱布、棉球、大棉棒等	套	8		
29	医疗用品套件	主要功能： 用于老年急救护理技能训练。 技术要求： 含治疗巾、小镊子、弯盘、压舌板、消毒瓶、快速手消毒剂、大量杯 (500mL)、小量杯 (50mL)、导尿管、引流袋、鼻饲管、注食器（80mL）、注射器（20mL）、纱布、棉球、棉签、小药杯、胶布、无菌纱布、绷带、衬垫、三角巾、止血带、布条、夹板、碘伏、消毒液（片）、消毒剂、烫伤膏、安尔碘、眼药水、漱口液、石蜡油、计时器、氧气枕、垃圾袋等	套	8		

续表

序号	名称	主要功能和技术要求	单位	数量	执行标准或质量要求	备注
30	冷热敷套件	主要功能： 用于冷热敷。 技术要求： 含冰囊、冰槽、水温计、治疗盘、治疗碗、弯盘、热水袋、化学冰袋、橡胶单、治疗巾、卵圆钳或长镊子、敷布、热水瓶、凡士林、棉签、乙醇等	套	8		
31	紫外线消毒车	主要功能： 与消毒灯配合使用，用于空气及物体表面消毒。 技术要求： 1. 电源：220 V ± 10% 50 Hz。输入功率：30 W × 2。 2. 紫外线波长：253.7nm。定时范围：0 ~ 60min。灯管调节角度：0 ~ 135° 。有静音脚轮，可移动。 3. 材质：不锈钢	辆	2	GB 28235—2020	
32	紫外线消毒灯	主要功能： 用于房间内空气及物体表面消毒。 技术要求： 1. 产品组成：紫外线杀菌灯、紫外线灯箱、控制箱、电源线、底座、万向轮。 2. 灯臂展开式结构，臂展角可调，笼罩范围广，灯臂可调节，可 360° 全方位消毒	盏	2	GB 19258—2012	
33	循环风紫外线空气消毒器	主要功能： 用于房间内空气消毒。 技术要求： 1. 产品组成：高强度紫外线、过滤系统。 2. 24h 不间断运转	套	1	GB 28235—2020	
34	手烘干器	主要功能： 手部烘干。 技术要求： 电压 220 V，感应式，自动吹风	个	8		
35	手消毒检测仪	主要功能： 检测手消毒效果。 技术要求： 材质环保，检测结果准确	台	2		
36	红外线治疗灯	主要功能： 促进血液循环，用于老年人基础照护技能训练。 技术要求： 电压 220 V，具有红外线理疗作用，立式或台式	台	8		
37	血糖仪	主要功能： 测量血糖。 技术要求： 1. 测量方法：葡萄糖氧化酶法。 2. 操作范围：6℃ ~44℃。 3. 测量结果范围：1.1~33.3mmol/L	只	10	GB/T 19634—2005	
38	电动吸痰器	主要功能： 用于抽吸痰液。 技术要求： 1. 电压：220V。 2. 负压值：≥ 0.075MPa。 3. 抽气速率：≥ 15L/min	台	8		

续表

序号	名称	主要功能和技术要求	单位	数量	执行标准或质量要求	备注
39	电子血压手臂	主要功能： 测量血压训练及考核。 技术要求： 1. 成人仿真手臂，有屏显控制器，有教学与考核系统。 2. 可预置设定血压值、脉搏值。 3. 系统可生成各种常见的高血压病例	只	8		
40	电子血压计	主要功能： 用于测量血压。 技术要求： 电子显示屏，半自动测量，能显示打印测量数据	台	20		
41	交互式上、下肢止血急救训练系统	主要功能： 示教加压包扎止血。 技术要求： 1. 模拟标准亚洲成人上肢、下肢，解剖结构精确，使得技能练习过程更逼真生动。 2. 灌入模拟血液，可模拟多种外伤出血状况，自由设置不同环境脚本，训练快速的环境评估、伤情判断。 3. 可进行动脉、静脉出血后的止血、包扎处理操作，出血频率和脉搏一致。 4. 模拟真人智能感应不同的止血压力，对应产生不同的效果，显示器同步显示压力的变化	个	8		
42	全身四肢骨折固定	主要功能： 展示骨折的症状体征如畸形、骨擦音和异常运动等，创伤部位的清洗、消毒、用药、包扎、复位、骨折固定和搬运等实训。 技术要求： 1. 包括上肢前臂桡骨与尺骨闭合式骨折和下肢胫骨与腓骨闭合式骨折创伤，以及大腿复合式创伤。可触及骨折断端，模拟成角畸形、骨摩擦感。 2. 模型可以配套使用所有的骨折支具	套	8		
43	脊椎固定转移板	主要功能： 示教脊椎损伤病人的搬运用具。 技术要求： 1. 病人转移板用来固定脊椎创伤，确保事故现场至医院被护送患者的安全。 2. 份量轻，经久耐用，可承受 250kg 重量。 3. 固定板可与任何其他头部固定设备配合使用。 4. 固定板能浮于水面，可使患者浮在水面上，同时也可用作水面救生	套	8		
44	医用头部固定器	主要功能： 示教脊椎损伤病人的搬运配套用具。 技术要求： 1. 可适用于各种木制、铝制、塑料和玻璃钢材质的脊椎固定板。 2. 头部固定器可以配合多种颈托使用，也可以作为头部固定设备独立使用。 3. 重量轻而且易于使用，由密闭泡沫材料制成，不会吸收血液和体液，易于清洗消毒，不会受到恶劣天气的影响。 4. 在头两侧有大的耳洞用来观察出血或引流。 5. 整体材料无金属的设计可以让病人无需脱掉头部固定器即可进行 X 线透视、CT 扫描、核磁共振成像检查	套	8		
45	组合夹板	主要功能： 示教脊椎损伤病人的搬运配套用具。 技术要求： 该套夹板共由 4 块长短夹板组成，根据不同骨折固定需求，进行插式组合。结构合理，拆装方便，价廉物美，深受广大医务人员的喜受	套	8		

续表

序号	名称	主要功能和技术要求	单位	数量	执行标准或质量要求	备注
46	多功能颈托	主要功能： 示教脊椎损伤病人的搬运配套用具。 技术要求： 1. 多功能颈托将颈托的 4 个尺寸合为一体，确保在任何时候都可以得到正确尺码的颈托。 2. 用于固定颈椎的设备，共有 4 种标准成人用颈托，其 16 个精确调整点可按照使用人员的具体要求设置。 3. 能够配合气道开口，便于颈动脉监测和气管插管。 4. 后方的开孔设计便于触诊和透气。 5. 特有的固定锁确保颈插的稳定和对称。 6. 适合对患者作 X 线透视，CT 断层扫描和核磁共振断层扫描检查。 7. 可以与脊椎固定系统配合使用	套	8		
47	担架	主要功能： 用于移动肢体障碍老年人。 技术要求： 可折叠	付	8		
48	吞咽与呼吸机制演示模型	主要功能： 直观演示吞咽与呼吸机制。 技术要求： 满足形态逼真、结构合理，消毒清洗不变形等特点	具	2		
49	成人气道梗塞模型	主要功能： 示教老人气道梗塞的救治。 技术要求： 1. 窒息、气道异物阻塞模拟：半身模拟人模拟气道梗塞的异物为一圆球或圆柱体，阻塞气道（气管），模拟窒息或气道梗塞情况。 2. 标准气道开放：仰头举颏法。 3. 冲击压迫腹部技能模拟：在半身模型平卧或立位体位上，操作练习气道梗塞异物排出方法。在立位上，用双手紧抱半身模型腹部，向内、向上方向压迫腹部突击用力（模拟压迫两肺部），使气道梗塞异物从口腔突然排出。同样可在平卧体位上，向内上方向突击用力，压迫腹部使气道梗塞异物从口腔突然排出。 4. 支持气道梗塞急救办法操作训练。 5. 不完全梗塞：立位腹部冲击法。 6. 完全梗塞：仰卧位腹部冲击法	个	8		
50	药柜	主要功能： 用于盛放物品。 技术要求： 1. 尺寸：90cm × 50cm × 180cm。 2. 上部有药瓶搁架、玻璃门及锁，中间有两个抽屉及锁，下部为两门柜，内有隔板，可存放各类药物。 3. 材质：不锈钢或塑钢	顶	1		
51	器械柜	主要功能： 用于盛放各类器械。 技术要求： 1. 尺寸：90cm × 50cm × 180cm。 2. 材质：不锈钢或塑钢	顶	8		
52	储物柜	主要功能： 用于储存设备耗材。 技术要求： 稳固、环保、可移动，带透明玻璃可移动门	组	8		

续表

序号	名称	主要功能和技术要求	单位	数量	执行标准或质量要求	备注
53	多媒体教学机	主要功能： 教学讲解、视频播放等。 技术要求： 1. 屏幕尺寸：55 英寸以上；显示比例 16 ∶ 9，显示分辨率 1920 × 1080 以上。 2. 音视频接口：支持 HDMI 等主流要求。 3. 支持网络接口。 4. 操作系统：Windows 10 以上。 5. 支持 USB 接口	台	1	ISO 14001：2015 ISO 9001：2015	

表 13　安宁疗护与生命关怀实训室设备要求

序号	名称		主要功能和技术要求	单位	数量	执行标准或质量要求	备注
1	安宁疗护区	多功能护理床	主要功能： 用于临终老人各种照护技能训练。 技术要求： 1. 尺寸：2000 mm × 900mm ×（550 ~ 600）mm，电动或手摇三折（床头、中间、床尾能升降），配有可收折护栏等，床脚有制动万向轮，配有餐桌、输液架。 2. 含床上用品。	张	6	牢固、安静	
2		床头柜	主要功能： 用于摆放及存储物品。 技术要求： ABS 材质或木质	个	6	材质环保，抗菌性强	与护理床配套使用
3		床上设备带	主要功能： 提供电源系统与医用氧气、空气及负压、呼叫等外接设备系统。 技术要求： 1. 模拟医院病房，配有床号、床头灯、管道吸氧接口、负压吸引接口、电源等装置。 2. 配备呼叫系统、吸氧系统、吸痰装置	套	6		与护理床配套使用
4		听诊器	主要功能： 用于听诊心音、呼吸音等。 技术要求： 1. 听诊头需使用不锈钢甚至钛等重金属材质，传音管路的材质一般为 PVC。 2. 传音管国际标准长度为 27 英寸	台	12	YY 91035—1999	
5		血压计	主要功能： 用于测量血压。 技术要求： 1. 血压计盒盖板壁上有一固定的玻璃管、贮汞槽，管面刻度为 0 ~ 300mmHg，每小格为 2mmHg。 2. 配有加压气球和压力阀门、袖带	台	12	GB 3053—1993	
6		温度计	主要功能： 用于测量体温。 技术要求： 1. 红外电子体温计。 2. 数值精确	支	12	GB/T 21417.1—2008	

续表

序号	名称		主要功能和技术要求	单位	数量	执行标准或质量要求	备注
7	安宁疗护区	血糖检测仪	主要功能： 用于测量血糖。 技术要求： 1. 含采血针、试纸。 2. 能快速测量血糖值	个	12	数值精确	
8		电动吸引器	主要功能： 用于吸痰。 技术要求： 负压值≥ 0.09 MPa。电机功率 180 W，抽气速率≥ 20 L/min，噪声≤ 60 dB	台	1		
9		防压疮床垫	主要功能：用于预防压疮。 技术要求： 2000mm × 900mm，可充气。	床	1	环保材质，抗菌性强	
10		治疗车	主要功能： 用于盛放照护物品。 技术要求： 1. 不锈钢或防腐塑钢。 2. 尺寸：（60 ~ 80）cm ×（40 ~ 50）cm × 85cm。 3. 上部带抽屉，静音滑道，抽拉灵活无噪声。配污物桶或污物盆。配置 4 个静音耐磨万向脚轮	辆	6		
11		晨晚间护理车	主要功能： 晨晚间护理。 技术要求 1. 尺寸：900mm × 450mm ×（850 ~ 920）mm。 2. 三层、配有污物袋。 3. 材料：不锈钢或防腐塑钢	辆	6		
12		柜子	主要功能： 存放物品。 技术要求 1. 木质，边角适老化设计。 2. 高度适合	个	若干	结构稳定，结实耐用	可根据实训室实际状况配置
13		心电监护仪	主要功能： 用于监护动态心电图形、呼吸、体温、血压、血氧饱和度、脉率等。 技术要求： 多参数配置，可同时监测心电、无创血压、血氧饱和度、脉搏、体温等指标。	台	1	YY 1079—2008	
14		超声雾化器	主要功能：使药物分子通过气雾直接进入毛细血管或肺泡。 技术要求： 1. 电源：220V ± 10%，50Hz ± 1Hz。消耗功率：50W。超声频率：1.7MHz，± 10%。最大雾化率：>3mL/min。定时范围：0 ~ 60min。 2. 连续工作时间：≥ 4h	台	1	YY 0109—2013	
15		平车	主要功能： 用于转运老人。 技术要求： 1. 尺寸：900mm × 600mm × 800mm。 2. 材料：医用不锈钢。 3. 由担架床、床挡、车闸、输液架、车架等组成	辆	1		

续表

序号	名称		主要功能和技术要求	单位	数量	执行标准或质量要求	备注
16	临终告别区	区域整体环境布置	主要功能： 营造温馨告别环境。 技术要求： 干净整洁、光线明亮、空气清新、温湿度适宜，可使用绿植	套	1	温馨舒适	
17		多功能护理床	主要功能： 用于临终老人各种照护技能训练。 技术要求： 1. 尺寸：2000mm × 900mm ×（550 ~ 600）mm，电动或手摇三折（床头、中间、床尾能升降），配有可收折护栏等，床脚有制动万向轮，配有餐桌、输液架。 2. 含床上用品	张	1	牢固、安静	
18	临终告别区	床头柜	主要功能： 用于摆放及存储物品。 技术要求： ABS 材质或木质	个	1	材质环保，抗菌性强	与护理床配套使用
19		床上设备带	主要功能： 提供电源系统与医用氧气、空气及负压、呼叫等外接设备系统。 技术要求： 1. 模拟医院病房，配有床号、床头灯、管道吸氧接口、负压吸引接口、电源等装置。 2. 配备呼叫系统、吸氧系统、吸痰装置	套	1		与护理床配套使用
20		休闲椅	主要功能： 用于模拟接待临终老人家属。 技术要求： 1. 腿底部加装防滑垫。 2. 扶手应注意不要突出，以免老人磕碰	把	2	材质无毒、无害、抗菌环保	
21		茶几	主要功能： 用于模拟接待临终老人家属。 技术要求： 1. 高度符合老人使用习惯。 2. 台面边角倒圆，做防水槽	个	1		
22		双人沙发	主要功能： 用于模拟接待临终老人家属。 技术要求： 1. 扶手应注意老人手臂舒适度，及拐杖放置位置。 2. 腿底部加装防滑垫。 3. 坐垫采用高密度海绵，防渗漏 PU 面料	套	1		
23		单人沙发	主要功能： 用于模拟接待临终老人家属。 技术要求： 1. 扶手应注意老人手臂舒适度，及拐杖放置位置。 2. 腿底部加装防滑垫。 3. 坐垫采用高密度海绵，防渗漏 PU 面料	套	1		
24	动态情境画屏		主要功能： 用于模拟临终老人情境化照护环境。 技术要求： 1. 屏幕尺寸：≥ 32 英寸。 2. 含智能画框。 3. 支持语音对话。 4. 智能感光	幅	1		

续表

序号	名称	主要功能和技术要求	单位	数量	执行标准或质量要求	备注
24	多媒体教学机	主要功能： 教学讲解、视频播放等。 技术要求： 1. 屏幕尺寸：55 英寸以上；显示比例 16 ∶ 9，显示分辨率 1920×1080 以上。 2. 音视频接口：支持 HDMI 等主流要求。 3. 支持网络接口； 4. 操作系统：Windows 10 以上。 5. 支持 USB 接口	台	1	ISO 14001：2015 ISO 9001：2015	

注：1. 表 2 至表 13 中实训设备数是为满足 40 人 / 班同时进行实训教学的配备要求。在保证实训教学目标要求的前提下，各院校可根据本专业的实际班级人数和教学组织模式对实训课程进行合理安排，配备相应的仪器设备数量。

2. 各院校可根据地域特点和行业、企业对从业人员的具体要求，优先选择具有 ISO 标准管理体系认证等国家质量监督管理部门认可的企业所生产的相应规格、型号的仪器设备，优先选择企业所用真实设备，亦可根据专业特点选择虚拟仿真实训资源推进信息化教学等。

3. 表 2 至表 13 实训室环境及仪器设备配置统筹考虑专业群建设需求，部分实训室实现专业间共建共享（例如，表 2 的人体结构与功能实训室可同时满足护理专业、健康管理专业、医学检验专业等健康养老专业群相关专业的正常人体学教学需求；表 6 的老年健康管理与身心活化实训室可满足健康管理专业健康管理等课程教学需求；表 9 的康复保健中心可满足康复治疗技术、护理等专业老年康复课程教学需求；表 11 的老年膳食营养实训室可满足护理、健康管理、食品质量与安全等专业膳食营养类课程教学需求；表 13 的安宁疗护与生命关怀实训室可用于健康养老类专业学生的生死观教育）。

4. 表 2 至表 13 实训室环境及仪器设备配置统筹考虑赛育训结合的教学需求，除满足正常的教学需求外，同时兼顾养老服务类技能赛项的备赛及比赛要求（如全国 / 省级职业院校学生技能大赛养老服务技能赛项、健康与社会照护赛项等），模拟工作岗位照护场景的同时兼顾模拟竞赛场景环境（例如表 7 的社区居家照护中心——模拟社区居家场景，表 8 的长者照护之家——模拟养老机构场景），各院校可根据实际配置。

5. 本实训室环境及仪器设备配置考虑中小学生职业体验、学生创新创业以及对社会市民开放的需求，一方面用于教学，同时可满足市民参观、职业技能培训及职业体验的需求，例如表 4 的高龄体验中心——智能设备设施应用与维护实训室、表 7 的社区居家照护中心——模拟社区居家场景、表 8 的长者照护之家——模拟养老机构场景等实训室可用于职业体验、智慧健康养老认知、养老形式业态认知、学生创新创业等。

3.3 实训教学环境效果

根据专业需要，设计并绘制实训教学环境效果图。实训室效果如图 1—图 12 所示。

（来源：上海城建职业学院）

图 1 人体结构与功能实训室效果

（来源：上海城建职业学院）

图 2　老年人能力评估实训室效果

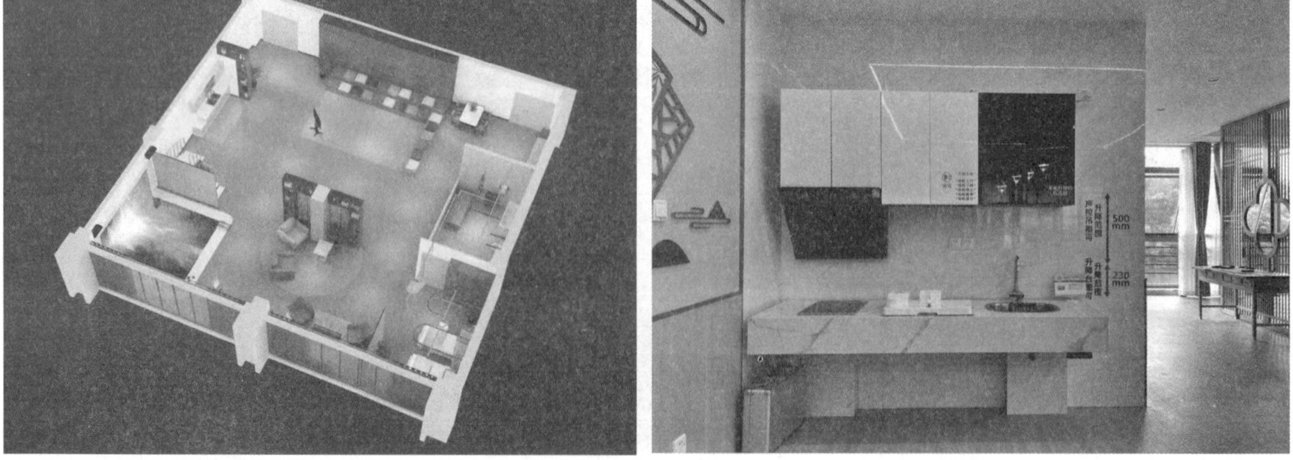

（来源：上海城建职业学院）

图 3　高龄体验中心——智能设备设施应用与维护实训室效果

（来源：上海城建职业学院虚拟仿真中心）

图 4　智慧养老平台建设与应用维护实训室效果

（来源：上海城建职业学院）

图 5　老年健康管理与身心活化实训室效果

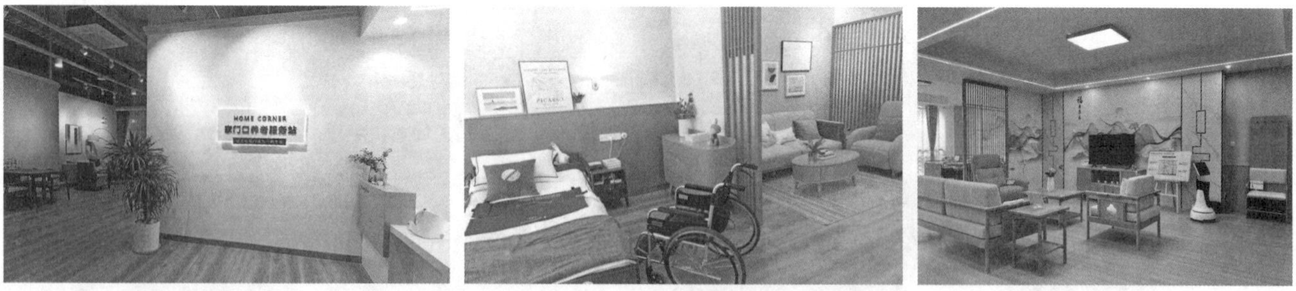

（来源：上海养老服务能力建设基地）

图 6　社区居家照护中心——模拟社区居家场景效果

（来源：上海养老服务能力建设基地）

图 7　长者照护之家 – 模拟养老机构场景效果

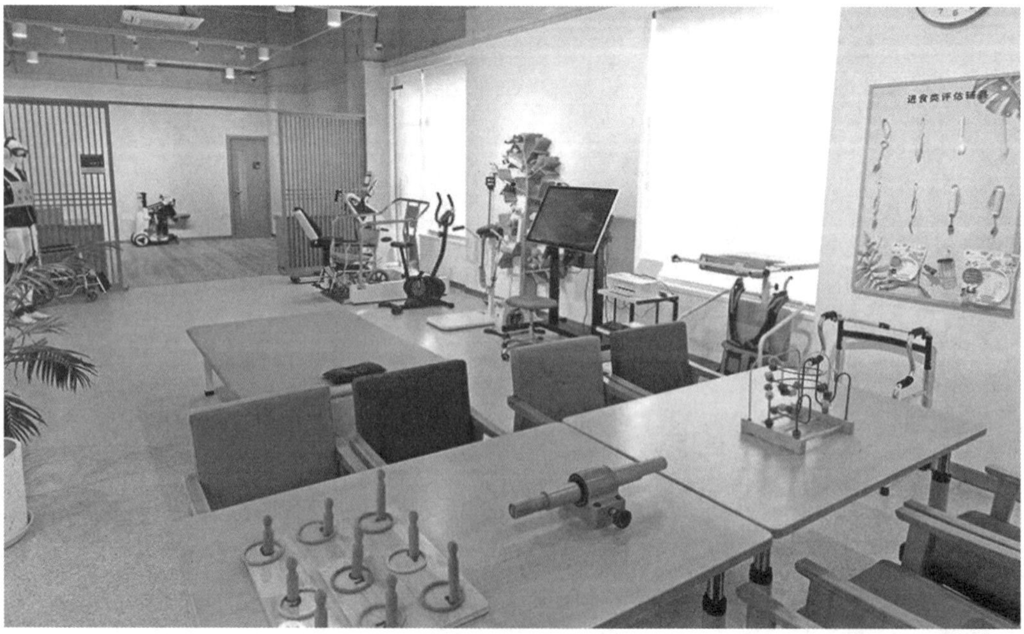

（来源：上海养老服务能力建设基地）

图 8　康复保健中心效果

（来源：上海养老服务能力建设基地）

图 9　记忆家园效果

（来源：上海城建职业学院）

图 10　老年膳食营养实训室效果

（来源：上海城建职业学院）

图 11　老年急救护理实训室效果

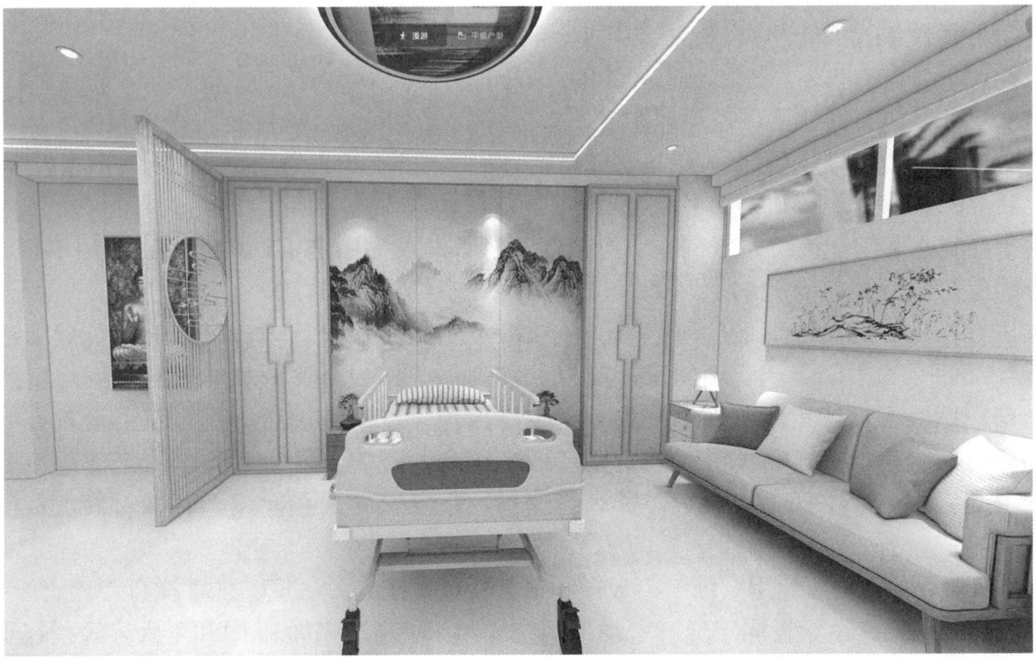

（来源：上海城建职业学院）

图 12　安宁疗护与生命关怀实训室效果

4 实训教学管理与实施

4.1 实训室人员

配备相应职称的专兼职管理人员，并明确相应的岗位职责，定期培训和考核。实训室实行主任负责制，配备专兼职管理人员。各管理人员要有明确的职责分工和岗位职责，定期对实训室管理人员进行培训和考核，提高实训室工作人员的思想素质和业务素质。条件允许者可建设教学实训室安全管理信息化系统。

实训室专兼职管理人员要求及岗位职责：管理人员一般应具有公共管理类、医学相关类专业高职及以上学历水平，具有一定的沟通协调和管理能力，了解智慧健康养老服务与管理专业教学过程和学校、养老服务机构运行的基本情况。其岗位职责主要包括：

（1）熟悉智慧健康养老服务与管理专业实训课程内容，积极配合实训指导教师做好实训课前的准备工作及课后整理工作。

（2）建立健全设备、仪器、低值易耗品的账册及固定资产卡片，做到账、卡、物一致。

（3）严格出入手续，新购进物资应先登记入账后领取，能经办物资领用、保管、外借等工作。

（4）做好仪器设备的维护和保养，提高仪器设备的利用率。

（5）确保实训室安全整洁。督促学生搞好卫生，保持实训室的整齐、干净；下班时关好门窗、切断电源，确保实训室的安全。负责易燃品的存放、领用，做好防火、防盗工作。

根据教学、培训的实际需要配备足够的实训指导教师。参照智慧健康养老服务与管理专业人才培养方案制定标准，开设的实训课程一般要求“一课两教师”进行授课，即一位实训教师指导 20 位学生。学校可根据实训开展情况和学生数量配备相应数量的实训指导教师。

可以聘请实践经验丰富的人员担任兼职教师。智慧健康养老服务与管理专业是培养具有较强动手能力和思辨能力的养老服务与管理专业人员，教学过程中应注重与养老服务企业的零距离合作，充分满足养老服务企业对人才的需求。在前期授课时，引入养老服务一线兼职教师与学校专职教师共同授课，将养老服务行业最新的理念、技术带给学生，这将能大大提升学生的养老服务思维能力和岗位适应能力。

4.2 实训管理制度

建立健全实训室和实训教学设备管理制度，规范仪器设备采购、使用、维护、报废等运行环节。建立健全教学设备管理制度、低值耐用易耗品管理制度、仪器设备损坏丢失赔偿制度、实训室教学管理制度、实训室安全卫生管理制度等，确保实训室合理、安全、高效运行。

实训场所要建立和健全岗位责任制，实行分级管理。学校为固定资产的占有、使用单位，要在“统一领导，分级管理和管用结合”的原则下，按照固定资产管理的要求，由一名学校负责人分管固定资产管理工作，并指定固定资产管理的职能部门（或人员）实行归口管理；财务部门负责固定资产的财务核算；审计部门负责固定资产管理的审计监督。实训中心作为重要的教学场所，固定资产实行职能部门和使用部门两级管理体制。实训中心内应指定专人担任资产管理员，每台仪器设备有专人保管，自觉接受和积极配合单位资产管理员对固定资产的登记和检查。分管校领导、资产部门负责人、智慧健康养老服务与管理专业主任、实训中心资产管理员、设备保管人和使用人共同对固定资产的完整性和安全性负责。

实训场所仪器设备采购、使用、维护、报损和报废管理，按有关法规、规章执行。

固定资产的采购工作由学校固定资产管理部门统一组织实施，其他部门和个人未经授权不得自行采购。符合市财政局当年印发的政府采购目录和标准的固定资产采购项目，应严格按照政府采购的规定进行采购。对未受政府采购目录和标准限定的固定资产采购项目，由学校组织招投标采购；不宜实施招投标采购的，应以向三家（含有三家）以上供货商询价采购的方式进行。学校实施固定资产采购应签订购货合同。学校参照实际情况建立健全仪器设备日常管理制度，包括分类标准；产权登记；清查盘点；评估鉴证；固定资产采购、验收、入库、出库、交回、保养、维修、安全、处置、出租出借、对外投资、收益收缴等管理制度。分清固定资产管理的职能部门和使用部门的责任归属。

实训场所仪器设备的材料、低值易耗品等物资的管理，按有关法规、规章执行。

实训中心的低值易耗品管理可参照养老服务企业耗材管理办法，严格做好入库、使用、废弃登记，每学期两次大盘点以及使用前、使用后的小盘点，以确保物资质量完好数量充足。实训中心运行所需的低值易耗品主要包括以下五类，应根据其不同性质进行管理：

（1）小型医疗器械。如：血压计、雾化吸入器、血糖仪、耳温计、额温计、血氧饱和度测定仪、吸痰器等。使用仪器设备时注意用电用水安全，定期维护保养。

（2）小型养老照护教学模型。如：成年男性半身模型、老年人全身模型等。其材料大多为塑胶和橡胶制品，应采取防老化、变形的措施，减少阳光直射，定期更换仿真皮肤、关节等配件，提高使用寿命。

（3）一次性使用医疗物品。如：纱布、灌注器、消毒棉球、一次性治疗巾、各种导管和各种治疗包等。一次性物品应注意有效期和包装完好情况。

（4）药品、各种消毒溶液。如：生理盐水、葡萄糖溶液、安尔碘消毒液、医用酒精、新洁尔灭酊、松节油和各类常用药品等。应注意使用安全，密封保存。

（5）包布类材料。如：隔离衣、治疗巾、大单、被套、枕套等。因学生需直接接触使用这些包布类材料，所以要定期更换，清洗消毒，防止微生物传播。

4.3　安全教育

制定安全教育制度并贯穿在日常实训教学中。实训室实行专人负责制，根据专业要求制定实训室各相应规章制度及安全操作规程，定期对师生开展安全教育，保障人身和财产安全。对进入实训室的人员进行有针对性的安全操作规程教育。教学过程中要加强安全管理。实训室管理人员要认真做好实训仪器设备运行情况的日常记录，同时做好仪器设备的维护和保养工作，以确保仪器设备能正常运行。

制定实训场所安全规章制度，开展进入实训场所前的安全普及教育。

学校要建立“学校—系部—教工”三级管理组织架构，逐级签订安全管理责任书，落实责任人，合理分工，齐抓共管，实现安全管理规范化、制度化。结合实训中心特点，将国家法律法规和有关规定标准内化为学校安全管理规章制度，并在实验室的日常工作中严格执行，确保各项管理制度落到实处。加强安全教育培训、隐患排查和治理、设施设备管理、危险化学品管理、事故应急管理等制度建设，并且及时更新安全规章制度。

各实训场所应按照自身安全要求，制定相应安全操作规程，对进入实训场所的人员进行有针对性的安全操作规程教育。

加强师生安全教育培训应作为学校实训工作最重要的内容之一。要建立实训中心安全准入制度，采取多种形式，加强对进入实训中心人员的安全教育和安全培训，提高安全意识和技能，师生每年进行一次安全培训考核，合格后才能进行实训教学活动，不合格者应再予以培训。学校可以利用网络技术，开发安全学习软件和考试系统，建立以公共安全知识为主干的实训中心安全知识题库，提高学习效率，方便日常管理持续跟进。

实训中心管理人员应具备实训中心安全方面的专业知识，熟悉实训中心工作流程。熟悉国家及学校安全规章制度、规程、标准。

实训场所要定期检查防火、防爆、防盗、防事故等方面安全措施的落实情况。实训教学中，要定期对师生开展安全教育，保障人身和财产安全。智慧健康养老服务与管理专业实训中心在防火、防爆、防盗、防事故等方面安全措施的落实，主要包括：

（1）水、电、氧气管道和门窗完好，无漏电、破损、超负荷、乱拉电等现象，实验室门窗无漏洞。

（2）对于易燃、易爆、剧毒、致病微生物和放射性物质等危险品，如：酒精、氧气筒等，使用、储存、搬运等管理环节符合学校相关规定，严格按照规定严密监控，设立专用库房，做到专室专柜储存，专人保管。严格按制度办理领用手续，严防危险品流出实训中心，无关人员不得进入专用库房。

（3）实训中心钥匙必须专人专管，不得擅自外借。实训中心内不得留宿。

4.4 突发事件应急预案

制定实训教学突发应急预案与处理措施。学校要成立应急处置工作领导小组，制定突发事件应急预案程序，对应急预案进行定期演练，做好突发事件发生时的应急处理工作，确保师生的人身安全。

4.5 突出专业特色

结合专业特点创新实训室环境，营造良好职业氛围。

根据学校文化与专业需要，合理设计实训空间，建设多种形式的实训环境，实施理实一体化教学。

鼓励采用任务驱动、项目教学等教学方法，鼓励应用典型案例，采用角色扮演等形式开展情境模拟教学。

充分发挥信息技术的优化和集成作用，如利用虚拟仿真等技术将养老服务行业最前沿的理念、技术、产品及时用于实训教学之中，形成以信息技术为基础设施和实现工具的信息化实践教学体系。

可开展模拟交接班、养老辅具创新创意等活动，培育不断探索、精益求精、追求卓越的工匠精神和爱岗敬业的劳动态度，提升尊老敬老、爱老护老的职业素养。

5 参考文献及标准

5.1 参考文献

[1] 中华人民共和国教育部 . 职业教育专业简介（2019 年修订）[Z]. 北京，2019.

[2] 中华人民共和国教育部 . 高等职业学校智慧健康养老服务与管理专业实训教学条件建设标准 [Z]. 北京，2021（05）.

[3] 中华人民共和国人力资源和社会保障部，中华人民共和国民政部 . 养老护理员国家职业技能标准（2019 年版）[Z}. 北京，2019.

[4] 郭源生，王树强，吕晶 . 智慧医疗在养老产业中的创新应用 [M]. 北京：电子工业出版社，2019.

[5] 左美云 . 智慧养老内涵与模式 [M]. 北京：清华大学出版社 .2019.

[6] 杜鹏，孙鹃娟，张文娟 . 中国老年人的养老需求及家庭和社会养老资源现状——基于 2014 年中国老年社会追踪调查的分析 [J]. 人口研究，2016，40（06）49–61.

[7] 白晨 . 新时代中国老龄化趋势，挑战及应对思考 [N]. 中国社会科学报，2019.

[8] 张雅伟 . 城市社区居家失能老人长期照护服务研究 [D]. 上海：上海师范大学，2017.

[9] 李高峰，朱图陵 . 老年人辅助器具应用 [M]. 北京：北京大学出版社，2013.

[10] 辛胜利 . 养老护理员 (初级)[M]. 北京：中国劳动社会保障出版社，2019.

[11] 辛胜利 . 养老护理员 (基础知识)[M]. 北京：中国劳动社会保障出版社，2019.

5.2 参考标准

GB 1588—2001	玻璃体温计
GB 16895.3—2004	建筑物电气装置
GB 17498.8—2008	固定式健身器材　第 8 部分：踏步机、阶梯机和登山器　附加的特殊安全要求和试验方法
GB 18581—2009	室内装饰装修材料　溶剂型木器涂料中有害物质限量
GB 19083—2010	医用防护口罩技术要求
GB 19258—2012	紫外线杀菌灯
GB 19790.1—2005	一次性筷子　第 1 部分 : 木筷
GB 24436—2009	康复训练器械　安全通用要求
GB 28235—2020	紫外线消毒器卫生要求
GB 2893—2008	安全色
GB 2894—2008	安全标志及其使用导则
GB 3053—1993	血压计和血压表
GB 50016—2014	建筑设计防火规范
GB 50033—2013	建筑采光设计标准
GB 50034—2013	建筑照明设计标准
GB/T 12801—2008	生产过程安全卫生要求总则
GB/T 13800—2009	手动轮椅车
GB/T 14531—2017	办公家具　阅览桌、椅、凳
GB/T 14728.1—2006	双臂操作助行器要求和试验方法　第 1 部分：框式助行架
GB/T 14728.2—2008	双臂操作助行器具　要求和试验方法　第 2 部分：轮式助行架
GB/T 14728.3—2008	双臂操作助行器具　要求和试验方法　第 3 部分：台式助行器
GB/T 14730—2008	助行器具　分类和术语
GB/T 15067.2—2016	不锈钢餐具
GB/T 16260.1—2006	软件工程　产品质量　第 1 部分：质量模型
GB/T 16886.10—2017	医疗器械生物学评价　第 10 部分 : 刺激与皮肤致敏试验
GB/T 16895.1—2008	低压电气装置　第 1 部分 : 基本原则、一般特性评估和定义
GB/T 16895.18—2010	建筑物电气装置　第 5–51 部分：电气设备的选择和安装
GB/T 16895.2—2017	低压电气装置　第 4–42 部分：安全防护　热效应保护
GB/T 16895.22—2004	建筑物电气装置　第 5–53 部分 : 电气设备的选择和安装　隔离、开关和控制设备　第 534 节：过电压保护电器
GB/T 16895.3—2017	低压电气装置　第 5–54 部分：电气设备的选择和安装　接地配置和保护导体
GB/T 16895.4—1997	建筑物电气装置
GB/T 16895.5—2012	低压电气装置　第 4–43 部分：安全防护　过电流保护
GB/T 16895.6—2014	低压电气装置　第 5–52 部分：电气设备的选择和安装　布线系统
GB/T 17540—2017	台式激光打印机通用规范
GB/T 19545.1—2012	单臂操作助行器具　要求和试验方法　第 1 部分：肘拐杖
GB/T 19545.4—2008	单臂操作助行器具　要求和试验方法　第 4 部分：三脚或多脚手杖
GB/T 19634—2005	体外诊断检验系统　自测用血糖监测系统通用技术条件

GB/T 21417.1—2008	医用红外体温计　第 1 部分：耳腔式
GB/T 22698—2017	多媒体设备安全指南
GB/T 23106—2008	家用和类似用途毛发护理器具的性能测试方法
GB/T 23131—2019	家用和类似用途电坐便器便座
GB/T 23132—2008	电动剃须刀
GB/T 2443—2009	座便椅（凳）
GB/T 26340—2010	可调式康复训练床
GB/T 28919—2012	康复训练器械　站立架
GB/T 2900.35—2008	电工术语　爆炸性环境用设备
GB/T 4139—2012	钒铁
GB/T 9813.3—2017	计算机通用规范　第 3 部分：服务器
GBZ 1—2010	工业企业设计卫生标准
ISO 14001：2015	环境管理体系规范及使用指南
ISO 9001：2015	质量管理体系
JY/T 0614—2017	交互式电子白板　教学功能
YY 0003—1990	病床
YY 0100—1993	电动吸引器
YY 0109—2013	医用超声雾化器
YY 0300—2009	牙科学　修复用人工牙
YY 1079—2008	心电监护仪
YY 91035—1999	听诊器
YY/T 0452—2003	止血钳

上海市职业院校中高职贯通教育专业实训教学环境指南编制组成员

指导单位

上海市教育委员会

编制单位

上海市教育委员会教育技术装备中心

各贯通专业及其编制团队

专业代码	中高职贯通教育专业	编写团队院校	
460304	智能机器人技术	上海电子信息职业技术学院	上海信息技术学校
460305	工业机器人技术	上海电子信息职业技术学院	上海市高级技工学校
460702	新能源汽车技术	上海交通职业技术学院	上海市杨浦职业技术学校
490202	生物制药	上海农林职业技术学院	上海市医药学校
500409	飞机机电设备维修	上海民航职业技术学院	上海工商信息学校
500602	城市轨道车辆应用技术	上海交通职业技术学院	上海市城市建设工程学校
510401	集成电路技术	上海电子信息职业技术学院	上海船厂技工学校
540106	酒店管理与数字化运营	上海旅游高等专科学校	上海市商贸旅游学校
570102K	学前教育	上海行健职业学院	上海市新陆职业技术学校
590302	智慧健康养老服务与管理	上海城建职业学院	上海市医药学校

图书在版编目（CIP）数据

上海市职业院校中高职贯通教育专业实训教学环境建设指南 / 上海市教育委员会教育技术装备中心编．-- 上海：同济大学出版社，2022.11

ISBN 978-7-5765-0440-8

Ⅰ．①上… Ⅱ．①上… Ⅲ．①职业教育—教学环境—建设—上海—指南 Ⅳ．① G719.2-62

中国版本图书馆 CIP 数据核字（2022）第 204308 号

上海市职业院校中高职贯通教育专业实训教学环境建设指南

上海市教育委员会教育技术装备中心　编

责任编辑　张　莉　任学敏
助理编辑　竺奕辰
责任校对　徐春莲
封面设计　陈益平
版式设计　朱丹天

出版发行　同济大学出版社　www.tongjipress.com.cn
（地址：上海市四平路 1239 号　邮编：200092　电话：021-65985622）
经　　销　全国各地新华书店
印　　刷　启东市人民印刷有限公司
开　　本　889mm × 1194mm　1/16
印　　张　23
字　　数　736 000
版　　次　2022 年 11 月第 1 版
印　　次　2022 年 11 月第 1 次印刷
书　　号　ISBN 978-7-5765-0440-8
定　　价　89.00 元